Wüstenrot Stiftung (Hrsg.)

Wohnen jenseits des Standards

Auf den Spuren neuer Wohnlösungen für ein differenziertes und bedürfnisgerechtes Wohnungsangebot

Inhalt

Vorwort — 4

Einleitung — 7
Anlass und Erkenntnisinteresse — 8
Standards und Aushandlungsprozesse im Wohnen — 14
Forschungsdesign — 20

Quervergleich — 27
Rahmenbedingungen — 28
Akteure — 32
Prozesse — 38
Lösungen — 44
Handlungslogiken — 72

Übertragbarkeit — 85
Dimensionen der Übertragbarkeit — 86
Skalierung und Funktionalität — 90
Individuum und Nachbarschaft — 96
Stadtentwicklung und Baukultur — 102
Herausforderungen und Grenzen der Übertragbarkeit — 108

Fallstudien — 115
Dennewitz Eins, Berlin — 116
Allengerechtes Wohnen, Burgrieden — 124
Zwicky Süd, Dübendorf — 132
Sonnenhof, Freiburg — 140
Falkenried-Terrassen, Hamburg — 148
Open House, Hamburg — 156
Kaiserbacher Mühle, Klingenmünster — 164
Haus NOAH, Ludwigshafen — 172
Johann-Fichte-Straße, München — 180
Limmatstraße, München — 188
23 Riesen, Potsdam — 196
Doma, Strausberg — 204
Alte Weberei Carré, Tübingen — 212
Wohnprojekt Wien, Wien — 220
Hardturm, Zürich — 228

Anhang — 236

Vorwort der Wüstenrot Stiftung

Die Wohnungsversorgung ist in Deutschland in den letzten Jahren erneut zu einer großen Herausforderung geworden. Dies galt zunächst vor allem für Städte in Wachstumsregionen und da in erster Linie für besonders beliebte Quartiere und Stadtteile; zunehmend reichen Engpässe und signifikante Preissteigerungen nun aber auch in das Umland der Städte und teilweise sogar bis in eher peripher gelegene Städte in Agglomerationsräumen.

Es gibt zahlreiche Stimmen, die angesichts der aktuellen Entwicklung von einem überhitzten Markt, von einer (internationalen) Flucht ins „Betongold" als attraktive Anlage in Verbindung mit der Furcht vor negativen Zinsen bei Kapitalanlagen sprechen, oder von einem Wohnen „auf Pump" infolge der historisch niedrigen Zinsen, die vermutlich noch einige Jahre auf diesem Niveau bleiben dürften. Geld für das Bauen ist günstig verfügbar und entsprechend sind es eher die mangelnde Verfügbarkeit von geeigneten Flächen und die Kapazitäten von Handwerkern und Unternehmen, die aktuell die Grenzen im Wohnungsneubau bestimmen.

Zu den Ursachen für die stark gewachsene Nachfrage werden auch die nicht nur demografisch bedingte, anhaltende Singularisierung gezählt, die sich u.a. an der durchschnittlichen Wohnfläche pro Kopf ablesen lässt, und die Auswirkungen der 2015 und 2016 deutlich gestiegenen Zuwanderung. Die Zunahme beruflich bedingter Multilokalität, eine Renaissance von Wochenend-Wohnsitzen im erweiterten Umland und auch die wachsende Zahl an Patchwork-Familien mit parallelem Platzbedarf in mehreren Haushalten sind weitere Faktoren, die zur Dynamik der Entwicklung beitragen.

Die Kommunen können auf diese Entwicklungen und die damit verbundenen Engpässe in der Wohnungsversorgung nur bedingt reagieren. Nicht wenige Städte haben zumindest Teile ihres eigenen Wohnungsbestands verkauft oder in weitgehend selbstständige, ökonomisch agierende Unternehmen ausgelagert. Nach der Verwendung der zahlreichen, in den 1990er und 2000er Jahren frei gewordenen gewerblichen und militärischen Konversionsflächen verfügen sie heute oft kaum noch über eigene Grundstücke, die für Schwerpunkte in einem konzeptionell ausgerichteten Wohnungsbau eingesetzt werden könnten. Entsprechend sind auch die Ausstattung und die Richtlinien kommunaler Bodenpolitik wieder ein intensiv diskutiertes Thema. Doch lassen sich die Folgen der Politik in den vorangegangenen Jahren vielerorts auch mit einer neu ausgerichteten Politik nicht ohne weiteres ändern.

Verschärft wird die Situation auf bereits angespannten Wohnungsmärkten durch die wachsende Zahl an auslaufenden Belegungsbindungen, für die zeitnah kein adäquater Ersatz geschaffen werden kann. Angesichts der fehlenden Möglichkeiten für eine rasche Erhöhung des Angebots sollen Mietpreisbeschränkungen und weitere gesetzliche Regelungen zumindest die Spitzen der Verteuerung bremsen, auch auf die Gefahr hin, dass sich diese Instrumente dämpfend auf den privaten oder unternehmerischen Wohnungsbau auswirken können.

Zwei Entwicklungen erzeugen einen besonderen Handlungsdruck und erfordern zügige und effektive Maßnahmen. In vielen Städten konzentriert sich die gestiegene Nachfrage auf Quartiere und Stadtteile mit hohen Lage-, Milieu- und Umgebungsqualitäten. In ihnen kommt es zu ökonomischen und kulturellen Verdrängungsprozessen[1], die einen von den Kommunen nicht mehr kontrollierbaren Einfluss auf die Perspektiven dieser Orte und den sozialen Frieden in einer Stadt haben können. Hierauf müssen die Kommunen reagieren, auch wenn die damit verbundenen Prozesse als Teil einer komplexen Entwicklung kaum isoliert beeinflusst und gesteuert werden können. Noch dringlicher erscheinen die Aufgaben in einem zweiten Handlungsfeld: Aufgrund einer wachsenden Ungleichheit in den finanziellen Ressourcen der Haushalte führt der Mangel an kostengünstigem Wohnraum zu einem erheblich verschärften Armutsrisiko. Hiervon sind vor allem Familien mit Kindern und Alleinerziehende betroffen, außerdem immer öfter auch Ältere sowie Menschen mit fragmentierten Erwerbsbiographien. An diesen beiden Entwicklungen wird besonders deutlich, dass es bei den Problemen in der Wohnungsversorgung nicht nur um quantitative Defizite geht, sondern dass auch qualitative Neuausrichtungen dringend geboten sind.

Doch welche Strategien, welche Konzepte und welche Schwerpunkte sind in dieser Situation richtig und angemessen? Eine Rückkehr zu früheren Ansätzen sozialer Wohnungspolitik mit einer korrigierenden und steuernden Rolle der öffentlichen Hand, wie sie aktuell teilweise gefordert wird, ist zumindest für sich allein betrachtet keine hinreichend tragfähige Lösung. Zu gering sind die finanziellen Möglichkeiten von Bund, Ländern und Kommunen, zu weit abgebaut wurden in den vergangenen Jahren personelle Ressourcen und administrative Fähigkeiten. Zugleich fehlt es an neuen, geeigneten Konzepten und Strategien, die es ermöglichen, angesichts eines uneinheitlichen Wohnungsmarktes, in dem es neben Nachfragedruck gleichzeitig auch erhebliche Leerstände[2] gibt, gezielt mehr Wohnungen für Menschen mit finanziellen, ethnischen, sozialen oder altersbedingten Zugangsschwierigkeiten zum allgemeinen Wohnungsmarkt zur Verfügung zu stellen.

Erfolgreiche Lösungen für die mit den aktuellen Entwicklungen verbundenen Aufgaben und Herausforderungen können weder ausschließlich über den Neubau von Wohnungen gefunden werden noch durch die öffentliche Hand allein. Erforderlich ist sowohl eine Einbeziehung des Wohnungsbestands, vor allem für eine Versorgung mit kostengünstigem Wohnraum, als auch eine Ausweitung der Akteure. Wichtige Impulse und Ansätze, die in diese Richtung weisen können, sind in den letzten Jahren vorrangig in gemeinschaftlich konzipierten und realisierten Wohnprojekten entstanden. Hier wurden so grundsätzliche Fragen rund um das Wohnen und die Lebensqualität aufgegriffen wie das Verhältnis von Privatheit und Öffentlichkeit, die Balance zwischen individuellem Lebensentwurf und kollektiver Verantwortung oder der Ausgleich von persönlichen Interessen und gelebter, aktiver Nachbarschaft.

Auf Grundlage einer neuen Qualität in den partizipativen Aushandlungsprozessen wurden gemeinsam mit den (späteren) Bewohnern neue Formen sozialer, ethnischer und generativer Mischung entwickelt. Mit einer stärkeren Orientierung auf das umliegende Quartier leisten solche Beispiele zugleich wichtige Beiträge zur Stabilisierung von sozialen Nachbarschaften und schaffen funktionale, räumliche oder organisatorische Ergänzungen für die sie umgebende Stadt.[3]

Für neue Antworten auf die Engpässe und die sowohl quantitativen wie qualitativen Restriktionen in der Wohnraumversorgung benötigen wir die Impulse aus solchen Projekten. Im allgemeinen Wohnungsbestand gibt es bislang keine wirklich erfolgreichen, vergleichbaren Strategien. Auch nicht für eine Differenzierung der Standards, die weiterhin als Maßstab im allgemeinen Wohnungsbau gelten, obwohl in den kommenden Jahren große Teile des vorhandenen Bestands für neue Zielgruppen und deren spezifische Bedürfnisse ertüchtigt werden müssen. Bund und Länder wenden regelmäßig hohe Fördervolumina für eine wenig differenzierte Anpassung an technisch-regulative Normen auf. Eine stärkere Differenzierung des Wohnungsangebots könnte jedoch nicht nur Kosten senken, sondern auch den Bedürfnissen unterschiedlicher Zielgruppen sowie den baulichen und funktionalen Voraussetzungen im Bestand besser gerecht werden.

Die Wüstenrot Stiftung hat deshalb ein Forschungsprojekt in Auftrag gegeben, das gezielt die Möglichkeiten einer stärkeren Differenzierung des Wohnungsangebots untersucht. Es greift dafür Anregungen und Erkenntnisse auf, die sich unter diesem Fokus aus gemeinschaftlich oder genossenschaftlich realisierten neuen Wohnbauvorhaben gewinnen lassen. In vielen dieser Projekte haben neu gegründete Genossenschaften mit ihren Mitgliedern individuelle quantitative und qualitative Standards ausgehandelt.

Welche Erkenntnisse lassen sich daraus für den allgemeinen Wohnungsbau ableiten? Können Impulse gewonnen werden für ein Wohnen „jenseits des Standards", für ein differenzierteres und bedürfnisgerechteres Wohnungsangebot?

Agnes Förster, Andreas Bernögger und Bernadette Brunner haben diese und weitere Fragen unter Mitarbeit von Leila Unland engagiert und mit großer Kompetenz bearbeitet. Die Wüstenrot Stiftung dankt Ihnen dafür ebenso herzlich wie für die anregende und konstruktive Zusammenarbeit. Das Ergebnis ist aus unserer Sicht ein wissenschaftlich und empirisch fundierter Beitrag, wie wir ihn auf dem Weg zu der so dringlich erforderlichen Differenzierung und Verbesserung des Wohnungsangebots in Deutschland benötigen.

Ein herzlicher Dank gilt auch allen Beteiligten aus Kommunen, Wohnprojekten, Unternehmen und Wissenschaft für ihre Bereitschaft, diese Untersuchung zu unterstützen und ihre Erfahrungen zu teilen. In drei regionalen Workshops in Erfurt, Köln und Stuttgart konnte das Forschungsprojekt außerdem seine ersten Ergebnisse regionalen Akteuren vorstellen und wichtige Rückmeldungen und hilfreiche Anregungen erhalten. Sie sind in die endgültige Ausarbeitung der nun vorliegenden Publikation eingeflossen.

Mit der Veröffentlichung stellt die Wüstenrot Stiftung die Erkenntnisse aus dem Forschungsprojekt der Öffentlichkeit zur Verfügung. Wir hoffen, so einen Beitrag für neue Ideen und Handlungsansätze leisten zu können, die zu einer besseren Wohnraumversorgung führen.

Stefan Krämer
Wüstenrot Stiftung

---

1   Wüstenrot Stiftung (Hrsg.), *Verdrängung auf angespannten Wohnungsmärkten – Das Beispiel Berlin.* Fabian Beran und Henning Nuissl. Wüstenrot Stiftung, 2019.

2   Wüstenrot Stiftung (Hrsg.), *Fokus Wohnungsleerstand. Ausmass | Wahrnehmung | Kommunale Reaktionen.* Holger Schmidt und Maximilian Vollmer. Wüstenrot Stiftung, 2017.

3   Wüstenrot Stiftung (Hrsg.), *Wohnvielfalt. Gemeinschaftlich wohnen – Im Quartier vernetzt und sozial orientiert.* Susanne Dürr und Gerd Kuhn. Wüstenrot Stiftung, 2017.

Einleitung

Anlass und Erkenntnisinteresse

Wohnen ist ein Grundbedürfnis. Wir wollen am richtigen Ort wohnen, mit dem richtigen Maß, zum richtigen Preis. Wohnen ist langlebig und immobil und es bedarf hoher Investitionen. Diese übersteigen pro Kopf schnell eine Lebensarbeitszeit und werden zumeist intergenerationell getragen. Damit dieses Grundbedürfnis gesichert ist, benötigen wir vorausschauendes Handeln. Denn die Bereitstellung von Wohnen gelingt nur, wenn verschiedene Märkte eng zusammenspielen: Bodenmarkt und Finanzmarkt, die Märkte der Planungs- und der Bauleistungen und der Wohnungsmarkt selbst. Diese Märkte haben je eine andere räumliche Reichweite: Der Bodenmarkt ist lokal, der Finanzmarkt global, der Wohnungsmarkt regional – und damit ist der Fit schwer zu steuern. Aus diesem Grund spielen Regulierungen und Standards in diesen Märkten eine wichtige Rolle. Diese sichern Grundbedürfnisse und Mindestanforderungen hinsichtlich Sicherheit, Gesundheit, Dauerhaftigkeit, Ökologie und garantieren individuelle Entfaltungs- und Entwicklungsmöglichkeiten.

Doch Wohnen ist noch mehr. Wohnen zeigt unseren Lebensstandard: die Fläche, der Raum, die Ausstattungen, die Details, die unsere Volkswirtschaft herstellen kann und die sich Gesellschaft und Individuum leisten können. Die deutliche Zunahme der individuellen Wohnfläche seit den 1950er Jahren in Deutschland ist ein Indikator für die Entwicklung unseres Wohlstands. Und Wohnen zeigt uns auch, wie wir uns einzeln entfalten und gemeinsam leben wollen – in Familie und Partnerschaft, unter Freunden und in der Nachbarschaft, vor Ort und im Quartier.

Zu den Grundbedürfnissen gesellen sich so individuelle Bedürfnisse und Präferenzen, die sich in einer Gesellschaft schneller fortentwickeln als der gebaute Raum. Während bei zahlreichen Konsumgütern und Dienstleistungen die Angebote relativ rasch auf eine veränderte, zunehmend differenzierte Nachfrage reagieren können, wandelt sich der Wohnungsbau nur langsam. Der Bestand ist träge und der im Verhältnis kleine Neubauanteil ist vielfach konservativ ausgerichtet, geht es doch um eine lange Lebensdauer und hohe Investitionen und Ressourcenaufwendungen. Der geförderte Wohnungsneubau ist weitgehend reguliert. Viele Wohnungsbaugesellschaften haben auch im freien Marktsegment eine stark quantitative Ausrichtung – im Fokus steht die große Zahl von Wohnungen mit möglichst geringem Aufwand für Planung, Bau, Unterhalt und Vermietung.

Vielfältige Bedürfnisse, vielfältige Ressourcen
Verschiedene gesellschaftliche Prozesse lösen einen Wandel der Wohnungsnachfrage mit neuen quantitativen und qualitativen Anforderungen aus. Wesentlicher Treiber ist eine zunehmend individualisierte Gesellschaft, die zu einer Pluralisierung von Lebensstilen und Haushaltsformen führt (Beck 1986, Hannemann 2016). Die Zeit, die wir in unserer Kernfamilie verbringen, nimmt im Lebenslauf prozentual einen zunehmend geringen Raum ein. Zudem vervielfältigen sich die Familienmodelle, selbstgewählt und auch aufgrund hoher Scheidungsraten. In den Städten schrumpft der Anteil der Haushalte mit Kindern. Das Alleinwohnen nimmt zu, ob freiwillig oder unfreiwillig, und damit die Anforderungen an die außerhäusliche Infrastruktur. Mit dem demografischen Wandel hat das Wohnen im Alter einen immer größeren Anteil an der Wohnungsnachfrage und führt wiederum zu einer Zunahme von Ein- und Zweipersonenhaushalten. Zudem entwickelt sich eine Nachfrage nach Alternativen zum Alleinwohnen einerseits und Altersheim

andererseits, ob in Form von Wohngruppen, Wohngemeinschaften oder Mehrgenerationenhäusern. Weitere Treiber für veränderte Bedürfnisse im Wohnen sind veränderte Arbeitsstrukturen, Multilokalität und (Trans-)Migration, Digitalisierung, Reurbanisierung, Gemeinschaftsorientierung und auch eine neue Ökonomie des Teilens (Hannemann 2016, 2018).

Die Frage, wie diese veränderten Bedürfnisse mit den angebotenen räumlichen Lösungen am Wohnungsmarkt zusammenpassen, wird schon seit vielen Jahren diskutiert (zum Beispiel Hofer et al. 2002, Förster 2006, Kraft et al. 2010). Dabei stellt sich die Frage der Vielfalt und Differenzierung im Wohnen nicht nur aus der Nachfragesicht, sondern auch für die Seite der Anbieter. Wohnen findet vor allem im Bestand statt, denn der Neubau verändert das Angebot nur sehr langsam. Im Mietwohnungsbau stehen die Bestandshalter vor der Herausforderung, ihre Wohnungsbestände für zukünftige Zielgruppen und Bedürfnisse fit zu machen. Dabei sind die Ausgangslagen im Wohnungsbestand höchst unterschiedlich. Jedes Wohnhaus hat spezifische Begabungen und auch Restriktionen, die mit den zur Verfügung stehenden Ressourcen nicht beliebig wettgemacht werden können. Im Neubau sind Flächen entweder knapp, oder sollen da, wo sie am Markt eigentlich gut verfügbar sind, nur sparsam genutzt werden. Das hier gesetzte Ziel der Innenentwicklung bedeutet, sich im Neubau und in der Weiterentwicklung des Bestands auf komplexe Situationen einzulassen und dem Kontext angepasste Lösungen zu finden. Wenn auf Angebotsseite die vielfältigen ortsspezifischen Ressourcen an Bedeutung gewinnen, ist das eine Chance, ein stärker differenziertes Wohnangebot zu schaffen. Die Potenziale vor Ort könnten mit den Bedürfnissen verschiedener Zielgruppen intelligent verknüpft werden.

Jenseits von „immer mehr"
Im Bauen entwickeln sich technische Lösungen und realisierte Standards laufend fort. Zurecht steigen die Ansprüche an einen reduzierten Ressourcenverbrauch und eine hohe Energieeffizienz. Gesellschaftliche Ansprüche beispielsweise im Hinblick auf Inklusion schlagen sich in neuen Anforderungen an Wohnung, Wohnhaus und Wohnumfeld nieder. Und auch aus Nutzersicht nehmen die Ansprüche zu: mehr Wohnfläche, mehr Komfort, eine höhere technische Ausstattung oder ein aktualisiertes Küchen- und Baddesign. Es ist nicht zu übersehen: Das Wachstumsparadigma unserer Gesellschaft gilt auch für das Wohnen.

Andererseits ist Knappheit ein bedeutender Treiber in der Weiterentwicklung des Wohnens (zum Beispiel Kurz 2017). Flächen- und Angebotsknappheit in bestimmten Lagen lassen die Preise stark steigen. Gekoppelt mit der Anlagekrise am Kapitalmarkt und der auslaufenden Sozialbindung von Wohnungsbeständen ist bezahlbarer Wohnraum in wirtschaftlich starken Städten und Regionen zunehmend knapp. Die mehr und mehr individualisierte Gesellschaft, die veränderten Arbeitsformen und der demografische Wandel führen auch zu höheren individuellen Risiken und zum Teil eingeschränkter ökonomischer Leistungsfähigkeit des Einzelnen. Patchwork-Familien, Multilokalität oder zunehmendes Alter lösen zwar neue Wohnbedürfnisse aus, diese lassen sich aber für viele nicht realisieren.

Über die Fragen von Wachstum und Knappheit hinaus ist Wohnen auch ein normatives Terrain. Wohnen spiegelt gesellschaftliche und individuelle Werte und hat damit eine kulturelle Dimension. Wohnen ist ein bedeutendes Feld, auf dem kommunale bis globale Nachhaltigkeitsziele erreicht werden können. Zugleich findet die gesellschaftliche Suche nach nachhaltigeren Lebensweisen in Formen und Narrativen des Wohnens ihren Ausdruck (Hamann et al. 2018). Die Frage nach dem Mehr oder Weniger im Wohnen ist auch eine Frage nach unseren Werten. Was ist uns sehr wichtig, was ist es weniger und daher verzichtbar? Das ist in der Wohnungssuche deutlich zu erkennen. Jeder Wohnungsfinder hat Abwägungsprozesse durchlaufen, um ein bestehendes Angebot bestmöglich mit den eigenen Wünschen in Einklang zu bringen. Den gewünschten Eigenschaften der Wohnung – „stated preferences" – stehen die „revealed preferences", die tatsächlichen Eigenschaften der gefundenen Wohnung, gegenüber. Gerade bei Angebotsknappheit weicht die gefundene Wohnung von den ursprünglichen Wünschen vielfach ab. An dem eingegangenen Kompromiss lassen sich individuelle Prioritäten ablesen (Thierstein et al. 2013).

Bei den bereits erreichten hohen Standards im Wohnen in Deutschland ist ein „immer mehr" sowohl ökonomisch als auch ökologisch nicht machbar und nicht erstrebenswert. Damit steigt die Notwendigkeit, verschiedene Bedürfnisse und Wünsche beim Wohnen abzuwägen und individuelle wie gesellschaftliche Prioritäten zu setzen. Das Forschungsprojekt Wohnen „jenseits des Standards" versteht sich als Beitrag zu dieser notwendigen Diskussion um nicht verhandelbare Grundbedürfnisse einerseits und individuell unterschiedliche Bedürfnisse sowie verhandelbare Wünsche und Präferenzen andererseits.

Wohnraumversorgung oder Wahlfreiheit
Eine größere Differenzierung und Flexibilisierung des Wohnangebots könnte in einer Kombination aus notwendigen und nicht zu hinterfragenden Standards einerseits und wählbaren Optionen andererseits gelingen. Damit zeichnet sich ein anderes Bild des Wohnungsnachfragers als beispielsweise jenes, das dem Auftrag der Wohnraumversorgung zugrunde liegt. So müssen sich beispielsweise kommunale Wohnungsunternehmen fragen: Darf derjenige, den man versorgen soll, auch wählen? Auch das Verhältnis von Wohnungsanbieter und Wohnungsnachfrager könnte sich ändern. Das gilt insbesondere für den Bereich günstiger und geförderter Wohnungen – und damit wäre auch die Praxis der Wohnraumvergabe zu überdenken. In Genossenschaften und Baugemeinschaften haben die Nutzer bereits eine aktivere Rolle und verfügen über Möglichkeiten der Mitbestimmung in der Neu- oder Umgestaltung, aber auch beim Management

von Wohnraum und Zusammenleben. Manchmal gehen damit auch Auflagen wie Mindestbelegungen oder Flächenbudgets einher. Das Forschungsprojekt reflektiert die Rollen von Wohnungsanbietern und -nachfragern im Hinblick auf neue Wahlfreiheiten. Dabei gilt es zugleich die langfristige Wohnqualität mit in den Blick zu nehmen, die im Lebenszyklus einer Immobilie die maßgeschneiderte individuelle Wohnlösung überdauern muss.

Eine stärkere Differenzierung des Wohnungsangebots mit neuen Wahlfreiheiten für die Wohnungsnachfrager stellt eine besondere Aufgabe für den Umgang mit dem Wohnungsbestand dar. Nimmt man die vielfältigen Bedürfnislagen heutiger und zukünftiger Zielgruppen ernst, dann gilt es im Bestand nicht, einen einheitlichen Sanierungsstandard durchzuhalten. Den Wohnungsbestand für die Zukunft fit zu machen, sollte vielmehr bedeuten, spezifische Antworten für unterschiedliche Nachfragegruppen zu finden und dabei die jeweiligen Potenziale der bestehenden Lage, Nachbarschaft, Gebäudetypologie und Bausubstanz zu nutzen. Damit wird es den Bestandshaltern möglich, eine größere Bandbreite an Bedürfnislagen anzusprechen und ihr Wohnungsangebot insgesamt nachhaltiger auszurichten.

Labore für neue Lösungen
Eine gängige Möglichkeit, die eigenen Wohnbedürfnisse zu entfalten, ist das maßgeschneiderte Wohneigentum – ob als Einfamilienhaus oder als Eigentumswohnung. Die individuellen Wahl- und Gestaltungsmöglichkeiten tragen wesentlich zur Beliebtheit dieser Wohnformen bei. Darüber hinaus erproben „andere" Akteure wie neu gegründete Genossenschaften, Baugemeinschaften, Vereine, Stiftungen oder Hausgemeinschaften im Verbund des Mietshäuser Syndikats neue Wege für vielfältige Wohnungsangebote und füllen einen Teil der Angebotslücke nach differenzierten Wohnformen. Sie bieten eine Alternative zum konventionellen Wohnungsmarkt und entwickeln eine Bandbreite neuer Lösungsansätze. Damit einher geht, dass sie zumeist experimentierfreudige Zielgruppen ansprechen und in die Planung einbeziehen. Es ist anzunehmen, dass sie daher näher an den sich verändernden Bedürfnislagen dran sind als herkömmliche Akteure der Wohnraumschaffung.

Wenn es um die Realisierung individueller Wohnpräferenzen geht, steht für viele Menschen nicht alleine das Mehr im Vordergrund – das können sich auch zunehmend wenige leisten. In der individuellen Abwägung bedeutet das Mehr an der einen Stelle zumeist ein Weniger an anderer Stelle. Die individuelle Kompromissbereitschaft kann ein Treiber für neue, kreative Lösungen sein.

Damit handeln „andere" Akteure wie Pioniere, die neue Wohnlösungen entwickeln und erproben. Die Uminterpretation von Standards ist dabei ein zentrales Thema. Denn bei begrenzten finanziellen, personellen und räumlichen Ressourcen entstehen Gestaltungsspielräume nur dann, wenn Grenzen neu ausgelotet werden. In ihren Wohnungsbauten zeigen sich zahlreiche Innovationen – nicht nur baulich und technisch, sondern auch sozial, ökonomisch und kulturell.

Das Forschungsprojekt geht von der Annahme aus, dass „andere" Akteure wie Genossenschaften, Baugemeinschaften und weitere exemplarisch Fragestellungen bearbeiten und Lösungsansätze testen, die heute und in Zukunft auch für die Breite der Gesellschaft von Bedeutung sind. Dazu werden ihre Lösungen „jenseits des Standards" in den Blick genommen und die dahinterstehenden Treiber und Aushandlungsprozesse sowie die Erfahrungen in Nutzung und Betrieb untersucht. Das Ziel ist, die Akteure und Projekte aus ihrer Nische herauszuholen und auch bei etablierten Akteuren am Wohnungsmarkt Lernprozesse anzustoßen.

Untersuchungsgegenstand

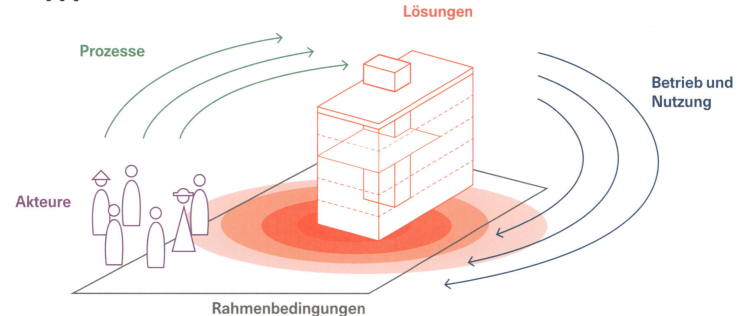

Untersuchungsgegenstand

Das Forschungsprojekt hat zum Ziel, Arbeitsweisen und Ergebnisse „anderer" Akteure am Wohnungsmarkt zu untersuchen, um daraus Empfehlungen zur Übertragbarkeit auf etablierte Akteure abzuleiten. Damit dieses Erkenntnisinteresse verfolgt werden kann, gilt es zunächst, ein Grundverständnis des Untersuchungsgegenstands zu entwickeln.

Wohnen als Aushandlungsprozess

Den Kern des Projekts bildet die Untersuchung, wie „andere" Akteure Wohnen herstellen, bereitstellen und nutzen. Noch unabhängig von der Frage, wer die „anderen" und die etablierten Akteure sind, ist zu präzisieren, was unter Wohnen verstanden werden soll. Die geplante Forschung nimmt eine handlungsorientierte Perspektive ein. Das Machen von Wohnen steht im Mittelpunkt. Dieses lässt sich als Zusammenspiel von drei Perspektiven konzipieren:

1. Die Prozesse der Konzeption, Planung und Realisierung von Wohnen, Bereitstellung, Zugang und langfristiger Betrieb von Wohnen sowie die Regulierung des Wohnens
2. Wohnen als Angebot und Produkt mit quantitativen und qualitativen Merkmalen in der Verknüpfung verschiedener räumlicher Maßstabsebenen, von der Wohnung über das Haus und die Wohnanlage in das Umfeld und Quartier
3. Die Praxis des Wohnens und die Prozesse der Nutzung durch verschiedene Zielgruppen und die damit verknüpften räumlichen und zeitlichen Dynamiken

Zudem versteht das Forschungsprojekt das Machen von Wohnen als Prozess. Dieser entwickelt sich situativ in einem bestimmten Kontext, hat einen grundlegend offenen Charakter und zeigt im Verlauf eine spezifische Dynamik. Dabei spielt eine Vielzahl von Variablen zusammen. Diese werden auf fünf Ebenen strukturiert.

Rahmenbedingungen: Der Standort, an dem ein Projekt entwickelt wird, birgt Qualitäten und auch Einschränkungen. Verschiedene räumliche Maßstabsebenen spielen hier zusammen – vom Grundstück über die angrenzende Nachbarschaft, den Ort oder das Quartier bis zur Stadt oder der Region. Darüber hinaus besteht eine politische, ökonomische, soziale und kulturelle Ausgangslage, die sich fortlaufend verändert und einer eigenen Entwicklungsdynamik folgt. Alle Wohnlösungen entwickeln sich in spezifischen Kontexten aus Rahmenbedingungen am Standort und einer gesellschaftlich-politischen Ausgangslage und werden vor diesem Hintergrund untersucht und bewertet.

Akteure: Vor dem Hintergrund der bestehenden Rahmenbedingungen machen sich Akteure daran, ein Projekt zu entwickeln. Akteure sind am Projekt beteiligt oder von diesem betroffen. Der Geschäftsbetrieb des Projekts umfasst alle diejenigen, die Entwicklung, Realisierung und Betrieb aktiv tragen, verantworten und finanzieren, also Grundstückseigentümer, Finanzpartner, Bauherrschaft und Träger des Betriebs. Hinzu kommen externe Berater und Unterstützter, dazu zählen auch die Planer und Architekten, Politik und Verwaltung, Nachbarn und Quartier und schließlich die Bewohner und Nutzer. Akteure können mehrere dieser Perspektiven gleichzeitig einnehmen. Wohnlösungen werden maßgeblich durch die Konstellation der Akteure rund um das Projekt geprägt.

Prozesse: Projekte werden über verschiedene Phasen hinweg mit je spezifischen Vorgehensweisen entwickelt. In einer Vorphase finden Bauherrschaft, Grundstück und Finanzierung zueinander und legen damit den Grundstein für das eigentliche Projekt. Aufbauend auf der Ermittlung der Grundlagen werden Städtebau, Freiraum und Hochbau in verschiedenen Schritten entworfen und unter Berücksichtigung von Baurecht, Kosten und Terminen bis zur Ausführung konkretisiert. Schließlich wird das Vorhaben realisiert. Der Einzug der Nutzer läutet die Betriebsphase ein. Die entwickelten Wohnlösungen werden durch die Geschehnisse, Arbeitsweisen und Abläufe in den verschiedenen Prozessphasen maßgeblich geprägt.

Lösungen: Wohnlösungen umfassen verschiedene räumliche Maßstabsebenen von der einzelnen Wohnung über das Wohnhaus bis hin zum Ensemble und Quartier. Dabei wirken die Faktoren Gestaltung, Funktionalität und Nutzung, Gesundheit, Behaglichkeit und Komfort, Sicherheit und Haltbarkeit, Ökonomie und Ökologie sowie das Zusammenleben im Projekt und mit der Nachbarschaft eng zusammen. Zudem verknüpfen sich die am Standort zuvor bereits vorhandenen Qualitäten mit den im Projekt neu entwickelten Angeboten zu einem Gesamtpaket.

Betrieb und Nutzung: Das Projekt ist mit dem Einzug der Nutzer nicht abgeschlossen. Im Fall langfristiger Bestandshalter sind die Praxis des Wohnens und die Prozesse der Nutzung Teil des Produkts. Im Betrieb werden die entwickelten Lösungen verfeinert und auch nachjustiert. Denn die Lösungen umfassen neben baulichen, funktionalen und technischen Festlegungen auch soziale, organisatorische und kommunikative Ansätze, welche die Stabilität der Betriebs- und Nutzungsphase maßgeblich prägen.

Dem Forschungsprojekt Wohnen „jenseits des Standards" liegt das Verständnis zugrunde, dass Wohnlösungen in ihrem jeweiligen Kontext von spezifischen Akteuren mit ihren jeweils gewählten Vorgehensweisen entwickelt werden und sich über die Erstellung von Wohnung und Wohnhaus hinaus in Betrieb und Nutzung bewähren und fortentwickeln. Prozesse der Aushandlung können sich dabei auf verschiedene dieser Faktoren beziehen: das Verhältnis von räumlichen Gegebenheiten zu Neuentwicklung, von Wohnung zu Haus und Quartier, von Raum zu Funktionen und Ausstattung oder von verschiedenen Nutzern und ihren Nutzungsvorstellungen zueinander.

„Andere" Akteure
Im Forschungsprojekt werden Projekte und die dazugehörigen Aushandlungsprozesse „anderer" Akteure untersucht. In den gewählten Fallstudien tauchen folgende Trägerformen auf: Bürgerstiftung, Einzeleigentum, eingetragener Verein, Genossenschaft, Gesellschaft mit beschränkter Haftung, Mietergenossenschaft, Stiftung, Unternehmen, Wohnungseigentümergemeinschaft auf Basis einer Baugruppe sowie Hausvereine unter dem Dach des Mietshäuser Syndikats, einer Genossenschaft oder eines Trägervereins. Die untersuchten „anderen" Akteure zeichnen sich durch folgende Eigenschaften aus:

– **Langfristige Bestandshalter mit Fokus auf Eigen- und Gemeinnutz:** Der individuelle Wohnwert und die gemeinsamen Werte stehen im Vordergrund, weniger eine schnelle und maximale Rendite.
– **Offene Strukturen und Lernprozesse:** Aufgrund eines zum Teil geringen Professionalisierungsgrads und der Notwendigkeit und Bereitschaft zum Experimentieren finden umfassende Lernprozesse innerhalb und zwischen Projekten statt.
– **Hoher Grad an Kommunikation und Aushandlung in der Projektgenese:** Die Trägerschaften stehen für komplexe Bauherrschaften mit einer Vielzahl beteiligter Akteure und einem starken Einbezug zukünftiger Nutzer.

Arbeitsweisen und Ergebnisse „jenseits des Standards"
Die „anderen" Akteure produzieren Wohnen in offenen, dialogorientierten Prozessen, in denen viel Aushandlung stattfindet. Unter gegebenen Rahmenbedingungen und bei begrenztem Budget finden bewusste Abwägungen statt und es werden Prioritäten gesetzt. Die Projekte entwickeln sich dabei über einen längeren Prozess, der iterativ, also im wiederholten Wechselspiel verschiedener Vorgehensweisen und Aufgaben beim Planen und Entwickeln der Projekte, und in vielen Fällen auch mit Rückschlägen verläuft. Dabei werden Lösungen „jenseits des Standards" entwickelt. Das bedeutet, dass die entwickelten Lösungen im jeweiligen Kontext anders und auch neuartig sind – am Ort, im Quartier oder auch in Bezug auf das angesprochene Marktsegment. Dabei können die entwickelten Lösungen auch von den zu Projektbeginn formulierten Erwartungen der beteiligten Akteure abweichen. Neuartigkeit kann sich sowohl auf einzelne Elemente beziehen als auch auf die Kombination verschiedener Faktoren in einem Gesamtpaket, das die Prioritäten der beteiligten Akteure abbildet.

Das Forschungsprojekt untersucht Wohnen nicht als Ergebnis und verzichtet daher auch auf eine Vorab-Definition von Wohnen „im Standard" oder „jenseits des Standards". Vielmehr werden Projektentwicklungen „anderer" Akteure betrachtet, die sich zugleich durch andere Herangehensweisen und Strukturen in ihren Prozessen auszeichnen. Im Ergebnis kommen sie daher vielfach auch zu anderen Lösungen.

Übertragbarkeit auf etablierte Akteure
Der Fokus auf „andere" Akteure mit ihren jeweiligen Prozessen und Lösungen erfolgt mit dem Erkenntnisinteresse, diese aus ihrer Nische herauszuholen und Lernprozesse anzustoßen. Dabei stehen Fragen der Übertragbarkeit auf etablierte Akteure und Vorgehensweisen im Mittelpunkt. Zu den etablierten Akteuren zählen Wohnungsbaugesellschaften der Kommunen oder auch Kirchen und Unternehmen, privatwirtschaftliche Bestandshalter, Entwickler, Bauträger sowie alte Genossenschaften. Zudem werden ihre Partner, Unterstützer und Regulierer in Politik und Verwaltung, in Finanzwirtschaft, Planung und Bauwirtschaft angesprochen.

Forschungsfragen

Vor dem Hintergrund des skizzierten Erkenntnisinteresses und des Untersuchungsgegenstandes stellt das Forschungsprojekt drei aufeinander aufbauende Forschungsfragen:

1. **Neue Lösungen**
   Welche Wohnlösungen „jenseits des Standards" realisieren „andere" Akteure am Wohnungsmarkt?

Das Forschungsprojekt nimmt die Ergebnisse der Aushandlungsprozesse „anderer" Akteure am Wohnungsmarkt in den Blick, um Abwägungen und Prioritäten sowie Neuentwicklungen einzelner Faktoren wie auch des Gesamtpakets der jeweiligen Lösungen von der Wohnung bis zum Wohnumfeld zu erkunden.

2. **Aushandlungsprozesse**
   In welchen Prozessen und unter welchen Rahmenbedingungen entstehen diese Lösungen?

Um von den anders- und neuartigen Lösungen zu lernen, werden die dahinterliegenden Rahmenbedingungen, Akteure und Prozesse betrachtet. Damit wird der Kontext der Lösungen beleuchtet, der diese erst anders- oder neuartig macht. Zudem werden die mit den Lösungen verknüpften Arbeitsweisen und Prozessstrukturen offengelegt, die für eine Übertragbarkeit auch relevant sein können.

3. **Lernen**
   Wie lassen sich diese Lösungen auf etablierte Akteure am Wohnungsmarkt übertragen, um so zu mehr Bedürfnisgerechtigkeit und Differenzierung im Wohnungsangebot beizutragen?

Aufbauend auf dem analytischen Ansatz der Forschungsfragen 1 und 2 werden Optionen für die Übertragbarkeit entwickelt. Diese können sich auf einzelne Lösungen, aber auch Arbeitsweisen und Prozessstrukturen beziehen, die in der Lage sind, anstehende Herausforderungen im Wohnen – jenseits von Nischenprojekten – zu adressieren.

Standards und Aushandlungsprozesse im Wohnen

Wohnen „jenseits des Standards" – dieses Forschungsprojekt setzt nicht an der aktuellen Diskussion um technisch-regulative Standards im Wohnungsbau an. Das Projekt rückt vielmehr die Wohnqualitäten in den Mittelpunkt, welche „andere" Akteure in offenen, dialogorientierten Prozessen aushandeln und im Anschluss erproben. „Jenseits des Standards" meint also eine diskursive Dimension der Wohnstandards in Prozessen der Projektentwicklung, Planung und Nutzerbeteiligung, die schließlich zu einer für Bauherrschaft, Nutzer und Standort passenden Wohnlösung führen.

Wohnstandards in Diskussion
Mit der „Rückkehr der Wohnungsfrage", also dem dringenden Bedarf an mehr bezahlbaren Wohnungen in wachsenden Städten und Ballungsräumen, hat sich in Deutschland seit Mitte der 2010er Jahre eine Debatte um Standards im Wohnungsbau entzündet (unter anderem BDA 2016, BDA und Bundesstiftung Baukultur 2016, Dömer et al. 2016, Schader-Stiftung 2017, Leeb 2018). Denn der gewünschten Bezahlbarkeit stehen immer höhere Baukosten gegenüber. Stetig steigende Anforderungen an Baustandards ließen die Preise für die Errichtung von Wohnraum kontinuierlich steigen – noch bevor die jüngste Hochkonjunktur am Bau die Baupreise zusätzlich nach oben hat schnellen lassen. Es wird argumentiert, dass hohe Standards im Wohnen zu Überregulierung, Unübersichtlichkeit und Zielkonflikten führten. Die Herstellung von Wohnraum müsse „einfacher, kostengünstiger, schneller und innovativer" werden (BDA Bayern 2016: 7).

Daraus hat sich eine intensive Diskussion um die Senkung und Vereinfachung von Baustandards eröffnet. Die Bundesregierung hat im Jahr 2016 das bundesweite „Bündnis für bezahlbares Wohnen" beschlossen, ergänzend bildeten sich deutschlandweit zahlreiche lokale Bündnisse. Die sogenannte „Baukostensenkungskommission" hat verschiedenste Ansätze zur Eindämmung der Baukosten untersucht, um auf diesem Weg die Zahl der Wohnungsneubauten zu steigern (BMUB 2015). Architekten wie auch die Bauwirtschaft bilden Initiativen und entwickeln Vorschläge, wie Wohnraum kostengünstig und schnell hergestellt werden kann. Vorfabrikation und serielles Bauen werden als Lösungsansätze propagiert, ebenso vereinfachte Planungsprozesse und Bauprozesse aus einer Hand (DWB 2016, GDW 2018).

Parallel zu der Suche nach Möglichkeiten, rasch mehr bezahlbaren Wohnraum zu schaffen, entwickelt sich in den letzten Jahren eine Diskussion um neue Formen gemeinschaftlichen oder nachbarschaftlich orientierten Wohnens sowie um die sozial-ökologische Dimension von Wohnen (unter anderem KQB 2009, Schmitt und Polívka 2018, Dürr und Kuhn 2017, Kleefisch-Jobst et al. 2017). Beide Perspektiven hinterfragen bestehende Wohnmodelle und individuelle Ansprüche und fordern eine größere Differenzierung des Wohnangebots.

Standards im Wohnen von der Wohnung bis zum Quartier

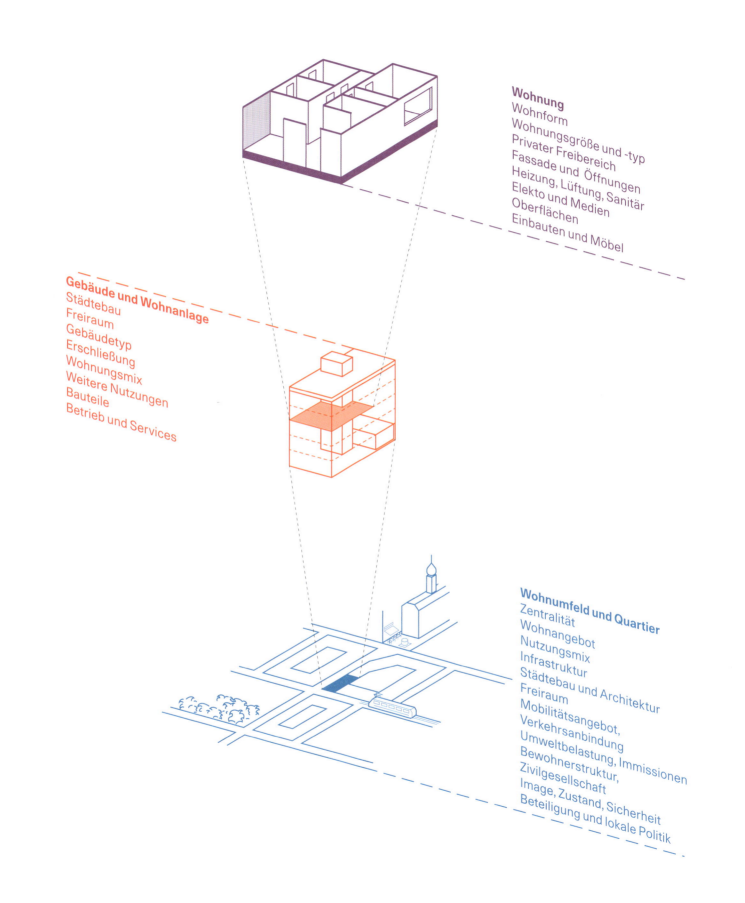

Vielfältige Standardgeber

Zu Wohnstandards tragen unterschiedliche Gesetze, Bestimmungen, Bauordnungen, DIN-Normen, Empfehlungen, Hinweise, Leitfäden, Regeln, Richtlinien, Satzungen, Verordnungen, bauaufsichtlich eingeführte technische Baubestimmungen und so weiter bei. Diese spiegeln die Kompetenzen, Verantwortlichkeiten und Interessen unterschiedlicher Akteure wider und bleiben daher nicht ohne Widersprüche und unbeabsichtigte Folgewirkungen (BDA 2016).

Der Mietwohnungsmarkt ist in Deutschland in hohem Maße staatlich reguliert. Regulierungen wurden vor allem in Krisensituationen entwickelt und verstärkt, insbesondere in den Feldern Mieterschutz, Regulation der Miete und der Wohnungsbereitstellung und Maßnahmen zum sozialen Wohnungsbau (Kholodilin 2015). Die soziale Wohnraumförderung hängt in vielen Bundesländern von umfangreichen Anforderungen an die geförderten Wohnungen ab. Kommunale Mietspiegel geben Auskunft über die ortsübliche Miete für freifinanzierte Mietwohnungen, die von den unterschiedlichen Wohnstandards vorgegeben wird. Auch lokale Erhaltungssatzungen beziehen sich auf allgemein übliche Wohnstandards. Kommunale Wohnungsbauförderungen und Regelungen zur sozialgerechten Bodennutzung legen Wohnungsschlüssel sowie den Mix von Trägermodellen fest, beispielsweise die Anteile geförderter Wohnungen, von Wohnungen in Miete, Erbbaurecht, Eigentum oder Genossenschaftswohnungen.

Vorgaben zu städtebaulicher Dichte und Nutzungsmischung, zu Abstandsflächen und Grünflächen werden durch die Baunutzungsverordnung, die Bauordnungen der Länder sowie gemeindliche Regelungen zur Grünflächenversorgung festgelegt. Der Bedarf an Stellplätzen wird in Stellplatzverordnungen und -satzungen der Länder und Kommunen geregelt. Umweltschutz und Lärmschutz sind auf Bundesebene verankert, ebenso wie die Vorgaben zur Energieeinsparung. Aber auch die auf Bundesebene formulierten Rechte und Pflichten von Wohnungseigentümern sowie von Mietern und Vermietern wirken auf die Standards im Wohnen. DIN-Normen sowie weitere Richtlinien und technische Baubestimmungen machen Vorgaben für einzelne Bauteile und Konstruktionen. Viele dieser für den Wohnungsbau relevanten Normen und technischen Regelungen werden von Fachingenieuren und Vertretern der Bauindustrie beeinflusst.

Von der Wohnung bis zum Quartier

Die Wohnqualität entwickelt sich aus einem komplexen Set an Inputvariablen. Verschiedene sachliche und räumliche Ebenen wirken dabei eng zusammen. Die vielstimmigen Standardgeber machen Vorgaben und geben Empfehlungen, von der Wohnung bis zum Quartier. Für das Forschungsprojekt werden, aufbauend auf der Sichtung der vielfältigen Standardgeber wie auch verschiedener Bewertungs- und Kriteriensysteme, Standards im Wohnen spezifiziert (zum Beispiel BWO 2015, DGNB 2015). Dafür werden 27 Kriterien angesetzt, sie reichen von der Ebene der Wohnung, über das Gebäude und die Wohnanlage bis hin zum Wohnumfeld und Quartier.

Wohnung
Die Wohnung ist in verschiedenen Formen verfügbar, als Miet-, Eigentums- oder Genossenschaftswohnung – gefördert oder nicht gefördert. Wohnungsgröße und Wohnungstyp bestimmen maßgeblich die Passgenauigkeit für den Nutzer. Wohnfläche, Grundriss und Erschließungskonzept innerhalb der Wohnung spielen dabei eng zusammen. Ein privater Freibereich kann als Garten, Terrasse, Loggia oder Balkon angeboten werden. Die Fassade mit den gewählten Öffnungsarten beeinflusst Lichtqualität, Wohnatmosphäre und Bezug zu Nachbarschaft und Stadtraum. Heizung, Lüftung, Sanitär bestimmen ebenso wie Elektro- und Medienausstattung den Wohnkomfort. Die Wahl der Oberflächen ist maßgeblich für die Gestaltqualität genauso wie für die Funktionalität und Haltbarkeit. Einbauten und Möblierung steigern Nutzbarkeit und Komfort und geben einer Wohnung einen individuellen Ausdruck.

Gebäude und Wohnanlage
Auf der Ebene der Wohnanlage spielen Städtebau und Freiraum eng zusammen. Die bauliche Dichte, die Struktur und Orientierung der Gebäude sowie die damit verknüpfte Anordnung, Nutzungsmöglichkeit und Grünausstattung des Freiraums haben starken Einfluss auf die Qualitäten der einzelnen Wohnungen. Der Gebäudetyp kann nach Einfamilien- und Mehrfamilienhaus, Anzahl der Geschosse und der Wohneinheiten spezifiziert werden. Die Erschließung, ob als Spänner – die Anbindung mehrerer Wohnungen an ein gemeinsames Treppenhaus – oder Laubengang, prägt den Charakter einer Wohnanlage und ist Hauptdeterminante der Barrierefreiheit. Der Wohnungsmix sowie Art und Umfang weiterer Nutzungen spielen

Zusammenspiel Produkteigenschaften und Wohnqualitäten

Effekte: Diese Wohnqualitäten werden erreicht!

Gestaltung
Objektqualität innen und außen, Einbindung in Umgebung, ...

Funktionalität, Nutzung
Flexibilität, Umbaubarkeit, Flächeneffizienz, Barrierefreiheit, Aufenthaltsqualität, ...

Gesundheit, Behaglichkeit, Komfort Belichtung, Belüftung, thermischer Komfort, Schallschutz, Einflussnahme des Nutzers, ...

Sicherheit, Haltbarkeit
Brandschutz, Einbruchschutz, Bauteilschutz, ...

Ökonomie
Erstellungskosten, Lebenszykluskosten, Mietzins, Kaufpreis, Nebenkosten, ...

Ökologie
Ressourceninanspruchnahme, Abfallaufkommen, Wirkungen auf lokale und globale Umwelt, ...

Zusammenleben
Nachbarschaft und Begegnung, Einbezug versch. sozialer Gruppen, Inklusion Senioren, Kinder, ...

Quartier
Wohnangebot, ergänzende Nutzungen, Mobilität, Anbindung, Freiraum, Partizipation, ...

Inputvariablen: Diese Produkteigenschaften sind vorhanden!

Diese Qualitäten schafft das Projekt!

Wohnung

Wohnform
Miete/ Eigentum/ Genossenschaft, gefördert, ...

Wohnungsgröße und -typ
Wohnfläche, Grundriss, Erschließung, ...

Privater Freibereich
Garten, Terrasse, Loggia, Balkon, ...

Fassade und Öffnungen
Öffnungsart, Bezug Innen-Außen, Belichtung, ...

Heizung, Lüftung, Sanitär
Wärme und Kälte, Bad und WC, ...

Elektro, Medien
Strom, Internet, digitale Vernetzung, ...

Oberflächen
Wand, Boden, Fassade, ...

Einbauten und Möbel
Küche, Stauräume, ...

Gebäude und Wohnanlage

Städtebau
Dichte, Morphologie und Typologie, ...

Freiraum
Nutzungsangebot, Flora und Fauna, ...

Gebäudetyp
EFH/ MFG, Geschosse, Anzahl Wohnungen, ...

Erschließung
Spänner/ Laubengang, Wege/ Zugänge, Aufzug, ...

Wohnungsmix
Mischung Wohnungsgrößen und -typen, ...

Weitere Nutzungen
Nicht-Wohnnutzungen, ergänzende Nutzungen, ...

Bauteile
Tragwerk, Fassade, Dach, Sockel, Keller, ...

Betrieb und Services
Unterhalt, Ansprechpartner, Serviceangebote, ...

Wohnumfeld und Quartier

Diese Begabungen / Einschränkungen bringt der Standort mit!

Zentralität
Stadtzentrum/ Stadtrand/ Region, Nähe zu...

Wohnangebot
Miete/ Eigentum, EFH/ MFH, Wohnungsgrößen, ...

Nutzungsmix
Arbeiten, Kultur, Freizeit, ...

Infrastruktur
Nahversorgung, Soziales, Bildung, Gesundheit, ...

Städtebau und Architektur
Dichte, Morphologie und Typologie, ...

Freiraum
Öffentlicher Raum, Grün: Art, Umfang, Nähe, ...

Mobilitätsangebot, Verkehrsanbindung
ÖPNV, Auto, Fahrrad, Fuß, ...

Umweltbelastung, Immissionen
Lärm, Geruch, Staub, Hitze, Kälte, ...

Bewohnerstruktur, Zivilgesellschaft
Alter, Kinder, Einkommen, Vereine, Initiativen, ...

Image, Zustand, Sicherheit
Innen- u. Außenwahrnehmung, gefühlte Sicherheit, ...

Beteiligung und lokale Politik
Informations- u. Beteiligungsangebote, Agenda, ...

---

1. Neue Lösungen
Welche Wohnlösungen „jenseits des Standards" realisieren „andere" Akteure am Wohnungsmarkt?

2. Aushandlungsprozesse
In welchen Prozessen und unter welchen Rahmenbedingungen entstehen diese Lösungen?

3. Lernen
Wie lassen sich diese Lösungen auf etablierte Akteure am Wohnungsmarkt übertragen, um so zu mehr Bedürfnisgerechtigkeit und Differenzierung im Wohnungsangebot beizutragen?

für die Interaktion der Nutzer am Standort und für die Qualitäten der Nachbarschaft eine wichtige Rolle. Auf Gebäudeebene gilt es Bauteile und Konstruktion vom Keller bis zum Dach durchzuplanen. Betrieb und Services beeinflussen die langfristige Wohnqualität durch Art und Umfang des laufenden Unterhalts, die Verfügbarkeit von Ansprechpartnern vor Ort und den die Wohnung ergänzenden Serviceangeboten.

Wohnumfeld und Quartier

Auf der Ebene von Wohnumfeld und Quartier ist die Zentralität innerhalb einer Stadt, eines Orts oder einer Region und damit verbunden die Nähe zu verschiedenen Angeboten und Funktionen rund um das Wohnen ein prägender Faktor. Zudem ist die Vielfalt des Wohnungsangebots am Standort relevant, da es die Bewohnerstruktur und das Zusammenleben wie auch die eigenen Wohnoptionen im Lebenszyklus beeinflusst. Der Nutzungsmix aus Wohnen, Arbeiten, Kultur und Freizeit sowie die vorhandene Infrastruktur in den Bereichen Nahversorgung, Soziales, Bildung und Gesundheit prägen die Lebendigkeit eines Standorts sowie die Möglichkeiten, den eigenen Bedürfnissen auf kurzen Wegen nachzukommen. Städtebau, Architektur und Freiraum bestimmen den räumlichen Charakter und die Identität eines Quartiers und bilden zusammen mit Art und Umfang der Umweltbelastungen und Immissionen maßgebliche Voraussetzungen für gesundes Wohnen. Auf der Ebene des Wohnumfelds sind für die Bewohner vor allem Mobilitätsangebot und Verkehrsanbindung relevant. Bewohnerstruktur und Zivilgesellschaft im Quartier werden etwa durch die Alters- und Einkommensstruktur, den Anteil der Haushalte mit Kindern sowie Art und Anzahl von aktiven Vereinen und Initiativen bestimmt. Image, Zustand und Sicherheit eines Quartiers schlagen sich in der Innen- und Außenwahrnehmung nieder und prägen das Wohnen. Informations- und Beteiligungsangebote beeinflussen Nachbarschaft und Zusammenleben und stehen in direkter Verbindung mit den Wertvorstellungen der lokalen Politik und ihrer Agenda für die Entwicklung von Ort, Quartier und Stadt.

Von Produkteigenschaften zu Wohnqualitäten

Die dargestellten Kriterien sind als Inputvariablen zu verstehen. Sie beschreiben Produkteigenschaften, also das, was vorhanden ist oder vorhanden sein sollte. Die Kriterien werden von den vielfältigen Standardgebern mit verschiedenen Anforderungen und Empfehlungen hinterlegt. Sie versuchen damit, die Produktqualitäten von Wohnen zu präzisieren beziehungsweise Mindestanforderungen zu formulieren. Wechselwirkungen zwischen den verschiedenen Kriterien bleiben dabei weitgehend unberücksichtigt; auch bleiben die Wirkungen, die diese Festlegungen für den Nutzer oder den Bestandshalter haben, außen vor.

Wohnqualitäten als Effekte von Produkteigenschaften

Demgegenüber versuchen Bewertungssysteme, den Nutzen und den Mehrwert eines Wohnangebots für die Bewohnerschaft zu erfassen. Dabei stehen die Lebensbedürfnisse und die Qualitäten des Wohnens im Mittelpunkt (siehe BWO 2015, Dömer et al. 2016). Ebenso lässt sich so nach dem langfristigen Wert eines Wohnobjekts für Eigentümer und langfristige Bestandshalter fragen. Die Deutsche Gesellschaft für Nachhaltiges Bauen unterscheidet beispielsweise in der Bewertung von Wohngebäuden im Neubau zwischen den gewünschten Qualitäten, beispielsweise der ökologischen, ökonomischen, soziokulturellen und funktionalen Qualität, und den dazugehörigen Kriterien, die geeignet sind, diese Qualitäten zu bewerten (DGNB 2015). Dabei wird jedoch keine Verknüpfung zwischen Inputvariablen und ihrem Effekt auf die verschiedenen Qualitätsbereiche hergestellt. Auch bleibt außen vor, dass Inputgrößen zugleich Auswirkungen auf verschiedene Qualitäten haben.

In der Diskussion um Wohnstandards schlägt dieses Forschungsprojekt ein Modell vor, das Produkteigenschaften und Wohnqualitäten verknüpft. Die Produktdefinition folgt den Kriterien auf den drei Ebenen Wohnung, Gebäude und Wohnanlage, Wohnumfeld und Quartier. Dabei schlägt sich das Potenzial des Ortes in der neu entwickelten Wohnlösung deutlich nieder (BWO 2015: 6).

Die Wohnqualitäten sind als die Effekte dieser Produkteigenschaften bei den verschiedenen Zielgruppen zu verstehen. Dabei werden acht Qualitätsbereiche unterschieden: Gestaltung, Funktionalität und Nutzung, Gesundheit, Behaglichkeit und Komfort, Sicherheit und Haltbarkeit, Ökonomie, Ökologie, Zusammenleben und Quartier.

Die einzelne Qualität wird im Zusammenspiel verschiedener Inputgrößen, von der Wohnung bis zum Quartier erreicht. Einzelne Inputgrößen haben dabei Effekte auf verschiedene Qualitätsbereiche.

Gesamtpaket mit Gestaltungsspielraum

Damit wird deutlich: Erst das Zusammenspiel verschiedener Variablen führt zu bestimmten Wohnqualitäten. Für den Nutzer und auch den Bestandshalter steht nicht die einzelne Zutat im Fokus, sondern es kommt letztlich auf das Gesamtpaket an. Dadurch entsteht Raum für Gestaltung und auch für Innovation. Denn jede örtliche Situation ist anders, jeder Bauherr und Nutzer hat eigene Vorstellungen und Prioritäten. Im Gesamtpaket lassen sich Abwägungen treffen,

Prioritäten setzen, Potenziale des Ortes nutzen und letztlich differenzierte und bedürfnisgerechte Wohnqualitäten realisieren. Dabei ist sicher eine Grundausstattung im Blick zu behalten und es sind Mindeststandards einzuhalten. Das schweizerische Wohnungs-Bewertungs-System schlägt allerdings explizit vor, dass fehlende Grundausstattungen in einem Bereich durch innovative und qualitätvolle Lösungsansätze an anderer Stelle kompensiert werden können (BWO 2015: 8).

Das entwickelte Modell mit einer Verknüpfung von Produkteigenschaften und Wohnqualitäten bietet damit Raum für Aushandlung zwischen verschiedenen Sachthemen und räumlichen Maßstäben sowie zwischen verschiedenen Qualitätsbereichen des Wohnens. Es bildet die gedankliche Grundlage, auf der das Wohnen „jenseits des Standards" zu erforschen ist – auch wenn das Modell im weiteren empirischen Forschungsprozess in diesem Grad der Differenzierung nicht zum Einsatz kommen wird. Der gewählte qualitative Forschungsansatz soll sich als geeignet erweisen, auf einer breiten Basis von Fallstudien relevante Kriterien, ihre wechselseitigen Abhängigkeiten sowie die daran anknüpfenden Abwägungen und Priorisierungen im Wohnen „jenseits des Standards" zu entdecken.

Forschungsdesign

Das Forschungsprojekt untersucht Wohnen „jenseits des Standards" mit einem ausgeprägt analytischen Ansatz. Basierend auf der Konzeption von Wohnen als Aushandlungsprozess erfolgte die qualitative empirische Arbeit in drei Schritten.

Erstens: Fallstudien
Im ersten Schritt wurden 15 realisierte Projekte „anderer" Akteure erfasst und analysiert. Dabei wurde ein breites Spektrum an Akteuren und Projekten ausgewählt. Die Projektauswahl umfasst Neubauten und Umbauten und variiert in Bezug auf den Kontext – von der Großstadt bis hin zu ländlich geprägten Räumen. Die Fallstudien wurden an den vier Leitfragen entlang qualitativ entwickelt und schwerpunktmäßig durch Experteninterviews sowie ergänzende Dokumentanalysen und Vor-Ort-Begehungen durchgeführt.

Zweitens: Quervergleich
Im zweiten empirischen Schritt wurden die Fallstudien einem systematischen Quervergleich unterzogen. Die Fälle wurden auf den fünf Ebenen Rahmenbedingungen, Akteure, Prozesse und Lösungen sowie den sich daraus ableitenden Handlungslogiken „anderer" Akteure zusammengeführt. In einer qualitativen Inhaltsanalyse wurden Kategorien gebildet und argumentative Zusammenhänge zu den Aushandlungsprozessen des Wohnens herausgearbeitet. Die Zwischenergebnisse wurden im Sommer 2018 in einem Workshop mit den Akteuren der untersuchten Fallstudien sowie weiteren Experten validiert und in Hinblick auf Folgerungen für „andere" und etablierte Akteure diskutiert.

Drittens: Übertragbarkeit
Basierend auf den Ergebnissen des Quervergleichs wurden elf Thesen zur Übertragbarkeit entwickelt und unter den Perspektiven Skalierung und Funktionalität, Individuum und Nachbarschaft sowie Stadtentwicklung und Baukultur geclustert. Diese Thesen wurden im Herbst 2018 in drei Fokusgruppen mit etablierten Akteuren aus den Bereichen kommunale und gemeinnützige Wohnungsbaugesellschaften, langfristige Bestandshalter und Entwickler, alte Genossenschaften sowie Verantwortliche aus Verwaltung, Finanzwirtschaft und Planung erörtert. Daraus leiten sich die Herausforderungen und Grenzen der Übertragbarkeit ab.

Hinweise für den Leser
Die Ergebnisse des Forschungsprojekts werden in diesem Buch in drei Hauptkapiteln dargestellt. Der Quervergleich zeigt in fünf Kapiteln die analytische Essenz der empirischen Arbeit. Darin hat das Kapitel der Lösungen mit 24 Innovationsfeldern zu Wohnen „jenseits des Standards" die Form eines Nachschlagewerks. Die Kapitel des Quervergleichs können jeweils einzeln gelesen werden und bieten „anderen" wie auch etablierten Akteuren strukturiertes Wissen aus den 15 Fallstudien. Das Kapitel der Übertragbarkeit hat einen thesenartigen Charakter und will damit in der Praxis der Wohnraumschaffung Lernprozesse und Diskussionen anregen. Der Bezug zur empirischen Basis der Fallstudien wird in den Kapiteln Quervergleich und Übertragbarkeit fortlaufend hergestellt, wodurch abstrahierte Zusammenhänge an Anschaulichkeit gewinnen. Die 15 Fallstudien sind im letzten Kapitel dieses Buchs entlang einer einheitlichen textlichen und grafischen Struktur aufbereitet. Interessierte Leser finden hier vertiefte Einblicke in die Genese und Ergebnisse der untersuchten Wohnbauprojekte.

Schritte im Forschungsprozess:
Fallstudien, Quervergleich und Übertragbarkeit

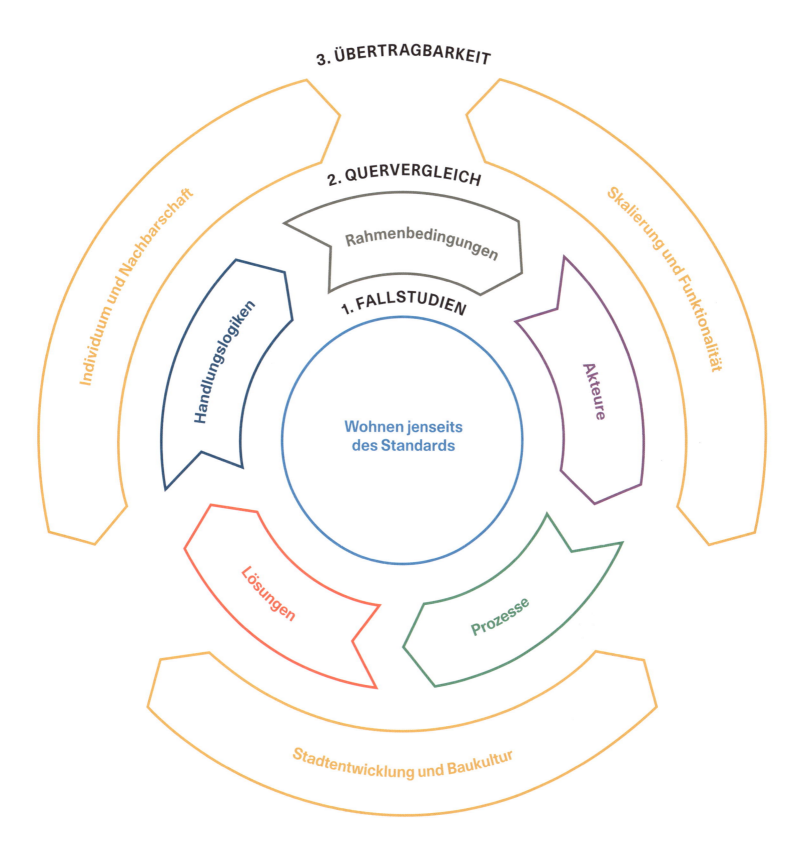

Fallstudien

Wohnen „jenseits des Standards" – dafür sucht das vorliegende Forschungsprojekt nach Evidenz. Es wurden Projektentwicklungen „anderer" Akteure betrachtet, die Wohnen in offenen, dialogorientierten Prozessen herstellen und über ihre andersartigen Herangehensweisen vielfach auch zu anderen Lösungen kommen. Solche Wohnprojekte wurden an anderer Stelle schon vielfach publiziert und diskutiert. Sie zu zeigen ist nicht neu. Die Forschungsarbeit zeichnet sich durch einen analytischen Blick auf diese Projekte in Verbindung mit einer breiten empirischen Basis aus. Dazu wird ein Sample von 15 Fallstudien untersucht, die seit zwei bis 19 Jahren realisiert sind und bewohnt werden. Die an den Projekten beteiligten Akteure haben jeweils längere Prozesse der Projektentwicklung, Realisierung und des Betriebs durchlaufen, dabei zahlreiche Erfahrungen gemacht und oftmals die eigenen Wahrnehmungen und Herangehensweisen nachjustiert oder korrigiert – viele Akteure haben also selbst dazugelernt. Die Untersuchung zeigt, dass jedes Projekt anders und stark durch ein spezifisches Umfeld und die jeweilige Konstellation von Akteuren geprägt ist. Doch bei 15 Fällen stellt sich eine gewisse Sättigung der Argumente ein. So stützen sich die Argumente des Quervergleichs jeweils auf mehrere Fallstudien und im Verlauf der Analyse nahm die Zahl der hinzukommenden Argumente ab. Die Fälle sind keine bloße Beispielsammlung, sondern dienen als eine analytische Basis zur Entwicklung von Perspektiven der Übertragbarkeit – und zwar nicht der Projekte als Ganzes, sondern einzelner relevanter Lösungsbausteine und der dazugehörigen Vorgehensweisen.

Kriterien zur Fallauswahl
Die Auswahl der Fälle erfolgte in einem mehrstufigen Prozess entlang einem Set von Kriterien. Das Ziel war, möglichst vielfältige Projektentwicklungen „anderer" Akteure zu erfassen, um eine valide Basis für die Fragen der Übertragbarkeit zu generieren. Folgende Kriterien waren für die Fallauswahl relevant:

„Andere" Akteure: Die Fälle sollten durch „andere" Akteure entwickelt worden sein, die als langfristige Bestandshalter einen Fokus auf Eigen- und Gemeinnutz haben, dabei in offenen Strukturen arbeiten und selbst Lernprozessen unterliegen sowie einen hohen Grad der Kommunikation und Aushandlung innerhalb der Projektgenese praktizieren. In Frage kamen Projekte von Genossenschaften, Baugruppen, Vereinen sowie Projekte, die durch Stiftungen, gemeinnützige Bauträger oder das Mietshäuser Syndikat unterstützt werden.

Erfahrungshorizont: Die zu untersuchenden Akteure sollten dabei längerfristige, über ein einzelnes Projekt hinausgehende Erfahrungen mitbringen. Für das Untersuchungssample wurde ein Mix von Projekten mit länger zurückliegendem und solchen mit jüngerem Zeitpunkt der Fertigstellung und Inbetriebnahme angestrebt. Die Lernprozesse der beteiligten Akteure sind Teil der Fallanalyse, daher sind einige Akteure auch mit zwei Projekten vertreten.

Geschosswohnungsbau: Die empirische Untersuchung umfasst ausschließlich Fälle von verdichtetem Wohnen in Mehrfamilienhäusern, überwiegend Geschosswohnungen. Die räumliche Organisation und die Abstimmung von Nachbarschaft und Zusammenleben sowie der Umgang mit knappen Flächen und begrenzten materiellen Ressourcen sind inhärenter Bestandteil der Aushandlungsprozesse in den Projekten. Das ist deshalb relevant, weil sich auch die Frage der Übertragbarkeit auf bestehende oder neu zu errichtende Wohnungsbestände für verdichtetes Wohnen bezieht, die einen breiten Mix an Zielgruppen ansprechen sollen.

Neubau und Bestand: Um eine große Vielfalt an Aushandlungsprozessen im Sample abzubilden, wurde ein Analyse-Mix aus Neubauten und Bestandsentwicklungen angestrebt. Denn die räumliche Ausgangslage an einem Standort mit seinen Qualitäten und Defiziten bildet sich in dem Gesamtpaket der entwickelten Lösungen ab. So kann ein im Bestand notwendiges situatives Eingehen auf eine vorhandene Struktur als Treiber für Lösungen „jenseits des Standards" wirken.

Größe der Projektentwicklung: Der Fokus auf erfahrene Akteure spiegelt sich in den Projektgrößen wider. Die Skalierung der Projekte von kleineren Mehrfamilienhäusern mit fünf bis zehn Parteien bis hin zu Wohnanlagen mit bis zu 100 und mehr Wohneinheiten steht teilweise in Wechselwirkung mit den Lernprozessen und der zunehmenden Professionalisierung einzelner „anderer" Akteure. In die Aushandlungsprozesse fließen damit zunehmend Fragestellungen und Lösungsansätze zu den Maßstäben der Wohnanlage, des Wohnumfelds und des Quartiers mit ein.

Räumlicher Kontext: „Andere" Akteure sind in einem spezifischen Umfeld aktiv. Oft sind es große, wachsende Städte, Städte mit einem alternativen und zahlungskräftigen Klientel in einem universitären Umfeld oder Städte, die über viele Jahre „andere" Akteure aktiv unterstützt haben, in denen sich neue Trägerformen jenseits etablierter Akteure am Wohnungsmarkt entwickeln. Die Fallauswahl sollte neben diesen üblichen Kontexten auch Projekte aus kleinen Städten und ländlich geprägten Räumen einbeziehen, ebenso wie aus stagnierenden und schrumpfenden Umfeldern. Neben zwölf deutschen Projekten wurden zwei Projekte aus der Agglomeration Zürich und ein Wiener Projekt betrachtet.

Übersicht Fallstudien

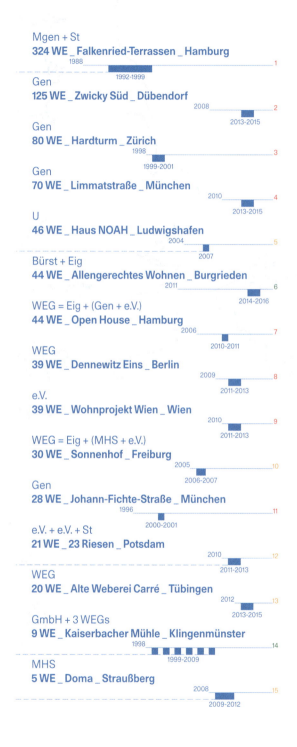
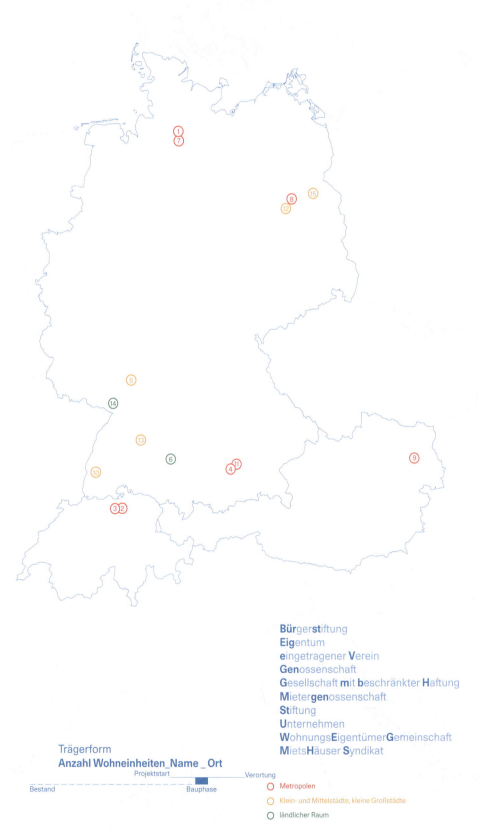

23 Einleitung / Forschungsdesign

Auswahlstrategie

Basierend auf den festgelegten Kriterien wurde eine Such- und Auswahlstrategie entwickelt, die sich den Fällen über die Identifikation von erfahrenen „anderen" Akteuren annäherte. Dabei sollte sowohl ein Mix von Trägermodellen als auch eine Vielfalt von Projekten in variierenden räumlichen Kontexten abgebildet werden. Die Suche und der Mix der Fälle folgte vier Kategorien von Akteuren:

- **Junge Genossenschaften**, die über mehr als 15 Jahre neue Projekte entwickeln und dabei ihre Strukturen, Prozesse und Lösungen fortentwickeln.
  → In dieser Kategorie wurden die zwei Genossenschaften Kraftwerk1 in Zürich und WOGENO in München ausgewählt und jeweils ein älteres und ein jüngeres Projekt in die Fallauswahl aufgenommen.
- **Baugruppen**, betreut durch erfahrene Architekten, die über die stets individuellen Bauherrschaften hinaus Erfahrungen sammeln und in ihre Konzeption, Planung und Betreuung von Projekten einfließen lassen.
  → Die Baugruppen wurden über erfahrene Architekturbüros ausgewählt und ein Projekt in Berlin und eines in Tübingen in das Sample aufgenommen.
- **Stiftungen und Vereine**, die langfristig in Wohnen investieren oder dieses langfristig begleiten und sichern und deren Erfahrungen sich auf eine größere Anzahl betreuter Projekte stützen.
  → Die Fallauswahl umfasst zwei Hausprojekte des Mietshäuser Syndikats, in Freiburg und Strausberg bei Berlin, ein durch das Martinswerk e.V. unterstütztes Projekt in Potsdam sowie eine Baugruppe in Klingenmünster in der Pfalz, die in engem Kontakt mit der Bürgerstiftung Pfalz steht.
- **Projektentwickler, Bauträger und Berater**, die mit einem hohen Anspruch an Zusammenleben und Gemeinwohl Projekte betreuen und entwickeln.
  → Das Wohnprojekt Wien wurde durch einen gemeinnützigen Bauträger entwickelt, die WohnBauBeratung in Karlsruhe hat ein verdichtetes Wohnprojekt im oberschwäbischen Dorf Burgrieden wie auch die Modernisierung eines Wohnhochhauses in Ludwigshafen mit initiiert und beraten. Die Stattbau in Hamburg hat die Falkenried-Terrassen und das Open House begleitet.

Fallanalyse

Die Fallanalyse bezieht sich auf Forschungsfrage 1 – Neue Lösungen – sowie Forschungsfrage 2 – Aushandlungsprozesse. Die Analyse wurde mit vier Leitfragen operationalisiert:

- **Rahmenbedingungen:** Welche räumlichen Rahmenbedingungen und welche gesellschaftlich-politische Ausgangslage prägen die Lösungen?
- **Akteure:** Welche Rollen spielen verschiedene Akteure in den verschiedenen Projektphasen bei der Entwicklung der Lösungen?
- **Prozesse:** In welchen Projektphasen und mit welchen Vorgehensweisen werden die Lösungen entwickelt?
- **Lösungen:** An welchen Lösungen arbeiten die Akteure und wie bewähren sich diese nach ihrer Realisierung?

Mit diesen Leitfragen wurden sowohl die Ergebnisse der Projektentwicklung mit ihren Erfahrungen und Effekten in Nutzung und Betrieb betrachtet als auch die Wege dahin, also der Kontext, die Strukturen und Prozesse der jeweiligen Fälle erfasst. Die Fallanalyse hat damit den Anspruch, einen vertieften Einblick in die Projekte zu generieren und das Zusammenspiel der verschiedenen Komponenten in Prozess und Ergebnis herauszuarbeiten. Dieses Wissen über die Fälle wurde maßgeblich über Experteninterviews erhoben – und durch Dokumentenanalysen und Vor-Ort-Begehungen ergänzt.

Die Experteninterviews wurden mit Akteuren geführt, deren Perspektiven im Projekt unterschiedlich waren. Dabei wurden für jeden Fall möglichst folgende fünf Perspektiven erfasst: 1) Leitungsebene, also Vorstand oder Projektleitung, des „anderen" Akteurs, 2) Verwaltung, Betreuer oder Bewohnersprecher vor Ort, 3) Bewohner, 4) Externe Berater des „anderen" Akteurs, das beauftragte Planungsteam oder der gewählte Architekt, 5) Kommune mit Politik, Stadtplanung oder Genehmigungsbehörde.

Für die 15 Fälle wurden im Zeitraum Sommer 2017 bis Frühjahr 2018 rund 100 Interviews durchgeführt. Die vier Leitfragen wurden für die Interviews operationalisiert und in einen Gesprächsleitfaden und ein Auswertungsschema überführt. Die Interviews wurden im Anschluss teiltranskribiert und entlang des Auswertungsschemas ausgewertet. Dabei ließen sich übereinstimmende und abweichende Wahrnehmungen der befragten Akteure feststellen. Das Kapitel Fallstudien fasst die Ergebnisse pro Projekt entlang der vier Leitfragen zusammen. Der jeweilige Lösungsansatz wird mit einer einheitlichen räumlichen Darstellung illustriert – ergänzt durch Illustrationen zur Projektgenese und der Wirkung des Projekts am Standort. In einer Zeitleiste werden die Akteure mit ihren Rollen und Vorgehensweisen in den verschiedenen Phasen der Projekte synoptisch dargestellt.

Quervergleich

Die Ergebnisse der Fallstudien wurden in einem zweiten analytischen Schritt einem systematischen Quervergleich auf fünf Ebenen unterzogen: Rahmenbedingungen, Akteure, Prozesse und Lösungen sowie die sich daraus ableitenden Handlungslogiken der „anderen" Akteure. Der Quervergleich basiert auf einer qualitativen Inhaltsanalyse, die an den Leitfragen der Fallanalyse ansetzt. Über alle 15 Fälle hinweg werden Kategorien gebildet, um wiederkehrende Strukturen wie auch Besonderheiten einzelner Fälle zu entdecken. Daran anschließend wurden die argumentativen Zusammenhänge zwischen Rahmenbedingungen, Akteuren, Prozessen und Lösungen und damit die wechselseitigen Abhängigkeiten in den Aushandlungsprozessen des Wohnens herausgearbeitet. Die Interviewpartner der Fallstudien wurden gemeinsam mit weiteren Expertinnen und Experten im Sommer 2018 zu einem Workshop eingeladen, um ihnen die Zwischenergebnisse des Quervergleichs zu präsentieren, diese im gemeinsamen Gespräch zu validieren und in Hinblick auf Folgerungen für „andere" und etablierte Akteure zu diskutieren.

Übertragbarkeit

Basierend auf den Ergebnissen des Quervergleichs wurden Empfehlungen zur Übertragbarkeit entwickelt. Ausgangspunkt für das Lernen von „anderen" Akteuren sind bestehende Probleme und Aufgaben von Wohnungsbau, Wohnungsmarkt, Orts- und Stadtentwicklung, zu denen Lösungen „jenseits des Standards" mit positiven Effekten beitragen können. Die Zielgruppen der Übertragbarkeit sind etablierte Akteure, ob als Projektentwickler, Bauherrschaften und Eigentümer oder als Partner, Unterstützer und Regulierer in Politik und Verwaltung, in Finanzwirtschaft, Planung und Bauwirtschaft. Aus dem Quervergleich wurden elf Thesen zur Übertragbarkeit entwickelt und den übergeordneten Perspektiven Skalierung und Funktionalität, Individuum und Nachbarschaft sowie Stadtentwicklung und Baukultur zugeordnet. Diese Thesen wurden im Herbst 2018 in drei Fokusgruppen mit etablierten Akteuren in Stuttgart, Köln und Erfurt in Hinblick auf ihre Chancen, Herausforderungen und Grenzen diskutiert.

Grenzen der Methodik

Das Forschungsprojekt untersucht Wohnen „jenseits des Standards" entlang gelungener Projekte. Diese wurden erfolgreich realisiert und sind seitdem fortlaufend bewohnt. In vielen der Projekte gab es Krisen und einige der befragten Akteure räumen auch ein, dass sie Schwachstellen sehen und das eine oder andere inzwischen anders machen würden. In dem Workshop mit den „anderen" Akteuren war schnell klar geworden: Die Quote des Scheiterns von Projekten „jenseits des Standards" ist sehr hoch. Es wurde angeregt, auch gescheiterte Projekte zu untersuchen, weil sie viel Stoff zum Lernen bieten können.

Im Sample der Fälle, die nach einem Kriterienkatalog in einem mehrschichtigen Verfahren ausgewählt worden waren, sind ländliche Räume und stagnierende und schrumpfende Standorte weniger stark repräsentiert. Ebenso zeigen sich deutliche geografische Lücken in Mittel- und Westdeutschland. Der Blick nach Österreich und in die Schweiz erfolgt mit den Standorten Wien und Zürich nur sehr selektiv.

In der Fallauswahl war die hinreichende Erfahrung der „anderen Akteure" und ihrer Projekte ein wichtiges Kriterium. Doch sind bei dem Erfahrungsschatz, der in den ausgewählten Fällen steckt, auch Einschränkungen festzustellen. Sieben Projekte sind erst seit fünf und weniger Jahren fertiggestellt, ein Zeitraum, der womöglich zu kurz ist, um zu erkennen, welche Lösungen „jenseits des Standards" langfristig tragen.

In der empirischen Arbeit wird deutlich, dass zahlreiche Projekte – vielfach beabsichtigte – Wirkungen auf ihr Umfeld entfalten. Die Interviews fokussieren allerdings die an den Projekten beteiligten Akteure, nur einzelne Interviewpartner waren nicht Teil der Projektgenese. Die Außensicht auf die Projekte wurde damit nicht systematisch erhoben. Es wurde keine eigentliche Analyse der Wirkung der Projekte in ihrem Umfeld durchgeführt.

In seiner empirischen Ausrichtung verfolgt das Projekt durchgehend einen qualitativen Forschungsansatz. Im Fokus stehen die Wechselwirkungen zwischen Prozessbausteinen und Lösungsansätzen, die Priorisierungen und Neuentwicklungen in verschiedenen Lösungsfeldern sowie die Wahl verschiedener Lösungspakete von der Wohnung bis zum Umfeld. Die Fälle wurden im Forschungsprojekt allerdings nicht quantitativ erfasst und ausgewertet. Es wurden keine Kosten, Flächen oder Ausstattungsmerkmale erhoben und auch die angesprochenen Zielgruppen wurden weder Lebensstilgruppen noch Nachfragesegmenten in den jeweiligen Wohnungsmärkten zugeordnet. Die Vorschläge zur Übertragbarkeit haben demzufolge einen Thesencharakter. Sie setzen an qualitativen Wirkungszusammenhängen von Wohnen „jenseits des Standards" an und lassen keine quantitativen Abschätzungen des Einsatzbereiches und der zu erwartenden Effekte der empfohlenen Übertragbarkeiten zu.

Quervergleich

Übersicht Rahmenbedingungen

Rahmenbedingungen

Um aus den Handlungsansätzen und Lösungen anderer, inzwischen zunehmend erfahrener Akteure am Wohnungsmarkt zu lernen, ist ein genaues Hinschauen notwendig. Erst wenn die Rahmenbedingungen analysiert sind, also die Ausgangslage am Standort, der Kontext der räumlichen Entwicklung sowie die Bedingungen, unter denen Genossenschaften, Baugemeinschaften, Vereine, Stiftungen und anders organisierte Bauherrschaften ihre Projekte entwickeln, lassen sich Optionen für die Übertragbarkeit erkennen und diskutieren. Denn diese Rahmenbedingungen beeinflussen den Prozess, das Ergebnis und den nachhaltigen Erfolg eines Projekts. Umgekehrt hat jedes Projekt auch Auswirkungen auf die Bedingungen am Standort.

Die 15 untersuchten Fallbeispiele wurden so gewählt, dass ihre Ausgangslagen variieren: Neben Projekten in Metropolräumen umfasst das Sample Projekte in ländlichen Gemeinden sowie in Klein- und Mittelstädten und kleinen Großstädten. Neben starken, wachsenden Räumen wurden – wenige – stagnierende und schrumpfende Standorte aufgenommen.

Der Quervergleich der Rahmenbedingungen der 15 Einzelfälle schärft einerseits das Verständnis dafür, welche Bedürfnisse und Anlässe bei den unterschiedlichen Akteuren, die jenseits der klassischen Entwickler, Investoren und Wohnungsbaugesellschaften zu finden sind, den Impuls für ihre Projekte geben. Andererseits zeigt er, welche Ressourcen und Gestaltungsspielräume notwendig sind, um diese Projekte erfolgreich zu entwickeln.

Die Erkenntnisse zu den Rahmenbedingungen werden auf folgenden Ebenen beschrieben: Von den globalen Voraussetzungen in der Stadt- und Regionalentwicklung über spezifische Voraussetzungen, die sich an einzelnen Orten und in Quartieren zeigen, bis hin zum einzelnen Standort und Grundstück, das es zu akquirieren und entwickeln gilt.

Mehr Wohnangebote für sich wandelnde Bedürfnisse in Wachstumsmärkten

Wohnungsmarkt unter Druck
Hohe Wohnungsnachfrage in wachsenden Stadtregionen, Angebotsknappheit, steigende Kauf- und Mietpreise, Verdrängungseffekte

Schleichender Wandel
Wandel der Bedürfnisse im Zuge des soziodemografischen Wandels, zunehmende Vielfalt der Lebensstile, schlummernde Nachfrage, Markt reagiert (noch) nicht oder nur schleppend

Strukturschwäche
Ökonomischer und demografischer Wandel, Abwanderung, Abwärtsbewegungen von Standorten und Vierteln, fehlende Nachfrage, soziale Destabilisierung, fehlende starke Zielgruppen

Neue Angebote für schlummernde Nachfrage als Impulsgeber in schwachen Wohnungsmärkten

Globale Voraussetzungen

Die räumliche Dynamik wie auch die Entwicklung am Immobilien- und Wohnungsmarkt sind wichtige, übergeordnete Parameter für die Genese der untersuchten Projekte. Städte, die für Wohnprojekte alternativer Trägerschaften bekannt sind, wie Tübingen oder Freiburg im Südwesten Deutschlands, die Großstädte Berlin, Hamburg und München oder Wien und Zürich sind heute wachsende Räume mit steigenden Immobilien- und Mietpreisen. Das Projektsample legt den Fokus auf erfahrene Akteure und umfasst eine Zeitspanne von bis zu 25 Jahren. In diesem Zeitraum fanden auch in den genannten Räumen strukturelle Veränderungen statt, die die Vorzeichen der Projektentwicklung zum Teil umkehrten. So steckte Zürich Mitte bis Ende der 1990er Jahre in einer tiefen Immobilienkrise mit gleichzeitigem Wohnraummangel, auf den das Projekt ↗ *Hardturm* reagiert. In dem einst stagnierenden Berlin hat die rasante Entwicklung am Wohnungsmarkt erst nach 2010 eingesetzt, ein Wandel, in den hinein ab 2009 das Projekt ↗ *Dennewitz Eins* entwickelt wurde.

Wohnungsmarkt unter Druck
Die Zunahme an Arbeitsplätzen und das Wachstum der Bevölkerung sowie die wachsende Zahl kleiner Haushalte führen in zahlreichen Städten und Agglomerationsräumen zu einem deutlichen Nachfrageüberhang und in der Folge zu steigenden Kauf- und Mietpreisen für Wohnraum. Seit rund 10 Jahren verschärft die Anlagekrise am Kapitalmarkt den Run auf Immobilien. In den betroffenen Städten und Regionen ist damit insbesondere bezahlbarer Wohnraum Mangelware geworden. Zudem zeigen sich in einzelnen Quartieren oder weiten Teilen des zentralen Stadtgebiets Aufwertungs- und Verdrängungseffekte. Die Kommunen reagieren mit erhöhten Anstrengungen, im Zuge von Nachverdichtung, Konversion oder Stadterweiterung neuen Wohnraum zu schaffen.

In diesem Umfeld entwickeln sich alternative Trägerschaften, deren Ziel es ist, das knappe Gut Wohnen jenseits der schnellen Verwertung am Wohnungsmarkt zu erschaffen und langfristig zu halten. Die Gründung der Genossenschaften Kraftwerk1 in Zürich und WOGENO in München vor gut 20 Jahren sind zwei Beispiele dafür, wie sich aus ersten alternativen Ansätzen starke Akteure für die Stadtentwicklung und Treiber für neue Formen der Wohnraumschaffung entwickelt haben. Das zeigt sich deutlich bei ihren jüngeren Projekten ↗ *Zwicky Süd* und ↗ *Limmatstraße*. Die Städte haben diese Impulse aufgenommen, die Information und Vernetzung alternativer Bauherrschaften gestärkt und das Grundstücksangebot für Genossenschaften und Baugemeinschaften im Rahmen der eigenen Vergabe stark ausgeweitet.

Die Städte Tübingen und Freiburg, wo sich in den letzten zwei Jahrzehnten eine starke Szene von Baugemeinschaften gebildet hat, wollten mit ihren Strategien zunächst vorrangig einkommensstarke Haushalte und Familien in der Stadt halten und in attraktiven Stadtvierteln flächensparende Alternativen zum Einfamilienhaus bieten. Heute stehen auch diese Städte vor der Herausforderung, bezahlbaren Wohnraum zu entwickeln, der der Verwertung am Immobilienmarkt langfristig entzogen ist, wie beispielsweise im Fall des ↗ *Sonnenhofs* in Freiburg Vauban.

Strukturschwäche

Einige Projekte liegen in strukturschwachen Räumen oder an Standorten, die von ökonomischen und sozialen Abwärtsbewegungen betroffen sind. Dazu zählen die ↗ *Kaiserbacher Mühle* in der Südpfalz, das ↗ *Haus NOAH* in Ludwigshafen sowie das Projekt ↗ *Doma* in Strausberg bei Berlin. Das Sample ist hier deutlich kleiner als bei den wachsenden Räumen. Dennoch zeigen die Beispiele, dass es alternative Trägerschaften und Projektentwicklungen auch dort gibt, wo Städte und Regionen stagnieren oder schrumpfen und eine fehlende Nachfrage in Verbindung mit fehlenden finanziell starken Zielgruppen die Destabilisierung des sozialen Gefüges wie auch des Wohnungs- und Immobilienmarktes vorantreibt. Die Projekte werden von Gruppen getragen, die sich rund um engagierte Einzelpersonen gebildet haben, oder sie sind, wie im Fall von Ludwigshafen, Ausdruck einer stark von Eigentümer und Kommune vorangetriebenen Entwicklung.

Schleichender Wandel

In beiden Fällen, sowohl in wachsenden als auch in schrumpfenden Räumen, reagieren die alternativen Trägerschaften und Projektentwicklungen auf sich wandelnde Bedürfnisse. Lebensstile differenzieren sich weiter aus und der demografische Wandel führt neben der Alterung auch zu einer Zunahme der Kleinhaushalte. Der Bedarf an Kontakt, Betreuung und Pflege vor Ort nimmt zu. Mit unsteten Erwerbsbiografien jenseits des klassischen Angestelltenverhältnisses, hohen Scheidungsraten und mehr Patchworkfamilien nimmt das individuelle Risiko in der Lebensgestaltung zu. Eine dauerhaft bezahlbare Wohnung und ein geeignetes Wohnumfeld können dieses Risiko reduzieren. Darüber hinaus entwickelt sich in unterschiedlichen Bevölkerungsgruppen zunehmend der Wunsch nach nachhaltigen Lebensweisen, die Mobilität und Konsum anders gestalten und möglichst wenig Ressourcen verbrauchen.

Das Wohnungsangebot reagiert heute vielerorts auf diesen schleichenden Wandel der Bedürfnisse noch nicht – oder nur schleppend. Was auch daran liegt, dass zu wenig Bewusstsein für die genaue Bedürfnislage besteht. „Andere" Akteure entwickeln einen Blick und entsprechende Angebote für diese schlummernde Nachfrage, aus der sich so wiederum neue Marktpotenziale ergeben. Dies ist etwa dann der Fall, wenn die Nachfrage nach einer neuartigen Lösung in der Phase der Projektentwicklung zunächst niedrig ist, nach der Fertigstellung aber stark ansteigt. Dabei kann es sowohl um mehr Wohnangebote für sich wandelnde Bedürfnisse in Wachstumsmärkten gehen, wie beispielsweise im Fall des ↗ *Wohnprojekts Wien*, als auch um neue Angebote für die schlummernde Nachfrage in schwachen Wohnungsmärkten, die dort als Impulsgeber wirken, wie am Beispiel ↗ *Burgrieden* deutlich wird.

Spezifische Voraussetzungen

Jenseits dieser übergeordneten Parameter erklären sich zahlreiche Projekte aus den spezifischen Voraussetzungen vor Ort oder im Quartier. Diese erwachsen aus den lokalen Besonderheiten und Prozessen oder gehen auf Impulse von außen zurück. Die Kenntnis der Bandbreite dieser stärker situativen Rahmenbedingungen sensibilisiert dafür, wie ein produktives Projektumfeld gepflegt und entwickelt werden kann.

Starke Bedürfnisse, bestehende Defizite

Zahlreiche Fälle entwickeln sich aus starken eigenen Bedürfnissen der Projektmacher und späteren Nutzer, die ein hohes Engagement und Bereitschaft zu Ehrenämtern entwickeln, wie beispielsweise in den Fällen ↗ *Kaiserbacher Mühle* in Klingenmünster, ↗ *Open House* in Hamburg Wilhelmsburg oder ↗ *23 Riesen* in Potsdam. Auslöser kann ebenso ein wahrgenommenes Defizit sein, wie beispielsweise im Projekt ↗ *Hardturm* die Immobilienkrise bei gleichzeitiger Wohnungsnot in Zürich, oder eine Bedrohung der eigenen Wohnsituation wie die beabsichtigte Flächensanierung der ↗ *Falkenried-Terrassen* in Hamburg.

Vorgeschichte und Ortsverbundenheit

In einigen Fällen sind starke Vorgeschichten und mehrjährige Prozesse zu erkennen, während derer Vorläuferaktivitäten stattfanden und Akteure und Ressourcen sich entwickelt haben. Im Fall von ↗ *Doma* ist die Projektgruppe aus ihrem früheren Engagement in einem alternativen Jugendtreff hervorgegangen. In Burgrieden arbeitete ein engagierter Kreis seit mehreren Jahren daran, nachbarschaftliche Begegnung, Austausch und Selbsthilfe im Dorf zu stärken. Daraus entstand die Idee für das Projekt ↗ *Allengerechtes Wohnen*.

Lokale Ressourcen

In diesen Vorläuferprozessen entwickeln sich am Ort Ressourcen, die ein Projekt begünstigen. Netzwerke werden geknüpft und soziales Kapital gebildet. Ebenso kann Vertrauen in eine Gruppe wachsen – von innen und außen. Genossenschaften fördern genau diese Prozesse, wenn sie nacheinander mehrere Projekte entwickeln. In ↗ *Zwicky Süd* treffen langjährige Genossen auf neue Zielgruppen, die am Ort angesprochen werden. So können die Grundideen der Genossenschaft vermittelt und zugleich standortbezogen weiterentwickelt werden. Dieser Zugang zu lokalem finanziellen Kapital ist ein entscheidender Schlüssel, der sowohl im Fall ↗ *Doma* als auch beim ↗ *Allengerechten Wohnen* gelingt.

Impulse und Programme

Projekte können sich angeregt von Anstößen, Anreizen und Förderungen von außen entwickeln. Die Initiative für das ↗ *Haus NOAH* geht auf übergeordnete Programme der Metropolregion und des Bundes zurück, die sich mit Wohnen im Alter befassten. Ohne die Expertise, die Qualitätssicherung und die Finanzierung, die von der IBA Hamburg gewährleistet wurden, hätte sich das Projekt ↗ *Open House* in dieser Form nicht entwickeln können. Die Entwicklung der Grundidee für das ↗ *Allengerechte Wohnen* wurde von einer Fortbildungsveranstaltung angestoßen.

Politisches Umfeld

Die Akteure alternativer Projektentwicklungen bewegen sich in einem lokalpolitischen Kontext. Das Verhältnis der Politik zum Projekt reicht von aktiv unterstützend bis abwartend und distanziert. Aus den Erfahrungen mit dem Projekt entwickelt sich das politische Umfeld weiter. In Burgrieden entsteht das Projekt ↗ *Allengerechtes Wohnen* aus der Mitte der Gemeinde und Lokalpolitik. In Klingenmünster sind die Akteure rund um die ↗ *Kaiserbacher Mühle* zunächst Exoten im Dorf. Einige Jahre später wird unter ihrer Mitwirkung die Bürgerstiftung Pfalz gegründet und zusammen mit Gemeinderäten die Dorfentwicklung neu ausgerichtet. Die ↗ *Falkenried-Terrassen* erhalten kommunale Unterstützung auch deshalb, weil ein offener Konflikt oder gar Häuserkampf, wie in der Hamburger Hafenstraße, vermieden werden soll.

Grundstücksakquise

Im Hinblick auf die Vergabe und den Erwerb eines Grundstücks zeigen sich in den Projekten ganz spezifische Rahmenbedingungen und Anforderungen. Die erfolgreiche Grundstücksakquise ist oft die erste wesentliche Hürde, die die Akteure nehmen müssen, um in die Projektentwicklung einzusteigen. Da die alternativen Akteure in den meisten Fällen unter Marktbedingungen mit anderen Investoren nicht mithalten können, findet der Grundstückserwerb vielfach unter besonderen Rahmenbedingungen statt.

Öffentlicher Grund, Türöffner und Vermittler

Die Vergabe öffentlicher Grundstücke ist die zentrale Rahmenbedingung für eine Reihe der untersuchten Projekte, wie beispielsweise die ↗ *Johann-Fichte-Straße*, München, den ↗ *Sonnenhof*, Freiburg, das ↗ *Open House*, Hamburg und ↗ *Dennewitz Eins*, Berlin. Der Zugriff auf Grundstücke erfolgt dabei häufig über Kooperationspartner und Vermittler. An der ↗ *Limmatstraße* kooperiert die Genossenschaft WOGENO mit einer freien Schule, die das Grundstück über einen persönlichen Kontakt erworben hat. Kraftwerk1 entwickelt ↗ *Zwicky Süd* im Schulterschluss mit den beiden Anlagestiftungen Turidomus und Adimora.

Gescheitertes Vorprojekt, schlummernder Bestand

Die Gelegenheit zum Grundstückserwerb ergibt sich zuweilen auch, wenn ein vorausgegangenes Projekt ins Stocken geraten oder gescheitert ist. So können die Akteure von ↗ *Doma* in Strausberg das historische Anwesen in einer Zwangsversteigerung erstehen, da das geplante Großprojekt eines Investors scheiterte. Der schlummernde Bestand stellt sich allerdings auch bei den ↗ *23 Riesen* in Potsdam als hohes Projektrisiko heraus, denn unter schöner Fassade findet sich marode Bausubstanz, die zu massiven Mehrkosten und Verzögerungen führt. Auch das Projekt ↗ *Hardturm*, ist ein zweiter Anlauf zur Entwicklung des Standorts in Zürich West. Die Genossenschaft musste dabei den Gestaltungsplan des Vorgängerprojekts übernehmen.

Rahmenbedingungen und Anforderungen an das Grundstück

Mit den Entwicklungsabsichten der Akteure und ihren Zielgruppen stellen sich Mindestanforderungen an die Grundstücke. Dabei kann es um eine zentrale Lage im Ort oder Quartier gehen, um die gewünschten Impulse setzen zu können und sich mit dem Umfeld zu vernetzen, so beispielsweise beim ↗ *Allengerechten Wohnen* in Burgrieden oder dem ↗ *Haus NOAH* in Ludwigshafen. Oder um ein Mindestmaß an Erreichbarkeit mit dem öffentlichen Verkehr als zwingende Voraussetzung, damit eine Genossenschaft am Stadtrand oder in der Agglomeration ein Projekt entwickeln kann, wie in der ↗ *Limmatstraße* im Münchner Süden oder bei ↗ *Zwicky Süd* in der Agglomeration von Zürich. Zudem gibt es häufig wenig veränderbare Grundbedingungen, mit denen sich die Akteure arrangieren müssen. So können Grundstücke zu groß für die beabsichtige Entwicklung sein – im Fall des ↗ *Open House* kooperierte die ursprünglich interessierte Baugemeinschaft deshalb mit zwei weiteren Partnern und entwickelte ein deutlich größeres Projekt.

Schwierige Grundstücke

Wegen ihrer im Vergleich zu anderen Marktakteuren geringeren Durchsetzungskraft am Bodenmarkt entwickeln viele der alternativen Akteure – ob Genossenschaft, Baugemeinschaft, Verein, Stiftung oder Hausprojekt im Verbund des Mietshäuser Syndikats – vergleichsweise schwierige Grundstücke. Diese sind als Restgrundstücke noch verfügbar und vielfach zu einem günstigeren Preis zu erstehen. Die Grundstücke haben Altlasten oder schwierigen Baugrund, so im Fall des ↗ *Allengerechten Wohnens* in Burgrieden, oder sie heben sich durch Lärm, Immissionen und fehlende Infrastruktur ab, wie im Fall von ↗ *Zwicky Süd*. Ebenso können Standorte außerhalb der Wahrnehmung liegen, zum Beispiel weil sie eine Randlage oder Nahtstelle im Stadtgebiet darstellen. Planerische Festlegungen können Grundstücke vorbelasten, wie der bestehende Gestaltungsplan im Fall des ↗ *Hardturms*. Zudem können Größe, Zuschnitt und Erschließung eine Herausforderung darstellen, wie im Fall des ↗ *Open House* in Hamburg Wilhelmsburg.

Übersicht Akteure

Akteure

Die Leitfrage nach den Akteuren rückt die an der Entstehung der Projekte Beteiligten – also die Macher und ihre Mitstreiter – in den Mittelpunkt und beschäftigt sich mit der Art und Weise ihrer Kooperation und Organisation, ihren Rollen und Aufgaben, Ressourcen und Kompetenzen sowie Interessen und Bedürfnissen. Ausgangspunkt des Forschungsprojekts sind Fallstudien mit einer großen Bandbreite unterschiedlicher Trägermodelle wie Genossenschaften, Baugemeinschaften, Stiftungen, GmbHs, Vereine, Häuser im Syndikatsverbund oder auch öffentliche und private Wohnungsbaugesellschaften. Mit dem Fokus auf erfahrene Akteure bilden die Fallstudien zugleich Entwicklungs- und Lernprozesse ab, in denen jene, häufig Einzelpersonen oder projektbezogene Gruppen, die zunächst Pioniere waren, in nachfolgenden Vorhaben Organisations- und Kooperationsmodelle aufsetzen, die die Entwicklung größerer und komplexerer Projekte ermöglichen.

Da die Projekte in ihrem jeweiligen Umfeld neuartige Lösungen „jenseits des Standards" entwickeln, benötigen die Bauherren ganz bestimmte Kapazitäten, um mit Vision, Willen und Überzeugung ein Projekt beginnen zu können, dafür den notwendigen Vertrauensvorschuss zu generieren, mit dem Verlauf des Projekts mitzugehen, nachzujustieren und Unwägbarkeiten sowie Risiken auszuhalten. Dabei bestehen aufseiten der Bauherren bestimmte Bedarfe nach Beratung und Unterstützung. Diese werden in den Fallstudien vielfach situativ erbracht, könnten aber von Kommunen wie auch Ländern, Förderinstituten und gemeinwohlorientierten Verbänden fortentwickelt und verstetigt werden, um ein Umfeld zu schaffen, das für alternative Trägermodelle und Projektentwicklungen fruchtbar ist. Ebenso werden für Planer und Architekten in den Projekten spezifische Rollen und Aufgaben sichtbar, für die sie je spezifische Methoden benötigen.

Akteure

Einzelperson	Gruppe	Gespann	Organisation	Multi-Trägerschaft

Lernprozesse

Akteursdynamik → Erfahrung, Vertrauen, Vorbild ↔ Vorleistung ↔ Rollen ↔ Gruppengröße ↔ Bauherren-Entwicklung

Aufgaben, Ressourcen, Rollen

Kapazitäten der Bauherren

Einzelperson	Gruppe	Gespann	Organisation	Multi-Trägerschaft
Vision, Überzeugung und Wille			Flache Hierarchien und Entscheidungsfähigkeit	Ressourcen poolen und bündeln
Vertrauensvorschuss			Werte und Wirtschaftlichkeit	Visionen und Ideen „einkaufen"
Know-how-Träger			Klare Aufgabenteilung und professionelle Bearbeitung – Projektentwicklung – Nutzerbeteiligung – Steuerung, Kontrolle	Nutzungen und Nutzer früh binden
Unbedarftheit „keine Schere im Kopf"				Risiko teilen und streuen
Ehrenamt, Engagement und Eigennutz				Vielfalt Zielgruppen und Angebote vor Ort
	Starke Gemeinschaft, geteilte Werte			
	Direkter Bezug zum Nutzer			

Bedarfe der Bauherren

Einzelperson	Gruppe	Gespann	Organisation	Multi-Trägerschaft
Berater, Wissensträger, Impulsgeber				Broker, Vermittler
Partner, Unterstützer, ökonomische Helfer				Koordinator, Schnittstellenmanager
Rettungsschirm, Rückversicherung				
	Förderer und Forderer			
		Netzwerker vor Ort		
Totalunternehmer versus Einzelvergabe				

Rolle der Architekten

Einzelperson	Gruppe	Gespann	Organisation	Multi-Trägerschaft
Entwickler, Initiator				
	Phase Null: Vision, Produkt, Formung der Bauherren			
	Dialogkompetenz, geteilte Autorschaft			
	Entwurfs- und Dialogstrategie Hand in Hand			
	Starkes Bild, Vision, Setzung			
	Anpassungsfähige Struktur			
	Kosten und Termine, design to cost			

Akteure, Konstellationen, Kapazitäten

Die Macher der Projekte treten in unterschiedlichen Konstellationen auf: von der starken Einzelperson über eine projektbezogene Gruppe oder ein strategisches Gespann bis hin zu einer dauerhaften Organisation. In einigen Fällen werden zudem einige dieser Konstellationen zu einer Multiträgerschaft zusammengeführt. Die Entwicklung der Akteure in diesen verschiedenen Formen und Formaten ist Ausdruck von Lernprozessen, die die Akteure in der Entwicklung ihrer Projekte durchlaufen. Dabei bringen sie unterschiedliche Kapazitäten in die Bauherrenschaft ein.

Einzelperson: Vision, Wissen, Vertrauen

Kein Projekt ohne starke Einzelpersonen – oder: Das Erfolgsgeheimnis fast jeden Projekts sind die Menschen. Tatsächlich gehen viele Projekte auf ein, zwei Schlüsselpersonen zurück, um die herum sich im Projektverlauf Gruppen oder passende Organisationsformen entwickelt haben. In Potsdam bringt eine Architektin eine Gruppe mit der Option für ein Grundstück zusammen, die anschließend das Vorhaben ↗ *23 Riesen* startet. In Burgrieden initiert das Bürgermeisterehepaar das Projekt ↗ *Allengerechtes Wohnen*. Auch die Entwicklung erfahrener Akteure geht vielfach auf starke Einzelpersonen zurück. So übernimmt beim ersten Neubau der Genossenschaft WOGENO an der ↗ *Johann-Fichte-Straße* ein Vertreter der Gruppe die Bauherrenvertretung und prägt später als Vorstand die Weiterentwicklung der Genossenschaft maßgeblich. An der ↗ *Limmatstraße* treibt eine starke Persönlichkeit der Waldorfschule das Kooperationsprojekt mit derselben Genossenschaft voran. Der Lernprozess innerhalb einer bestehenden Organisation wird beim ↗ *Haus NOAH* an einer Mitarbeiterin deutlich, die ihre Aufgaben neu interpretiert.

Einzelpersonen entwickeln Projekte mit einer klaren Vision und persönlicher Überzeugung. Starke Persönlichkeiten profitieren auch in unsicheren Projektphasen von einem Vertrauensvorschuss und können als Vorbild und Identifikationsfigur im Projekt wirken. An erfahrenen Protagonisten hängt vielfach wichtiges Know-how für das Gelingen des Projekts. Da mit dem Projekt auch eigene Ziele verfolgt werden, bringen die einzelnen Personen häufig Ehrenamt und Engagement ein. In einigen Fällen trifft hohe Motivation mit wenig Erfahrung zusammen: Das Projekt profitiert jedoch auch von der Unbedarftheit, mit der die Akteure ehrgeizige Ziele und komplexe Themen verfolgen, ohne sich im Vorhinein von Umsetzungsproblemen abschrecken zu lassen. So können – nicht ohne Reibungen und Schwierigkeiten – neue Lösungen entstehen.

Gruppe: geteilte Werte, Bezug zum Nutzer

Eine zunächst oft lose Gruppe findet über einen zufälligen oder moderierten Prozess zusammen. Sie kann stark durch das sie umgebende soziale, kulturelle oder politische Umfeld geprägt sein, sich auf Basis einer konkreten Problemwahrnehmung zusammenschließen oder ein ausgeprägtes Bedürfnis mit Blick auf Wohnen verfolgen, das alle teilen. Aus dem mit hoher Aufmerksamkeit betriebenen Gruppenfindungsprozess heraus entwickelt die Gruppe eine Organisationsform, in der sie das Projekt beginnen und als Nutzergruppe die Wohnform aktiv mitgestalten kann. Im Fallbeispiel ↗ *Hardturm* gründen Aktivisten basierend auf einer gemeinsamen Charta einen Verein und später die Genossenschaft Kraftwerk1. Der Kreis der Initiatoren der ↗ *Kaiserbacher Mühle* gründet eine GbR und später eine GmbH, die über die verschiedenen Bauphasen hinweg neue Mitglieder aufnimmt. Die Bewohner der ↗ *Falkenried-Terrassen* gründen eine Mietergenossenschaft, um gemeinsam mit einer kommunalen Stiftung als Eigentümerin die Sanierung und den Betrieb des Ensembles zu sichern.

Gruppen tragen über ihre starke Gemeinschaft und geteilten Werte zum Projekt bei, die über die Fertigstellung hinaus auch das Zusammenleben prägen. Bedürfnisse und Perspektiven der zukünftigen Nutzer können über das Einbinden der Gruppe zu einem frühen Zeitpunkt in den Planungsprozess einfließen. Ehrenamt und Engagement sind weitere bedeutende Ressourcen, die viele organisierte Gruppen in die Projektentwicklung einbringen. Als Laien oder nur wenig erfahrene Experten bringen Gruppen oft einen unbedarften Blick auf komplexe Fragen der Projektentwicklung ein. Nicht immer wird professionelles Know-how hinzugezogen. Neben den Herausforderungen, die sich daraus ergeben, kann das auch den Vorteil bieten, dass die Akteure ihre Projekte mit hohen Ambitionen starten und diese auch über Schwierigkeiten der Umsetzung hinweg nicht aufgeben.

Gespann: strategische Allianz

Einige Projekte profitieren von einem strategischen Gespann mehrerer Akteure, die sich in Bezug auf Fähigkeiten, Kompetenzen und Erfahrungshintergründe ergänzen. Dabei können sowohl Einzelpersonen als auch Gruppen und Organisationen involviert sein. Beim ↗ *Allengerechten Wohnen* legen Bürgermeister, Stiftungsvorstand mit einem ausgeprägten Finanz- und Vertriebstalent, Architekt und Generalunternehmer ihre Kompetenzen zusammen, um ein für das Dorf bedeutendes und risikoreiches Vorhaben zu realisieren. Im Fall des ↗ *Wohnprojekts Wien* lässt sich der Projekterfolg wesentlich auf das gemeinsame Wirken von Nutzergruppe, Projektsteuerer, Bauträger und Architekt zurückführen.

Die Kapazitäten eines Gespanns erwachsen aus den Fertigkeiten der einzelnen Personen und Gruppen. Zudem kann sich das Gespann in der Projektentwicklung zu einer starken Gemeinschaft mit ausgeprägten, geteilten Werten entwickeln. Im Fall weniger stark professionalisierter Akteure tragen Ehrenamt und Engagement und auch der frische, unbedarfte Blick auf die Herausforderungen der Projektentwicklung zum Erfolg bei.

Organisation: professionell und werteorientiert

Einige erfahrene Akteure haben starke Organisationsformen gebildet, die sie kontinuierlich ausbauen. Dazu zählen insbesondere neu gegründete Genossenschaften, die sich über die Erfahrung mit verschiedenen Projekten zunehmend professionalisieren. Dadurch können sie Neubauten strategisch angehen und dabei auch größere und komplexere Projekte entwickeln. Das zeigt sich bei Kraftwerk1 in Zürich an der Entwicklung von ↗ *Hardtum* zu ↗ *Zwicky Süd* oder bei der WOGENO in München vom ersten Neubau in der ↗ *Johann-Fichte-Straße* zur ↗ *Limmatstraße* oder anderen jüngst realisierten Neubauten.

Die hier entwickelten Organisationsformen zeichnen sich durch flache Hierarchien und hohe Entscheidungsfähigkeit aus. Werte und Wirtschaftlichkeit sind beide gleichermaßen oberste Maxime des Handelns, denn die Genossen zahlen eine Kostenmiete, also einen Mietzins, der die laufenden Aufwendungen unter Berücksichtigung der tatsächlichen Finanzierungskosten vollständig deckt. Die zuvor in kleineren Gruppen gewachsene Gemeinschaft ist in die Organisationsform der Genossenschaft übergegangen, der direkte Kontakt zu den Nutzern besteht fort. Über mehrere Jahre haben junge Genossenschaften eine klare Aufgabenteilung und professionelle Bearbeitung entwickelt. So unterscheiden sie klar zwischen Projektentwicklung und Nutzerbeteiligung sowie Steuerung und Kontrolle der einzelnen Vorhaben.

Multiträgerschaft: Vielfalt der Begabungen, geteiltes Risiko

In einigen Fällen wird eine komplexe Projektstruktur gebildet, die verschiedene Akteure für eine spezifische Situation vorteilhaft verbindet. Diese Multiträgerschaften bilden eine stabile Dachkonstruktion, um vielfältige Partner mit ihren unterschiedlichen Bewohnern und Nutzern, ihrem Wissen und Engagement, ihren Finanzierungsmöglichkeiten und Fördermodellen in einem Projekt zusammenzuführen. Damit können größere Areale entwickelt und komplexe Anforderungen an ein Bauvorhaben bewältigt werden. So kooperiert die Genossenschaft WOGENO an der ↗ *Limmatstraße* mit einer Waldorfschule und einer Wohngruppe für sehbehinderte Personen. Beim ↗ *Open House* werden drei Trägerschaften miteinander verknüpft: erstens eine Baugruppe, organisiert als e.V., die unter das Dach einer Genossenschaft schlüpft, die zweitens auch Mietwohnungen anbietet, und drittens ein Bauträger, der Eigentumswohnungen entwickelt.

Die Vorteile der Multiträgerschaften liegen im Bündeln von Ressourcen. Starke Organisationen bringen die für komplexe Bauprozesse notwendige Professionalisierung ein, während kleine Partner die Nähe zu bestimmten Nutzergruppen pflegen. Dabei profitieren die großen Organisationen von den Visionen und Ideen der Pioniere und agilen Gruppen. Über eine geschickte Verknüpfung verschiedener Trägerschaften lassen sich verschiedene Nutzungen und Nutzer früh an das Projekt binden – und damit die Diversität im Projekt steigern. Verschiedenste Zielgruppen und Angebote finden am Ort zusammen. Zudem kann unter dem gemeinsamen Dach das Risiko geteilt werden. Über die Kooperation mit zweckgebundenen Akteuren wie etwa Stiftungen lässt sich in kritischen Phasen Vertrauen herstellen und zudem die Zielsetzung langfristig sichern.

Lernprozesse: Entwicklung der Bauherren

Im Entwickeln von Wohnen „jenseits des Standards" durchlaufen die Macher und Mitstreiter in der Projektentwicklung einen fortgesetzten Qualifizierungsprozess. Die Bauherren setzen sich nicht nur mit der räumlichen Organisation und Gestaltung sowie technischen Umsetzung auseinander, sondern vor allem auch mit sozialen und funktionalen Fragen. Damit streben sie eine umfassende Sicht auf das Produkt Wohnen an – Produktentwicklung bedeutet für sie, auch die Aneignung und den Betrieb der verschiedenen Räume und Angebote und das Zusammenleben mitzudenken.

Ein wichtiges Thema im Lernprozess der Bauherren ist das Managen von Risiken, die mit neuen Wegen und Lösungen verbunden sind. Ebenso gibt es eine wiederkehrende Auseinandersetzung mit der Frage nach der richtigen Gruppengröße, sei es die der Kerngruppe einer Projektentwicklung oder die Größe im Hinblick auf den Umfang der Nutzerpartizipation oder die Anzahl der Parteien, die eine Hausgemeinschaft bilden.

Bedarfe der Bauherren

In den untersuchten Fällen zeigen sich klare Momente von und Bedarfe an Unterstützung der verschiedenen Bauherrschaften bei der Entwicklung, der Realisierung und dem Betreiben der Projekte „jenseits des Standards".

Berater, Wissensträger, Impulsgeber

Expertise von außen spielt in vielen Fällen eine zentrale Rolle, damit sich aus noch diffusen Ideen konkrete Projekte formen oder Projekte sich einen konkreten Schritt weiterbringen lassen – ob über eine Fortbildung zu Wohnkonzepten wie im Fall ↗ *Allengerechtes Wohnen*, rechtliche Beratung in der Baurechtsschaffung oder organisatorisches Know-how, das beispielsweise Dachorganisationen wie das Mietshäuser Syndikat ihren Mitgliedern bereitstellen.

Partner, Unterstützer, ökonomische Helfer

Viele Projekte sind auf Partner angewiesen, die sie konkret unterstützen. In den untersuchten Fällen sind das Stiftungen, die beim Grunderwerb helfen, so bei den ↗ *Falkenried-Terrassen* oder den ↗ *23 Riesen*, Banken und Bauträger, die bereit sind, alternative Projektentwicklungen zu finanzieren und voranzutreiben, wie beim ↗ *Wohnprojekt Wien*, Fördermittelgeber, die die Sanierung denkmalgeschützter Substanz ermöglichen, und, zur Unterstützung bestimmter Zielgruppen, auch die öffentliche Wohnraumförderung.

Rettungsschirm und Rückversicherung

Schwierige Phasen und auch Krisen durchleben viele Projekte. Dabei ist ein flexibler Umgang mit Unvorhergesehenem vielfach essentiell. In einem Fall hilft die Kulanz eines Bauunternehmers, die Rechnungstellung an die Liquidität im Projekt anzupassen. Die Stadt Tübingen unterstützt über eine Stundung des Grundstückskaufs die längere Suche nach einem Einzelhandel für das Erdgeschoss des ↗ *Alter Weberei Carré*. Eine Stiftung im Hintergrund oder die Anbindung an das Mietshäuser Syndikat beziehungsweise eine Dachgenossenschaften können ebenfalls als Rückversicherung für eine Projektentwicklung wirken.

Förderer und Forderer

Deutlich erkennbar ist die Rolle von Akteuren und Formaten, die die einzelnen Projekte fördern – und zugleich etwas einfordern. So zeigt sich das im Fall des ↗ *Open House* mit der IBA Hamburg: einerseits wird großzügige Unterstützung gewährt, andererseits ein Wettbewerb und die Einhaltung der versprochenen stadträumlichen und technischen Qualitäten eingefordert. Auch Konzeptvergaben, also die Vergabe öffentlicher Grundstücke nach Konzeptqualität, sind ein wesentlicher Ansporn für die Programmatik der Projekte. Mit dem Instrument einer sozial gerechten Bodennutzung wird eine Mischung der Zielgruppen im Projekt gesichert.

Intermediäre und Vermittler

Bei zunehmend komplexen Akteurskonstellationen spielen Intermediäre und Vermittler zwischen den Akteuren eine wichtige Rolle. Der Zugang zum Grundstück ist vielfach nur ein erster Schritt, das Schnüren einer handlungsfähigen und liquiden Bauherrschaft der notwendige zweite, um das Projekt aufs Gleis zu setzen. Im Falle von Konzeptvergaben müssen geeignete Allianzen zudem sehr rasch gefunden werden. Bestehende Netzwerke sind an dieser Stelle von großem Wert.

Koordinator und Schnittstellenmanager

Für die Zusammenarbeit verschiedener Akteure beispielsweise in einer Multiträgerschaft dürfen die Koordination und das Managen der Schnittstellen zwischen den Partnern nicht unterschätzt werden. Um die Handlungsfähigkeit sicherzustellen, müssen Dialog und Kooperation aktiv vorangetrieben und unterstützt werden.

Netzwerker vor Ort

Wenn sich Projekte in Größe und Organisationsform von einer konkreten Nutzergruppe entfernen, die in die Projektentwicklung eingebunden ist, erweist sich vielfach eine Netzwerk- oder Gemeinwesensarbeit vor Ort als hilfreich, wie sie bei ↗ *Zwicky Süd* oder im ↗ *Haus NOAH* eingerichtet wurde. Das gilt insbesondere dann, wenn viele verschiedene Nutzer und Zielgruppen in einem Areal aufeinandertreffen und auch, wenn die Vernetzung ins umgebende Quartier ein besonderes Ziel des Projekts ist.

Totalunternehmer versus Einzelvergabe

Ein wiederkehrendes Thema ist das geeignete Vorgehen bei der Baurealisierung. In einigen Fällen bevorzugen die Bauherren bewusst einen Generalunternehmer oder Generalübernehmer, um das Risiko in der Umsetzung zu minimieren, so in den Projekten ↗ *Zwicky Süd* und ↗ *Allengerechtes Wohnen*. Damit ist im besten Fall ein starker Partner mit an Bord, der durch einen klaren Kosten- und Terminrahmen komplexe und vielstimmige Bauherrschaften zum Ziel bringt. Andere Bauherrschaften sehen vor allem den großen Vorteil der Kostentransparenz bei Einzelvergaben, wie im Fall von ↗ *Dennewitz Eins* oder dem Projekt der Genossenschaft WOGENO in der ↗ *Limmatstraße*. Diese ermöglicht es auch, differenziert auf verschiedene Realisierungswünsche innerhalb der Gruppe einzugehen – vorausgesetzt, Architekt und Projektsteuerung können diesen Prozess professionell managen.

Rolle der Planer und Architekten

In vielen Fällen zeigt sich, dass Planer und Architekten besondere Fähigkeiten in die Projekte einbringen und dabei auch neue Rollen wahrnehmen. Zudem stellen sich an ihre Kernkompetenz, das Entwerfen, besondere Anforderungen, denn es gilt, mit den vielstimmigen Bauherrschaften und ihren offenen Lernprozessen, Bedürfnissen und Vorstellungen aktiv umzugehen.

Entwickler und Initiator

In zahlreichen Projekten treiben Planer und Architekten die Projektentwicklung aktiv voran. Sie initiieren die Projekte, weil sie Zugriff auf Grundstücke und Immobilien haben, entwickeln eine Grundidee für das Projekt und suchen dazu eine passende Gruppe. Damit gehen sie selbst in Vorleistung, um einen Planungsauftrag zu akquirieren. Wie diese Leistungen vergütet werden können, ist in vielen Fällen unklar. Auch sind viele Trägerschaften von Planern und Architekten geprägt – sie entwickeln selbst die Bauherrschaften und Bestandshalter, wie beispielsweise beim ↗ *Hardturm*, beim ↗ *Wohnprojekt Wien*, der ↗ *Kaiserbacher Mühle* oder ↗ *Dennewitz Eins*.

Formung der Bauherren

Vor Beginn der eigentlichen Planungsphasen werden in einer Planungsphase Null die Zielsetzung des Projekts und damit verknüpft die Eckdaten und das Programm mit den beabsichtigten Wohnformen sowie weiteren Nutzungen und Angeboten geschärft. Zu diesem Zeitpunkt bringen Planer und Architekten in einigen Fällen wichtige Kompetenzen ein. Das zeigt sich deutlich beim Beitrag der Bauwohnberatung zu den Projekten ↗ *Allengerechtes Wohnen* und ↗ *Haus NOAH*. Die Architekten und Sozialwissenschaftler arbeiten hier mit langjährig entwickelten Kreativitätsmethoden, um mit den beteiligten Akteuren eine inhaltliche wie räumliche Vision zu entwickeln, die dann in einen konkreten städtebaulichen und architektonischen Vorschlag übersetzt wird. Das ist deshalb bedeutsam, weil sich die Bauherrschaft daraufhin weiter formieren und ihre Projektidee konkretisieren kann.

Dialogkompetenz, geteilte Autorschaft

Im Umgang mit komplexen Bauherrschaften, ihrer Vielzahl von Beteiligten und ihren häufig noch offenen Strukturen und Prozessen ist eine hohe Dialogkompetenz aufseiten der Planung erforderlich. Es findet zumeist eine intensive Iteration zwischen Planern und Nutzern beziehungsweise Bauherren statt. Einige Architekten haben dazu professionelle Kommunikationsmethoden entwickelt, wie im Fall des ↗ *Wohnprojekts Wien* oder ↗ *Dennewitz Eins*. Sie müssen auch die grundlegende Bereitschaft mitbringen, eine geteilte Autorschaft ihres Werks anzuerkennen, das von zahlreichen Impulsen und Inputs der Beteiligten geprägt wird.

Entwurfs- und Dialogstrategie Hand in Hand

Der Entwurfsprozess profitiert von Formaten und Methoden, die einen engen Austausch mit den beteiligten Bauherren und Nutzern ermöglichen. Damit kann ein Wettbewerb der Ideen auch jenseits von Architekturwettbewerben gestärkt werden. Bei der ↗ *Johann-Fichte-Straße* arbeiten die Architekten mit einem partizipativen Modell, um gemeinsam mit den Nutzern Mix und Lage der Wohnungen zu entwickeln. In den Projekten, bei denen keine ausreichenden Schnittstellen zwischen Entwurfs- und Dialogprozess vorgesehen waren, berichten die beteiligten Architekten wie auch die Nutzer vielfach von Unzufriedenheiten und Konflikten.

Starkes Bild, Vision, Setzung

Einige Projekte ziehen ihre Kraft aus einer starken städtebaulichen Setzung, einer prägnanten räumlichen Vorstellung oder einer klar ablesbaren Vision, die von den Architekten in einer frühen Phase entwickelt wird und trotz vielfacher Veränderungen und Anpassungen über den gesamten Planungsprozess hinweg erhalten bleibt. Das ist deutlich zu erkennen bei ↗ *Zwicky Süd*, der ↗ *Limmatstraße*, dem ↗ *Open House*, dem ↗ *Allengerechten Wohnen* oder ↗ *Dennewitz Eins*. Der Projektentwurf und die Neukonzeption des Ortes – vielfach eine Randlage oder ein schwer entwickelbares Grundstück – gehen hier Hand in Hand.

Anpassungsfähige Struktur

Auf Basis dieser starken Setzung durchleben viele Projekte einen umfassenden Anpassungsprozess der ersten Entwürfe an die vielgestaltigen Nutzerkonstellationen und an die sich weiterentwickelnden Anforderungen der komplexen Bauherrschaften. Hier bewähren sich Konzepte, die eine anpassungsfähige Grundstruktur entwickeln, wie das klare typologische Grundgerüst von ↗ *Zwicky Süd* oder ↗ *Wohnprojekt Wien* oder die prägnanten städtebaulichen Figuren der ↗ *Limmatstraße* oder des ↗ *Open House*, Konzepte, die alle einen deutlichen Anpassungsprozess in Bezug auf die innere Erschließung und die Wohnungstypen durchlebt haben.

Prozesse

Hinter den 15 Fallstudien stecken vielgestaltige Entstehungs- und Entwicklungsprozesse. Viele davon erscheinen besonders aufwendig und langwierig, manche wie vom Zufall oder von glücklichen Umständen gelenkt und daher schwer imitierbar. Jede Projektgenese ist anders. Im Quervergleich zeigen sich dennoch wiederkehrende Aktivitäten, Meilensteine und Projektphasen. Zahlreiche Projekte haben eine prägende Vorgeschichte und einen langen Nachlauf. Das ist nicht verwunderlich, da die Projekte, die in ihrem jeweiligen Umfeld Pioniertaten gleichen, häufig erst durch umfassende Vorleistungen auf den Weg gebracht werden können. Zudem setzen sich die langfristigen Bestandshalter mit der Betriebsphase intensiv auseinander. In vielen Fällen sind die Projekte mit dem Einzug der Nutzer nicht fertig. Das Geschick bei der Projektanbahnung und -entwicklung sowie die Organisation und der Betrieb vor Ort sind grundlegende Bestandteile der Prozesse.

Zwischen Vorleistungen und Nachlauf verorten sich verschiedene Planungsphasen. Auffallend ist, dass sowohl der Fortgang des baulichen Projekts als auch das Aufsetzen und Gestalten eines sozialen Projekts relevant ist. Das bauliche Projekt muss das ehrgeizige Programm räumlich organisieren und in eine konkrete Form gießen. Am Anfang steht eine starke Idee, zu der in einer längeren Anpassungsphase das richtige bauliche Maß entwickelt wird, sodass Kosten- und Terminrahmen gehalten werden. Das soziale Projekt unterstützt den Zusammenhalt der zukünftigen Nutzer, es basiert auf einer Kerngruppe, die im Planungsprozess bei bestimmten Themen mitwirkt und daher früh eine starke Identifikation mit dem Projekt entwickelt. Nach Einzug setzt sich das soziale Projekt fort, indem gemeinsam Räume angeeignet und Unfertiges bewusst ausgestaltet wird. Im Betrieb gilt es dann, die langfristige Belegung und die alltägliche Nutzung der Immobilie zu managen und die Vernetzung mit dem Umfeld voranzutreiben.

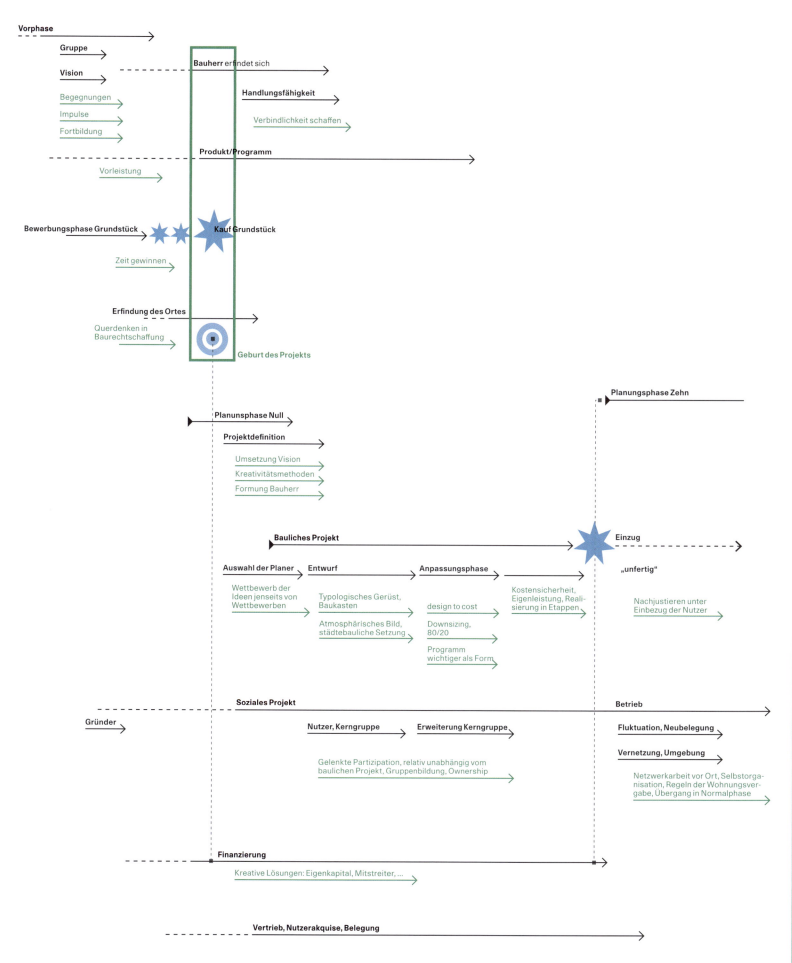

Vorphase und Geburt des Projekts

Viele der untersuchten Projekte bahnen sich in einer längeren Vorphase an, in der verschiedene Beteiligte zum Teil erhebliche Vorleistungen erbringen. Dabei findet sich eine Gruppe und entwickelt eine gemeinsame Vision, durch die im Anschluss Verbindlichkeit und Handlungsfähigkeit entstehen kann. Mit dem Erwerb eines Grundstücks beziehungsweise einer Bestandsimmobilie und einer tragfähigen Finanzierung wird das eigentliche Projekt geboren.

Gruppe und Vision entwickeln

Die Entwicklung einer Gruppe erfolgt in zahlreichen der untersuchten Fälle wenig systematisch. Dem Projekt ↗ *Doma* geht ein intensiver Gruppenbildungsprozess voraus, der in einer lokalen Jugendeinrichtung verankert ist. Beim ↗ *Allengerechten Wohnen* reift die Idee für das Projekt mehrere Jahre dank verschiedener Impulse, Denkanstöße und Begegnungen im Umfeld der Kommunalpolitik. Die Baugemeinschaft des ↗ *Open House* knüpft wesentlich an die Impulse und Kontakte der Zukunftskonferenz Wilhelmburg an, die einige Jahre vor Projektstart stattfindet.

Deutlich systematischer haben die Architekten im Fall von ↗ *Dennewitz Eins* den Kreis der am Projekt Interessierten angesprochen und zusammengeführt. Auch die Genossenschaft WOGENO hat ein klares Verfahren entwickelt, um eine erste Gruppe interessierter Genossen für ein Neubauvorhaben zu bilden, die beim Projekt ↗ *Limmatstraße* dann im Prozess aktiv beteiligt werden. Im Rahmen der Gruppenbildung werden eine gemeinsame Idee und Vision für das Wohnen entwickelt, eine bedeutende Vorleistung für das spätere Projekt und der Beginn der Entwicklung von Programm und Produkt.

Handlungsfähigkeit und Verbindlichkeit

Im nächsten Schritt muss sich die Gruppe mit einer geeigneten Organisationsform auseinandersetzen. Einige Akteure haben gelernt, dass rasche Verbindlichkeiten zu schaffen, für den Projektfortschritt und die Gruppenbildung nützlich ist, zum Beispiel über eine finanzielle Einlage oder die Festlegung eines Budgets für gemeinschaftliche oder ökologische Zwecke, so im Fall des ↗ *Wohnprojekt Wien*. Damit wird die Bereitschaft zur Mitwirkung eruiert, Startkapital für erste Aktivitäten gesichert und die Gruppe vielfach in mehreren Schritten rund um einen harten Kern verkleinert und dann erweitert. Oft entsteht eine handlungsfähige Gruppe, die in grundsätzlichen Fragen und Anliegen einig ist.

Bewerbungsphase Grundstück und Finanzierung

Ergibt sich die Gelegenheit für den Kauf eines Grundstücks, kann am Ende einer langen Vorphase ein schneller Start des eigentlichen Projekts folgen. Dieses wird geboren, wenn ein nun formierter Bauherr mit einem Grundstück und einer tragfähigen Finanzierung zusammenfinden. Auch die Finanzierung bedarf kreativer Lösungen und erfolgt in vielen Fällen „jenseits des Standards", ob über Kleinkredite und lokales Kapital wie in den Fällen ↗ *Doma* und ↗ *Allengerechtes Wohnen*, hohes Eigenkapital wie im Projekt ↗ *Kaiserbacher Mühle*, über von der Dachorganisation gewährte Sicherheiten wie bei den Häusern ↗ *Sonnenhof* im Syndikatsverbund oder ↗ *Open House* innerhalb einer Dachgenossenschaft, oder die Projekte werden von Stiftungen unterstützt wie ↗ *23 Riesen*.

Viele der untersuchten Fälle benötigen mehrere Anläufe, bis Idee, Akteurskonstellation, Grundstück und Finanzierung passgenau zusammenfinden. Oft ist es beim Grundstückskauf entscheidend, mehr Zeit zu haben, beispielsweise über einen Optionsvertrag, damit die geeigneten Partner und das nötige Kapital für das Projekt gefunden werden können, wie bei der Vergabe des Grundstücks an die Baugemeinschaft ↗ *Dennewitz Eins* durch den Liegenschaftsfonds Berlin (heute BIM: Berliner Immobilienmanagement GmbH). Die Bewerbungsphase im Fall von Konzeptvergaben bedeutet eine besonders hohe Vorleistung, denn es gilt nicht nur, Partner und Geld zu finden, sondern auch aus den Ideen ein konkretes Programm zu formulieren. Andererseits sind diese Projekte dann aber startbereit.

Erfindung des Ortes

Bereits in der Vorphase entwickeln viele Akteure eine konkrete Vorstellung für den Ort. Mit Pioniergeist deuten sie einen bestehenden Standort um und haben großes Interesse, sich mit ihrer Grundidee aktiv in die Baurechtsschaffung einzubringen. Damit überspringen sie eingeübte Planungsabläufe, denn anstatt Wohnungsbau auf mundgerecht entwickelten Grundstücken zu realisieren, bringen sie sich als langfristig orientierte Bestandshalter in die Grundlagen der Standortentwicklung ein. So agieren Kraftwerk1 in ↗ *Zwicky Süd*, die WOGENO in der ↗ *Limmatstraße* und auch ↗ *Dennewitz Eins* als aktive Standort- und Stadtentwickler.

Planungsphase Null

Nach der Geburt des Projekts brauchen viele Akteure eine Phase, in der sie das eigentliche Bauvorhaben genauer definieren. Dabei benötigen sie dann vielfach Unterstützung und Beratung von außen. Denn mit ihrer Basis einer gemeinsam getragenen Vision und vor allem gemeinsamen programmatischen Zielen für das Projekt sind viele Bauherren hinsichtlich der räumlichen Umsetzung noch relativ offen und auch formbar.

Übersetzung Vision
Viele Bauherren haben wenig Erfahrung damit, welche Art von Festlegungen notwendig sind, um in die konkrete Planungsphase einzusteigen. Es bedarf einer Übersetzung der Vision in eine Produktidee mit Parametern für den Bau. Dabei ist professionelle Unterstützung sehr hilfreich, die beispielsweise Architekten erbringen, die sich spezialisiert oder ihre Kompetenzen über die üblichen Leistungsphasen hinaus erweitert haben. Denn es gilt, die Bedürfnisse der Bauherren lesen zu lernen: Welche räumlichen, funktionalen und atmosphärischen Anforderungen und Möglichkeiten folgen aus der anfangs vor allem in Worte gefassten Wohnvision? Diese Übersetzungsleistung ist aus Sicht der Projektbeteiligten beispielsweise im ↗ *Wohnprojekt Wien* und bei ↗ *Dennewitz Eins* sehr gut gelungen.

Kreativitätsmethoden
In diesem Übersetzungsprozess kommen in Workshops kreative Methoden der Gruppenmoderation und Partizipation erfolgreich zum Einsatz, so beim ↗ *Allengerechten Wohnen*, beim ↗ *Haus NOAH* und beim ↗ *Wohnprojekt Wien*. Damit wird deutlich, wie bedeutend kreative Prozesse in der Phase Null sind, in die sich gerade auch Architekten unterstützend einbringen können.

Formung der Bauherren
Die Planungsphase Null zeigt, wie wichtig die frühen Schritte im Projekt sowohl für die Formung des Vorhabens als auch der Bauherrschaft sind. Einige Gruppen beschreiben explizit, wie offen sie, basierend auf ihrer Vision, letztlich zur konkreten räumlichen Lösung übergegangen sind, beispielsweise im Fall ↗ *Doma*. Wird diese frühe Phase von den Planern richtig aufgegriffen, liegt darin ein großes Potenzial – und auch eine große Verantwortung – zur Entwicklung von Lösungen „jenseits des Standards".

Bauliches Projekt

Die hochbauliche und freiräumliche Planung und Umsetzung begegnet mit den vielstimmigen Bauherrschaften, ihren ambitionierten Programmen und zugleich beschränkten Budgets einigen grundlegenden Herausforderungen, denen sich Architekten, Planer und Berater aber auch die Bauherrschaft selbst stellen müssen.

Wettbewerb der Ideen
Angesichts der relativen Offenheit der Bauherrschaften einerseits und den komplexen Anforderungen aus der starken Programmatik andererseits ist ein Wettbewerb der Ideen, um so die Planenden auszuwählen, oder auch während der Arbeit mit einem ausgewählten Planungsteam hilfreich. In wenigen Fällen fanden städtebauliche oder architektonische Wettbewerbe statt, so im ↗ *Open House* und in der ↗ *Limmatstraße*. Die Vorteile dieser Verfahren zeigen sich in sehr überzeugenden städtebaulichen Lösungen. Die Siegerentwürfe wurden allerdings im weiteren Prozess zum Teil sehr stark überarbeitet. Defizit der Wettbewerbe ist die geringe Iteration zwischen Bauherrschaft, Nutzer und Planungsteams, weshalb viele Akteure alternative Formate suchen. Bei ↗ *Zwicky Süd* wurde ein Studienauftrag als Instrument zur Auswahl der Planer mit mehreren Teilnehmern durchgeführt, in dem verschiedene städtebauliche und typologische Szenarien entwickelt wurden. Bei der ↗ *Johann-Fichte-Straße* wurde das Architekturbüro über das konkurrierende Verfahren eines geladenen Planungsworkshops ausgewählt. Im Anschluss hat das Architektenteam das Projekt in engem Dialog mit der Genossenschaft und den zukünftigen Bewohnern dann fortentwickelt. Bei ↗ *Dennewitz Eins* kooperieren drei Architekturteams in einem Projekt – jedes Büro verantwortet eines der drei Häuser, die über die städtebauliche Setzung zusammengehalten werden. Das Wettbewerbsprinzip wird auch bei Konzeptvergaben von Grundstücken eingesetzt, wo sich verschiedene Bauherrschaften mit ihren jeweiligen Planungsteams und Ideen bewerben.

Entwurf zwischen starker Setzung und Baukasten
Angesichts des hohen Bedarfs an Iteration zwischen Architekten, Bauherrschaft und Nutzern helfen Entwurfsstrategien, die bewusst Spielräume zur weiteren Aushandlung und Entwicklung zulassen. Das gelingt beispielsweise, wenn Architekten einen starken städtebaulichen Rahmen setzen und diesen mit einem überzeugenden atmosphärischen Bild verknüpfen – und dies im besten Fall mit einer flexiblen typologischen Struktur beziehungsweise einem anpassungsfähigen Baukasten kombinieren, wie beispielsweise bei ↗ *Zwicky Süd* oder dem ↗ *Wohnprojekt Wien*. Mit solchen Entwürfen als Ausgangspunkt kann eine weitere Verfeinerung in einem mehrstufigen Planungs- und Dialogprozess erfolgen.

Anpassungsphase
In fast allen untersuchten Projekten erleben die ersten Entwürfe längere Anpassungsphasen, vielfach mit mehreren Überarbeitungsrunden. Dabei fließen differenzierte Anforderungen verschiedener Nutzergrup-

pen und spezifischer Betreiberkonzepte ein. Zudem muss der Entwurf dem Kostenrahmen angepasst werden, gemäß dem Prinzip „design to cost". Dabei hat das Programm aus Sicht der Bauherrschaft oftmals Vorrang gegenüber Fragen der Form. Architekten erleben vielfach, dass Gestaltung und Details nicht wie vorgeschlagen umgesetzt werden und auch an anderen Stellen Kompromisse notwendig sind. Das Kostenkorsett kann allerdings auch disziplinierend wirken und Prinzipien der Effizienz und Serie, Synergien und eine robuste Materialisierung gegenüber individuellen Wünschen stärken. Besonders stark wurde die Anpassungsphase im ↗ *Open House* erlebt, aber auch in der ↗ *Limmatstraße* können Bauherren und Architekten von vielen Überarbeitungen und Einsparungen berichten. Gerade in der Anpassungsphase bewähren sich Entwürfe mit einer starken städtebaulichen und typologischen Setzung, die auch bei sparsamer Umsetzung erkennbar bleibt.

Umsetzung im Kostenrahmen

Der Kostenrahmen ist die entscheidende Größe und der wesentliche Stolperstein für die Umsetzung. Um das Vorhaben an das Budget anzupassen, erbringen einige Gruppen Eigenleistungen oder entscheiden sich, das Projekt in Etappen zu realisieren, so bei der ↗ *Kaiersbacher Mühle*, bei ↗ *Doma* oder den ↗ *23 Riesen*. In diesen Fällen galt es auch, Unsicherheiten und Unvorhergesehenes im Rahmen der denkmalgeschützten Sanierungen aufzufangen. Eine schrittweise Umsetzung verlängert den Prozess, sodass ein ausgeprägtes Lernen und Nachsteuern zwischen den verschiedenen Phasen stattfinden kann – besonders ausgeprägt ist dies im siebenjährigen Sanierungsprozess der ↗ *Falkenried-Terrassen*. In einigen Fällen werden einzelne Teile erst nach Einzug fertiggestellt, beispielsweise Freiräume oder gemeinschaftliche Räume – mit dem Vorteil, dass dann die Bewohner noch stärker an der Ausgestaltung mitwirken können.

Eine weitere Strategie für Kostensicherheit ist die Wahl eines Generalunternehmers. Damit gibt es in den Projekten weniger Optionen und zum Teil deutliche Einschränkungen in der Wahl der Konstruktion, Materialität und Ausstattung. Der Generalunternehmer im Fall des ↗ *Allengerechten Wohnens* wird als zentraler Partner im Projekt gesehen, der Kosten und Termine setzt und steuert und dabei mit der gemeinwohlorientierten Bauherrschaft dennoch fair umgeht. Bei ↗ *Dennewitz Eins* sind es die Architekten zusammen mit dem Projektsteuerer, die einen klaren Kostenrahmen formulieren und diesen auch halten: durch einheitliche Standards, ein Basispaket für den Innenausbau und den Verzicht auf Stellplätze und Abstellräume im Untergeschoss.

Soziales Projekt

Parallel zum baulichen Projekt entwickeln viele der untersuchten Fälle ein soziales Projekt, mit dem das Zusammenleben vor Ort über einen längeren Zeitraum vorbereitet wird. Dieses beginnt zum Teil direkt in der Vorphase und begleitet mit einer intensiven Partipation die bauliche Projektentwicklung. Das soziale Projekt ist zudem eine wichtige Voraussetzung für den Verzicht auf einzelne bauliche Wünsche und Standards – das Erleben von Gemeinschaft relativiert individuelle Ansprüche.

Gründer, Kerngruppe, Erweiterung

Das soziale Projekt ist eng mit der Entwicklung der Träger, Macher und Nutzer rund um ein Vorhaben verknüpft. Um die Gründer und Initiatoren bildet sich häufig eine Kerngruppe, die sich für eine konkrete Grundstücksoption verbindlich organisiert und die notwendige Finanzierung trägt beziehungsweise verantwortet. Im Verlauf des Projekts gilt es, die Erweiterung dieses Kreises um weitere Interessierte bis hin zur späteren Bewohnerschaft zu organisieren. Die Bildung, Erweiterung und Entwicklung der Gruppe greifen über einen längeren Zeitraum eng ineinander, wie bei ↗ *Doma*, den ↗ *23 Riesen*, der ↗ *Kaiserbacher Mühle*, dem ↗ *Wohnprojekt Wien* und dem ↗ *Alten Weberei Carré* deutlich zu erkennen ist.

Zunehmend professionell organisierte Genossenschaften und Nutzergruppen, die auf die Vorerfahrungen anderer Projekte zurückgreifen, haben den Prozess der Gruppenerweiterung inzwischen klar strukturiert. Besonders anspruchsvoll ist die Verknüpfung der verschiedenen Nutzersichten und späteren Bewohner im Fall von Multiträgerschaften, die ganz bewusst diverse Zielgruppen ansprechen, so in ↗ *Zwicky Süd* und in der ↗ *Limmatstraße*. In beiden Fällen treiben erfahrene Genossenschaften die Entwicklung der Gruppe im Zusammenspiel der verschiedenen Träger und Nutzergruppen voran.

Gelenkte Partizipation

Die Möglichkeit, das eigene Wohnen mitzugestalten, ist eine grundlegende Motivation für viele Akteure, sich in den Projekten, die untersucht wurden, zu engagieren. Vor diesem Hintergrund entwickeln erfahrene Akteure klare Formate, Regeln und auch Grenzen, um die zukünftigen Bewohner zielgerichtet in den Planungsprozess zu integrieren. So werden bei der ↗ *Limmatstraße* Anregungen für Wohnungstypen, nicht aber für individuelle Wohnungen eingebracht. Die Genossenschaften WOGENO und Kraftwerk1 steuern die Partizipation in den Projekten inzwischen mit professionellem Know-how entlang einem festen Terminplan. Auch im ↗ *Wohnprojekt Wien* und ↗ *Dennewitz Eins* wird die Baugruppe von Architekten, Beratern und Projektsteuerern stark angeleitet und strukturiert.

Dabei zeigt sich insgesamt, dass die Beteiligung weniger auf die bauliche Gestaltung und Umsetzung der eigenen Wohnung oder des Hauses ausgerichtet ist, sondern vielmehr die Programmatik und Formen der Nutzung zum Gegenstand hat. Der Partizipationsprozess hat häufig einen kulturellen, zum Teil auch politischen Charakter, in ihm werden gemeinsame Vorstellungen des Zusammenlebens, das Verhältnis von Individuum und Gemeinschaft sowie neue Nutzungsoptionen durch Teilen oder Mehrfachnutzung entwickelt. Mit diesem Fokus kann die Beteiligung zunehmend unabhängig von der eigentlichen baulichen Entwicklung stattfinden. Dies stärkt die Rolle der Architektur und führt tendenziell zu besseren Gestaltungslösungen und gleichzeitig zu höherer Zufriedenheit.

In den Aushandlungsprozessen agieren die Beteiligten als Teil des Projekts und akzeptieren daher vielfach eine relativ hohe Dichte – in der auch ihre Wohnbedürfnisse Platz finden, so in der ↗ *Johann-Fichte-Straße*, bei ↗ *Zwicky Süd* oder im Bestand bei den ↗ *Falkenried-Terrassen*.

Ein hoher Bedarf, die Partizipation zu lenken, entsteht auch aus den Anforderungen der langfristigen Bestandshalter, insbesondere wenn es sich um eine große Anzahl von Wohnungen handelt. Dabei müssen die individuellen Wünsche und Bedürfnisse zugunsten einer langfristigen Perspektive des Betriebs ein Stück weit zurücktreten.

Vorbereitung des Zusammenlebens vor Ort
Durch die frühe Beschäftigung mit dem zukünftigen Wohnumfeld entwickelt sich eine starke Form der Verbundenheit und Identifikation der Bewohnerschaft mit ihrer Umgebung. Dies ist eine grundlegende Voraussetzung für späteres Engagement und Kümmern vor Ort. Das soziale Projekt nimmt daher auch den Übergang in die Planungsphase Zehn in den Blick, mit dem Betrieb und der Weiterentwicklung des Zusammenlebens vor Ort. Aus einer gelenkten Partizipation entwickeln sich Formen der Selbstverwaltung und des Quartiersmanagements, ob auf Basis von Ehrenamt, wie die Nachbarschaftshilfe im ↗ *Haus NOAH* oder im ↗ *Open House*, integriert in das gemeinschaftlich und ehrenamtlich getragene Betriebskonzept, wie beim Salon am Park des ↗ *Wohnprojekt Wien* oder mit professioneller Unterstützung, wie die Gemeinwesenarbeit im Fall von ↗ *Zwicky Süd*.

Planungsphase Zehn

Die Betriebsphase wird in vielen Fällen früh konzipiert und im Rahmen des baulichen und sozialen Projekts konkretisiert. Das Management des Betriebs und die Entwicklung des Zusammenlebens nach Fertigstellung haben für die gemeinschaftlich orientierten und vielfach sehr diversen Bewohnergruppen sowie die langfristigen Bestandshalter eine hohe Bedeutung.

Fertigstellen und nachjustieren
Eine Strategie, den Partizipationsprozess aufrecht zu erhalten, ist die kontinuierliche Weiterentwicklung und Anpassung des Projekts. Viele Projekte sind beim Einzug gewollt oder auch ungewollt unfertig. Die Einrichtung des Gemeinschaftsraums wurde bei ↗ *Zwicky Süd* bewusst aufgeschoben und für die Bewohner ein Budget definiert, mit dem sie die Ausstattung und Gestaltung selbst in die Hand nehmen konnten. Neben einem räumlichen und finanziellen Spielraum kann auch ein zeitlicher Puffer die schrittweise Entwicklung gewünschter Nutzungen möglich machen, so im Fall des ↗ *Alten Weberei Carré*, wo die Ladeneinheit im Erdgeschoss zunächst für eine bestimmte Zeit getestet wurde. Ebenso werden Freiflächen häufig gemeinsam mit den Bewohnern gestaltet und die Nutzungsmöglichkeiten des Freiraums im Betrieb verfeinert – so bezeichnen die ↗ *23 Riesen* ihren Garten als wesentliches Gemeinschaftsprojekt nach Einzug.

Organisation und Betrieb vor Ort
Das soziale Projekt mündet vielfach in eine Form der Selbstverwaltung der Hausgemeinschaft vor Ort, die gerade auch professionalisierte Genossenschaften als zentrales Element für die Entwicklung und Steuerung des Zusammenlebens nutzen. Im Fall der ↗ *Falkenried-Terrassen* wurde eine Mietergenossenschaft mit 324 Wohneinheiten gegründet, um selbstbestimmtes Wohnen im Quartier zu ermöglichen. Die Anfangsphase des Betriebs wird in einigen Projekten von einer aktiven Netzwerk- und Gemeinwesenarbeit unterstützt, so im ↗ *Haus NOAH* und in ↗ *Zwicky Süd*. Über dieses Quartiersmanagement „light" sollen die nachbarschaftlichen Strukturen, die Prozesse der Aneignung in den gemeinschaftlichen Räumen und die Vernetzung ins umgebende Quartier gefördert werden, bevor die Projekte in den Normalbetrieb übergehen.

Belegung und Fluktuation
Eine aktive Auseinandersetzung mit der Belegung vor und nach dem Einzug ist in vielen Projekten essenziell. Vor allem, wenn sie nicht von einer Gruppe zukünftiger Bewohner selbst getragen sind oder in Städten mit starkem Wohnungsdruck liegen, benötigen neuartige Lösungen intensiven Vertrieb und Nutzerakquise, so beispielsweise im Dorf Burgrieden, wo die Geschosswohnungen des ↗ *Allengerechten Wohnen* an lokale Investoren und Selbstnutzer zu verkaufen waren. Die Belegung unter starker Mitwirkung der Hausgemeinschaften gemeinschaftlich zu tragen, stabilisiert das Zusammenleben in den ↗ *Falkenried-Terrassen*, wo der Wohnberechtigungsschein Voraussetzung für den Einzug ist.

Übersicht Innovationsfelder

Lösungen

Im Quervergleich der 15 untersuchten Projekte zeigen sich Themen, denen die vielfältig organisierten Bauherrschaften, die in den Planungsprozess einbezogenen Bewohner, die beteiligten Planer und Experten sowie andere Unterstützer und Verantwortliche rund um das Projekt besondere Aufmerksamkeit widmen. Diese Themen werden in den Projekten für die Erreichung der selbst gesetzten Ziele als besonders relevant erachtet. Sie werden daher mit hoher Priorität und großem Engagement und – damit verknüpft – mit verstärkten finanziellen und oder personellen Ressourcen bearbeitet. Diese Priorisierungen führen zur Weiterentwicklung von bestehenden und zur Entwicklung neuer Lösungen und können somit als Innovationsfelder des Wohnens verstanden werden. Im Quervergleich werden insgesamt 24 Innovationsfelder identifiziert und vier Themenbereichen *Programm und Funktion*, *Räumliche Struktur und Gestaltung*, *Kenngrößen* und *Organisation* zugeordnet. Der Überblick über die 24 Felder zeigt: In den untersuchten Projekten geht der Fokus deutlich über die einzelne Wohnung hinaus. Sie nehmen verstärkt auch die räumlichen, funktionalen und organisatorischen Ebenen von Haus, Areal und Quartier in den Blick.

Zwischen diesen Themen bestehen starke Wechselwirkungen und Verknüpfungen. Denn in der geschickten Kombination mehrerer Innovationsfelder liegt häufig der Schlüssel dafür, dass an einem Standort für ein bestimmtes Nutzungsszenario und in der Perspektive eines definierten Bestandshalters langfristiger Wohnwert und gleichzeitig auch stabile Prozesse der Quartiers- und Ortsentwicklung entstehen können. Selten werden dabei die Verknüpfungen zwischen den Innovationsfeldern in den untersuchten Projekten zu einem Zeitpunkt und aus einer Hand geplant. Vielfach entwickeln sich im Verlauf der Projekte Prioritäten und Potenziale innerhalb bestimmter Themenfelder – sie werden von den Projektbeteiligten entdeckt und in ihrem Zusammenspiel ausgehandelt. Die Weiterentwicklung bestehender und die Schaffung neuer Lösungen findet daher wesentlich in der geschickten Verknüpfung verschiedener Innovationsfelder des Wohnens statt. Die 24 Innovationsfelder lassen sich somit als ein vernetztes System der Weiterentwicklung und Aushandlung von Wohnen „jenseits des Standards" begreifen.

Themenbereich

Programm und Funktion

- Wohnung als gestaltbare Hülle
- Wohnvielfalt & Wohnungsmix
- Wohnen plus
- Mixed Use
- Soziale & kulturelle Kooperationen
- Vernetzung ins Quartier
- Mobilität

Grundlegende Fragestellungen und Setzungen zu den Themen Programm und Funktionen bilden in fast allen der untersuchten Fälle den Ausgangspunkt und die Motivation für die Entwicklung des Projekts. Dabei ist das Kriterium der *Wohnung als gestaltbare Hülle* nur ein Faktor unter vielen. Sie ist Ort des individuellen Rückzugs und der Ruhe und zugleich ist die Anpassbarkeit an die vielfältigen persönlichen Lebensumstände der Bewohnerschaft nicht aus dem Blick zu verlieren. Fast alle Projekte zeichnen sich durch hohes Engagement in einem oder mehreren der Themenfelder *Wohnvielfalt und Wohnungsmix*, *Wohnen plus*, *Mixed Use* sowie *Soziale und kulturelle Kooperationen* aus – über Fragen zur einzelnen Wohnung hinaus. Die Absicht ist, das Wohnen breit zu denken, es mit anderen Funktionen und Angeboten zu verknüpften und ganz unterschiedliche Zielgruppen anzusprechen. Ebenso zeigt sich die Einbindung und Anbindung eines Areals als zentrales Anliegen zahlreicher Projekte. Dabei werden Fragen der *Mobilität* aktiv gestaltet – von der großräumigen Anbindung an den öffentlichen Verkehr und das Rad- und Fußwegenetz bis zur Barrierefreiheit vor Ort. Die *Vernetzung ins Quartier* erweist sich als zentral für ein lebenswertes Nahumfeld, von dem die neuen Bewohner genauso wie die heutigen Nachbarn profitieren. Attraktive Wegeverbindungen und Freiräume wirken dabei ebenso unterstützend wie Angebote der täglichen Versorgung, alternative Mobilität, soziale oder kulturelle Anlaufstellen.

Themenbereich

Kenngrößen

- Bauliche Dichte
- Kritische Masse
- Flächeneffizienz
- Ressourcen & Ökologie

Die in den Projekten realisierten Wohnqualitäten sind stark verknüpft mit notwendigen Quantitäten. So zeichnen sich viele Projekte durch eine aktive Auseinandersetzung mit einer hinreichenden *Baulichen Dichte* aus, die als wesentliche Grundlage für die Wirtschaftlichkeit in Erstellung und Betrieb, einen nachhaltigen Angebotsmix sowie einen schonenden Umgang mit Ressourcen gesehen wird. Das gilt gleichermaßen für hochurbane Lagen, Standorte in der äußeren Stadt oder Agglomeration und ländlich geprägte Areale. Denn eine *Kritische Masse* an Nachfragern auf dem Areal bietet erst die Voraussetzung, um die ergänzenden Angebote rund um das Wohnen langfristig wirtschaftlich betreiben zu können. Ebenso räumen zahlreiche der untersuchten Projekte Fragen der *Flächeneffizienz* und der *Ressourcen und Ökologie* eine hohe Priorität ein.

Themenbereich

Räumliche Struktur und Gestaltung

- Städtebauliche Setzung
- Ensemble
- Freiraum
- Erschließung
- Lagen & Relationen
- Effizienz & Serie
- Differenz & Varianz
- Symbolik
- Wertigkeit

Lösungen in diesem Bereich widmen sich der physischen, räumlichen Struktur, der Morphologie und Typologie, vom Maßstab des Hauses bis zu den Zusammenhängen im Quartier. Dabei liegt der Fokus auf den Feldern *Städtebauliche Setzung*, *Ensemble*, *Freiraum*, *Erschließung* sowie *Lagen und Relationen*. Zudem zeigt sich ein Spannungsfeld zwischen *Effizienz und Serie* als wichtige Grundlage für die Wirtschaftlichkeit guten Wohnens in Herstellung und Betrieb, und *Differenz und Varianz* als Strategie, um vielfältige Wohnangebote mit individuellen Orten und Adressen zu schaffen. Immaterielle Faktoren wie *Symbolik* und *Wertigkeit* haben ebenfalls wichtigen Anteil am Gelingen zahlreicher der untersuchten Projekte.

Themenbereich

Organisation

- Trägermodelle
- Belegung
- Organisation & Betrieb vor Ort
- Raum für Aneignung

Fragen der Organisation bilden eine wesentliche Voraussetzung für die facettenreichen Qualitäten des Wohnens, die sich in den untersuchten Projekten zeigen. Erfahrene Akteure optimieren ihre *Trägermodelle* für die Erstellung und den langfristigen Betrieb des Wohnbestands und entwickeln sie über ihre verschiedenen Projekte hinweg aktiv fort. Junge Akteure profitieren von dem Wissenstransfer zu Fragen der Trägerschaft, der durch Kommunen, Stiftungen, Verbände, Transferstellen oder Fortbildungsinstitute angeboten wird. Für das langfristige Gelingen des Zusammenlebens ist eine durchdachte *Belegung* von großer Bedeutung. Ebenso spielen *Organisation und Betrieb vor Ort* eine wichtige Rolle, durch sie gelingt es, die vielfältigen Bewohner, Wohnformen und Nutzungen zu koordinieren. *Raum für Aneignung* bietet den Bewohnern nach Fertigstellung und Bezug Möglichkeiten, die Nutzungen und das Zusammenleben in Innen- wie Außenräumen weiterzuentwickeln und selbst zu gestalten.

Wohnung als gestaltbare Hülle

Wohnen ist als individuelles Grundbedürfnis Ausgangspunkt der Projekte und wird für ganz verschiedene Bewohner und Wohnformen in Gebäude und Ensemble in großer räumlicher Varianz umgesetzt. Mit zunehmendem Fokus auf räumlichen und funktionalen Angeboten jenseits der einzelnen Wohnung gewinnen langfristig nutzungsflexible Wohnkonzepte an Bedeutung. Die Wohnung ist persönlicher und familiärer Rückzugsort, der sich aber der Struktur und Gestalt des gesamten Wohnkonzeptes unterordnet.

Flexible Wohnvielfalt jenseits von Individualisierung

Die Möglichkeit der zukünftigen Bewohner, im Planungsprozess die eigene Wohnung mitzugestalten, war eine wichtige Motivation gerade in frühen Projekten. Mittlerweile wenden erfahrene Akteure dialogorientierte Entwurfsmethoden an, um Wohnvielfalt und hohe Nutzungsflexibilität in der Wohnanlage zu realisieren – und haben so den Lebenszyklus des Nutzers und der Immobilie gleichermaßen im Blick. Vielfältige Wohnbedürfnisse generieren vielfältige Angebote am Standort, die über die individuelle Perspektive hinaus langfristig eine hohe Wohnqualität für eine vielfältige Bewohnerschaft sicherstellt.

↗ Die Genossenschaft WOGENO vertraut im Projekt *Limmatstraße* auf einen gut organisierten Entwurfsprozess unter Einbeziehung ihrer Genossen. Die Kerngruppe zukünftiger Bewohner eignet sich vorgegebene Grundrisstypen an und entwickelt sie fort. So ist die Mitwirkung an robusten Grundrisstypen mit überschaubaren Variationen möglich – ohne dabei nur die eigene Wohnung in den Mittelpunkt zu stellen.

Entwickelten Standards vertrauen

Erfahrene Genossenschaften greifen in ihren Projekten auf bereits etablierte Wohnungstypen zurück. Aus den ersten, vielfach experimentellen Projekten entwickelt sich ein Erfahrungsschatz, auf den nachfolgende Projekte aufbauen können. Die etablierten Wohnungsstandards helfen, den Fokus und das Engagement in neuen Projekten auf weitere Themen zu lenken – seien es Sonderwohnformen für einzelne Zielgruppen oder ergänzende Funktionen und Angebote für die gesamte Wohnanlage.

↗ *Zwicky Süd* bietet seriell gereihte Wohnungsgrundrisse in den drei städtebaulichen Grundtypen Scheibe, Block und Halle, die mit einem hohen Grad an Regeldetails realisiert werden. Über die winkelförmige Geometrie der Gesamtanlage entstehen Variationen dieser Grundtypen. Die gut geschnittenen Wohnungen im Neubaustandard zu einem bezahlbaren Mietpreis und mit einem umfassenden ergänzenden Angebot vor Ort werden von den Bewohnern in der Agglomeration von Zürich sehr geschätzt.

Adaption im Inneren

Standardisierte Wohnungstypen gewinnen ihre Anpassungsfähigkeit im Inneren über flexible Ausbaustandards, wählbar von den Bauherren, die in Form einer Baugemeinschaft oder als Hausprojekt im Verbund des Mietshäuser Syndikats organisiert sind. Ein Basispaket kann je nach Interessenlage, finanziellem Spielraum und Lebenssituation mit Zusatzoptionen und Eigenleistungen kombiniert werden. Neben dem robusten Rohbau ist eine adaptive, vielseitig teilbare Gebäudehülle eine wichtige Voraussetzung, um vielfältige Wohnwünsche realisieren zu können. Im Lebenszyklus lassen sich Wohnungsgrundtypen durch sorgfältig vorgeplante Optionen für Zusammenlegungen oder Teilungen einzelner Zimmer an neue Bedürfnisse anpassen.

↗ Die *Falkenried-Terrassen* sind mit ihren 324 praktisch deckungsgleichen Wohneinheiten ein Extremfall von Standardisierung. Der moderate Ausbaustandard ermöglicht relativ geringe Mieten. Jeweils sechs Wohnungen um ein Treppenhaus bilden eine Hausgemeinschaft, in der einzelne Räume flexibel an einzelne Wohnungen angegliedert werden können. Durch die wohlproportionierte Raumaufteilung und den verfügbaren gemeinschaftlichen Freiraum der Terrasse wird die Wohnung im Verhältnis zur eigentlichen Quadratmeterzahl als groß und vollwertig erlebt.

Querbeziehungen & Wechselwirkungen

– Die Wohnung als gestaltbare Hülle ist Grundlage für → *Wohnungsvielfalt und Wohnungsmix*, durch die für eine große Bandbreite von Zielgruppen eine flexible → *Belegung* ermöglicht wird
– ←→ *Effizienz und Serie* in Städtebau, Typologie und Konstruktion kann mit *Wohnen als gestaltbare Hülle* Hand in Hand realisiert werden
– Die flexibel gestaltbare Wohnung kann im Lebenszyklus einer Immobilie die → *Flächeneffizienz* befördern und über die Adaptabilität den schonenden Umgang mit → *Ressourcen und Ökologie* stärken
– Anpassbare Wohnungen werden in langfristig orientierten ← *Trägermodellen* genutzt, um individuelle Wünsche aufzunehmen und Möglichkeiten der Mitgestaltung anzubieten

Wohnungsvielfalt und Wohnungsmix

Ein Kerninteresse zahlreicher Projekte ist die Erstellung eines vielfältigen Wohnangebots für eine differenzierte Bewohnerschaft, die an einem Standort zusammenfindet. Durch die geschickte Mischung von Wohnungstypen und -größen, Finanzierungsformen und Trägerschaften entstehen synergetische Nachbarschaften diverser Lebensstile und Lebensabschnitte. Im Projekt und am Standort sorgt dies für Stabilität, ermöglicht Integration und schafft wechselseitige Impulse. Im Prozess werden Risiken gestreut und die Stärken verschiedener Zielgruppen kombiniert.

Vielfalt der Bedürfnisse als Ressource
Eine pluralisierte Gesellschaft braucht Wohnformen, die den vielfältigen Bedürfnissen entsprechen. Verschiedene Finanzierungsmodelle und Einkommensverhältnisse bieten mitunter Chancen in der Ausgestaltung eines durchmischten Zusammenlebens – Tür an Tür in einem Haus, Hof oder Block. Diese Ressource gilt es produktiv zu nutzen.

↗ Im *Sonnenhof* leben Bewohner unterschiedlichster Einkommens- und Lebenslagen in Geschosswohnungen, Maisonette- und Stadthaustypologien. In dem Wohnungsmix spiegeln sich auch die Eigentumsverhältnisse wider. Dabei wurde aus einer Gruppe von Alleinstehenden mit Anspruch auf geförderten Wohnraum – unterstützt durch das Mietshäuser Syndikat –, einer konventionellen Baugemeinschaft sowie einer Wohnpflegegruppe, die Vereinsstatus hat, ein Konsortium gebildet. Alleinstehende und Wohnpflegegruppe organisieren sich nach der vorgegebenen Syndikatsstruktur in einem Hausverein sowie einer GmbH. Der Verein tritt als Gesellschafter der GmbH und Eigentümer des Gebäudes auf. Als weiterer Gesellschafter verhindert das Syndikat durch sein Vetorecht im Ernstfall den Hausverkauf. Mit den anderen Eigentümern bilden die vielfältigen Akteure zusammen eine Wohnungseigentümergemeinschaft.

Stabilität durch Diversität
Zahlreiche der untersuchten Projekte zeigen: Eine ausgewogen diverse Bewohnerschaft kann das Zusammenleben insgesamt stärken – vorausgesetzt, das Belegungskonzept sowie die Organisation und der Betrieb vor Ort werden durchdacht entwickelt und umgesetzt. Die Verschiedenheit der Nachbarn ist ein Pluspunkt, der für viele Bewohner im Alltag die Wohnqualität erhöht und zur Identität der gesamten Wohnanlage beiträgt. Neue Wohnangebote können zugleich den Wohnbestand im Quartier bereichern.

↗ Beim *Hardturm* steht die Wohnvielfalt im Fokus. Der Mix der Wohnungsgrundrisse basiert auf dem Prinzip eines Arbeiterwohnheims mit Mittelflurerschließung. Unterschiedliche Wohnungstypen, Wohngemeinschaften für Menschen mit Behinderung, Gäste- und Loftwohnungen mit der Möglichkeit zur Arbeit von zu Hause aus liegen Tür an Tür. Durch diesen Mix entwickelt das Projekt eine eigenständige, lebendige Nachbarschaft inmitten des heterogenen und sich im Umbruch befindlichen Stadtteils Zürich-West.

Passende Angebote unter einem Dach managen
Wohnvielfalt und Wohnungsmix in einer Wohnanlage bieten die Chance, bei veränderten Bedürfnissen und Lebenssituationen der Bewohner – beispielsweise infolge von Familienzuwachs, Auszug der Kinder oder Älterwerden – passende Wohnangebote zu finden. Die gemeinschaftliche Hausorganisation macht Umzüge im eigenen Haus möglich und wahrscheinlicher – und verankert diese in einzelnen Genossenschaften auch verbindlich.

↗ Im Fall von *Allengerechtes Wohnen* übernimmt die Bürgerstiftung für die Einzeleigentümer zentral die Vermietung. Damit kann der gewünschte Bewohnermix langfristig gesichert und auch die sich wandelnden Bedürfnisse einzelner Bewohner können aktiv gemanagt werden.

Querbeziehungen & Wechselwirkungen
- Wohnungsvielfalt und Wohnungsmix lassen sich über vielfältige ← *Trägermodelle* und ← *Soziale und kulturelle Kooperationen* herstellen und managen
- Vielfalt und Mix der Wohnungen steht in einem Wechselspiel mit einer →← *Kritischen Masse* an Wohnungen, um auch im großen Maßstab eine lebenswerte Nachbarschaft zu gestalten und bei verändertem individuellen Flächenbedarf zugleich das Umziehen am Standort zu ermöglichen und damit die → *Flächeneffizienz* am Standort zu erhöhen
- Wohnungsvielfalt und Wohnungsmix befördern die Nachfrage nach → *Wohnen Plus* mit zusätzlichen Angeboten und Services sowie nach neuen Formen der → *Mobilität*
- Ein komplexes Programm aus vielfältig gemischten Wohnungen bedarf eines strukturierenden räumlichen Rahmens in ← *Städtebau*, ← *Ensemble*, ← *Freiraum* und ← *Erschließung*
- Ein vielfältiges und gemischtes Wohnangebot bedarf der guten und durchdachten ← *Organisation und Betrieb vor Ort* und sollte über eine mittel- bis langfristige Strategie der ← *Belegung* gemanagt werden
- Wohnungsvielfalt und Wohnungsmix profitiert von durchdachten ← *Lagen und Relationen* der einzelnen Wohntypen zueinander und befördert die → *Vernetzung ins Quartier*
- Ein vielfältiges und gemischtes Wohnungsangebot kann über → *Wertigkeit* und → *Symbolik* Ausdruck finden

Wohnen plus

Viele der untersuchten Projekte zeigen: Die Wohnqualität bemisst sich weniger an der eigenen Wohnung als an Angeboten, die man mit den Nachbarn teilt. Noch sind diese häufiger Zusatz als Ersatz individueller Ausstattung und Wohnfläche – Trends und Möglichkeiten zur Einsparung zeigen sich jedoch deutlich. Das eigene Wohnen wird zunehmend als Teil einer solidarischen, kontaktfreudigen Nachbarschaft verstanden.

Zusammen statt nebeneinander
Die Analyse der Genese vieler der Projekte macht deutlich: Wohnen wird primär als gemeinsames, soziales Projekt der Nachbarschaft und erst in einem zweiten Schritt als bauliches Projekt begriffen. Gemeinschaftliche Räume und Angebote ergänzen die eigene Wohnung und befördern ein wirkliches Zusammenleben, anstelle eines anonymen Nebeneinanders.

↗ Das *Wohnprojekt Wien* entwickelt ein umfangreiches Programm von zusätzlichen Angeboten – von der Gemeinschaftsküche über einen flexibel nutzbaren Veranstaltungsraum, einen gemeinsamen Hof, bis hin zu einer mit Bibliothek, Sauna und Garten ausgestatteten Dachlandschaft für die Hausgemeinschaft. Über die Organisationsform der Soziokratie wird die Selbstbestimmung dieser Räume und Angebote im Alltag praktiziert. Das gemeinsam Erarbeitete und der ausgeprägte Kontakt zwischen den Nachbarn führen zu einem mit dem Wohnort verbundenen Gefühl des Stolzes. Jener Teil der Angebote, der auch für die Nachbarschaft offen ist, trägt zudem zur Vernetzung ins umgebende Quartier bei.

Kollektiver Luxus, individuelle Reduktion
Dem kollektiven Luxus durch ein Angebot jenseits der eigenen Wohnung, organisiert von und für die Nachbarschaft, steht die – vorstellbare oder eingeforderte – individuelle Reduktion von Wohnfläche und Besitz gegenüber. Da die Ebene der Nachbarschaft stärker gewichtet wird als die der eigenen Wohnung, können auch suboptimale Situationen und Kompromisse ausgehalten werden.

↗ Bei *Zwicky Süd* hilft das soziale Fundament in der Projektgenese maßgeblich mit, die baulichen Standards zu verringern. Der Prozess lässt sich anhand von zwei Säulen beschreiben: Das bauliche Projekt verläuft entlang der Planung des physischen Ensembles und überlagert sich durch die verschiedenen Projektphasen hindurch mit dem sozialen Projekt der Entwicklung und Stärkung der zukünftigen Bewohnergemeinschaft. Die beiden Projekte laufen parallel zueinander und beeinflussen sich gegenseitig. Das Gemeinschafts- und Zugehörigkeitsgefühl wird als Besonderheit erlebt und lässt eine Reduktion des üblichen Ausbaustandards zu. Mitunter wird akzeptiert, dass persönliche Ansprüche nicht erfüllt werden.

Kristallisationspunkte von Engagement
Wahlverwandtschaften und Zusammenhalt am Wohnort sind im Alltag vielfach präsent und sorgen für den nötigen sozialen Kit innerhalb der neuen, sich noch entwickelnden Nachbarschaft. Gemeinschaftsräume, Gäste-Apartments oder gemeinsame Werkstätten sind auch Ermöglichungsmomente gesellschaftlichen Engagements. Professionelle Unterstützungsangebote benötigen Räume und Präsenz vor Ort, sie sind zugleich auch Anlaufstelle für weitere Mitstreiter.

↗ Im *Open House* engagiert sich die Hausgemeinschaft für die Vernetzung mit dem umgebenden Quartier. Die offen gestaltete Durchwegung und wenig definierten Freiräume sind Ort der Aushandlung und Begegnung – innerhalb der vielfältigen Bewohnerschaft wie auch mit der umgebenden Nachbarschaft. Der Gemeinschaftsraum wird temporär Geflüchteten zur Verfügung gestellt. Ebenso betreiben einige Bewohner eine ehrenamtliche, an die Nachbarschaft gerichtete, „Lesegalerie" und Hausaufgabenbetreuung für Kinder, die vom großzügigen Eingangsfoyer aus erreichbar ist.

Querbeziehungen & Wechselwirkungen
– Wohnen Plus kann helfen, die individuelle Wohnfläche zu reduzieren und damit die → *Flächeneffizienz* zu steigern
– Wohnen Plus profitiert von einer ← *Kritischen Masse* an differenzierten Nachfragern auf Basis von ← *Wohnungsvielfalt und Wohnungsmix*, die wohldurchdacht sind, sowie einem hinreichenden ← *Mixed Use*
– Die vielfältigen Angebote und Services von Wohnen Plus erfordern ein passendes ← *Trägermodell* sowie gute ← *Organisation und Betrieb vor Ort*
– Wohnen Plus bietet → *Raum für Aneignung* und eine Chance für die → *Vernetzung ins Quartier*
– ← *Städtebau*, ← *Ensemble*, ← *Erschließung* und ← *Lagen und Relationen* bilden einen sinnstiftenden organisatorischen und räumlichen Rahmen für die das Wohnen ergänzenden Angebote
– Der gemeinschaftlich nutzbare ← *Freiraum* kann selbst als ein Angebot des Wohnen Plus gestaltet werden
– Wohnen Plus kann Ausdruck in → *Wertigkeit* und → *Symbolik* finden

Mixed Use

Die primäre Wohnnutzung wird um andere Funktionen erweitert und die damit verbundenen Kosten und Risiken werden durch die zunächst auf Wohnen ausgerichtete Trägerschaft übernommen. Gewerbe, Bildung, Versorgung und soziale Institutionen beleben den Standort und bewirken als ergänzende Angebote Synergieeffekte, sodass sich ein lebendiger Quartiersbaustein entwickeln kann.

Ausgehend vom Wohnen das Nutzungsportfolio erweitern

Mit einem Blick über den Tellerrand der Wohnnutzung hinaus lassen sich ergänzende Nutzungen entwickeln, die sowohl das eigene Wohnumfeld als auch das umliegende Quartier bereichern. Damit gehen die eigentlich auf das Wohnen fokussierten Bauherrschaften häufig ein finanzielles und organisatorisches Risiko ein, das es sorgsam zu managen gilt. Vorgaben im Planungsrecht oder bei der Grundstücksvergabe wirken bei der Realisierung der Nutzungsmischung unterstützend, sodass auch Anlaufschwierigkeiten überwunden werden können.

↗ Das Projekt *Alte Weberei Carré* gestaltet an einer städtebaulich prominenten Lage einen Stadtblock mit einer öffentlichen Sockelzone. Der Nutzungsmix umfasst Agentur- und Büroräume der Wohnungseigentümergemeinschaft im Erdgeschoss und eine an den Hochhof angrenzende Arztpraxis im Obergeschoss. Ein für das Quartier zugänglicher Gemeinschaftsraum befindet sich in prominenter Lage im seitlich anschließenden Altbau. Zudem gelingt es der Baugemeinschaft im Rahmen einer von der Stadt Tübingen unterstützten, mietfreien Testphase einen Lebensmittelladen zu etablieren.

Mit Synergien Standorte entwickeln

Neue Standorte für das Wohnen zu erschließen, gelingt vielfach nur in Synergie mit anderen Nutzungen. Größen und Zuschnitte von Grundstücken, ihre Voraussetzungen für die Orientierung und Erschließung von Gebäuden oder bestehende Immissionsbelastungen erfordern eine geschickte Kombination verschiedener Bauherrschaften und Nutzungen. Erdgeschosse und Übergangszonen bieten Raum für Gewerbe, für das sich auch in genossenschaftlicher Trägerschaft zunehmend Nachfrager finden. Hotels können den benachbarten Bewohnern zugleich die Funktion einer Concierge anbieten. Der Anlass, Wohnen zu entwickeln, kann auch von anderen Nutzungen ausgehen, für die Standorte gesucht werden.

↗ Am Standort *Limmatstraße* im Münchner Südwesten wird in einer verkehrlich belasteten städtebaulichen Randlage in der Verknüpfung des Schulzentrums einer Waldorfschule mit Wohnen ein neuer Quartiersbaustein geschaffen. Durch die gemeinsame Projektentwicklung können der Immissionsschutz optimiert, Abstandsflächen zwischen den Gebäudekörpern reduziert und gemeinschaftliche Freiräume in Synergie genutzt werden.

Nutzungsmix kuratieren und organisieren

Für die synergetische Koexistenz von unterschiedlichen Nutzungen in einem Areal oder unter einem Dach gilt es, die Qualitäten und Lagedifferenzen innerhalb eines Standorts gezielt zu nutzen. Aus der Perspektive der Entwicklung eines gesamten Areals besteht zudem die Chance, ein produktives Nebeneinander übergeordnet zu managen – räumlich, technisch wie auch ökonomisch. Damit lassen sich typische Schwierigkeiten in Finanzierung, Realisierung und Vermarktung unterschiedlicher Nutzungen an einem Standort überwinden.

↗ Als Reaktion auf den umgebenden Industriestandort im Umbruch und entsprechend der Vorgaben des Gestaltungsplans zu Gebäudelinien und -höhen legt der *Hardturm* einen programmatischen Fokus auf die Mischnutzung von Wohnen und Arbeiten. Dabei werden die weniger attraktiven Gewerbeflächen, die die Wohnungen zugleich vor Immissionen schützen, über das Wohnen quersubventioniert. Auf die fehlende soziale Infrastruktur vor Ort reagiert die Genossenschaft Kraftwerk1 mit diversen Angeboten wie einem Café, einem Kindergarten, Ausbildungsplätzen oder einem Quartiersladen.

Querbeziehungen & Wechselwirkungen

– Mixed Use befördert die → *Vernetzung ins Quartier*, stärkt → *Wohnen Plus* in Ergänzung zur eigenen Wohnung und wirkt unterstützend für neue Angebote der → *Mobilität*
– Eine intelligente Anordnung der verschiedenen Nutzungen befördert die → *Flächeneffizienz*
– Ein Mix der Nutzungen über das Wohnen hinaus benötigt eine passende → *Erschließung* und durchdachte → *Lagen und Relationen* unter besonderer Berücksichtigung von Sockeln, Erdgeschossen, Rändern, Übergängen und Eingängen
– ← *Städtebau* und ← *Ensemble* bilden einen räumlichen Rahmen für die Nutzungsmischung, die Ausdruck über die → *Wertigkeit* der Gestaltung und Ausführung und über räumliche → *Symbolik* erfahren kann
– Mixed Use benötigt eine ← *Kritische Masse* an Nutzern sowie ← *Trägermodelle*, die mehr als Wohnen ermöglichen, und eine sorgsame und durchdachte ← *Organisation und Betrieb vor Ort*

Soziale und kulturelle Kooperationen

Um die gewünschte Programmatik mit einem breiten Mix an Wohnformen, Zielgruppen und das Wohnen ergänzenden Angeboten realisieren zu können, werden gezielt Partnerschaften mit etablierten Institutionen eingegangen. Diese bringen ihre Erfahrungen und Ideen in die Planung ein und sichern den Betrieb. Die Komplexität der Aufgabe und das Risiko der Projektentwicklung werden so gesenkt und die gewünschten Qualitäten gesichert.

Projektentwicklung auf vielen Schultern

Um einen breiten Mix an Wohnangeboten zu schaffen und auch Sonderwohnformen zu realisieren, werden vielfach Kooperationen mit erfahrenen Trägern gesucht. Durch diese passend zusammengestellten Trägerschaften fließt professionelles Wissen in die Konzeption und Planung ein. In Konzeptvergaben kann ein attraktives Gesamtkonzept angeboten werden und durch die Kooperation lassen sich Fördermöglichkeiten adäquat ausschöpfen.

↗ Das Projekt *Alte Weberei Carré* verknüpft die baugemeinschaftlich organisierten Wohnungen mit einer Demenzwohngruppe und einer Arztpraxis. Der räumlich integrierte Pflegebetrieb und die soziale Integration dementer Personen sind fester Bestandteil der Hausgemeinschaft und wecken ein breites Bewusstsein für das Thema des Alterns.

Professionelle Partner für Belegung, Betrieb, Integration

Durch die Erweiterung der Trägerschaft um etablierte Akteure für zusätzliche Wohnformen und Angebote gelingt es, die gewünschten Zielgruppen frühzeitig anzusprechen und mit einem durchdachten Belegungskonzept zu integrieren. Über die sozialen oder kulturellen Partner wird zudem ein professioneller Betrieb gesichert. All diese Faktoren minimieren die Risiken, die von der erhöhten programmatischen Vielfalt für die Projektentwicklung und den langfristigen Betrieb ausgehen.

↗ In *Zwicky Süd* wird das ergänzende Angebot aus Bistro, Hotel, Take Away und Laden durch ein integratives Arbeitsplatzkonzept der Stiftung Altried realisiert. Diese übernimmt auch die Pflege der Außenanlagen im Areal.

Räume für Engagement und lokale Wissensgenerierung

Verfügbare, bezahlbare Räume sind eine Grundvoraussetzung für soziale und kulturelle Nutzungen. Damit bietet das Haus oder Ensemble einen Anknüpfungspunkt für Engagement, das nicht nur über bestehende Partner eingebracht, sondern auch vor Ort entwickelt werden kann. Dabei entstehen lokales Wissen und Netzwerke, die über den Standort hinaus in das umgebende Quartier wirken können.

↗ Im Rückblick auf das fast 20-jährige Bestehen des Projekts „Leben und Arbeiten auf dem Gutshof *Kaiserbacher Mühle*" lässt sich ein Beitrag zur Dorfentwicklung deutlich erkennen. Impulse für das Dorfleben sind intrinsischer Teil des Projektverständnisses, beispielsweise im Rahmen der Aktivitäten des Vereins „Lobby für Kinder". Durch das Projekt wurden Personen angezogen, die sich vor Ort und in der Gemeinde engagieren und einbringen, was wiederum neue Impulse für das Umfeld setzt – so geschehen mit der Bürgerstiftung Pfalz.

Querbeziehungen & Wechselwirkungen

– Soziale und kulturelle Kooperationen unterstützen und betreiben die ergänzenden Angebote und Services von → *Wohnen plus*, fördern die → *Vernetzung ins Quartier* und unterstützen → *Wohnungsvielfalt und Wohnungsmix* bis hin zu einem echten → *Mixed Use*
– Die eingegangenen Kooperationen spiegeln sich in → *Trägermodellen* wider und entwickeln diese im Sinne von Multiträgerschaften fort
– Soziale und kulturelle Kooperationen unterstützen → *Organisation und Betrieb vor Ort* und bieten → *Raum für Aneignung*
– Die Kooperationen können die Identität eines Projekts in besonderer Weise prägen und daher Ausdruck in der → *Wertigkeit* der Gestaltung und Ausführung oder in der räumlichen → *Symbolik* finden

Vernetzung ins Quartier

Die Projekte entwickeln Ambitionen über das eigene Grundstück hinaus und strahlen in das umgebende Quartier aus. Neue Angebote suchen eine erweiterte Nachfrage. Neue Zielgruppen am Standort wollen ihr Umfeld prägen und dieses den eigenen Bedürfnissen und Vorstellungen entsprechend lebenswert machen. Vernetzung geschieht durch Angebote, Freiräume, Wege, Menschen und Aktivitäten.

Neue Angebote als Anker ins Quartier

Wird der Standort als „Wohnort" und nicht nur als „Wohnhaus" begriffen, rücken räumliche und funktionale Beziehungen in den Fokus, die in die umgebende Nachbarschaft hinausreichen. Neue räumliche Angebote bieten Anlass und Anker für die Vernetzung zwischen Projekt und Umfeld, die bis hin zu einem aktiven Quartiersmanagement ausgebaut werden kann.

↗ *Allengerechtes Wohnen* hat die anfängliche Concierge-Idee in eine von der Gemeinde finanzierte Kontakt & Rat Stelle mit Sitz im Wohnpark überführt. Diese übernimmt Aufgaben und Angebote für das gesamte Dorf, wie die Koordination von Café und Gäste-Apartment. Damit erfährt die ehrenamtliche Arbeit sozial engagierter Dorfbewohner eine Professionalisierung, es entsteht eine Managementschnittstelle zwischen dem Dorf, der neuen vielfältigen Bewohnerschaft und der dazugehörigen Räume und Angebote.

Stimulation des Umfelds

Über das Betreiben neuer Angebote und den Aufbau nachbarschaftlicher Strukturen können ausgehend vom neuen Wohnstandort Angebot und Nachfrage im Umfeld beeinflusst werden. Der Aufbau von Vereinen und Netzwerken und die Bereitstellung gemeinschaftlicher Infrastrukturen wie Werkstätten, Fitnessräumen und vielem mehr kann wie ein Katalysator auf die Umgebung wirken. Damit wird die Attraktivität des Quartiers als Ganzes gesteigert und es werden neue Nachfrageimpulse gesetzt. So kann beispielsweise die Umgestaltung ehemals privater Flächen hin zu einer neuen öffentlichen Zugänglichkeit und Nutzbarkeit einen Wandel der Wahrnehmung und des Verhaltens der Bewohner im Quartier herbeiführen – und Lust auf mehr machen.

↗ Das *Haus NOAH* öffnet das ehemals ungenutzte Erdgeschoss eines Bestandsgebäudes für den Stadtteil. Das anfänglich durch eine Netzwerkerin genutzte, gut sichtbare Büro wird später zur Bibliothek und zum Sitz des neugegründeten Nachbarschaftsvereins. Ein großzügiger Gemeinschaftsraum mit Küche wird zum Anker vielfältiger Aktivitäten, erst unter Obhut der Netzwerkerin, dann des Nachbarschaftsvereins.

Querbeziehungen & Wechselwirkungen

- ←→ *Wohnungsvielfalt und Wohnungsmix*, ←→ *Wohnen Plus*, ←→ *Mixed Use*, ←→ *Soziale und kulturelle Kooperationen*, neue ←→ *Mobilitätsangebote* und ← *Räume für Aneignung* können als Motor für die Vernetzung ins Quartier wirken, wodurch diese Angebote weiteren Nutzerkreisen geöffnet werden
- ← *Raum für Aneignung* kann ebenso die soziale Verknüpfung mit dem Umfeld befördern
- Synergieeffekte durch die verbesserte An- und Einbindung in das umgebende Quartier erhöhen die → *Flächeneffizienz*
- Ebenso sind gemischte ← *Trägermodelle* und umsichtige ← *Organisation und Betrieb vor Ort* eine Chance für die Vernetzung mit dem Umfeld
- Die geschickte Organisation von ← *Städtebau*, ← *Ensemble*, ← *Freiräumen* und ← *Erschließung* schafft die räumlichen Voraussetzungen für die Vernetzung ins Quartier

Mobilität

Hinreichend dichte, durch vielfältige Zielgruppen und Angebote geprägte Wohn- und auch Arbeitsstandorte sind idealer Ausgangspunkt, um einen Wandel der Mobilität anzustoßen. Standortbezogene Mobilitätskonzepte zielen darauf ab, den Anteil des motorisierten Individualverkehrs zu senken und alternative Angebote in der Gemeinschaft zu organisieren. Damit wirken sie kosten- und raumsparend und begegnen zugleich den Bedürfnissen einer vielfältiger werdenden Bewohnerschaft.

Mobilitätsqualität ist Wohnqualität

Mit großem Engagement widmen sich die Bauherrschaften zahlreicher Projekte neuen Lösungen im Bereich der Mobilität. Sie erkennen, dass sie als Standortmacher Handlungsspielräume haben und vor Ort Mobilitäts- und Wohnqualität Hand in Hand gestalten können. An den Standorten sind die vielfältigen Zielgruppen, Nutzungen und Angebote auf passende Optionen des Mobilseins angewiesen – bei verschiedenen Einkommen, in verschiedenen Lebensaltern und auch in Folge körperlicher oder seelischer Einschränkungen. Gerade die Neuentwicklung von Standorten am Stadtrand oder in der Region wird mit einem Qualitätssprung bei den Mobilitätsangeboten verknüpft.

↗ Die Transformation des Standorts *Zwicky Süd* in der Agglomeration von Zürich war für die Genossen des Kraftwerk1 vorstellbar, weil er eine Minimalvoraussetzung erfüllte: einen direkten Anschluss an die Glatttalbahn, die dem Standort eine hervorragende Vernetzung mit dem öffentlichen Verkehr in Zürich Nord sichert. Daran anknüpfend wurde für das Areal ein passgenaues Mobilitätskonzepts entwickelt, das es ermöglicht, auch ohne eigenes Auto mobil zu sein. Das Projekt Zwicky Süd schafft es damit nicht nur, zu einem völlig neuen Wohn- und Arbeitsort zu werden, sondern hilft auch, die Mobilität in der Agglomeration zu transformieren.

Mobil in Gemeinschaft

Bei einer kritischen Masse an Nachfragern können neue Mobilitätsangebote in der Gemeinschaft geschaffen werden. Im Gegenzug lassen sich individuelle Stellplätze reduzieren und Tiefgaragenstellplätze ganz einsparen. Damit eröffnen sich neue finanzielle und räumliche Gestaltungsmöglichkeiten. So können Fahrradgaragen und -werkstätten betrieben, Sharing-Angebote und E-Mobility etabliert und auch an spezielle Bedürfnisse angepasst werden. Oberirdisch können Freiräume neu verteilt und gestaltet werden. Alternativen zum eigenen PKW werden nachbarschaftlich, sozial und kommunikativ begleitet, getragen und geteilt. In vielen Fällen erfahren die neuen Angebote auch eine Nachfrage aus dem umgebenden Quartier – Mobilitätsstationen finden neue Nutzer in der Nachbarschaft.

↗ Das *Wohnprojekt Wien* bietet für 39 Wohnungen nur 8 Stellplätze an, ausschließlich im selbstorganisierten Carsharing. Demgegenüber stehen den Bewohnern rund 120 Radstellplätze im ebenerdigen Fahrradraum mit Tageslicht sowie ein gemeinsames Lastenrad zur Verfügung. Zudem entfällt durch die großzügigen Gemeinschaftsangebote im Haus auch der eine oder andere Weg.

Pionierhaft Normen und Regeln verändern

Mit ihren neuen Konzepten fordern die Projekte rechtliche Rahmenbedingungen heraus und stoßen damit pionierhaft Veränderungsprozesse an. Der Zugewinn an Wohnqualität, den die Reduktion individueller Stellplätze ermöglicht, wird vor Ort für alle Bewohner erlebbar – wenn beispielsweise monofunktional genutzte Freiräume zurückerobert und einer gemeinschaftlichen Nutzung zugeführt werden.

↗ Die Genossenschaft in der *Johann-Fichte-Straße* agiert als Vorreiter, als es ihr im Jahr 2000 gelingt, den Stellplatzschlüssel auf das für damalige Verhältnis niedrige Niveau von 0,7 zu reduzieren. Dabei wird von Beginn an Carsharing integriert und einige Tiefgaragenstellplätze werden zu Fahrradabstellplätzen umgewidmet. So kann der Fahrradkeller wiederum als Gemeinschaftsraum umgenutzt werden.

Querbeziehungen & Wechselwirkungen

- Eine ← *Kritische Masse* an Bewohnern und Nutzern, ← *Wohnvielfalt und Wohnungsmix* sowie ← *Mixed Use* sind wichtige Voraussetzungen, damit neue Mobilitätsangebote angenommen und wirtschaftlich betrieben werden können
- Neue Formen der Mobilität und die ←→ *Vernetzung ins Quartier* sind wechselseitig verknüpft
- Geeignete ← *Trägermodelle* und Formen von ← *Organisation und Betrieb vor Ort* sind Voraussetzung, um Mobilität am Standort neu zu organisieren
- Neue Konzepte und Angebote für die Mobilität werden mit der Absicht entwickelt, im Moment des Umzugs das Nutzerverhalten so zu beeinflussen, dass → *Flächeneffizienz* gesteigert und → *Ressourcen und Ökologie* geschont werden
- Mobilitätskonzepte verschaffen Spielräume, um → *Erschließung* und → *Freiflächen* neu zu konzipieren und zu nutzen
- Abstellräume, Rampen, gemeinschaftlich genutzte Fahrzeuge mit alternativen Antrieben oder auch Lastenräder werden mit → *Symbolik* aufgeladen und im Sinne neuer Statussymbole der Gemeinschaft inszeniert

Bauliche Dichte

Eine hohe bauliche Ausnutzung des Grundstücks ist – für jeden Entwickler – eine wichtige Grundlage für ein wirtschaftlich tragfähiges Projekt. Viele der untersuchten Projekte suchen Spielräume: für einen breiten Wohnungsmix, für Orte der Gemeinschaft, für ergänzende Angebote und Nutzungen. Ein Mehr an verfügbarem Raum ist dafür eine wesentliche Voraussetzung.

Reinvestieren von Dichtevorteilen

Eine hohe Ausnutzung von Grundstück und Baurecht ist eine wichtige Voraussetzung für die Wirtschaftlichkeit des Gesamtprojekts und wird vielfach in gemeinschaftliche Angebote und Flächen reinvestiert. Mehr Fläche geht in den untersuchten Projekten oft mit mehr Vielfalt und mehr nutzbaren Angeboten einher.

↗ Für die Realisierung des ambitionierten Programms von *Zwicky Süd* ist eine hohe Flächenausnutzung am Standort unabdingbare Voraussetzung, denn die Genossenschaft Kraftwerk1 muss sich am Grundstücksmarkt im Wettbewerb mit anderen Entwicklern behaupten. Im Ergebnis gelingt es, bezahlbaren Wohnraum in Verbindung mit einem attraktiven Wohnumfeld zu schaffen und die ökonomischen Vorteile baulicher Dichte in eine überzeugende Gestaltung von Gebäudeensemble und Freiräumen zu überführen.

Nähe als Voraussetzung für Gemeinschaft

Mit dem Fokus auf Wohnvielfalt & Wohnungsmix geht die Suche nach kompakten und flächeneffizienten Wohntypologien einher. Diese schaffen eine physische und soziale Nähe, in der die vielfältige Nachbarschaft zusammenwachsen kann – und sich dabei auch aneinander reiben und sich arrangieren können muss. Denn mit hoher baulicher Dichte und einem moderaten individuellen Wohnflächenbedarf rücken die zunehmend vereinzelten Haushalte enger zusammen.

↗ Das Projekt *Allengerechtes Wohnen* schafft mit 44 Geschosswohnungen ein für den dörflichen Kontext neuartiges und städtebaulich dichtes Wohnangebot. Nach anfänglicher Skepsis der Dorfbewohner finden die Eigentumswohnungen guten Absatz. Im Herzen der Gemeinde entwickelt sich das Zusammenleben über verschiedene Generationen hinweg und bietet mit der Anlaufstelle Kontakt & Rat und einem Café Vernetzung in das Dorf hinein.

Positive Bilder von baulicher Dichte

Zahlreiche der untersuchten Fälle entwickeln eine höhere bauliche Dichte, als sie das bestehende Umfeld vorgibt oder sich die zukünftigen Bewohner zu Projektbeginn vorstellen. Die gewonnenen Spielräume werden im Gegenzug genutzt, um aufbauend auf einem sorgfältigen Städtebau hohe räumliche Qualitäten zu schaffen – beispielsweise mit hochwertigen Freiflächen, öffentlich zugänglichen Erdgeschossen, stadträumlich wirksamen Sockelgeschossen, Erschließungen mit Raum für Begegnung und Aufenthalt sowie in passenden Lagen zusätzlichen räumlichen Angeboten für die Gemeinschaft. Zahlreiche Projekte vermitteln damit positive Bilder hoher baulicher Dichte – mit dem Potenzial, auf die umgebende Quartiers- und Ortsentwicklung auszustrahlen.

↗ Die *Falkenried Terrassen* weisen im Bestand mit 56 Terrassenhäusern mit insgesamt 324 Wohneinheiten mit jeweils 30-40 Quadratmetern eine sehr hohe bauliche Dichte auf, die insbesondere in den Erdgeschossen und rückwärtigen Wohnräumen der Terrassenhäuser zu schlechten Lichtverhältnissen führt. Vor der Renovierung durch die Bewohner war dieser verdichtete Städtebau zur Flächensanierung, also zum Abriss, bestimmt. Mit einem sorgfältigen Umbau, einer gemeinschaftlich getragenen Struktur, damit verknüpftem niedrigen Mietzins der Kleinwohnungen, einer durchdachten Belegung, zusätzlichen Angeboten für die Gemeinschaft und Freiflächen, die mit hohem Engagement der Bewohner gepflegt werden, bieten die Terrassen heute in zentraler Stadtlage eine hochattraktive Wohnform.

Querbeziehungen & Wechselwirkungen

– Eine hohe bauliche Dichte trägt zu einer → *Kritischen Masse* an Bewohnern und Nutzern bei und ist eine wichtige Voraussetzung für → *Flächeneffizienz*
– Die Konzeption von ← *Städtebau* und ← *Ensemble* sowie eine Auseinandersetzung mit den Prinzipien von ← *Effizienz und Serie* wie auch ← *Differenz und Varianz* sind eine wichtige Voraussetzung, damit eine hohe bauliche Dichte qualitätsvoll gestaltet werden kann
– Ebenso unterstützt die ← *Wertigkeit* der Gestaltung und baulichen Ausführung die Akzeptanz einer hohen baulichen Dichte
– Gemeinschaftliche wie auch individuelle ← *Freiräume* sind umso wichtiger, je höher die bauliche Dichte ist
– Die Auseinandersetzung mit hoher baulicher Dichte führt in vielen Fällen zu einer starken ← *Städtebaulichen Setzung*, die nicht alleine aus der Umgebung heraus entwickelt werden kann, und findet häufig Ausdruck in einer eigenen städtebaulichen und architektonischen → *Symbolik*

Kritische Masse

- Wohnung als gestaltbare Hülle
- Wohnvielfalt & Wohnungsmix
- Wohnen plus
- Mixed Use
- Soziale & kulturelle Kooperationen
- Vernetzung ins Quartier
- Mobilität
- Bauliche Dichte
- **Kritische Masse**
- Flächeneffizienz
- Ressourcen & Ökologie
- Städtebauliche Setzung
- Ensemble
- Freiraum
- Erschließung
- Lagen & Relationen
- Effizienz & Serie
- Differenz & Varianz
- Symbolik
- Wertigkeit
- Trägermodelle
- Belegung
- Organisation & Betrieb vor Ort
- Raum für Aneignung

Die Größe eines Projekts mit der Zahl seiner Nutzer und Wohneinheiten ist ein ausschlaggebender Faktor für die Wirtschaftlichkeit in Erstellung und Betrieb, das Gelingen von Zusammenleben und Organisation vor Ort und auch für die Möglichkeiten, ins umgebende Quartier hineinzuwirken. Zudem zeigt sich: Größere Gruppen halten persönliche Konflikte besser aus, weil sie unter anderem das Bilden von Wahlverwandtschaften erleichtern.

Von der Wohngruppe zur professionell gemanagten Nachbarschaft

Entwickelten sich zahlreiche Projekte ausgehend von dem Bedürfnis einer überschaubaren Gruppe, gemeinsame Wohnvorstellungen zu realisieren, so packen erfahrene Akteure größere Projekte mit 50, 100 oder 200 Wohneinheiten und mehr an. Bisherige Erfahrungen werden dabei skaliert sowie Projektentwicklung und Formen der Finanzierung professionalisiert. Dabei zeigt sich auch: Größere Gruppen entwickeln eine andere Dynamik und müssen professionell begleitet werden. So kann es gelingen, Zusammenleben und Engagement über einen längeren Zeitraum – über die Fluktuation und den Lebenszyklus der Bewohner hinweg – zu entwickeln und aufrechtzuerhalten.

↗ *Allengerechtes Wohnen* spricht einen breiten Mix unterschiedlicher Bewohner in allen Lebenslagen und Lebensaltern an. Das Projekt wurde durch Schlüsselpersonen der Gemeinde angestoßen, um der allgemein wahrgenommenen Problemlage des demografischen Wandels und den vielfältiger werdenden Lebensstilen auch im ländlichen Raum Oberschwaben Rechnung zu tragen. Das Zusammenleben wird durch die Anlaufstelle Kontakt & Rat sowie durch die Bürgerstiftung langfristig gemanagt.

Skaleneffekte für zusätzliche Angebote

Das Bestreben, außerhalb der individuellen Wohnung weitere Angebote bereitzustellen und zu betreiben – ob Nahversorgung, Mobilität, Soziales, Bildung oder Kultur – lässt sich wirtschaftlich leichter realisieren, wenn mehr Nutzer diese Angebote in Erstellung und Betrieb mitfinanzieren. Kollektiver Luxus ist leistbar, wenn dieser von mehr Menschen geteilt wird, ohne dass dabei die Verfügbarkeit oder der Komfort leiden müssen. Diese positiven Skaleneffekte überzeugen zunehmend auch solche Träger, die weniger stark auf individuellen Wohnwert orientiert sind, sondern Wohnen für breite Zielgruppen langfristig wirtschaftlich entwickeln wollen.

↗ Die Genossenschaft WOGENO in München hat sich von den anteilig 23 Wohneinheiten in ihrem ersten Neubauprojekt *Johann-Fichte-Straße*, fertiggestellt im Jahr 2001, zu 70 realisierten Wohnungen am Standort *Limmatstraße*, bezogen im Jahr 2015, weiterentwickelt. Diese Zahl erweist sich als bewährte Größenordnung, mit der die Genossenschaft ihr wichtige Standards für zusätzliche Angebote – vom Gemeinschaftsraum bis hin zum Mobilitätsangebot – wirtschaftlich realisieren kann.

Mehr Mischung auf mehr Schultern in einem Quartier

Die zunehmend komplexen Projekte, die verschiedene Träger im Zusammenspiel realisieren, haben vielfach zum Ziel, ganze Standorte mit einer hohen Lebensqualität neu zu entwickeln. Ein wesentlicher Ansatz ist die Umsetzung einer ausgeprägten Mischung verschiedener Wohnformen, Zielgruppen und weiterer Angebote und Nutzungen über das Wohnen hinaus. Erst durch eine kritische Masse an räumlichen Einheiten und Nutzern kann dieser Anspruch in der Quartiersentwicklung gelingen.

↗ Mit *Zwicky Süd* wurde ein Standort im Schulterschluss zwischen der Genossenschaft Kraftwerk1 und den beiden Anlagestiftungen Turidomus und Adimora entwickelt. Sechs Häuser bieten ein breit gestreutes Wohnangebot, das durch Dienstleistungen, Gastronomie, Verkauf, Gesundheit, aber auch Handwerk ergänzt wird.

Querbeziehungen & Wechselwirkungen

- Eine kritische Masse an Bewohnern und Nutzern ist wesentliche Voraussetzung für wirtschaftliche Herstellung und Betrieb von → *Wohnvielfalt und Wohnungsmix*, → *Wohnen plus*, → *Mixed Use* sowie neue Konzepte und Angebote der → *Mobilität*
- Eine hinreichende kritische Masse an Bewohnern und Nutzern wird über eine hohe ← *Bauliche Dichte* vielfach in Verknüpfung mit ← *Effizienz und Serie* in Städtebau, Typologie und Baukonstruktion realisiert
- Die ← *Städtebauliche Setzung* hat eine Schlüsselrolle, um die mit der kritischen Masse verbundenen Skaleneffekte zu realisieren
- Mit dem Streben nach einer hinreichenden kritischen Masse kommt der Maßstab von → *Ensemble* und Quartier ins Spiel
- Eine hohe ← *Wertigkeit* sowie das Prinzip der ← *Differenz und Varianz* helfen, innerhalb einer großen Anzahl an Wohnungen und Nutzungseinheiten erkennbare Teilräume und Adressen zu schaffen
- Erst über den Zusammenschluss in neuartigen ← *Trägerschaften* können vor Ort und in Gemeinschaft organisierte Akteure größere Projekte und damit eine kritische Masse an Wohnungen sowie ergänzenden Nutzungen realisieren

Flächeneffizienz

Die Fläche ist ein zentraler Hebel für den sparsamen Umgang mit natürlichen und finanziellen Ressourcen. Einzelne untersuchte Projekte machen Flächensparen zum Thema. Neben ideellen Werten entspricht dies auch konkreten individuellen wie gemeinschaftlichen Bedarfen. Die Nutzer schätzen ihre sparsam geschnittene Wohnung, die neben einer robusten architektonischen Grundkonzeption auch intelligente Möblierungskonzepte bereithält.

Kompensation der Reduktion privater Fläche

Die Verbesserung der Flächeneffizienz kann durch ökologische wie auch finanzielle Motivationen angetrieben werden. Die private Raumreduktion braucht allerdings oft äußere Impulsgeber. Eine knapp geschnittene Wohnung kann mit attraktiven gemeinschaftlichen Angeboten verknüpft werden und damit die Entscheidung zur Flächenreduktion im Falle eines Umzugs erleichtern. Im Lebenszyklus des Nutzers erweisen sich zugleich Anreize zum Bleiben als wirkungsvoll – wenn beispielsweise auch bei veränderter Haushaltsgröße oder gestiegenem Einkommen von einem Umzug in eine größere Wohnung abgesehen wird, weil in der bestehenden Wohnanlage das Zusammenleben, die zusätzlichen Angebote oder die hervorragende Vernetzung ins Quartier als große Qualität empfunden werden.

↗ Im Fall der *Falkenried-Terrassen* zeigt sich: Die Intelligenz des Bestandes zwingt zur Reduktion. Dabei ist die Wohnzufriedenheit durch die kluge Raumaufteilung der durchgehend kleinen Wohnungen dennoch hoch. Die zwei Zimmer dienen dem Rückzug und der Privatsphäre und bieten eine hohe Nutzungsflexibilität für Singles, Paare und Alleinerziehende mit Kind. Die gemeinschaftlichen Terrassen und die Treppenhäuser der überschaubaren Hausgemeinschaften werden rege zum Austausch genutzt.

Flächeneffizienz durch geschickten Wohnungsmix

Ein geschickter Wohnungsmix aus kleineren Single- und größeren Mehrpersonen-Wohnungen innerhalb einer Wohnanlage senkt in der Gesamtbetrachtung den durchschnittlichen Flächenverbrauch pro Person. Im Gesamtkonzept besticht ein Zusammenspiel von Anpassbarkeit und Flexibilität innerhalb der einzelnen Wohnungen mit der Möglichkeit des Wohnungswechsels innerhalb der Gesamtanlage.

↗ Die *Limmatstraße* weist mit einer durchschnittlichen Wohnfläche von 30 Quadratmetern pro Person eine erhebliche Flächeneffizienz im Inneren auf. Die knapp bemessenen Wohnungsgrundrisse sollen bewusst den Bedarf an gemeinschaftlichen Flächen wecken. Doppelnutzungen, wie im Fall des Veranstaltungsraums der Waldorfschule, erhöhen auch die Flächeneffizienz der Gemeinschaftsräume der Genossenschaft.

Kollektive Organisation von individuellem Wohnen

Die gemeinschaftliche Organisation von Wohnen an einem Standort bringt das kollektive Interesse mit sich, möglichst viele Mitstreiter an dem neuen Wohnangebot teilhaben zu lassen – ein Anreiz für die Erstellung flächensparender Wohnungen. Die Bestandshaltung aus einer Hand bietet zugleich die Möglichkeit, Wohnungswechsel innerhalb der Wohnanlage zu managen, wenn sich beispielsweise die Lebenssituation einzelner Bewohner verändert und diese eine kleinere oder größere Wohnung benötigen.

↗ Erfahrene Genossenschaften wie Kraftwerk1 erleben, wie im Lebenszyklus der Immobilie die Belegungsdichte der Bewohner aufgrund veränderter Haushaltsgrößen abnimmt. Aus den 15 Jahren Erfahrung im Projekt *Hardturm* lässt sich lernen, dass die Genossenschaft zukünftig den Umzug von großen in kleine Wohnung managen sollte, zu dem sich alle Haushalte bei Einzug verpflichten müssten, sobald sich ihre Haushaltsgröße ändert.

Querbeziehungen & Wechselwirkungen

– Flächeneffizienz ist eine wesentliche Stellgröße für den schonenden Umgang mit → *Ressourcen und Ökologie*
– Die ← *Wohnung als gestaltbare Hülle* sowie ← *Wohnungsvielfalt und Wohnungsmix* sind wichtige Voraussetzungen dafür, dass Bewohner innerhalb einer Wohnanlage bei verändertem Flächenbedarf umziehen
– Darüber hinaus kann ein gutes Konzept der ← *Belegung* die Flächeneffizienz fördern
– → *Wohnen plus*, → *Mixed Use*, neue Formen der ← *Mobilität*, ← *Räume für Aneignung*, positiv erlebte ← *Organisation und Betrieb vor Ort* und auch eine gute ← *Vernetzung ins Quartier* bieten Anreize, die individuelle Wohnfläche im Fall des Umzugs zu reduzieren beziehungsweise trotz gestiegenem Flächenbedarf oder Haushaltseinkommen in der kleineren Wohnung zu bleiben
– Geeignete ← *Trägermodelle* ermöglichen eine gezielte ← *Belegung* und damit das Managen der individuellen Wohnfläche im Lebenszyklus der Immobilie
– Eine hohe ← *Bauliche Dichte* sowie ← *Effizienz und Serie* in Städtebau, Typologie und Baukonstruktion tragen wesentlich zu Flächeneffizienz der gesamten Wohnanlage bei
– Die Flächeneffizienz kann ebenfalls über eine geschickte ← *Erschließung* und Anordnung der ← *Freiräume* gesteigert werden

Ressourcen und Ökologie

Die starke Werteorientierung der Bauherrschaften treibt die Wahl energiesparender und ressourcenschonender baulicher und technischer Lösungen voran. Diese werden zum Teil mit starkem Willen und hoher Durchsetzungskraft der Bauherren und Nutzer entwickelt und in Modellversuchen umgesetzt. Dafür werden Prioritäten verschoben, Eigenleistungen erbracht, auch unvorhergesehene Kostensteigerungen in Kauf genommen und noch nicht erprobte Lösungen riskiert.

Veränderte Prioritäten als Antreiber von Innovationen
Zahlreiche Projekte experimentieren mit veränderten Standards und neuen baulichen wie technischen Lösungen, um Ressourcen und Energie zu sparen. Dabei besteht die Bereitschaft, Mehrkosten bei den Investitionen in nachhaltige Lösungen durch Einsparungen an anderer Stelle aufzufangen. Mit diesen veränderten Prioritäten übernehmen die Projekte vielfach eine Pionierrolle bei der Entwicklung und dem Testen neuer Lösungen – auch wenn sich diese im Betrieb an der einen oder anderen Stelle nicht bewähren.

↗ Die Genossenschaft WOGENO setzt mit ihrem im Jahr 2001 fertiggestellten Neubau an der *Johann-Fichte-Straße* auf die Prämisse Ökologie: Als eines der ersten Häuser mit Niedrigenergiestandard im gesamten Stadtgebiet wird es von der Landeshauptstadt München gefördert. Um den Stellplatzschlüssel zu senken, wird ein Carsharing-Angebot entwickelt. Eine Umverteilung von Prioritäten lässt sich deutlich erkennen: Finanzielle Einsparungen durch Reduktion von Stellplätzen und Wohnfläche werden unter anderem in Photovoltaikanlagen und umfassende Barrierefreiheit reinvestiert.

Langfristige Perspektive
Erfahrene Akteure, die die technischen Neuerungen der Bauprodukte und Bautechnik der letzten Jahrzehnte selbst aktiv mitverfolgt haben, setzen zunehmend auf robuste, wartungsarme Low-Tech-Lösungen. Die Perspektive des Bestandshalters ermöglicht eine veränderte Betrachtung des Lebenszyklus und der langfristigen Wirtschaftlichkeit. Wesentliches Einsparpotenzial besteht beim Einsatz nachwachsender Rohstoffe, die als Grundlage für verschiedene Bauteile eingesetzt werden. Zudem ist die Betriebsphase in die Gesamtbilanz der Ressourcen & Ökologie mit einzubeziehen – beispielsweise durch eine antizyklische Energieversorgung, welche die Kopplung verschiedener Nutzungen ermöglicht.

↗ Für die Genossenschaft Kraftwerk1 haben langfristig beständige und wartungsarme Konstruktionen, Materialien und technische Ausstattungen Priorität. So wird beim *Hardturm* am Hauptgebäude eine hochwertige Klinkerfassade realisiert. Ökologische Bauweise und Begrünung der gemeinsam bewirtschafteten Dachterrasse sorgen für ein angenehmes Raum- und Wohnklima. Die Nutzung von bestehendem Baurecht mit gewerblichen Gebäudetiefen erfordert ungewöhnliche und vielfältige Wohnungsgrundrisse. Eine Sous-Parterre-Wohnetage sorgt für differenzierte und vielfältige Lagequalitäten im Rahmen einer hohen baulichen Dichte.

Der Wert grauer Energie
Zahlreiche Projekte zeichnet das hohe Engagement der beteiligten Akteure für den Erhalt bestehender Bausubstanz aus – auch dort, wo andere Entwickler die Risiken als zu hoch und die Wirtschaftlichkeit als zu gering eingestuft hätten. Die Lust am Bestand wird durch ideelle Werte angetrieben und durch die Bereitschaft zu Eigenleistungen gestützt. Im Fall von Erhalt und Weiterbau geht die Wertschätzung von Geschichte, Handwerk und Ressourcen mit der in den Materialien steckenden grauen Energie Hand in Hand.

↗ Im Projekt *Doma* werden die baulichen Standards im Spannungsfeld zwischen den Vorgaben des Denkmalschutzes, den Wünschen und Werten der Bewohner – zu welchen explizit auch eine ökologische Grundhaltung gehört –, der Finanzierbarkeit und möglichen Eigenleistungen entwickelt. Durch das handwerkliche Know-how der Gruppe angetrieben, wird ein pragmatischer Weg, ohne die prägende Handschrift eines Architekten eingeschlagen.

Querbeziehungen & Wechselwirkungen
– Im Wohnungsbau ist die ← *Flächeneffizienz* ein wesentlicher Beitrag zu Ressourcen und Ökologie
– Die Adaptabilität der ← *Wohnung als gestaltbare Hülle* und die Haltbarkeit und ← *Wertigkeit* der Materialien, Bauweise und Gestaltung hat im Lebenszyklus einer Immobilie einen wesentlichen Effekt auf Ressourcen und Ökologie
– Neuartige Lösungen im Feld Ressourcen und Ökologie können ihrerseits Anlass für die Entwicklung einer räumlichen → *Symbolik* und → *Wertigkeit* sein
– Ebenso können ← *Effizienz und Serie* in Städtebau, Typologie und Baukonstruktion – wenn richtig gewählt – zur Schonung von Ressourcen beitragen
– Neue Konzepte und Angebote der ← *Mobilität* tragen, wenn sie Einfluss auf das Mobilitätsverhalten der Bewohner nehmen, zur Reduktion des Ressourcenverbrauchs und Verbesserung der Umweltverträglichkeit bei

Städtebauliche Setzung

Das städtebauliche Konzept legt die Grundlagen für das Projekt: Es erfindet den Ort, bietet Orientierung und Schutz, ist Grundlage für einen komplexen Aushandlungsprozess und bleibt stabil, auch wenn sich im Projekt alles ändert.

Gerüst für Aushandlung
Die städtebauliche Setzung schafft die Übersetzung einer Vision in ein atmosphärisches Bild sowie in ein morphologisches und typologisches Gerüst. Dieses Bild schafft jenseits der einzelnen Wohnung eine räumliche und soziale Vorstellung des künftigen Lebensumfelds. Das räumliche Gerüst strukturiert ein komplexes Programm und damit verbunden multiple Bauherrschaften. Das atmosphärische Bild gibt Motivation und Orientierung, das räumliche Gerüst einen organisatorischen Rahmen, dank derer im weiteren Projektverlauf vielfältige Aushandlungs- und Anpassungsprozesse durchlaufen werden können.

↗ *Dennewitz Eins* präsentiert sich als markanter freistehender Solitär. Um die „brutale" urbane Situation des Standorts zu erhalten, wurde bewusst auf einen Anbau an angrenzende Bestandsgebäude und damit auf die maximale Ausnutzung des Baurechts verzichtet. Der Zusammenhalt der Wohnungsvielfalt im Inneren wird durch das Erscheinungsbild einer gemeinsamen baulichen Gestalt nach außen gewährleistet.

Standorte erfinden, Umwelteinflüsse bewältigen
Mit der städtebaulichen Setzung wird in zahlreichen Fällen der Ort und auch das Projekt erfunden – mit starker Handschrift der beteiligten Städtebauer und Architekten. Die Atmosphäre und die räumliche Struktur des Projekts werden vielfach nicht als Weiterführung der Nachbarschaft konzipiert, sondern aufbauend auf einer starken inhaltlichen Idee des Projekts neu erfunden und gesetzt. Im Falle schwieriger Grundstücke ist der Städtebau ein Schlüssel, um vielfältige Umwelteinflüsse zu bewältigen und Räume des Schutzes und der Geborgenheit zu schaffen.

↗ Im Projekt *Open House* gelingt durch die Setzung einer städtebaulichen Y-Form die Transformation eines vernachlässigten Standorts im Hamburger Süden. Über die Neudefinition auf dem Grundstück wird der gesamte Ort ins Bewusstsein gerückt. Dabei werden sowohl Impulse für die Mikrolage als auch für den gesamten Stadtteil generiert. Das Y wird zum Symbol der Kooperation, die drei Trägerschaften mit ihren jeweiligen Wohnkonzepten zusammenhält. Zugleich werden drei in ihrer Programmatik jeweils sehr offene Freiräume geschaffen, die zu ambivalenten Orten der Aushandlung unter der vielfältigen Bewohner- und Nachbarschaft werden.

Vielfalt an Räumen organisieren
Die städtebauliche Lösung ist wesentliche Grundlage, um jenseits individueller Wohnvorstellungen die inhaltliche Komplexität räumlich zu organisieren. Es gilt Wohnvielfalt, Nutzungsmix, Trägermodelle und Betreiberkonzepte städtebaulich unter einen Hut zu bringen und zugleich den Anforderungen an eine langfristige Betreiber- und Nutzerperspektive gerecht zu werden.

↗ Das Genossenschaftsprojekt an der *Limmatstraße* am Rande eines Gewerbebands im Münchner Südwesten erfindet im Zusammenspiel von Wohn- und Schulnutzung einen Ort und seine Identität als eigenständigen Stadtbaustein neu. Ein städtebaulich geknickter Riegel schützt als starker Rücken des Quartiers die Freiräume im Inneren. Die geknickte Form wirkt der Tendenz zur Monotonie des großen, langen Gebäuderiegels entgegen und schafft sowohl im Außenbereich als auch in den Erschließungs- und Gemeinschaftsflächen räumliche Vielfalt und spezifische Lagen.

Querbeziehungen & Wechselwirkungen
– Die städtebauliche Setzung ist Schlüssel für die räumliche Organisation komplexer Programme und Funktionen mit → *Wohnungsvielfalt und Wohnungsmix*, → *Wohnen Plus*, und → *Mixed Use*
– Im Städtebau werden die → *Bauliche Dichte* und damit verbunden die → *Kritische Masse* an Nutzungen und Angeboten am Standort entwickelt
– Die städtebauliche Setzung gestaltet den Umgriff, der sich mit dem Fokus auf das Zusammenspiel von ← *Ensemble und Quartier* eröffnet
– Die Erfindung von Städtebau und ←→ *Freiraum* gehen Hand in Hand
– Im Städtebau sind Strukturen der ←→ *Erschließung* angelegt
– Die städtebauliche Setzung schafft Voraussetzungen für → *Effizienz und Serie* im Wohnungsbau und nutzt die Prinzipien von → *Differenz und Varianz*, um spezifische → *Lagen und Relationen* innerhalb des Ensembles zu schaffen
– Städtebau ist vielfach Ausgangspunkt für die Entwicklung einer räumlichen → *Symbolik* im Projekt
– Die städtebauliche Lösung legt die Grundlage für die → *Vernetzung ins Quartier*

Ensemble

Mit der Verschiebung des Fokus vom Wohnhaus zum städtebaulichen Ensemble rückt die Gestaltung von räumlichen, funktionalen und sozialen Beziehungen in den Mittelpunkt. Das Projekt definiert sich über den Dialog der Gebäude untereinander und mit der Umgebung. Damit hält der Quartiersgedanke Einzug: Freiräume, Erschließungskonzepte, vielfältige Wohnangebote und weitere Funktionen gilt es mit ihren Lagen und Relationen sorgfältig zu konzipieren.

Vom Wohnhaus zum Wohnort
Viele der untersuchten Fälle zeigen: Die Ambitionen der am Projekt Beteiligten gehen über die Wohnung und das Wohnhaus deutlich hinaus. Die Wohnqualität soll auf der Ebene des Wohnortes erlebbar werden, und diesen selbst zu gestalten, ist zentrales Anliegen zahlreicher Projekte. Die verschiedenen programmatischen und typologischen Bausteine werden über Freiräume und Erschließung zueinander in Beziehung gesetzt, um gezielt Synergien zu nutzen. In der Entwicklung schwieriger Grundstücke ist das Ensemble oftmals auch Resultat komplexer Aushandlungsprozesse um Baurecht, Umweltbedingungen und Bedürfnisse der Bauherrschaft.

↗ Mit ihrem Projekt in der *Limmatstraße* entwickelt die Genossenschaft WOGENO in Kooperation mit dem Förderverein einer Schule in einer durch Lärm belasteten Randlage einen Wohn-Schul-Campus. Der geknickte Wohnriegel und die Grundschule teilen sich einen gemeinsamen Freiraum, der nicht nur als Schulhof, sondern auch für die Bewohner nutzbar ist. Mit der gemeinsam getragenen städtebaulichen Entwicklung konnten die Abstandsflächen geschickt reduziert werden.

Räumlicher Rahmen für programmatische Vielfalt
Zahlreiche Projekte haben als Ausgangspunkt ein starkes programmatisches und funktionales Konzept. Neben einem ausgeprägten Wohnungsmix sollen gemeinschaftliche Angebote, Sonderwohnformen und weitere soziale, kulturelle oder gewerbliche Nutzungen realisiert werden. Dabei werden häufig auch verschiedene Trägermodelle kombiniert, verschiedene Institutionen und Gruppen treten gemeinsam als Multi-Bauherrschaften auf. Die Lösungsebene des Ensembles ermöglicht die Entwicklung differenzierter räumlicher Lösungen und Typologien, Teilprojekte und Bauabschnitte. Über Freiräume, Erschließung, Fassadengestaltung, geteilte Funktionen und Angebote kann bei einem hohen Grad an Vielfalt und Differenzierung zugleich ein wahrnehmbarer Gesamtzusammenhang hergestellt werden.

↗ Im *Sonnenhof* gruppieren sich die 30 Wohneinheiten der drei Wohnformen – Genossenschaft, Demenzgruppe und Eigentumswohnungen – um einen begrünten, gemeinsamen Hof. Differenzierte Bauteile und verschiedene Erschließungskonzepte tragen den unterschiedlichen Bedürfnissen Rechnung. So findet die Demenz-Wohngruppe ebenso wie der Gemeinschaftsraum im Erdgeschoß mit Gartenanschluss ihren Platz. Der Typus des Hofes bewährt sich als gemeinsamer Ort der Identifikation und stabiler Rahmen für eine vielfältige Wohnwelt im Inneren.

Ausweitung des Wirkungsfelds
Das Ensemble spiegelt das Bestreben erfahrener Genossenschaften wider, ein Wohn- und Lebensumfeld im größeren Maßstab zu gestalten. Dabei werden die bisherigen Erfahrungen zu Programmen und Funktionen genutzt und verschiedene Teilkonzepte zusammengeführt, die bisher an verschiedenen kleineren Standorten getrennt voneinander realisiert wurden. Die Bandbreite der Größe von Ensemble bis Quartier ermöglicht eine kritische Masse an Bewohnern und Nutzern, wodurch sich die Wirtschaftlichkeit insgesamt erhöht – sowohl in der Erstellung serieller Typologien und Bauweisen als auch im Betrieb der Räume und Angebote, die das Wohnen ergänzen.

↗ Mit dem Projekt *Zwicky Süd* wird in der Kombination verschiedener typologischer Bausteine ein neues Quartier geschaffen. Die Genossenschaft Kraftwerk1 entwickelt das Gesamtareal zusammen mit den Anlagestiftungen einer Pensionskasse und einer Projektentwicklungsfirma und integriert in den eigenen Bauabschnitt einen selbstverwalteten Nutzerverein und gewerbliche Nutzungen. Mehrere Sonderwohnformen für über 55-Jährige, Jugendliche oder auf Betreuung angewiesene Personen finden über das Quartier verteilt Platz. In den einzelnen Typologien Scheibe, Block und Halle wird eine serielle Bauweise realisiert.

Querbeziehungen & Wechselwirkungen
– Der Maßstab von Ensemble und Quartier definiert das Spielfeld der → *Städtebaulichen Setzung* und schafft die Voraussetzung für → *Bauliche Dichte*
– Die Gestaltungsebene des Ensembles ist Ergebnis des Strebens nach einer ← *Kritischen Masse* an Bewohnern und Nutzern
– Das Ensemble bietet einen räumlichen Rahmen für Programm und Funktionen mit → *Wohnvielfalt und Wohnungsmix*, → *Wohnen plus* und → *Mixed Use* und ist Grundlage für die → *Vernetzung ins Quartier*
– Das Ensemble wird wesentlich über den ← *Freiraum* erlebbar
– Das bauliche Ensemble ist eine wichtige Ebene für die Entwicklung einer räumlichen und gestalterischen → *Symbolik*

Freiraum

Der Freiraum ist wichtigster Ort für Begegnung, Aneignung und Austausch. Er hält die vielfältige Bewohnerschaft im Inneren zusammen und vernetzt sie in die benachbarte Umgebung. Freiraum schafft Orientierung und organisiert Schnittstellen in komplexen Programmen und Akteurskonstellationen.

Gesicht des Zusammenlebens und Visitenkarte nach außen

In zahlreichen Fällen übernimmt der Freiraum – als Negativraum zwischen den Baukörpern – die Funktion eines räumlichen und sozialen Kits im Projekt. Er spielt eine zentrale Rolle als Ort des Austauschs und der Begegnung innerhalb der vielfältigen Bewohner- und ihrer Nachbarschaft. Der Freiraum gibt dem Zusammenleben ein räumliches Gesicht und ist zugleich Visitenkarte des Areals nach außen. Durch die Vernetzung innerhalb und außerhalb des eigentlichen Grundstücks gelingt es, auch schwierige Standorte bewohnbar zu machen und dadurch lebenswerte Wohnlagen zu schaffen.

↗ Das Projekt *Zwicky Süd* schafft in der Agglomeration Zürich einen lebendigen Stadtbaustein mit einem gemeinsamen Innenhof als Dreh- und Angelpunkt des Quartiersgeschehens. Großzügige Durchgänge knüpfen dabei an die umliegende Umgebung an und schaffen vielfältige öffentliche, teilöffentliche und private Räume von hoher Qualität für individuelles Wohnen, Gemeinschaft, Begegnung und Bewegung.

Kompensation individueller Flächenbedarfe

Räumlich großzügig, der Bewohnerschaft zugänglich und mit hoher Aufenthaltsqualität gestaltet, kompensiert der Freiraum in einigen Projekten den jeweils eigenen, sparsamen Wohnflächenverbrauch. Freiraum ist das notwendige Pendant einer dichten Bebauung und ermöglicht durch Mehrfachnutzung der Bewohner im Areal und im angrenzenden Quartier eine erhöhte Flächeneffizienz.

↗ Das Wohnensemble *Doma* definiert sich über den Innenhof, das „Herz der Anlage", der verschiedene Gebäude und Nutzungen verbindet. Als gemeinsamer Freiraum ersetzt dieser Raum individuelle Freibereiche der Wohnungen und schafft Zugang zu geteilter Infrastruktur, wie beispielsweise Werkstätten.

Reduktion von Komplexität und Ort der Aushandlung

Über den Freiraum werden vielfältige Programme und bauliche Ensembles für die Nutzer erlebbar. Freiräume geben Orientierung und organisieren Schnittstellen – auch zwischen und mit multiplen Bauherrschaften. Das Element Freiraum verleiht der Vielschichtigkeit baulicher Prozesse einen räumlichen Ausdruck. Komplexe Projekte erklären und erschließen sich über ihre im Lebensalltag erlebbaren Räume. Freiräume spiegeln dabei nicht nur die Aushandlungsprozesse zwischen den Anforderungen vielfältiger Anspruchsgruppen in der Projektgenese wider, sie können als unfertige und anpassungsfähige Räume auch nach dem Bezug der Anlage Aushandlung und Aneignung zwischen verschiedenen Bewohnergruppen und Nachbarschaften anregen.

↗ Im *Open House* spiegelt die Y-Typologie die dreigeteilte Bauherrschaft wider. Die Ambivalenz der umgebenden Freiräume macht ein langfristiges Engagement der Bewohner notwendig. Freiräume sind hier eine Dauerbaustelle des Zusammenlebens innerhalb der Anlage und mit der angrenzenden Nachbarschaft. Formen und Regeln des Zusammenlebens gilt es immer wieder neu auszuhandeln.

Querbeziehungen & Wechselwirkungen

- Freiraum strukturiert und verknüpft → *Wohnungsvielfalt und Wohnungsmix* sowie → *Wohnen plus* räumlich und seine Bewohnerschaft sozial
- Ein attraktiver und zugänglicher Freiraum ist Voraussetzung für eine höhere → *Bauliche Dichte* und trägt durch Mehrfachnutzung zu → *Flächeneffizienz* bei
- Die Struktur des Freiraums ist wesentlicher Teil der ←→ *Städtebaulichen Setzung* und geht Hand in Hand mit dem ←→ *Erschließungskonzept*
- Freiraum organisiert das bauliche → *Ensemble*, macht es jenseits von Einzelgebäuden erlebbar und bestimmt zugleich → *Lagen und Relationen* für verschiedener Räume und Funktionen
- Freiraum belebt auf → *Effizienz und Serie* angelegte bauliche Strukturen durch erkennbare Adressen und prägt gelegentlich die räumliche → *Symbolik* des gesamten Ensembles
- Freiraum bietet den Bewohnern → *Raum für Aneignung* und ist eine wichtige Grundlage für die → *Vernetzung ins Quartier*
- Freiraum als Ort der Aushandlung und Aneignung benötigt passende ← *Trägermodelle* und Verantwortlichkeiten

Erschließung

Im Spannungsfeld ökonomischer und sozialer Anforderungen und Potenziale ist die Wahl des geeigneten Erschließungssystems Gegenstand intensiver Diskussion und Aushandlung. Am Ende dieses Prozesses verknüpft eine gelungene Erschließung eine Vielzahl unterschiedlicher Zielsetzungen.

Raumerlebnis, Identität und Symbolik
Die Erschließung bietet als größter gemeinsamer Nenner im Aushandlungsprozess der vielfältigen Parteien eines Hauses ein Raumerlebnis direkt vor der Wohnungstür. Das gewählte Erschließungssystem prägt in vielen Fällen die Identität des gesamten Ensembles. Sie ist Ausdruck von und gibt Raum für neue Formen des Zusammenlebens. Erschließungs- und Wohntypologie sind eng verknüpft. Neue Formen des Wohnens werden häufig über ihre besondere Erschließung und nicht allein über die Organisation innerhalb der Wohnungen definiert. Das führt so weit, dass dem Erschließungskonzept, beispielsweise als Laubengang, die Belichtung und Orientierung der angrenzenden Wohnungen untergeordnet werden.

↗ Bei *Zwicky Süd* lassen sich die Laubengänge und Verbindungsbrücken als Manifestation und Symbol der Gemeinschaft lesen. In den tiefen Gebäuden wirken die innen liegenden, zenital belichteten Treppen wie Skulpturen. Vielfältige nachbarschaftliche Kontakte finden auf diesen Flächen statt.

Raum der Begegnung und positive soziale Kontrolle
Die Erschließung stellt in der alltäglichen Begegnung der Nachbarschaft die Kontaktfläche und damit auch einen Schlüssel zur Inklusion dar. Das Prinzip „eyes on the street" bewirkt eine positive soziale Kontrolle. Die ausreichende Belebung und Bespielung der Verbindungsflächen zwischen den Wohnungen verdient deshalb hohe Aufmerksamkeit im Entwurfsprozess.

↗ Die Genossenschaft WOGENO realisiert in der *Johann-Fichte-Straße* einen Vorreiter für barrierefreies Wohnen und realisiert eine Laubengang-Erschließung mit Anbindung an zwei Aufzüge als Voraussetzung für rollstuhlfreundliches Wohnen. Der Laubengang bietet neben Aufenthaltsqualität auch praktische Aufbewahrungsmöglichkeiten. Die großzügige Eingangshalle dient als Schnittstelle zu Straße und Quartier.

Robust und adaptierbar
Ein robuster Erschließungstyp bildet den Ausgangspunkt aller Flexibilität und Adaptierbarkeit des Wohnens, er schafft eine Adresse und Identifikation mit der Umgebung. Gerade bei kleinen Wohnungen dient er als wichtige Kompensationsfläche. Die Wege vom Quartier bis zur Wohnung und das Ankommen können vom Freiraum her entwickelt und mit ihm in Verbindung gedacht werden. So gelingt eine robuste, effiziente und attraktive Gestaltung, die die Wirtschaftlichkeit und den sozialen Mehrwert gleichermaßen im Blick hat.

↗ Bei den *Falkenried-Terrassen* bietet die Anordnung der Erschließungsräume viel Kontaktfläche zu den Wohnungen. Über den Freiraum der Terrassen werden schmale Häuser im Typus von Zweispännern erschlossen, die auch im Erdgeschoss bewohnt werden. Die überschaubaren Hausgemeinschaften leben von kommunikativen Schnittstellen und Einblicken – mit all ihren Vor- und Nachteilen – rund um Terrasse und ein hellhöriges Treppenhaus.

Querbeziehungen & Wechselwirkungen
- Die Erschließungstypologie geht mit der ←→ *Städtebaulichen Setzung* und der Organisation des ←→ *Freiraums* einher
- Das Erschließungssystem ist wesentlicher Schlüssel, um → *Mixed Use*, → *Wohnen plus* sowie → *Wohnvielfalt und Wohnungsmix* zu organisieren und Inklusion zu fördern
- Erschließung als Organisationsprinzip und Raumerlebnis trägt zum Ausdruck und zur → *Symbolik* von Ensemble und Wohnhaus bei
- Eine organisatorisch geschickte und räumlich attraktive Erschließung ist Voraussetzung für → *Effizienz und Serie* im Städtebau und wichtige Kompensationsfläche für die → *Flächeneffizienz* der einzelnen Wohnung
- Die Erschließung definiert → *Lagen und Relationen* und ist Grundlage für die → *Vernetzung ins Quartier*

Lagen und Relationen

Die Lagequalitäten und Beziehungen von wohnerergänzenden räumlichen Angeboten zueinander sind wesentliche Erfolgsfaktoren für Nutzbarkeit und Akzeptanz. Die geschickte Zuordnung der Funktionen innerhalb des Quartiers, Ensembles und Gebäudes generiert vielfältige Formen des Mehrwerts.

Vom Keller bis zum Dach durchdacht

Der Fokus auf Wohnvielfalt, Wohnungsmix, Wohnen plus und Mixed Use führt in zahlreichen Projekten zu einer ausgeprägten Bandbreite von Räumen und Angeboten, die über die einzelne Wohnung hinausgehen. Aus Sicht der Betreiber und zukünftigen Nutzer steht dabei weniger die Optimierung der einzelnen Räume im Mittelpunkt, denn die geschickte Positionierung in Haus und Ensemble. Dadurch können Schnittstellen und Synergien geschaffen und Flächeneffizienz und Wirtschaftlichkeit optimiert werden. Das Quartier wird von A bis Z, das Gebäude vom Keller bis zum Dach durchdacht und durchdekliniert.

↗ Im Projekt *Dennewitz Eins* wird auf eine Unterkellerung verzichtet, um bei kontaminiertem Grund deutlich Kosten einzusparen. Abstellräume werden daher im Attikageschoss eingebaut. Diese helfen zugleich, die gemeinschaftliche Dachterrasse zu beleben, da sich im Alltag der Bewohnerschaft so mehr Wege kreuzen und die Terrasse nun, ebenso wie die Lagerräume, durch Aufzüge barrierefrei erschlossen ist.

Besondere Lagen schaffen und nutzen

Unterschiedliche Lagen mit abweichenden Qualitäten in Bezug auf Zuschnitt, Belichtung, Raumhöhe et cetera können innerhalb von Gebäuden und Ensembles bewusst geschaffen und aktiv genutzt werden. Dabei entstehen mitunter ortsspezifische Besonderheiten mit Potenzial für eine eigene Adressbildung.

↗ Durch den kompakten Städtebau mit großen Gebäudetiefen entwickeln die Architekten des *Open House* eine hohe Dichte mit einer ausgeprägten Flächeneffizienz. Die Schaffung von minderwertigen Lagen wird dabei in Kauf genommen und genutzt, um in den durch bauliche Kompaktheit gewonnenen Flächen gemeinschaftliche Angebote zu platzieren. So liegt der Gemeinschaftsraum zwar ungünstig belichtet, dafür aber sehr zentral im Gelenk der Y-Typologie.

Schwellen und Übergänge

Für die Akzeptanz von Nutzungen, die das Wohnen ergänzen, sowie für die Integration besonderer Wohnformen ist es von zentraler Bedeutung, dass Schwellen und Übergänge sorgfältig ausformuliert werden. Die diffizilen räumlichen Zusammenhänge in baulich und funktional dicht geplanten Situationen sind jedoch nicht leicht zu verstehen. In zahlreichen Projekten berichten die beteiligten Akteure über Lernprozesse, in denen viele für zentrale Gestaltungprinzipien der Schwellen und Übergänge eine regelrechte Sensorik entwickelt haben.

↗ Im *Haus NOAH* erweisen sich sowohl das Erdgeschoss als Schnittstelle zur Nachbarschaft, als auch die Sichtbeziehungen zwischen dem Eingangsbereich und der Wohn-Pflege-Gruppe im ersten Obergeschoss als wertvoll. Demgegenüber bewährte sich der Gemeinschaftsraum im neunten Obergeschoss kaum, da er von den Nutzern aufgrund der räumlichen Distanz nur unzureichend angenommen wird.

Alltägliche Allianzen

Nicht nur die bauliche Anordnung spielt eine Rolle, sondern auch das Managen der räumlichen Beziehungen untereinander, wobei Träger, Nutzer und Netzwerke zu gewichtigen Akteuren werden. Im klug organisierten Zusammenleben kann sozialen Themen, wie einer alltäglich gelebten Barrierefreiheit, Rechnung getragen werden.

↗ Im genossenschaftlichen Wohnhaus der *Johann-Fichte-Straße* wurden die rollstuhlgerechten Wohnungen über das gesamte Haus verteilt und damit die Kontaktmöglichkeiten zwischen den Bewohnern befördert. Die Gästewohnungen sind zur Dachterrasse hin orientiert. Gemeinschafts- und Erschließungsflächen sind als zusammenhängende gemeinsame Raumfigur wahrnehmbar und finanzieren sich im Unterhalt und Betrieb über einen Anteil an der Miete, welcher in die Hauskasse einfließt.

Querbeziehungen & Wechselwirkungen

– Lagen und Relationen machen → *Wohnvielfalt und Wohnungsmix*, → *Wohnen plus* und → *Mixed Use* funktionsfähig und attraktiv
– Lagen und Relationen profitieren von ← *Differenz und Varianz* in Quartier, Ensemble und Haus
– Lagen und Relationen werden über die ← *städtebauliche Setzung*, den ← *Freiraum* und die ← *Erschließung* geformt

Effizienz und Serie

Gereihte und gestapelte Wohnungstypen erlauben eine hohe Ausnutzung des Bauvolumens sowie eine effiziente, mitunter partizipative Planung und Umsetzung. Die Wiederholung robuster Grundtypen verspricht Langlebigkeit und Adaptierbarkeit im Lebenszyklus.

Wirtschaftlichkeit zugunsten der Gemeinschaft

Mit dem Fokus auf dem Wohnort anstelle des Wohnhauses und der hohen Priorität auf den Qualitäten in Städtebau, Freiraum, Erschließung sowie Programm und Funktion tritt der Anspruch auf individuelle Lösungen für die Wohnung in den Hintergrund. Um die Wirtschaftlichkeit des Gesamtprojekts zu sichern, werden zunehmend serielle Wohnungstypen und Konstruktionsweisen entwickelt. Variationen entstehen weniger ausgehend von individuellen Wohnbedürfnissen, denn aufgrund äußerer Bedingungen des Standorts sowie der Komplexität des Gesamtprojekts.

↗ In *Zwicky Süd* werden serielle Grundtypen für die Wohnungen entwickelt, die in den drei Typologien Scheibe, Block und Halle mit einem hohen Grad an Regeldetails realisiert werden. Allein die Verfügbarkeit einer gut geschnittenen Wohnung und der Neubaustandard stellen am Wohnungsmarkt Zürich, der durch Knappheit geprägt ist, für die Genossen bereits eine überdurchschnittliche Wohnqualität dar. Um der Gefahr der Monotonie entgegenzuwirken und die Wertigkeit der Gesamtanlage zu sichern, wird der Fokus der Gestaltung auf das Gesamtensemble, eine räumlich attraktive Erschließung, die Bepflanzung von Fassadenelementen und vielfältig nutzbare Freiräume gelegt.

Standardisierte Beteiligung

Eine Typen- statt Einzelgrundrissplanung ermöglicht eine vereinfachte Partizipation, in der viele Grundsatzdiskussionen wegfallen. Die Mitwirkung der späteren Bewohner bezieht sich auf Wohnungstypen und nicht auf die eigene Wohnung. Damit werden die Nutzbarkeit und Akzeptanz der für verschiedene Lebenssituationen entwickelten Typologien insgesamt gefördert und ein langfristiger Betrieb sowie Bewohnerfluktuation gesichert.

↗ In der *Limmatstraße* praktiziert die Genossenschaft WOGENO die Beteiligung ihrer Genossen anhand vorgegebener Grundrisstypen für unterschiedliche Wohnungsgrößen. Durch das geknickte Gebäudevolumen entsteht eine Varianz innerhalb dieser Typenserie, was wiederum die Wohnvielfalt und die gestalterische Differenzierung insgesamt erhöht.

Langlebige und anpassungsfähige Grundtypen

Zeitlose Grundrisstypen gewährleisten eine Anpassbarkeit an die sich ändernden Bedürfnisse einer Gesellschaft. Durch einfache Variationen dieser Grundtypen lässt sich die Wohnvielfalt im Lebenszyklus multiplizieren: ob durch die Umbaubarkeit nichttragender Innenwände, die Variation von Türen und Verbindungen oder die Wandlung einer gute geschnittenen Küche in einen Wohn- und Aufenthaltsraum für die dichtere Belegung mit Familie oder Wohngemeinschaft.

↗ Bei den *Falkenried-Terrassen* stellt der Grundtyp des dreistöckigen Zweispänners in der Reihe addiert eine robuste Typologie für überschaubare Nachbarschaften bei zugleich hoher städtebaulicher Dichte dar. Das Wohnungsangebot weist mit 1-2-Zimmer-Wohnungen und jeweils zwischen 31 und 42 Quadratmetern kleine und doch wandlungsfähige Wohnungen auf. Diese sind auch heute noch zeitgemäß, da sie der zunehmenden Nachfragegruppe der Singles und Alleinerziehenden entsprechen und der sparsame Grundriss die Bezahlbarkeit der Wohnungen auch im angespannten Wohnungsmarkt der Großstadt Hamburg erhöht.

Querbeziehungen & Wechselwirkungen

– Auf Basis serieller Wohntypen wird eine → *Wohnung als gestaltbare Hülle* für die Bewohner entwickelt, die im Lebenszyklus anpassbar ist
– Auf Basis von Effizienz und Serie lässt sich eine hohe → *Bauliche Dichte* und → *Kritische Masse* an Bewohnern und Nutzern realisieren
– Effizienz und Serie können genutzt werden, um die → *Flächeneffizienz* der einzelnen Wohnung zu erhöhen sowie den sparsamen Einsatz und die Schonung von → *Ressourcen und Ökologie* zu ermöglichen
– Mit dem Prinzip von Effizienz und Serie lassen sich rohe, unfertige Räume zur späteren → *Aneignung* durch die Bewohnerschaft verwirklichen
– Wesentliche Voraussetzungen für Effizienz und Serie der Wohntypen und Bauweise werden durch die ← *Städtebauliche Setzung* und ein geschicktes ← *Erschließungssystem* geschaffen
– Über das Prinzip von ← *Differenz und Varianz*, die Gestaltung des ← *Freiraums* und die Entwicklung von ← *Symbolik* und ← *Wertigkeit* des Ensembles wird möglichen negativen Effekten einer effizienten und seriellen Bauweise entgegengewirkt

Differenz und Varianz

Ein robuster typologischer Rahmen mit effizienter Bauweise kann durch gezielte Knicke, Falze und Regelverstöße einerseits und durch Spielräume im Inneren andererseits differenziert und variiert werden. Auf diese Weise wird in der standardisierten und seriellen Produktion das Konzept der „mass customization" integriert, die eine effiziente Individualisierung ermöglicht.

Gerüst und Individualisierung
Kleine Abweichungen in der Gestaltung effizient zugeschnittener Baukörper lösen Varianzen im Inneren aus. Städtebau und Typologie bilden damit ein robustes Gerüst und sind zugleich Träger individuell gestalteter beziehungsweise durch Varianz in der Serie individualisierter Grundrisse.

↗ Im Projekt *Zwicky Süd* werden seriell gereihte Grundrisse durch gewinkelte Gebäudeformen verändert, wodurch Variationen in der Ausgestaltung der einzelnen Wohnungen entstehen. Eine differenzierte Gestaltung der Fassaden, die verschiedene Funktionen zur Straße hin ablesbar machen, wirkt einem monotonen Erscheinungsbild der seriellen Bauweise entgegen.

Adressbildung durch Abweichungen
Differenz und Varianz innerhalb eines effizienten städtebaulichen Gerüsts schaffen Orte der Identifikation und fördern die Adressbildung. Dabei kann nach außen die Einheit der Wohnanlage betont werden und zugleich nach innen die Unterschiede. Diese lassen sich sogar produktiv nutzen und explizit in Szene setzen.

↗ Im Genossenschaftsbau der WOGENO an der *Limmatstraße* liegt der schlauchartige Gemeinschaftsraum mit angrenzender Waschküche am Durchgang des nördlichen Gebäudeknicks im Erdgeschoss. An dieser auch hinsichtlich der Vernetzung mit der Nachbarschaft wichtigen Stelle setzt die gemeinschaftliche Fläche eine für den gesamten Riegel wichtige Akzentuierung.

Räume der Aushandlung und Nischennutzungen
In der Abweichung von optimierten Typologien, effizienter Flächennutzung und Erschließung können Räume für Aneignung und Nischennutzungen geschaffen werden, da ein Extra an Raumangebot den ökonomischen Regeln der Verwertung ein Stück weit entzogen ist. Jenseits gleichartig optimaler Lagen findet sich in tiefen Erdgeschossen, im Souterrain, in Innenecken, in Vor- und Rücksprüngen von Gebäuden Platz für zusätzliche gemeinschaftliche Angebote, geteilte Infrastruktur, soziale Einrichtungen, Raum für lokale Ökonomie und Handwerk.

↗ In *Zwicky Süd* liegen die gemeinschaftlichen Waschküchen teilweise im Innenbereich der tiefen Erdgeschosse, direkt zugänglich und mit Sichtbezug zu Eingangsbereich und Treppenhaus. Daher entwickeln sie sich, in den Lebensalltag der Bewohner integriert, zu Treffpunkten der Hausgemeinschaft.

Querbeziehungen & Wechselwirkungen
- Das Prinzip von Differenz und Varianz wirkt als Gegenpart zu → *Effizienz und Serie*
- Mit Differenz und Varianz lassen sich → *Lagen und Relationen* gestalten
- Durch Differenz und Varianz werden → *Räume für Aneignung* geschaffen
- Differenz und Varianz ist Ergebnis einer Strategie der Gestaltung und Artikulation in der ← *Städtebaulichen Setzung*
- Durch Differenz und Varianz lassen sich → *Bauliche Dichte* und → *Kritische Masse* formen
- Differenz und Varianz befördern räumliche → *Symbolik*

Symbolik

- Wohnung als gestaltbare Hülle
- Wohnvielfalt & Wohnungsmix
- Wohnen plus
- Mixed Use
- Soziale & kulturelle Kooperationen
- Vernetzung ins Quartier
- Mobilität
- Bauliche Dichte
- Kritische Masse
- Flächeneffizienz
- Ressourcen & Ökologie
- Städtebauliche Setzung
- Ensemble
- Freiraum
- Erschließung
- Lagen & Relationen
- Effizienz & Serie
- Differenz & Varianz
- **Symbolik**
- Wertigkeit
- Trägermodelle
- Belegung
- Organisation & Betrieb vor Ort
- Raum für Aneignung

Projekte mit hohem Komplexitätsgrad, Neuigkeitswert oder Risiko in der Projektentwicklung stützen sich im Entstehungsprozess auf (Stadt-)Räume und gestalterische Elemente mit Symbolkraft. Diese geben Orientierung, wirken nach innen sinnstiftend auf die beteiligten Akteure und setzen nach Fertigstellung ein Zeichen für eine veränderte Wahrnehmung von außen.

Orientierung bei Komplexität und Unsicherheit
Symbole wirken als Ansporn und Anker im Prozess um die Findung neuer Wohnlösungen. Sie befördern in der Initialphase des Projekts die Gruppenfindung und -bildung, auch indem sie die Selbstvergewisserung der Beteiligten im Angesicht von Unsicherheit und Risiko in der Projektentwicklung unterstützen. Symbole helfen, starke Zielsetzungen und Werte nach innen zu vermitteln. Auch können sie einen Beitrag dazu leisten, komplexe Aufgaben, Prozesse und Wirkungen greifbar zu machen und zu bewältigen.

↗ Das Atriumhaus des Projekts *Allengerechtes Wohnen* wirkt im Prozess als sinnstiftendes Symbol. Die städtebauliche Grundform spiegelt die Idee einer neuen Form des Zusammenlebens zwischen den Generationen im Herzen des Dorfs wider. Die Schlüsselpersonen der Projektentwicklung und die Bürgerstiftung können daran ihre gemeinsamen Absichten konkretisieren und klären. Die Nutzung der Erdgeschossflächen bewährt sich im räumlichen Bezug zum Quartier. Allerdings treten später im Prozess Schwierigkeiten bei der Vermarktung der im Kontext des Dorfs Burgrieden ungewohnten Wohntypen auf.

Identifikationskraft und Bezugspunkt der Bewohner
Bereits in der Projektentwicklung fördern Symbole die Gruppenfindung. Auch im alltäglichen Gebrauch haben sie eine starke Identifikationskraft und sind gemeinsamer Bezugspunkt der Bewohner. Ob eine markante städtebauliche Setzung, eine aufwendig entwickelte Fassade, ein besonderes Erschließungssystems oder das Ringen um den geeigneten Umgang mit einem denkmalgeschützten Bestand – das Bemühen um eine gemeinsame Interpretation dieser Symbole dauert in der Betriebsphase fort und hält als gemeinsame Erzählung die Gruppe lebendig.

↗ Im Projekt *Doma* bedeutete der Umgang mit dem denkmalgeschützten Ensemble eine große Anstrengung für die Projektgruppe. Dabei waren die Begründer des Projekts nicht von vornherein auf den diffizilen Bestand im historischen Zentrum Straußbergs fixiert, der sich aufgrund von erheblichen Baumängeln zudem als großes Projektrisiko herausstellte. Und doch schweißt der Umgang mit dem historischen Ensemble die Gruppe im Inneren zusammen. Die eigene Wertschätzung des gemeinsamen Projekts, vielfach in Eigenleistung realisiert, stieg und wird auch nach Realisierung als bedeutend für die Ortsentwicklung als Ganzes wahrgenommen.

Strahlkraft und Zeichen ambitionierter Bauherrschaft
Räumliche und gestalterische Symbole verschaffen ehrgeizigen Zielsetzungen und ihren Bauherrschaften einen sichtbaren, öffentlichen Ausdruck. Die Strahlkraft und die Wahrnehmung eines Projekts können gesteigert werden. Zum einen werden so Ausstrahleffekte auf die Umgebung angestoßen und der Wandel von Standorten befördert, zum anderen werden – anstelle von Qualität und Ausstattung der einzelnen Wohnung – Städtebau, Freiraum, Erschließung, Wohntypologie oder Fassade als gemeinschaftliche (Status-) Symbole neuer Wohnformen in den Vordergrund gerückt.

↗ Der Umbau des *Hauses NOAH* wird mit starker Sichtbarkeit nach außen inszeniert, um so positive Ausstrahlungseffekte in das umgebende Quartier zu erzielen. Dabei wirken die roten Kuben, die sogenannte „voids", als visuelle Zeichen, die die gemeinschaftlichen Nutzungen der betreuten Alterswohngemeinschaft und des Gemeinschaftsraums nach außen hin sichtbar machen.

Querbeziehungen & Wechselwirkungen
- Räumliche Symbolik kann ihre Kraft einerseits aus der baulichen Struktur mit ← *Städtebaulicher Setzung*, ← *Ensemble*, ← *Freiraum*, ← *Erschließung* und ← *Differenz und Varianz* ziehen und andererseits aus Programm und Funktionen mit ← *Wohnungsvielfalt und Wohnungsmix*, ← *Wohnen plus*, ← *Mixed Use*, neue Angebote der ← *Mobilität* und ← *Sozialen und kulturellen Kooperationen* sowie auch dem schonenden Umgang mit ← *Ressourcen und Ökologie*
- Symbolik ist eng verknüpft mit der Wahrnehmung von ←→ *Wertigkeit* in der räumlichen Struktur und Gestaltung
- Räumliche Symbolik kann als Antwort auf eine hohe ← *Bauliche Dichte* entwickelt werden und in Ergänzung zu → *Effizienz und Serie* die Identifikation mit dem Wohnumfeld stärken
- Das Bedürfnis nach einer räumlichen Symbolik entwickelt sich vielfach im Umfeld besonderer ← *Trägermodelle*, neuartiger Formen von ← *Organisation und Betrieb vor Ort* sowie im Aushandeln und Gestalten eines ← *Raums für Aneignung*

Wertigkeit

Die ökologisch und ästhetisch hochwertige, langlebige Gestaltung und Auswahl von Materialien bei knappem Budget ist eine Kulturleistung, die die Wahrnehmung des Projekts und seiner Beteiligten prägt. Dem Einfachen, Robusten und Sparsamen wird gezielt zu Glanz verholfen. Architektonisch wertvoller Bestand wird behutsam angeeignet, integriert und in Szene gesetzt.

Prioritäten, Akzente und Abstriche
Mit bewusst gewählter ästhetischer und ökologischer Wertigkeit wird die Wertschätzung von Haus und Ensemble – baulich und sozial – bei Bewohnern und Nachbarschaft gestärkt. Gerade bei begrenztem Budget gilt es Prioritäten zu setzen, die zugleich Akzente schaffen, Differenzen zulassen, Kontraste zeigen, dabei helfen, Abstriche auszuhalten und so dem Einfachen zur Veredelung verhelfen.

↗ Die Klinkerfassade des *Alte Weberei Carrés* verleiht dem Gebäude an einer wichtigen städtebaulichen Stelle mit geringer Zusatzinvestition ein wertiges Profil. Der Einsatz von nachhaltigem Baumaterial mit höherer Erstinvestition bewährt sich bezüglich Funktion, Ästhetik und Kosten für den Bestandshalter langfristig.

Neuartiges vermitteln: unaufgeregt, zeitlos, haltbar
Eine Strategie zur Vermittlung und Vermarktung neuartiger Wohnformen ist ihre unaufgeregte, zeitlose und zum Teil auch bewusst hochwertige Gestaltung und Ausstattung. Im Neubau rücken Nachhaltigkeit, Ökologie und Langlebigkeit in den Vordergrund, während im Bestand bauliche Sorgfalt im Umgang mit Denkmalschutz und Erhalt der Bausubstanz Vorrang haben. Bestandshalter investieren mit Priorität in die Langlebigkeit der Substanz und nachrangig in Oberflächen und Ausstattung.

↗ Bei *Doma* gibt der an Denkmalschutz gekoppelte Altbau bereits vieles vor: Große Gebäudetiefen und schwierige Belichtungssituationen stellen starke Leitplanken in der baulichen Ausgestaltung des Projekts dar und mitunter auch Einschränkungen für die Bewohner.

Eigene Leistung, gemeinsame Werte und Identifikation
In zahlreichen Bestandsprojekten gilt es immer wieder, unvorhergesehene finanzielle Belastungen auszuhalten. Im Neubau erfordert das Festhalten an eigenen Zielen in Bezug auf Programm und Funktionen oder Ressourcen und Ökologie immer wieder zusätzliche Anstrengungen. Mit Eigenleistungen, weitergehenden finanziellen Beiträgen und auch bewusst pragmatischen Entscheidungen können Krisen im Projektverlauf bewältigt werden. Dabei werden zugleich gemeinsame Werte geschaffen, die die Bauherren und Bewohner stolz machen und die Identifikation in der Gruppe stärken.

↗ Das Ensemble *23 Riesen* knüpft baulich an die bestehende Nachbarschaft an und zeigt dabei Wertschätzung im Umgang mit dem Vorhandenen. Der Bestand wird erhalten und unter Einsatz ökologischer Materialen umgebaut. Dabei werden ein hoher Schallschutz und durch Lifteinbau auch Barrierefreiheit erreicht. So wird mit der Sanierung des Vorderhauses eine Lösung möglich, die unter rein wirtschaftlicher Betrachtungsweise keine Option gewesen wäre, sich im Nachhinein aber als wertvoll erweist. Die späteren Bewohner sparen Kosten und steigern ihre Identifikation mit dem Projekt, indem sie bei Abriss und Innenausbau selbst Hand anlegen.

Querbeziehungen & Wechselwirkungen
– Wertigkeit als Form der Wertschätzung ist eng verknüpft mit dem Engagement für den sparsamen Einsatz und schonenden Umgang mit ←→ *Ressourcen und Ökologie*
– Wertigkeit und ←→ *Symbolik* ergänzen und verstärken einander
– Das Engagement für wertige Gestaltung und Materialität wird durch ← *Trägermodelle* mit langfristiger Bestandsperspektive unterstützt
– Aus ambitionierten Programmen und Funktionen wie ← *Mixed Use*, ← *Wohnen plus*, ← *Wohnungsvielfalt und Wohnungsmix* sowie ← *Soziale und kulturelle Kooperationen* entsteht das Bedürfnis nach ihrer Vermittlung über eine hochwertige gestalterische und bauliche Realisierung
– Wertige Gestaltung und Materialität sind Voraussetzung für die Verträglichkeit und Akzeptanz einer hohen → *Baulichen Dichte* mit einer → *Kritischen Masse* an Bewohnern und dem Nutzen der Skaleneffekte von → *Effizienz und Serie* in der baulichen Umsetzung

Trägermodelle

Die Lösungen, die in den untersuchten Projekten engagiert entwickelt werden, beziehen sich nicht nur auf das *Was?* der Räume, Programme und Funktionen, sondern auch auf das *Wie?* Die Entwicklung und Erprobung alternativer Trägermodelle ist dabei ein zentraler Hebel, um die selbst gesetzten Ziele in den Projekten zu ermöglichen, insbesondere die langfristige Bestandshaltung, den Schutz vor Verwertung am Markt und den Einbezug finanziell weniger starker Partner.

Pluralität der Trägermodelle

In den untersuchten Projekten fällt eine beachtliche Bandbreite unterschiedlicher Trägermodelle auf, von Genossenschaften, Baugemeinschaften, Stiftungen, GmbHs, Vereinen und Häusern im Syndikatsverbund bis zu öffentlichen und privaten Wohnungsbaugesellschaften. Aus diesen Grundmodellen werden in zahlreichen Fällen kombinierte Lösungen entwickelt. Diese Multiträgerschaften bilden eine Dachkonstruktion, die unterschiedliche Partner mit ihren Zielgruppen, ihrem Wissen und Engagement, ihren Finanzierungsmöglichkeiten und Fördermodellen in einem Projekt zusammenführt. Mit dieser Konstruktion können größere Areale entwickelt und komplexe Anforderungen an ein Bauvorhaben bewältigt werden.

↗ Bei *23 Riesen* bildet sich die Trägerform durch eine geschickte Konstellation mit drei Partnern: Eine Stiftung tritt als Grundeigentümerin auf, ein Trägerverein als Hauseigentümer und ein Hausverein kümmert sich um den Betrieb. Der Mietwohnraum ist durch diese Trägerform dauerhaft gesichert.

Mix der Bedürfnisse, Managen von Vielfalt

Der Mix der Trägerschaften spricht eine große Bandbreite unterschiedlicher Bewohner und Nutzer an. In Verbindung mit einem dazu passenden Wohnungsmix kann das Ziel einer vielfältigen Nachbarschaft im Areal erreicht werden. Die Trägerschaften bringen die notwendigen Erfahrungen und Strukturen mit, um diese Zielgruppen in ihrem Zusammenleben anzusprechen, zu aktivieren, zu unterstützen und zu befähigen.

↗ Das *Open House* wird seinem Namen gerecht: mit einer Mischung von Trägermodellen und Betreibern, einer dazu passenden Vielfalt an Wohnungstypen und, daraus resultierend, einer großen Bandbreite unterschiedlicher Bewohner. Dieser Mix war eine wesentliche Voraussetzung dafür, mit pionierhaften Trägern wie der Baugemeinschaft auf dem verfügbaren Grundstück ein Projekt entwickeln zu können.

Mitwirkung am gemeinsamen Gut Wohnen

Trägermodelle prägen das Verhältnis von Bestandshaltern und Bewohnern. Für die Bewohner entstehen in vielen Fällen neue Aufgaben, Rollen und Möglichkeiten der Mitverantwortung und Mitgestaltung. Genossenschaften ermöglichen ein verändertes, flexibles Erleben von Eigentum. Die Bewohner treten zugleich als Mieter und Vermieter, als Konsumenten und Produzenten des gemeinsamen Gutes Wohnen auf. Diese neue Rolle des Prosumenten bietet die Chance, veränderte Ansprüche und Prioritäten des Wohnens wahrzunehmen und umzusetzen. Zugleich gewinnen die Verantwortung für die Gesamtanlage und das Kümmern im Lebensalltag vor Ort für die Bewohner häufig an Bedeutung.

↗ Das Trägermodell der *Falkenried-Terrassen* hat eine Schlüsselrolle, wenn es darum geht, für die 324 geförderten Wohnungen das Miteinander vor Ort zu managen. Die Anlage befindet sich in städtischer Hand, wird aber über eine Mietergenossenschaft selbstverwaltet. Diese Mietergenossenschaft fußt auf einer ehrenamtlichen Selbstorganisation in Gremien, die punktuell über Angestellte ergänzt wird. Damit werden am Wohnungsmarkt benachteiligte Menschen nicht nur mit einer Wohnung versorgt, sondern zugleich in ein Netz sozialer Aktivitäten aufgenommen. Die Möglichkeit, in der Genossenschaft auf vielfältige Art und Weise selbst einen Beitrag für die Gemeinschaft zu leisten, kann einen Prozess der Befähigung in Gang setzen.

Querbeziehungen & Wechselwirkungen

- Die Wahl der Trägermodelle prägt die Möglichkeiten für → *Wohnvielfalt und Wohnungsmix* sowie für Art und Umfang des → *Mixed Use*
- Angebote im Sinne von → *Wohnen Plus*, neue Formen der → *Mobilität*, gemeinschaftlich genutzte → *Freiräume* und auch → *Räume für Aneignung* benötigen ein passendes Trägermodell
- Aufbauend auf ← *Sozialen und kulturellen Kooperationen* werden Trägermodelle fortentwickelt
- Mit der Verknüpfung verschiedener Bauherren in einer Multiträgerschaft kann die Entwicklung einer → *Kritischen Masse* an Wohnungen und Nutzungseinheiten gelingen
- Ein Mix der Trägerschaften unterstützt die → *Vernetzung ins Quartier*
- Langjährige Bestandshalter suchen robuste Zuschnitte der → *Wohnung als gestaltbare Hülle*, die an den Lebenszyklus der Bewohner und der Immobilie anpassbar sind
- Die Form des Trägermodells bestimmt die langfristigen Möglichkeiten der → *Belegung* und ist wichtige Voraussetzung für die Entwicklung von → *Organisation und Betrieb vor Ort*
- Innovative Trägermodelle sind gelegentlich Anlass für eine räumliche → *Symbolik* und → *Wertigkeit* in Städtebau, Freiraum, Architektur

Belegung

Wenn es darum geht, den Lebenszyklus eines Wohnhauses oder Quartiers zu lenken, dann ist die Belegung der Wohnungen ein zentraler Hebel für die Stabilität von Nachbarschaft und Zusammenleben. In einigen der untersuchten Fälle wird das Belegungsverfahren als Bestandteil des Betriebs eigens konzipiert. Die Bewohnerschaft wird nicht dem Zufall überlassen, sondern gemäß der ursprünglichen Absicht des Mix an Wohnformen und Zielgruppen aktiv gestaltet.

Den Lebenszyklus von Bewohnern und Immobilie im Blick

Neben dem Anspruch, den Boden und die Immobilie langfristig der Spekulation zu entziehen, ist die Möglichkeit, die Belegung der Wohnanlage langfristig zu managen, ein zweiter wesentlicher Grund, neuartige Trägerformen zu entwickeln. In vielen der Projekte rückt nach einer Zeitspanne von zehn bis 15 Jahren die Frage des Lebenszyklus der Bewohner und der Immobilie in den Blick. Dann haben sich die Altersstruktur, Haushaltsform und vielfach auch die ökonomischen Bedingungen der ersten Generation von Bewohnern bereits deutlich verändert. Daher suchen erfahrene Genossenschaften zunehmend nach Modellen, die Belegung auch mittel- und langfristig besser zu steuern.

↗ Das Projekt *Allengerechtes Wohnen* in Burgrieden ist mit dem Anspruch gestartet, Wohnen für einen Mix verschiedener Altersgruppen, Haushaltsformen und Einkommen zu schaffen. Die Realisierung dieses innovativen Projekts in dem oberschwäbischen Dorf stützt sich auf privates Investment in Form von Einzeleigentum. Um über die Eigentumswohnungen hinaus das Zusammenleben in der Gesamtanlage gestalten zu können, übernahm die Bürgerstiftung die Rolle des zentralen Vermieters – und auch Bürgens – für all jene Wohnungen, die von den Eigentümern nicht selbst genutzt werden. So besteht die Möglichkeit, die Zusammensetzung der Bewohnerschaft auch mittel- bis langfristig zu lenken.

Nachbarn suchen Nachbarn aus

In einigen Fällen werden die Bewohner am Auswahlverfahren der neuen Nachbarn beteiligt, denn die Mitsprache der Hausgemeinschaft vor Ort wird als zentraler Hebel für einen gelingenden Belegungsprozess gesehen. Dem Auswahlverfahren sollten klare und transparente Regeln und Kriterien zugrunde liegen und die Bewohner ihre Erwartungen und Ansprüche an das „Leben im Betrieb" offen kommunizieren können. Mit einem bewusst eingesetzten Belegungsmechanismus können gleichzeitig Impulse für die Gruppenbildung und die Entwicklung der Nachbarschaft gegeben werden.

↗ Die Mietergenossenschaft der *Falkenried-Terrassen* hat für den Erhalt der sozialen Struktur und Mischung ein ausgeklügeltes Belegungsverfahren etabliert. Ein Belegungsausschuss macht über lokale Aushänge auf eine freiwerdende Wohnung aufmerksam und lädt jeweils fünf Bewerber zum Kennenlernen ein. Aufgrund des schlechten baulichen Schallschutzes hat man sich entschlossen, die jeweilige Hausgemeinschaft über die Belegung mitentscheiden zu lassen. Eine positive Erfahrung im Bewerbungsprozess motiviert viele der neuen Bewohner zum eigenen Engagement im Belegungsgremium oder für andere Aufgaben der Mietergenossenschaft. Diese Mitwirkungsmöglichkeiten werden von vielen Bewohnern als soziale Spirale nach oben empfunden.

Querbeziehungen & Wechselwirkungen
– Die Belegung bestimmt, wie sich Art und Umfang von → *Wohnungsvielfalt und Wohnungsmix* mittel- und langfristig entwickeln
– Die ← *Wohnung als gestaltbare Hülle* bietet Gestaltungsspielräume für die Belegung
– Die Belegung ist ein zentraler Hebel für die → *Flächeneffizienz*
– Die ← *Trägerschaft* bestimmt die Parameter für die Belegung

Organisation und Betrieb vor Ort

Aus der Perspektive langfristiger Bestandshalter ist die Phase des Betriebs wesentlicher Teil der Konzeption eines Projekts. Ehrgeizige Ziele in Bezug auf ein vielfältiges Programm und ausdifferenzierte Funktionen mit einer Bandbreite unterschiedlicher Bewohner und Nutzungen erfordern ein besonderes Augenmerk auf die Gestaltung der Betriebsphase. Neue Angebote und Services tragen wesentlich zur Qualität des Wohnens und der Nachbarschaft bei.

Neue Angebote und Services im Quartier

Der Mix in Programm und Funktionen mit ergänzenden Angeboten über die eigene Wohnung hinaus ist grundlegender Bestandteil zahlreicher Projekte. Der räumlichen und zeitlichen Koordination dieser Angebote und Services in der Wohnanlage und im Quartier kommt damit eine Schlüsselrolle zu. Darüber kann zugleich eine Verknüpfung und Vernetzung von einzelnen Häusern, Zielgruppen, sozialen Angeboten und Trägerschaften vor Ort gelingen.

↗ Das *Haus NOAH* kann als ein Gesamtpaket aus miteinander vernetzten Maßnahmen verstanden werden, die in das Wohnumfeld ausstrahlen. Die einzelnen Bausteine ergänzen das bestehende Angebot im Quartier. Das Erdgeschoss wird für Nutzungen geöffnet, neue Wohntypen für barrierefreies Wohnen werden geschaffen, soziale und kommunikative Angebote entwickelt und eine neue Sichtbarkeit dieser Impulse hergestellt.

Formen der Selbstverwaltung

Das Prinzip der Selbstverwaltung der Bewohner ist für viele der Projektbeteiligten eine wesentliche Motivation für die gewählte Wohnform. Zahlreiche der untersuchten Trägermodelle wie Genossenschaften, Häuser im Syndikatsverbund und auch Baugemeinschaften sind untrennbar mit der Selbstorganisation und -verwaltung verknüpft. Ein breites Engagement sichert den Betrieb vor Ort und wirkt zugleich als soziales Fundament für das Zusammenleben. Die Nutzer sind Teil der Hausverwaltung und gestalten und betreiben so Räume und Angebote vor Ort.

↗ Im *Wohnprojekt Wien* wird die Organisations- und Kommunikationsmethode der Soziokratie eingesetzt, um effiziente Wege der Entscheidungsfindung zu ermöglichen. Über den diskussionsintensiven Prozess der Gruppenbildung fand eine gewisse Vorselektion von Mitgliedern statt, die bereit waren, ein solches Projekt zu tragen. Zugleich konnten so Reibungspunkte im weiteren Projektverlauf und damit auch das Risiko des Scheiterns minimiert werden.

Raum für alltägliche Konfliktbewältigung

Aus einer nah an der Bewohnerschaft organisierten Selbstverwaltung entwickelt sich im besten Fall eine fortlaufende Kommunikation und Verantwortung unter den Nachbarn vor Ort. Die Selbstverwaltung bietet Raum für Entscheidungsfindung und Konfliktlösung im Alltag. Das Erneuern und Auffrischen dieser Formen und Strukturen der Verwaltung wird in einigen der untersuchten Fälle im Lebenszyklus von Bewohnern und Immobilie gezielt angestoßen.

↗ In den *Falkenried-Terrassen* wird nicht das eigene, sondern das öffentliche Eigentum verwaltet. In Verknüpfung mit der städtebaulichen Form der Terrassen und der Serie von Wohnungen gleichen Grundtyps produziert die Selbstverwaltung eine Nachbarschaft, die für Singlehaushalte und Menschen in prekären Lebenslagen ein wichtiges Netz darstellt. Aus der Selbstorganisation gewinnt die Bewohnerschaft ein hohes soziales Kapital.

Querbeziehungen & Wechselwirkungen

– Organisation und Betrieb vor Ort sind wesentliche Voraussetzung für das Gelingen anspruchsvoller Programme und Funktionen wie → *Wohnungsvielfalt und Wohnungsmix*, → *Wohnen Plus*, → *Mixed Use*, → *Vernetzung ins Quartier* und neue Angebote der → *Mobilität*
– Diese Angebote bieten zusammen mit einem engagierten Betrieb und Optionen für Selbstverwaltung vor Ort eine hohe Wohnqualität, die als Anreiz für individuelle → *Flächeneffizienz* und die Anpassung der → *Wohnung als gestaltbare Hülle* wirken können
– Das gewählte ← *Trägermodell* sowie die ← *Sozialen und kulturellen Kooperationen* prägen die Möglichkeiten der Organisation und des Betriebs vor Ort
– Eine engagierte Selbstverwaltung vor Ort kann eine räumliche → *Symbolkraft* entwickeln

Raum für Aneignung

Mit dem Fokus auf der Phase des Betriebs stellen sich nicht nur organisatorische, sondern auch räumliche Fragen und Anforderungen. Zahlreiche der untersuchten Projekte bieten ihren Bewohnern und Nutzern auch nach Fertigstellung Raum für Gestaltung und Aneignung. Damit lassen sich ausgewählte private und gemeinschaftliche Innen- und Außenräume im Rahmen vordefinierter räumlicher und finanzieller Spielräume an die sich entwickelnden Bedürfnisse anpassen.

Häuser im Betrieb fortentwickeln

Die Entwicklung neuartiger Lösungen erfordert die Offenheit, Konzepte und Räume auch im Betrieb nachjustieren und weiterentwickeln zu können. Die Projektentwicklung ist mit dem Einzug im seltensten Fall abgeschlossen, vielmehr entwickeln sich Haus und Programm im Lebenszyklus fort. Lernen in Betrieb kann bewusst zugelassen werden, wenn Puffer in Bezug auf Budgets und Räume bereitstehen.

↗ *Doma* zeigt in besonderer Weise, was es heißt, sich Wohnen zu eigen zu machen. Das Schaffen von Wohnraum beschränkt sich nicht auf das Produkt, sondern ist ein fortlaufender Prozess, gepaart mit Gruppenbildung, Konzeption und Organisation in verschiedenen Bauabschnitten und inklusive Eigenleistungen am Bau. Doma wächst organisch und räumlich mit den Bedürfnissen und Möglichkeiten seiner Bewohner. Eine Ahnengalerie im Eingangsbereich spiegelt dieses prozessuale Selbstverständnis wider: Jeweils ein Foto pro Jahr repräsentiert die Entwicklungen des Hauses und seiner Bewohnerinnen und Bewohner.

Unfertig und roh

Die bewusste Entscheidung, Räume unfertig und Programme offen zu lassen, kann die Realisierungsphase entlasten und Optionen für die zukünftigen Bewohner schaffen. Das Bereitstellen von (Spiel-)Räumen selbst wird in vielen Fällen als wichtiger bewertet als ihr hoher Standard in Ausbau und Ausstattung. Damit sich das Fertigstellen und Weiterentwickeln nicht zu einer Last mit negativem Effekt auf die Gemeinschaft und die Wertschätzung der Wohnanlage entwickelt, müssen im Betrieb ausreichend finanzielle und personelle Ressourcen zur Verfügung stehen.

↗ Außenanlagen und Gemeinschaftsräume in *Zwicky Süd* werden nach Einzug der Bewohner in ihrem Konzept weiterentwickelt und räumlich ausgestaltet. Die Genossen zahlen jährlich einen Beitrag, der einen Budgetrahmen für gemeinsam getragene Investitionen schafft. Dem anfänglich rohen Erscheinungsbild der Anlage stehen das Engagement und die Gestaltungsmöglichkeiten vor Ort entgegen.

Aushandlung und Aneignung

Unfertige, noch zu gestaltende Räume stoßen zugleich Prozesse der Aushandlung und Aneignung an. Daraus können das Zusammenleben und das soziale Kapital der Nachbarschaft wachsen. Optionen der Mitgestaltung aktivieren und befähigen Menschen vor Ort auch jenseits der Fähigkeit zu komplexen Projektentwicklungen. Sie bringen im Alltag handwerkliches Geschick, soziale und emotionale Begabungen oder auch Organisationstalent ein.

↗ Im *Open House* entwickeln sich Freiräume und das Erdgeschoss mit den geringen Schwellen zwischen öffentlichen und privaten Flächen zu einem Terrain permanenter Aushandlungen. Der offene, unbestimmter Charakter verlangt nach Entwicklung gemeinsamer Vorstellungen des Wohnens und Zusammenlebens bei den verschiedenen Trägern, den jeweiligen Bewohnern und der Nachbarschaft. Auch die Fassaden werden durch verschiedene Akteure mit Graffiti und Malereien als Fläche für spielerisch umkämpfte Raumrepräsentationen genutzt.

Querbeziehungen & Wechselwirkungen

– Räume für Aneignung können den Prozess der (Selbst-)Verwaltung und → *Organisation und Betrieb vor Ort* unterstützen und die → *Vernetzung ins Quartier* befördern
– Die Möglichkeit, sich Räume außerhalb der eigenen Wohnung anzueignen, kann den Schritt zur Reduktion der eigenen Wohnfläche und damit zur Steigerung der → *Flächeneffizienz* erleichtern
– ← *Wohnen Plus* und gemeinschaftliche ← *Freiräume* bieten Räume zur Aneignung durch die Nachbarschaft
– ← *Soziale und kulturelle Kooperationen*, die Wahl des ← *Trägermodells* und die ← *Vernetzung ins Quartier* schaffen neue Räume für Aneignung
– Räume zur Aneignung können Ausgangspunkt für die Entwicklung einer gemeinschaftlichen → *Symbolik* sein
– Im Wechselspiel von ← *Effizienz und Serie* und ← *Differenz und Varianz* entwickeln sich Nischen als Räume für Aneignung

Innovationsfelder im Wechselspiel

Aus dem Quervergleich der 15 Fallstudien wurden 24 Innovationsfelder in den vier Themenbereichen Programm und Funktion, Räumliche Struktur und Gestaltung, Kenngrößen und Organisation identifiziert. Innerhalb dieses Rahmens entwickeln die vielfältigen Bauherrschaften Wohnen „jenseits des Standards", indem sie Wechselwirkungen zwischen verschiedenen Feldern aktiv nutzen und damit Lösungen weiterentwickeln und Prioritäten wie auch Synergien aushandeln. In der Überlagerung der einzelnen Querbeziehungen zeigt sich ein Netz von Innovationsfeldern, dessen Struktur Aufschluss gibt über wesentliche Voraussetzungen und aktive Gestaltungsspielräume für ein differenziertes und bedürfnisgerechtes Wohnungsangebot.

Aktive Felder

Aktive Innovationsfelder im System nehmen großen Einfluss auf andere Felder, werden ihrerseits aber kaum von anderen beeinflusst. Damit handelt es sich um steuernde Variablen, die im System direkt aktiviert werden können.

→ Organisatorische Voraussetzungen schaffen

Die Wahl geeigneter *Trägermodelle* hat im Netz der Innovationsfelder eine besonders aktive Stellung. Sie ist Voraussetzung für nahezu alle Lösungen im Themenbereich Programm und Funktion. Eng verknüpft mit dem ebenfalls aktiven Feld *Organisation und Betrieb vor Ort* können Wohnungsvielfalt und Wohnungsmix, Wohnen plus, Mixed Use, neue Formen der Mobilität und die Vernetzung ins Quartier gestaltet werden. Passende Trägermodelle sind Voraussetzung dafür, dass das Konzept der Wohnung als gestaltbare Hülle in Kombination mit geeigneten Belegungskonzepten realisiert werden kann – als ein wesentlicher Schlüssel, um Flächeneffizienz zu steigern. *Soziale und kulturelle Kooperationen* haben ebenfalls eine aktive Rolle, indem sie eine Brücke schlagen zwischen den Themenbereichen Programm und Funktion und den Fragen der Organisation vor Ort.

→ Den räumlichen Rahmen gestalten

Im Bereich Räumliche Struktur und Gestaltung wirkt ein ganzes Bündeln von Lösungen aktiv zusammen. Die *Städtebauliche Setzung* bildet das Fundament, um das gewünschte Programm und den Mix an Funktionen in Verknüpfung mit den notwendigen baulichen und ökonomischen Kenngrößen zu entwickeln. Eine ebenso aktive Rolle übernehmen der *Freiraum*, der Maßstab von *Ensemble* und Quartier sowie das Konzept der *Erschließung*.

Passive Felder

Lösungen, welche in starkem Maße von anderen Feldern beeinflusst werden, selbst aber wenig Einfluss auf andere ausüben, haben eine passive Rolle im Netz. Ziele in diesen Feldern können vor allem indirekt erreicht werden, indem die richtigen Voraussetzungen geschaffen werden.

→ Auf fruchtbarem Boden ein starkes Programm und gemischte Funktionen entwickeln

Die Ambitionen für ein Mehr als Wohnen mit weiteren Angeboten und Services im Sinne von *Wohnen plus* bis hin zu einem weitergehenden *Mixed Use* und der sich daraus entwickelnden *Vernetzung ins Quartier* unterliegen drei wesentlichen Einflussgrößen: einer hinreichenden Kritischen Masse an Nachfragern, geeigneten Trägerschaften und Formen der Organisation und des Betriebs vor Ort sowie einem unterstützenden stadträumlichen und typologischen Gerüst, in dem Städtebau und Ensemble, Freiraum und Erschließung sowie Lagen und Relationen eng zusammenspielen.

→ Den gewählten Lösungen einen räumlichen Ausdruck verleihen

Das Bedürfnis nach räumlicher *Symbolik* und *Wertigkeit* in Gestaltung und Ausführung entwickelt sich aus den Aushandlungsprozessen und den daraus entstandenen und priorisierten Lösungen in Bezug auf Raum, Programm und Organisation. In der Gestaltung und Materialisierung von Wohnen „jenseits des Standards" zeigt sich deutlich ein kulturelles Verständnis von Raum. Raum transportiert hier Bedeutung und wirkt als Form der kollektiven Selbstvergewisserung, insbesondere dann, wenn neuartige Lösungen geschaffen und mutig Prioritäten gesetzt werden.

→ Flächen- und Ressourceneffizienz als Ergebnis räumlicher, funktionaler und organisatorischer Gestaltungsparameter erreichen

Der effiziente Umgang mit Fläche zeigt sich im vernetzten System der Lösungen als ausgeprägt passive Variable. Auf direktem Weg ist *Flächeneffizienz* kaum zu erreichen. Bauliche Dichte, Effizienz und Serie, Freiraum und Erschließung bilden wesentliche räumliche Einflussgrößen. Im Programm sind die flexibel nutzbare und gestaltbare Wohnung in Verknüpfung mit Wohnungsvielfalt und Wohnungsmix, Wohnen plus und Mobilität zentrale Hebel, und das Konzept der Belegung im Zusammenspiel mit der Organisation und dem Betrieb vor Ort stellen wesentliche organisatorische Voraussetzungen dar. *Ressourcen und Ökologie* haben ebenfalls eine starke passive Stellung, Flächeneffizienz und Mobilität zeigen sich hier als zwei wesentliche Einflussgrößen.

Kritische Felder

Im Netz der Innovationsfelder zeigen kritische Variablen sowohl starke Wirkungen auf andere Felder als auch eine starke Beeinflussung durch andere. Über die kritischen Felder verlaufen im System umfassende Wechselwirkungen, sie können daher sowohl stabilisierend als auch destabilisierend wirken. Diese Lösungen müssen daher mit besonderer Sorgfalt justiert werden.

→ Das Wohnkonzept als Dreh- und Angelpunkt entwickeln

Wohnungsvielfalt und Wohnungsmix lassen sich unter den organisatorischen Voraussetzungen von Trägerschaft, Organisation und Betrieb vor Ort, Sozialen und kulturellen Kooperationen sowie dem Konzept der Belegung entwickeln. Den notwendigen räumlichen Rahmen stecken Städtebau, Ensemble, Freiraum, Erschließung, Lagen und Relationen ab. Das Wohnkonzept hat umgekehrt wesentlichen Einfluss darauf, ob die das Wohnen ergänzenden Angebote, neue Formen der Mobilität und auch die Vernetzung ins Quartier gelingen. Eine hinreichende Kritische Masse an Wohnungen schafft einerseits Gestaltungsspielraum für das Wohnkonzept, andererseits sind Wohnungsvielfalt und Wohnungsmix eine zentrale Voraussetzung, um auch im Fall einer Skalierung hin zu mehr Wohnungen lebenswerte Nachbarschaften möglich zu machen.

→ Mit dem Mengengerüst die hinreichenden Dimensionen abstecken

Die Fragen nach der angemessenen Baulichen Dichte und hinreichenden Kritischen Masse an Bewohnern und Nutzern stehen in einem engen Wechselspiel. Beide haben eine Schlüsselstellung für die Entwicklung von Effizienz in Bezug auf Ökonomie, Flächen und Ressourcen wie auch Quantität und Qualität eines vielfältigen Programms und ausdifferenzierter Funktionen. *Bauliche Dichte* ist eine zentrale Größe mit Einfluss auf Flächeneffizienz und sie schafft zugleich den Rahmen, in dem eine Kritische Masse an Nutzern generiert werden kann. Damit Bauliche Dichte positiv wahrgenommen wird, sind wichtige räumliche Voraussetzungen zu entwickeln – Städtebau, Ensemble, Freiraum, Effizienz und Serie und Differenz und Varianz müssen eng zusammenspielen. *Kritische Masse* steht in einem produktiven Wechselspiel mit Wohnungsvielfalt und Wohnungsmix und ist eine wesentliche Grundlage, damit Wohnen plus, neue Angebote der Mobilität und auch Nutzungsmischung umgesetzt und wirtschaftlich betrieben werden können. Das Entwickeln einer hinreichenden Kritischen Masse benötigt ein passendes Trägermodell sowie quantitative und qualitative städtebauliche Voraussetzungen.

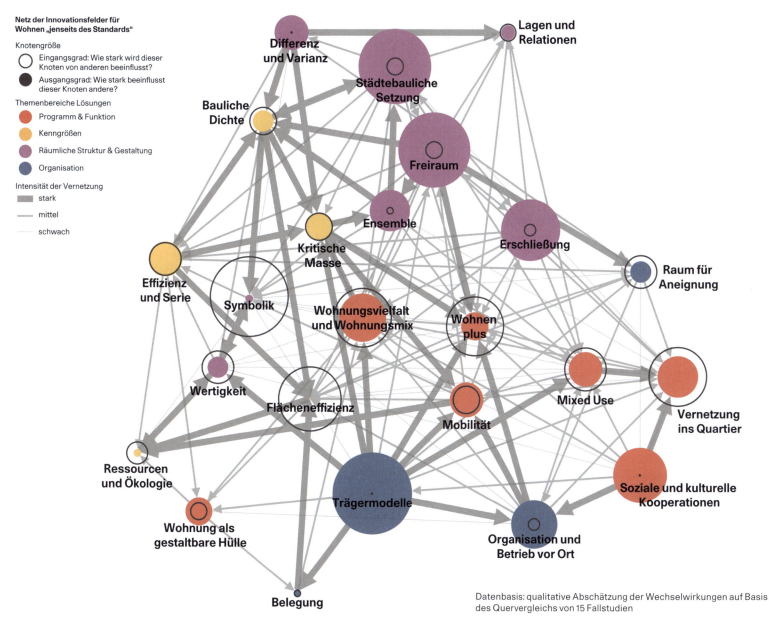

Datenbasis: qualitative Abschätzung der Wechselwirkungen auf Basis des Quervergleichs von 15 Fallstudien

Handlungslogiken

In diesem Kapitel wird eine Typisierung der 15 Fallbeispiele entwickelt. Sie wird aus wiederkehrenden Antworten auf die vier Leitfragen und ihren logischen Verknüpfungen entwickelt. Die abgeleiteten fünf Typen umfassen: Gemeinschafts-Bauer, Optionen-Schaffer, Stadt-Macher, Standort-Wandler und Wert-Schätzer. Diese sogenannten *Handlungslogiken* sind Muster von Verhaltensweisen mehrerer beteiligter Akteure, die unter bestimmten Rahmenbedingungen zu einer bestimmten Projektgenese führen und im Prozess und der Lösung beabsichtigte wie unbeabsichtigte positive und negative Wirkungen entstehen lassen.

In der Analyse der Fallstudien lassen sich verschiedene Beweggründe und Absichten der beteiligten Akteure ablesen. Als Treiber der Projekte treten insbesondere die „Macher" auf, also die vielgestaltigen Bauherrschaften mit ihren kooperierenden Nutzern, beratenden Planern und Experten, unterstützenden Financiers, Förderinstituten und Genehmigungsbehörden. Im Zusammenwirken entwickeln und erzielen diese verschiedenen Akteure unter bestimmten Rahmenbedingungen eine spezifische Lösung. Einige der Lösungsbausteine entstehen eher zufällig, bewähren sich aber nachträglich, andere werden bewusst in Hinblick auf eine drängende Problemlage entwickelt.

Eine Handlungslogik lässt sich als ein Set miteinander verknüpfter Einflussfaktoren verstehen, aus denen räumliche, soziale, kulturelle oder auch ökonomische Wirkungen erwachsen – innerhalb eines einzelnen Projekts sowie über dieses hinaus. Im Quervergleich der 15 Fallstudien lassen sich fünf solcher Logiken erkennen. Akteure, die diesen folgen, bauen Gemeinschaft, schaffen Optionen und wandeln Standorte ebenso, wie sie neue Stadtbausteine herstellen und Wertschätzung vor Ort generieren.

Die fünf Handlungslogiken zeigen sich in den Projekten nicht in Reinform, sondern in vielfachen Überschneidungen und unterschiedlich starken Ausprägungen. Ihre Wirkungszusammenhänge ergänzen und verstärken einander oder entwickeln sich in der Projektgenese miteinander. Um das jeweilige Setting mit den Einflussgrößen und Wirkungen deutlicher herauszustellen, werden die fünf Handlungslogiken in den folgenden Abschnitten gedanklich getrennt und jeweils einzeln beschrieben sowie anhand von Beispielen illustriert.

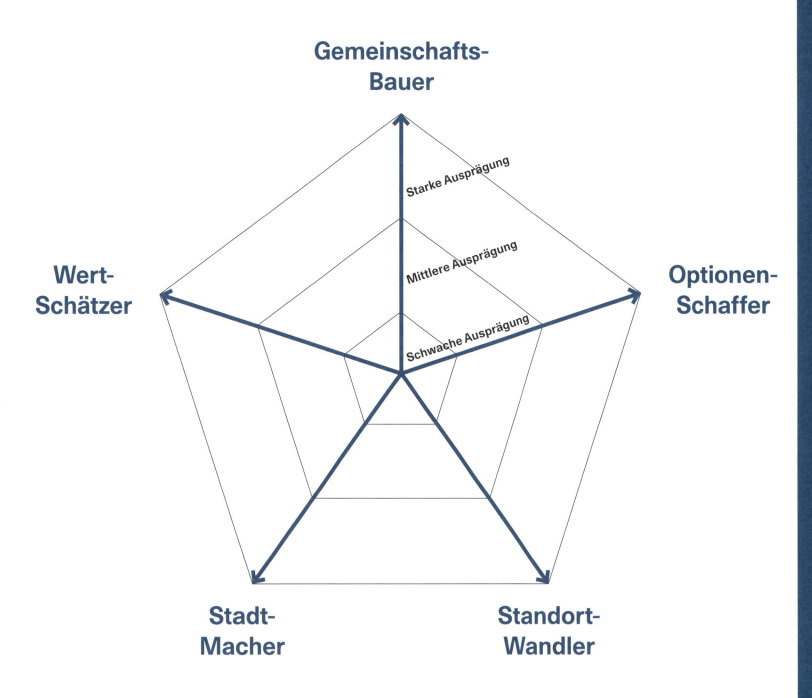

Gemeinschafts-Bauer

In einer längeren Vorphase bildet sich – gebunden an einen spezifischen Ort – eine Gruppe mit einer Vision des gemeinsamen Wohnens. Mit der Gelegenheit, ein Grundstück zu kaufen, organisiert sich die Bauherrschaft in engem Dialog mit den zukünftigen Nutzern. In Planungsphase Null wird, unterstützt von Beratern, Moderatoren und Architekten, die gemeinsame Wohnlösung mit dem Fokus auf individueller Wohnqualität und geteilten nachbarschaftlichen Werten konkretisiert. Aus dem partizipativen Prozess wächst neben einem baulichen ein soziales Projekt, das über die Fertigstellung hinaus Zusammenleben und Nachbarschaft nachhaltig prägt.

Rahmenbedingungen
Der Wandel der Bedürfnisse im Wohnen betrifft sowohl wachsende als auch stagnierende und schrumpfende Städte und Regionen. Treibende Kräfte sind unter anderem der demografische Wandel, die sich weiter ausdifferenzierende Vielfalt der Lebensstile und Familienformen sowie die zunehmende Komplexität und damit verknüpfte Unsicherheit gesellschaftlicher Zukunftsfragen wie individueller Lebensentwürfe. Der Wohnungsmarkt reagiert nur schleppend mit einem Angebot neuer Formen des Zusammenlebens wie auch neuer Formen der Verknüpfung von Wohnen mit Arbeiten, Versorgung, Freizeit und Kultur.

Akteure
Aus einer sozialen, kulturellen und auch ökonomischen Bedürfnislage heraus entwickeln sich an einem Ort Gruppen engagierter Akteure, die, angeregt durch geeignete Vorbilder, Wohnen und Zusammenleben neu gestalten wollen. Sie orientieren sich dabei an ihren eigenen – schlummernden – Bedürfnissen genauso wie an denen ihrer Mitstreiter. Starke Einzelpersonen oder Gruppen initiieren das Projekt. Sie verbindet eine geteilte Vision des gemeinsamen Wohnens und große Bereitschaft zu Ehrenamt und Engagement.

Da sie zumeist keinen Hintergrund in der Projektentwickelung haben, sind diese Akteure bei der Grundstücksakquise auf bezahlbare Gelegenheiten und Unterstützung von Dritten angewiesen. Ebenso besteht bei der Finanzierung und während des gesamten Planungs- und Realisierungsprozesses Bedarf an professioneller Beratung und Begleitung. Daher bieten zahlreiche Städte Beratungsangebote, beispielsweise in Form von Mitbauzentralen, um diese engagierten Akteure zu informieren, zu vernetzen und auch im Sinne städtischer Entwicklungsziele zu lenken – beispielsweise, um in neuen Stadtgebieten oder strategischen Lagen im Bestand Impulse zu setzen und Ankernutzer zu finden.

In Ergänzung dazu agieren erfahrene Akteure als Gemeinschafts-Bauer, um die Potenziale eines sozialen Projekts für die Genese von Zusammenleben und Nachbarschaft zu nutzen und einen Standort oder ein Quartier gezielt zu entwickeln. Dazu beziehen sie professionelles Know-how im Bereich Partizipation und Gemeinwesenarbeit gezielt mit ein.

Prozesse
In einer längeren Vorphase suchen Gemeinschaft-Bauer nach neuen Wohnmodellen. Sie erkunden die Möglichkeiten und Bedürfnisse der zukünftigen Nutzer. Da der Wandel der Bedürfnisse oft schleichend verläuft und den Nutzern selbst häufig wenig bewusst ist, erfolgt die Beschäftigung mit dem Thema über einen diskursiven Prozess, der auch das Vertrauen und den Zusammenhalt innerhalb der Gruppe stärkt. Impulse und Beispiele von außen können die Herausbildung der eigenen Wohnvision unterstützen.

Mit der Gelegenheit für den Kauf eines Grundstücks, häufig unterstützt durch Netzwerke, Förderer, Kooperationspartner oder auch die Kommune, formiert sich die eigentliche Bauherrschaft. Die frühe Festlegung einer Organisationsform und eines Budgets für gemeinschaftliche oder ökologische Ziele hilft, in der Gruppe die Bereitschaft zur Mitwirkung abzuklopfen und Mitglieder vorzuselektieren. So erweitert und verkleinert sich die Nutzergruppe oftmals in mehreren Schritten, um einerseits Startkapital und (Anschub-)Finanzierung zu sichern und andererseits eine eingeschworene und handlungsfähige Gruppe zu werden.

In der Planungsphase Null wird die gemeinsame Vision in einem zumeist intensiven Diskussionsprozess konkretisiert und ein räumliches Programm mit einem konkreten Kosten- und Terminrahmen formuliert. Im Fall von Konzeptvergaben ist diese Phase Teil des Bewerbungsprozesses um das Grundstück. Für das bauliche Projekt ist gerade im Fall von wenig erfahrenen Einzelpersonen und Gruppen eine externe professionelle Projektsteuerung unabdingbar. Um den Kostenrahmen zu halten, können auch Eigenleistungen eingebracht werden und das Projekt lässt sich in Etappen realisieren.

Erfahrene Akteure entwickeln mit der Handlungslogik des Gemeinschafts-Bauers einen besonderen Fokus auf das soziale Projekt, welches das bauliche Projekt vorbereitet, begleitet und überdauert. Dialog und Mitwirkung der zukünftigen Bewohner zielen auf die Vorbereitung und räumliche Konkretisierung des Zusammenlebens – und schließen die Ebene der individuellen Wohnung aus diesem Partizipationsprozess bewusst aus.

Lösungen

Eine anspruchsvolle gemeinschaftliche Wohnvision, eine Vielzahl von Beteiligten mit individuellen Bedürfnissen und ein knapp bemessenes Budget mit einer scharf kalkulierten Finanzierung: Um diese entgegengesetzten Bedingungen unter einen Hut zu bringen, also für das Gelingen des Projekts, sind eine hinreichende bauliche Dichte mit einer kritischen Masse an Nutzern und einer hohen Flächeneffizienz die grundlegende Voraussetzung. Mit einem Mehr an Nachbarn entstehen zugleich Optionen für Wahlverwandtschaften und die Wahrscheinlichkeit sowie Tragweite persönlicher Konflikte wird minimiert. Ausgeklügelte Trägermodelle und Belegungsstrategien sowie eine aktive (Selbst-)Verwaltung vor Ort sichern das Zusammenleben. Denn es zeigt sich: Soziale und funktionale Dichte und die damit verbundene Fluktuation gilt es aktiv zu managen, gerade wenn eine ausgeprägte Vielfalt der Wohnungen und der Nachbarschaft angestrebt wird.

Damit zeichnet sich ein Bild ab, das die Erfahrungen gemeinschaftlich orientierten Wohnens in überschaubaren Nachbarschaften früherer Jahre auf größere Strukturen skaliert. Dabei setzen Städtebau und die Gestaltung des Ensembles einen wichtigen Rahmen für das gesamte Projekt. Der gemeinschaftliche Freiraum und die verbindende Erschließung spielen eine wesentliche Rolle für Kommunikation und Begegnung zwischen den Bewohnern. Gemeinschaftliche Angebote und Räume für Aneignung werden an Schlüsselstellen platziert, um Wertigkeit zu vermitteln und die Vernetzung der Angebote in das Umfeld zu stärken. Erfahrene Akteure wenden sich zunehmend von einer maßgeschneiderten Individualisierung der Wohnungen ab und konzipieren diese als langlebige und für verschiedene Lebensentwürfe flexibel gestaltbare Hüllen. Die ergänzenden Räume, Angebote und Mobilitätskonzepte geben dabei Impulse für eine Reduktion der individuellen Wohnfläche und des Ressourcenverbrauchs.

Mehrwert

Gemeinschafts-Bauer legen den Fokus auf das gelingende Zusammenleben und eine lebendige Nachbarschaft. Möglichkeiten der Mitgestaltung und partielle Selbstverwaltung tragen als kostengünstige Lösung im alltäglichen Betrieb zu einer hohen Identifikation mit dem Umfeld und zu einer hohen Wohnzufriedenheit bei.

Ausgeprägte ehrenamtliche Aktivitäten, die neben Angeboten für die Nachbarschaft auch Services für das weitere Umfeld und die gesamtstädtische Öffentlichkeit bieten, machen Gemeinschafts-Bauer oft zu starken Akteuren der Quartiersentwicklung. Die programmatische Vielfalt wird dabei im Prozess häufig stärker gewichtet als Fragen der Gestaltung und der baulichen Form. So entstehen Stadtbausteine mit starkem Bezug nach innen und zur eigenen Nachbarschaft, die sich aber zugleich in das Quartier eingliedern und dieses beleben.

Eine zu Beginn schwer abschätzbare, kaum artikulierte, schlummernde Nachfrage nach neuen Formen des Wohnens, des Wohnumfeldes und Zusammenlebens entwickelt sich nach Fertigstellung und Bezug häufig zu einer konkreten Nachfrage, die das verfügbare Angebot übersteigt. Die Verfügbarkeit der realisierten Wohnlösung offenbart die lokal schlummernde Nachfrage. Aus der Vernetzung und Professionalisierung der Akteure ergeben sich daher vielfach Folgeprojekte und -kooperationen, bei denen im Prozess entwickeltes Know-how erneut genutzt und weiterentwickelt werden kann.

Die Genossenschaft WOGENO realisiert an der ↗ *Johann-Fichte-Straße* ihren ersten Neubau. Das Projekt startet mit einer Kerngruppe ohne finanzielles Kapital und erfordert im Projektverlauf viel Engagement, Ehrenamt und intensive Partizipation. Ein Verein für rollstuhlgerechtes Wohnen ist Türöffner zu einem städtischen Grundstück – Verein und Genossenschaft gehen eine Kooperation ein. Bei hoher baulicher Dichte wird ein vielfältiges Wohnangebot mit Begrenzung der individuellen Wohnfläche geschaffen. Ein barrierefreier Laubengang wird als Schlüssel für die Inklusion entwickelt – zusammen mit dem gemeinschaftlichen Hof und der Dachterrasse ist er zentraler Ort der Begegnung. Der Bewohnermix wird über verschiedene Finanzierungs- und Fördermodelle sowie das erforderliche Engagement in der Selbstverwaltung gesteuert.

Das Projekt ↗ *Hardturm* wird in einer sechsjährigen Vorphase entwickelt. Vor dem Erfahrungshintergrund der Schweizer Immobilienkrise formuliert eine Kerngruppe ihre Vision als „nachhaltige Alternative zum System", die in der Gründung der Genossenschaft Kraftwerk1 mündet. Nutzerpartizipation wird zum zentralen Baustein der Projektentwicklung, denn das Programm soll auf veränderte Lebensmodelle und den herrschenden Wohnraummangel Antworten finden. Dabei kooperiert die Genossenschaft mit einer sozialen Einrichtung, schafft zusätzliche gemeinschaftliche Angebote und realisiert mit ergänzendem Gewerbe eine Mischnutzung. Im Prozess findet eine intensive Aushandlung zwischen engen Rahmenbedingungen mit begrenztem Budget und einem bestehenden Gestaltungsplan einerseits und hohen Anforderungen an Ökologie, Minergie-Standard, Integration und Mix der Wohnformen andererseits statt.

Optionen-Schaffer

Aus einem langfristigen Interesse, Wohnraum jenseits von (Einzel-)Eigentum zu entwickeln, schaffen erfahrene oder projektspezifisch formierte Akteure mit Unterstützung von Trägern, Stiftungen oder Kommunen flexible, bezahlbare und barrierefreie Wohnangebote für eine große Bandbreite unterschiedlicher Zielgruppen. Diese erhalten neuen Zugang zum Wohnen. Die ergänzenden Nutzungen und Angebote jenseits der eigenen Wohnung regen an, die individuelle Wohnfläche zu reduzieren. Partizipation vor und nach der Fertigstellung haben Aneignung und Befähigung der Bewohner zum Ziel. Das langfristig stabile Zusammenleben und die koordinierte Belegung sind wesentliche Ziele der selbstorganisierten Hausverwaltung.

Rahmenbedingungen

Optionen-Schaffer agieren in einem Umfeld, das durch eine hohe Wohnungsnachfrage und einen Mangel an bezahlbarem Wohnraum geprägt ist. Die wesentliche Motivation besteht darin, Wohnraum langfristig der Verwertung am Immobilienmarkt zu entziehen und finanziell schwächeren Gruppen Zugang zum Wohnen an einem bestimmten Standort zu sichern – beides Ziele, die auch kommunale Wohnungsbaugesellschaften verfolgen. Die aktive und partizipative Gestaltung neuer Wohn-Optionen stößt dabei in eine Lücke vor, den hoheitliche Versorgungslogik einerseits und mangelnde gemeinwohlorientierte Wohnraumpolitik andererseits hinterlassen.

Akteure

Junge Genossenschaften etwa entwickeln in der Fortschreibung und Skalierung der Erfahrungen mit ihren ersten Projekten Strategien zur Schaffung eines robusten Wohnangebots für einen breiten Mix verschiedener Zielgruppen. Ihr Trägermodell sichert Wohnraum langfristig. Dabei nehmen die Optionen für Menschen mit geringer finanzieller Kraft im Lebenszyklus der Immobilie zu, da im genossenschaftlichen Modell die Kostenmiete im Vergleich zur marktüblichen Miete langfristig deutlich absinkt. Junge Genossenschaften besinnen sich heute also genau auf die Vorteile, die bei alten Genossenschaften deutlich erkennbar sind – ohne jedoch die Lösungsansätze zu verwerfen, die jenseits der eigenen Wohnung das Zusammenleben und nachhaltige Lebensweisen stärken.

Projektspezifisch formierte Akteure haben zumeist einen direkten Bezug zur späteren Bewohnerschaft, für deren Bedürfnisse sie sich in der Projektentwicklung einsetzen. Diese nutzergetragenen Entwicklungen benötigen starke Partner und Unterstützer, ohne die eine gemeinwohlorientierte Immobilienentwicklung nicht möglich wäre. Das können (Bürger-)Stiftungen, Kommunen, soziale Träger oder eine Struktur wie das Mietshäuser Syndikat sein. Der Schlüssel liegt in der Vergabe und Finanzierung des Grundstücks sowie der Bereitstellung eines institutionellen Rahmens mit langfristigen Sicherheiten für die Unwägbarkeiten der experimentellen und vortastenden Projektentwicklung.

Prozesse

Erfahrene Akteure gehen die Projektentwicklung professionell an und suchen passende Partner, um den Zuschlag für ein spezifisches Grundstück zu erhalten und den beabsichtigen Mix der Bewohnerschaft, des Programms und der Finanzierung zu realisieren. Die Organisation der Bauherrschaft zielt auf eine differenzierte Rollenverteilung, um die unterschiedlichen Aufgaben in Vorbereitung, Planung und Bau sowie Nutzung und Betrieb professionell zu stemmen. Ein dauerhaft angelegter Partizipationsprozess vor, während und nach der Fertigstellung des baulichen Projekts trägt zur Befähigung der Bewohner in Nutzung und Betrieb vor Ort bei.

Akteure, die sich aus einer spezifischen Nutzergruppe heraus formen, benötigen eine längere Vorphase, um aus losen und vagen individuellen Bedürfnissen ein gemeinsames Werteverständnis mit einer Wohnvision zu entwickeln – und auf dieser Basis zusammen mit anderen Unterstützern und Partnern eine starke Allianz für eine Projektentwicklung zu bilden.

Lösungen

Optionen-Schaffer streben eine Vielfalt und einen Mix des Wohnungsangebots und damit die Schaffung von Möglichkeiten für viele Lebensmodelle an. Dabei ist der effiziente Umgang mit Wohnfläche ein wichtiges Mittel, um die Versorgung vieler mit bezahlbarem Wohnraum zu gewährleisten. Denn sparsame Fläche und geringer Mietzins machen eine Wohnung doppelt günstig. Effizienz und Serie spielen auch in der typologischen und baulichen Ausgestaltung eine wichtige Rolle. Gemeinschaftliche Räume und geteilte Angebote und ergänzende Serviceleistungen bei kleiner individueller Wohnfläche steigern die Lebensqualität der Bewohner. Ebenso ergänzt der gemeinschaftlich nutzbare Freiraum die individuelle Wohnung. Die Erschließungsflächen werden vielfach als Treffpunkt für den Alltag gestaltet. Im Zusammenspiel von baulicher, funktionaler und sozialer Dichte gewinnen Lagen und Relationen an Bedeutung – die richtige Positionierung der Bausteine zueinander lässt gezielt Kontaktflächen entstehen und definiert Räume für individuelle Rückzugsmöglichkeiten.

Durch Nutzernähe, Mitbestimmung und alltägliche Aushandlungsprozesse wird Konflikten vorgebeugt. In Organisation und Betrieb vor Ort nimmt die ehrenamtliche Selbstverwaltung einen zentralen Platz ein.

Ein ausgeklügeltes Belegungsverfahren managt das dichte Zusammenleben ganz unterschiedlicher Zielgruppen und sichert langfristig den durch die Gemeinschaft beabsichtigten Zweck. Optionen-Schaffer verstehen: Wohnen ist mehr als ein Dach über dem Kopf. Daher investieren sie in Räume zur Aneignung und die Befähigung der Bewohnerschaft.

Ein besonderer Fokus liegt hier auf Fragen der Organisation: Bewährte oder neue Trägermodelle sichern die langfristig bezahlbaren Wohnmöglichkeiten für eine breite Zielgruppe ab. Die am Projekt beteiligten Bewohner durchleben in einigen Fällen einen Prozess, in dem sie den Wunsch nach Individualeigentum – sofern man sich diesen überhaupt leisten kann – zugunsten einer gemeinwohlorientierten Projektentwicklung zurückstellen.

Mehrwert
Optionen-Schaffer stellen günstigen und qualitativ hochwertigen Wohnraum für Personengruppen her, die am Wohnungsmarkt benachteiligt sind, und sichern ihn langfristig. Üblicherweise schwache Gruppen – wie ältere und demente Personen, Menschen mit Migrationsgeschichte, Alleinerziehende, Studierende, Personen mit geringem Budget oder Menschen mit Behinderung – erhalten die Option auf eine Wohnung. In Verbindung mit dem Fokus auf der Befähigung der Bewohner in ihrem Zusammenleben vor Ort entsteht ein gesellschaftlicher Mehrwert und eine langfristig stabile Nachbarschaft.

Flächeneffizienz und gemeinschaftliche Angebote über die eigene Wohnung hinaus tragen zu einer Reduktion des Ressourcenverbrauchs bei. Ansätze mit ausgeprägter Selbstverwaltung ermöglichen Kosteneinsparungen durch einen effizienten Betrieb und stärken die Bewohner darin, eine aktive Rolle in ihrem Umfeld einzunehmen. Identifikation mit dem Wohnumfeld und ein erhöhtes gegenseitiges Verständnis sind die Folge. So entwickelt sich soziales Kapital und ein ausgeprägtes Netzwerk vor Ort.

Die Bewohner der ↗ *Falkenried-Terrassen* engagierten sich lange gegen den Abriss und für den Erhalt ihrer kostengünstigen Wohnungen in zentraler Lage Hamburgs. Zwei Jahrzehnte später gelingt die Übernahme der Siedlung durch eine städtische Stiftung und die neu gegründete Mietergenossenschaft – eine umfassende institutionelle Veränderung, damit die bauliche und nachbarschaftliche Struktur sowie die günstige, eigenverantwortliche Mietsituation erhalten werden kann. Die städtebauliche Situation der Terrassen setzt sich aus einem einfachen, repetitiven Haustyp mit je sechs vielfältig nutzbaren Kleinwohnungen zusammen. Die Baustandards von 1890 erfordern deutliche Kompromisse, insbesondere im Schallschutz, die durch die zentrale Lage, die sehr günstige Miete, die gemeinschaftlichen Freiflächen und die Zusatzangebote aber kompensiert werden. Die Wohnungsvergabe erfordert einen Wohnberechtigungsschein, wobei die Hausgemeinschaften beim Belegungsprozess mitwirken. Bei sehr hoher Dichte entstehen viel Kontaktflächen in Freiraum und Erschließung, über die sich ein besonderer Zusammenhalt der Nachbarschaft entwickelt.

Der ↗ *Sonnenhof* zeichnet sich durch eine heterogene Bewohnerstruktur im sozioökonomisch überwiegend homogenen Freiburger Stadtteil Vauban aus. Das Ziel des Projekts war, ökonomisch schwächeren Gruppen zu Teilhabe und selbstbestimmtem Wohnen in einem etablierten Viertel zu verhelfen. Die Option auf das Grundstück wird über die Projektentwicklung in Kooperation verschiedener Träger möglich. Die Teilnehmer im Wohnungs- und Finanzierungsmix mit Privateigentum, gefördertem Mietwohnungsbau und Wohnpflegegruppe stützen sich gegenseitig. Unter dem Dach des Mietshäuser Syndikats wird der Zugang zu Privatkrediten erleichtert. Die Wohnungsgrößen nutzen die Förderrichtlinien des sozialen Wohnungsbaus durch Zuschläge für Rollstuhlgerechtigkeit maximal aus – und schaffen so robuste Wohnungstypen für Einpersonenhaushalte. Mit dem Weglassen der Tiefgarage konnten Kosten gespart werden. Der direkte Zugang der Wohnungen zum gemeinsamen Innenhof und der Gemeinschaftsraum wirken als verbindende Elemente der Nachbarschaft. Planung und Organisation vor Ort profitierten von der Mitbestimmung der Mieter.

Standort-Wandler

In einer längeren Vorphase wird eine gemeinsame Problemwahrnehmung für einen Standort entwickelt, die, bereichert durch Gespräche, Netzwerkarbeit und Expertise von außen, in einer Projektidee mündet. Die Lösung setzt neuartige Impulse im spezifischen Kontext und wird häufig im Format eines Pilotprojekts umgesetzt. Das Ziel ist es, die Wirkung des Projekts am Ort und ins Quartier hinein zu maximieren. Dafür gilt es, den Standort strategisch zu wählen und einen passenden Mix von „Wohnen und mehr" zu entwickeln. Das Projekt gelingt dann, wenn eine breite Allianz handlungsfähiger Akteure gemeinsam mit Verantwortlichen aus Politik und Verwaltung an einem Strang zieht. Damit die schlummernde Nachfrage am Standort gehoben wird, ist eine intensive Vermarktung der neuen Angebote notwendig.

Rahmenbedingungen
Ausgangspunkt für die Projektentwicklung ist ein wahrgenommenes Problem an einem Ort oder in einem Quartier. Standorte können von negativen sozialen oder ökonomischen Entwicklungen betroffen sein. Ein Mangel an Wohnangebot für bestimmte Lebenslagen und Zielgruppen können negative Effekte für den Standort haben. Im Bestand kann eine schlummernde Nachfrage bestehen, wenn sich Lebensmodelle und Bedürfnisse wandeln und diese am Ort oder im Quartier kein passendes Angebot finden. Standort-Wandler erkennen und schärfen die Problemwahrnehmung mit den betroffenen Akteuren und in der Öffentlichkeit. Über ein Projekt soll ein Impuls für die Orts- oder Quartiersentwicklung gesetzt werden.

Akteure
Standort-Wandler handeln vielfach mit direktem Bezug zum jeweiligen Ort und einem eigenen Interesse an dessen Veränderung – beispielsweise aus der Perspektive des Zusammenlebens vor Ort, aus Sicht einer Kommune oder eines Eigentümers oder Betreibers. Dabei bilden sich häufig Allianzen von Akteuren, die bereit sind, Veränderungen anzustoßen und das damit verknüpfte Projektrisiko zu tragen. Weitere Mitstreiter werden so gewählt, dass das Projekt einen wirkungsvollen Impuls geben kann. Der Anstoß für Veränderung kommt häufig nicht allein aus der Innensicht, sondern wird durch Beratung, Beispiele oder auch Ausschreibungen und Projektaufrufe von außen stimuliert. Die Akteure rund um das Projekt müssen in der Lage sein, eine sorgfältige Analyse der Problemlage vorzunehmen, was umgekehrt die Einbindung von lokalem Expertenwissen erfordert.

Standort-Wandler, die aus der Innensicht eines eigenen Projekts heraus agieren, ohne übergeordnete Absicht zum Wandel, nutzen vernachlässigte Lagen und Bestandsimmobilien, da sie verfügbar und bezahlbar sind. Ihre eigene – im Umfeld neuartige – Projektentwicklung setzt einen Impuls am Ort und im Quartier. Über neue Räume, Angebote und Nutzergruppen stoßen diese Projekte einen Wandel am Standort an.

Prozesse
Wenn Standorte absichtsvoll gewandelt werden, ist der eigentlichen Projektentwicklung eine Phase der Problemfindung vorgeschaltet. Während der Problemerkundung bildet sich um die Initiatoren häufig ein Netzwerk mit einer Kerngruppe für das spätere Projekt. Impulse von außen und der Einsatz von Kreativitätstechniken zur Entwicklung und Diskussion von Problemsichten und Lösungsoptionen spielen in dieser Phase eine wichtige Rolle. Die Vermittlung von Problem und Lösungsansatz in die lokale Politik, Öffentlichkeit und auch Bewohner- und Nachbarschaft ist ein nächster wichtiger Schritt.

Da das gewünschte Projekt mit den beabsichtigten Wirkungen in der vorherrschenden Marktlogik nicht entstehen würde, wird es vielfach als Sonder- oder Pilotprojekt einer Gruppe handlungsfähiger Akteure gestartet. Die Projektpartner müssen neben der Ambition für den Wandel Zugang zu einem Grundstück, Finanzierung und engagierten Vertrieb sichern. Sie benötigen einen langen Atem, um mit ausreichend Zeit Anlaufschwierigkeiten in Planung, Realisierung und Betrieb zu überstehen.

Die zukünftigen Nutzer sind in dieser von verantwortlichen und engagierten Akteuren getragenen Projektentwicklung häufig nicht mit an Bord. Umso wichtiger ist es, beispielsweise über soziale Träger und Vereine Nutzersichten einzufangen und durch das Einbeziehen von Architekten und externen Beratern – auch in wettbewerblichen Verfahren – Impulse für den Wandel zu generieren.

Die Projektgenese von Akteuren, die primär das eigene Projekt im Fokus haben und nur nachgeordnet mit ihrer neuartigen Lösung auch den Standort wandeln, hat starke Parallelen zu den Prozessen der Gemeinschafts-Bauer. Bedeutend sind insbesondere die Findungsphase, die Phase der Grundstücksakquise und Finanzierung als Voraussetzung für den Start des Projekts, Planungsphase Null mit der Programmentwicklung und Planungsphase Zehn mit der Gestaltung der Organisation und des Betriebs vor Ort.

Lösungen
Um in einem bestehenden Kontext neue Impulse zu setzen, entwickeln Standort-Wandler das Wohnangebot passgenau für die bestehende Angebotslücke. Mit Wohnvielfalt und Wohnungsmix werden neue Zielgruppen angezogen oder die schlummernde Nachfrage in der benachbarten Bewohnerschaft angesprochen. Wirkungen in die Umgebung hinein können auch durch ergänzende Nutzungen sowie Angebote und Services am Standort erreicht werden, die für weitere Zielgruppen vor Ort und im Quartier nutzbar sind und so die Integration ins Umfeld stärken.

Ein niederschwelliger, barrierefreier Zugang fördert die Vernetzung ins umliegende Quartier. Über die Zusammenarbeit mit sozialen und kulturellen Institutionen kann die Schnittstelle zur Nachbarschaft aktiv gestaltet werden. Dabei können auch Ansprechpartner vor Ort als lokale Kümmerer eine wichtige Rolle spielen.

Standort-Wandler entwerfen und realisieren keine Einzelobjekte, sondern Stadt-, Quartiers- und Dorf-Bausteine, die sich als Ensemble in die Umgebung einfügen. Neben einer kritischen Masse neuer Wohnangebote und einem passgenauen Mix ergänzender Funktionen spielen dabei die städtebauliche Setzung, die Vernetzung über Erschließung, Freiraum, Lagen und Relationen sowie die Wertigkeit und auch Symbolik der räumlichen Gestaltung eine zentrale Rolle.

Für die Pilotprojekte werden vielfach besondere Trägermodelle konstruiert, die die engagierten und handlungsfähigen Akteure an das Projekt binden und das Prozessrisiko auf mehrere Schultern verteilen.

Mehrwert

Die Handlungslogik der Standort-Wandler führt vor Augen: Über einzelne Projekte können lokale Transformationsprozesse angestoßen und ein neues Selbstverständnis sowie eine gestärkte Identifikation vor Ort geschaffen werden.

Die realisierten Projekte unterstützen einen direkten Wandel bei Eigentümern, Betreibern und Mietern. Zudem werden mit neuen Angeboten Nutzer in der näheren und weiteren Umgebung erreicht. Indirekt können über Umzüge und veränderte Attraktivität Veränderungen im Umfeld angestoßen werden. Damit kann eine positive soziale und ökonomische Dynamik im Dorf oder Quartier in Gang kommen.

Die Projektentwickler selbst durchlaufen einen Lernprozess, indem sie pionierhaft erst ihre Problemwahrnehmung schärfen und daraus Lösungen entwickeln und am Markt testen. Diese können sie weiterentwickeln, vervielfältigen, vermarkten und damit Nachahmer sowie weiterführende Kooperationen anstoßen. Darüber hinaus strahlen viele der Pilotprojekte nicht nur auf ihr Umfeld aus, sondern erreichen oft eine Rezeption in der weiteren Fachwelt und Öffentlichkeit.

Um dem gesellschaftlichen und demografischen Wandel im Dorf zu begegnen, entwickeln engagierte Akteure rund um den Bürgermeister die Initiative für das Projekt ↗ *Allengerechtes Wohnen*. Die Gemeinde übernimmt eine starke Rolle bei der baulichen Entwicklung eines vorbelasteten, aber strategisch ideal gelegenen Grundstücks in der Dorfmitte. Mit der externen Beratung eines Architekten wird das Projekt fokussiert und eine programmatische sowie räumliche Vision entwickelt. Das städtebauliche Ensemble mit barrierefreien Geschosswohnungen und ergänzenden Angeboten ist im dörflichen Kontext neuartig und wird als Alternative zum vorherrschenden Einfamilienhaus eingeführt. Damit dies gelingt, werden die Wohnungen im Einzeleigentum vermarktet und hochwertig ausgestattet. Eine Bürgerstiftung übernimmt die Generalvermietung und senkt damit das anfängliche Risiko der Investierenden. Zudem kann so die Zusammensetzung der Bewohnerschaft langfristig gesteuert werden. Mit einer professionellen Netzwerkarbeit vor Ort wird der Kontakt zum Dorf gestärkt.

Das ↗ *Haus NOAH* reagiert auf die schleichende Abwärtsspirale in der bestehenden Großwohnsiedlung in Ludwigshafen. Die Problemlage ist durch Überalterung, massiven Leerstand, Imageprobleme und einen Wohnbestand mit sozialer Infrastruktur geprägt, der nicht auf ältere Nutzer ausgelegt ist. Das Pilotprojekt geht auf eine Initiative der Metropolregion Rhein-Neckar zum Thema demografischer Wandel zurück und wird in der Grundidee über einen Dialogprozess mit externen Beratern entwickelt. Dabei werden bestehende Institutionen, Verantwortliche und Politik aus dem Stadtteil einbezogen. Die Akteure suchen nach Lösungen, deren Übertragbarkeit sowohl innerhalb des Quartiers als auch darüber hinaus geprüft werden soll. Um die Wirkung in den Stadtteil zu erhöhen, wird für das Projekt ein Bestandsgebäude in zentraler Lage gewählt. Mit einem Paket aus additiven Bausteinen wird das bestehende Angebot im Quartier gezielt ergänzt. Eine professionelle Netzwerkerin baut das Engagement rund um das Projekt in einer dreijährigen Initialphase auf. Die daraus entwickelten Aktivitäten werden anschließend durch einen neugegründeten Nachbarschaftsverein übernommen.

Stadt-Macher

In angespannten Wohnungsmärkten mit steigenden Miet- und Kaufpreisen und damit einhergehenden Verdrängungseffekten suchen erfahrene, gut organisierte Akteure nach Wegen, neuen Wohnraum für ihre Zielgruppen zu schaffen. In der Zusammenarbeit mit anderen Trägern bietet sich die Chance, schwierige Grundstücke zu entwickeln und dabei in der Stadtregion ein neues lebendiges, lebenswertes und vernetztes Stück Stadt räumlich sowie funktional zu realisieren. Damit kann das eigene Wohnangebot über das eigene Klientel hinaus zugleich für neue Zielgruppen geöffnet werden.

Rahmenbedingungen
In wachsenden Städten sind innerstädtische Lagen durch hohe Miet- und Kaufpreise gekennzeichnet. Für viele Menschen sind zentrale, gut ein- und angebundene Wohnstandorte kaum mehr bezahlbar. In diesen angespannten Wohnungsmärkten suchen erfahrene Akteure, die bereits Projekte realisiert haben, nach bezahlbaren Grundstücken für ihre eigene Zielgruppe. Dabei dringen sie mangels zentraler, im herkömmlichen Sinne geeigneter und bezahlbarer Grundstücke in neue Lagen vor. Das sind Standorte, die durch andere Akteure bisher nicht entwickelt wurden und die aufgrund ihrer Risiken aus dem herkömmlichen Markt der Grundstücksverwertung herausfallen. Schwierige Grundstückszuschnitte, hohe Umweltbelastungen, mangelnde soziale und technische Infrastruktur, negatives Image oder Randlage prägen zunächst das Bild vor Ort. Doch auch für die wagemutigen Stadt-Macher gibt es nicht verhandelbare Bedingungen für eine gelingende Projektentwicklung: Eine attraktive Anbindung mit dem öffentlichen Verkehr – zumindest perspektivisch – wird als zwingende Voraussetzung erachtet.

Akteure
Schwierige Grundstücke mit hohen Ambitionen zu entwickeln, macht strategische Partnerschaften und ausgeprägte Kooperationen erfahrener und ausdauernder Akteure nötig. Damit sich unter den genannten Bedingungen ein neues Stück Stadt entwickeln kann, benötigen die Projekte ein Mindestmaß an Größe und Vielfalt. Multi-Bauherrschaften, bestehend aus verschiedenen Trägern und Unternehmen im Wohnungsbau, Einrichtungen in den Bereichen Kultur, Bildung, Soziales, aus Versorgungsangeboten und auch gewerblichen Nutzern, bündeln und verknüpfen ihre Erfahrungen in Bezug auf Projektentwicklung, Betreiberkonzepte und Nutzergruppen. Ein robuster Mix handlungsfähiger Akteure hat die Kraft, in vernachlässigten Lagen und auf schwierigen Grundstücken ein neues Stück Stadt zu schaffen.

Prozesse
Stadtmacher werden vielfach zu einem frühen Zeitpunkt in der Standortentwicklung aktiv. Die Genese eines Projekts mit Quartierscharakter setzt den Zugriff auf ein passendes Grundstück voraus – sei es über direkten Kontakt zu einem Eigentümer und Entwickler oder über eine entsprechend ausgerichtete kommunale Konzeptvergabe. Aus dem programmatischen Mix und dem Betreiberkonzept, das die Stadtmacher verfolgen, ergeben sich grundlegende Anforderungen an die Konzeption des Standorts, die beispielsweise bereits auf der Ebene des Rahmen- oder Bebauungsplans einfließen sollten. Um die kommunalen und rechtlichen Rahmenbedingungen in diesem Sinne zu diskutieren, auszuhandeln und anzupassen, ist es hilfreich, die benötigten Partner über eine gemeinsame Vision mit an Bord zu holen und projektbezogene Kooperationen und Allianzen zu schmieden.

Neben dem Programm und dem Betrieb ist auch das städtebauliche Konzept grundlegend für die Definition des Standorts und seine Erfindung als ein neues Stück Stadt. Dabei bewähren sich professionelle Verfahren wie städtebauliche Wettbewerbe oder Parallelvergaben an verschiedene Planungsbüros. Der hohe Professionalisierungsgrad eines oder mehrerer Akteure der Multi-Bauherrschaft ist wesentliche Voraussetzung für das Gelingen des Projekts. Die Konstellation der Akteure auf Bauherrenseite spielt zugleich eine strategische Rolle für den Betrieb: Bereits vor Ort agierende „Macher" und Kümmerer im Quartier können miteinbezogen werden und damit auch Impulse im Planungsprozess geben. Dabei gilt es auch, die Vernetzung des neuen Stücks Stadt mit der Umgebung im Blick zu behalten und dafür professionelle wie ehrenamtliche Aktivitäten und Angebote zu initiieren und langfristig durchzuführen. Über diese Angebote vor Ort können zugleich neue Zielgruppen für den Standort gewonnen werden.

Lösungen
Um den neuen Stadtbaustein als Quartier mit lokal nachgefragten Angeboten zu entwickeln, suchen Stadtmacher eine kritische Masse und ausreichende Vielfalt an Bewohnern und Nutzern. Dabei zeigt sich, dass der Ort in seiner Größe und Komplexität oft nur im Zusammenspiel verschiedener Trägermodelle veränderbar ist. Diese werden als Wahlverwandtschaften für den Standort passgenau kombiniert, um Synergien in Bezug auf Räume, Funktionen und Zielgruppen zu nutzen. Wesentliche Voraussetzung dafür ist eine hinreichende bauliche und soziale Dichte, die wiederum Flächeneffizienz in der Boden- und Wohnraumnutzung sowie einen klugen Einsatz von Ressourcen voraussetzt.

In der Skalierung vorangegangener Erfahrungen mit kleineren Projekten auf ein größeres Gebäudeensemble spielt die städtebauliche Setzung eine wesentliche Rolle. Zugleich werden über die Erschließung und die Konzeption der Freiräume die Schnittstellen zwischen verschiedenen Trägerschaften und Nutzungen und damit auch Orte der Begegnung definiert. So kann der Städtebau als stabiles Gerüst und Orientierung gebender räumlicher Rahmen für die effiziente und serielle Entwicklung von Wohnungen wirken. Der Wohnungsmix und die Vielfalt von Nutzungen in Ergänzung zum Wohnen sind Ausgangspunkt für Differenz und Varianz innerhalb des Ensembles. So werden Lagedifferenzen geschaffen, die Raum und Adresse für verschiedene Funktionen und deren Wechselbeziehungen bieten. Aus der städtebaulichen Komposition, der gewählten Erschließung, der Gestaltung der Freiräume oder der architektonischen Gestaltung der Fassade wird in einigen Fällen eine räumliche Symbolik entwickelt, die das neue Stück Stadt in seinem Zusammenhalt nach innen und in der Erkennbarkeit nach außen stärkt.

Neben dem Mix im Wohnungsangebot und der Vielfalt der Funktionen über das Wohnen hinaus spielt in Bezug auf Programm und Funktionen die Schnittstelle mit den benachbarten Stadtgebiete eine wichtige Rolle. Das betrifft die räumliche Vernetzung, ergänzende Angebote, beispielsweise in den Bereichen Versorgung, Soziales und Kultur sowie die Konzeption und Umsetzung eines standortbezogenen Mobilitätskonzepts. Der Cocktail an Nutzungen, Zielgruppen und Trägerschaften legt es nahe, das Quartier vor Ort aktiv zu managen. So wird es möglich, die Prozesse der Aneignung zu begleiten und Konflikten präventiv zu begegnen.

Mehrwert

Stadt-Macher entdecken Standorte und transformieren sie, indem sie starke Stadtbausteine mit einem robusten Mix unterschiedlicher Nutzungen und Zielgruppen schaffen. Die einzelne Wohnung tritt hinter dem Quartiersgedanken zurück. Anstelle ihrer Individualisierung stehen Fragen der Wirtschaftlichkeit und damit Bezahlbarkeit im Vordergrund sowie Berührungspunkte für ein Zusammenleben im Quartier. Vor Ort engagierte und professionell begleitete Bewohner tragen zu einer hohen, mit der Nachbarschaft verbundenen Wohnqualität bei. Es entsteht ein lebendiges, vernetztes Stück Stadt, das sich durch Angebote und Serviceleistungen mit dem umgebenden Quartier verknüpft und dessen Menschen als Teil einer kritischen Nutzungsdichte auf das Areal lockt. Das neue Wohnangebot für bestehende und neu hinzukommende Zielgruppen setzt Impulse auf dem Wohnungsmarkt. Die neuen Quartiere verändern die Wahrnehmung attraktiver Wohnlagen in Stadt und Region. Das „Mehr an Stadt", welches in und um das Quartier geschaffen wird, sowie die räumlichen und funktionalen Konzepte wecken ein breites Interesse in Fachwelt wie Öffentlichkeit.

Der an einer Auto- und Bahnkreuzung in der Agglomeration von Zürich gelegene Bauplatz von ↗ *Zwicky Süd* lässt sich mit konventionellen Akteuren zunächst nicht entwickeln. Der ausgeklügelte Städtebau und Funktionsmix reagiert auf die Umweltbelastungen und die mangelnde Infrastruktur in Dübendorf und bereichert das Umfeld wesentlich. Der Standort wird als Quartier entwickelt, das in einem städtebaulichen Ensemble mit nach innen orientierten, verkehrsfreien Quartiersplätzen Gestalt findet. Die Angebote am Standort werden im Rahmen eines sozialen Projekts konzipiert, das vor dem baulichen Projekt begann und weit darüber hinausgeht. Voraussetzung für die Finanzierung der ergänzenden Angebote und Serviceleistungen ist die Organisation eines komplexen Wohnungs- und Nutzungsmix im Rahmen hoher baulicher Dichte. Diese generiert wiederum eine kritische Masse an Nachfragern für die Nischenangebote am Standort. Die Vielfalt des Programms wird ihrerseits durch die standortbezogene Kooperation erfahrener Genossenschaftsakteure, Projektentwickler, Immobilienberatungen, kooperierender Sozialeinrichtungen und Mitinvestoren begünstigt.

Da Grundstücke im zentralen Stadtgebiet von Hamburg nicht mehr erschwinglich sind, orientiert sich die Baugemeinschaft Schipperort nach Wilhelmsburg, um auf der anderen Seite der Elbe eine neue Wohnlage für das eigene Klientel zu entwickeln. Das verfügbare städtische Grundstück ist eine bisher nicht zu vermarktende, mit zahlreichen Schwierigkeiten belastete Restfläche. Da Größe und Komplexität des Grundstücks die Baugemeinschaft überfordern, entwickelt sich eine Kooperation mit einer Baugenossenschaft und einer ehemals städtischen Entwicklungsgesellschaft. So entsteht das von drei Trägerschaften entwickelte Projekt ↗ *Open House*. Städtebau, Erschließung und differenzierte Freiraumstrukturen tragen zur Transformation des Standorts bei und stellen neue Zusammenhänge mit dem Quartier her. Die Einbindung des Projekts in die IBA Hamburg trägt mit dem geforderten Wettbewerb zur Steigerung der städtebaulichen Qualitäten und zum Bekanntheitsgrad des Projekts bei. An dem neu entwickelten Standort erfordert die Vermarktung des Gebäudeteils mit den Eigentumswohnungen dennoch viel Geschick und Geduld. Und bereits einige Jahre später ist die Nachfrage bei gestiegenen Kaufpreisen stark angewachsen.

Wert-Schätzer

Die Akteure agieren werteorientiert, jenseits reiner Marktlogik und von der eigenen Überzeugung angetrieben. Sie sind motiviert durch den Wunsch, einen konkreten Ort anzueignen, von der Vision, diesen zu erhalten, oder realisieren im Rahmen von Konzeptvergaben Projekte für Schlüsselgrundstücke. Sie schaffen dabei mehr Qualität, als der Markt leisten könnte, und werden dabei vielfach finanziell unterstützt. Die Auseinandersetzung mit dem Bestand oder einem wertvollen Stadtbaustein führt zu hoher Wertschätzung und Zusammenhalt in der Gruppe. Die Projekte strahlen aus, verdeutlichen einen Paradigmenwechsel und befördern ein Lernen. Für gesellschaftlichen Mehrwert wird häufig ein individueller Preis bezahlt, ob mehr Miete, ein hoher Eigenanteil oder reduzierter Komfort.

Rahmenbedingungen
Aufgrund eines Mangels an passenden Wohnangeboten suchen Wert-Schätzer nach neuen Formen des Wohnens. Mit der Option für ein konkretes Grundstück oder Gebäude, das verfügbar und finanzierbar sein muss, entwickeln sie in der Folge ein Interesse am konkreten Ort – sei es für denkmalwürdige Gebäude, typologisch wertvolle Substanzen oder die Spezifika einer Lage im Quartier. Wert-Schätzer können sich sowohl in stagnierenden und schrumpfenden Räumen als auch in wachsenden Räumen entfalten – entscheidend sind das Milieu, aus dem sich eine werteorientierte Gruppe entwickelt, und die Handlungsoptionen und Gestaltungsspielräume in den Kommunen sowie am Boden- und Immobilienmarkt.

Akteure
Wert-Schätzer nehmen in vielen Fällen eigene Wohn- und Nutzungswünsche zum Anlass, Projekte zu entwickeln. Aufbauend auf starken Werten und einem ausgeprägten Willen verfolgen sie ein langfristiges Interesse ohne akuten Handlungsdruck. Das gibt ihnen den langen Atem, mehrfach Anlauf zu nehmen, Hürden zu meistern und Verzögerungen auszuhalten. Aus individuellen Wohn- und Lebensvorstellungen entwickelt eine Kerngruppe ein gemeinsames Konzept, das einen hohen Anspruch an den eigenen Lebensstil formuliert. Mit ihrer werteorientierten Haltung lassen sie sich auf eine räumliche Situation ein. Bei diesem Dialog mit dem Ort können weitere Interessierte zur Gruppe hinzustoßen.

Den situativ und ortsspezifisch agierenden Akteuren fehlt es oftmals an professionellem Know-how, es sei denn, Architekten, Ingenieure, Handwerker oder Finanzexperten sind selbst Teil der Gruppe. Die finanziellen Ressourcen sind in vielen Fällen ebenfalls eingeschränkt. In dem Spagat zwischen hohem Anspruch und geringen Ressourcen und Vorerfahrungen gehen viele Gruppen – teils unbewusst – ein hohes Projektentwicklungsrisiko ein. Unterstützer von außen, ob Berater, Kommunen oder Stiftungen, können entscheidend dazu beitragen, die Schwierigkeiten, die im Projekt entstehen, zu meistern.

Aufgrund der vereinbarten Werthaltung sind die Nutzer bereit, einen individuellen Preis für die erstellten Gemeinschaftsgüter und -flächen zu zahlen. Die gemeinsame Wertschätzung und der Stolz gegenüber dem Erarbeiteten hält die Gruppe zusammen.

Prozesse
Eine ausgeprägte Vorlauf- und Findungsphase ist für Wert-Schätzer unausweichlich. Denn gemeinsame Werte benötigen Zeit für Entwicklung und Schärfung. Dabei können auch vorherige Aktivitäten und Projekte einzelner Gruppenmitglieder eine zentrale Rolle spielen – im Sinne eines sich lokal entwickelnden sozialen und kulturellen Prozesses, der sich kaum skalieren noch delegieren lässt.

Um das Projekt zu konkretisieren, muss sich die Gruppe als Bauherrschaft eine geeignete Organisationsform geben. Hier besteht oftmals Bedarf an externem Know-how, mit dem sich in vielen der untersuchten Fälle grundlegende Fehler oder Schwächen hätten vermeiden lassen. Ebenso anspruchsvoll ist der Grundstückserwerb, der oftmals in Sonderformaten verläuft, ob über den Zuschlag in einer Zwangsversteigerung, einer Konzeptvergabe oder mit Unterstützung von Stiftungen.

Projektentwicklung, Planung und Realisierung stehen im Spannungsfeld zwischen hohem Anspruch und geringen Ressourcen sowie Erfahrungen. Im Umgang mit bestehender Bausubstanz tritt nicht selten Unvorhergesehenes auf, wodurch Verzögerungen und Mehrkosten ausgelöst werden. Ebenso kann eine ambitionierte handwerkliche oder technische Lösung, die durch einen hohen gestalterischen Anspruch oder ehrgeizige Ziele im Bereich Ökologie und Ressourcen angetrieben ist, einen unvorhergesehenen finanziellen oder zeitlichen Mehraufwand bedeuten.

Das stellt die Projektbeteiligten vor große Herausforderungen – Grundfähigkeiten im Konfliktmanagement sind unerlässlich. Zur Kostenreduktion bringen sich Nutzer in der Bauphase handwerklich ein oder leisten im Betrieb ein hohes Maß an Ehrenamt. Mit dem Projekt durchlaufen die Gruppenmitglieder einen Qualifizierungsprozess. Ihr erfahrungsbasiertes Wissen können sie anschließen gemeinsam reflektieren, als Wissensträger vor Ort Dritten weitergeben oder selbst für neue Aktivitäten und Projekte nutzen.

Lösungen

Wert-Schätzer entwickeln eine starke räumliche Struktur und Gestaltung, die dem eigenen programmatischen Anspruch und auch den Ambitionen in Bezug auf Ressourcen und Ökologie Ausdruck verleiht. Das zeigt sich im Fall von erhaltenswertem Bestand, mit dem sich die Bauherrschaft intensiv auseinandersetzt und in den sie sich oftmals auch handwerklich einbringt. Sie wächst dadurch als Gruppe zusammen und tritt auch in einen sichtbaren Dialog mit dem Umfeld. Im Fall von Neubauten wird ein räumlicher Ausdruck gesucht, der den eigenen Werten und dem langfristigen Anspruch entspricht und positiv in den Ort oder das Quartier ausstrahlt.

Im Städtebau werden die vielfältigen Wünsche und Ansprüche zu einer erkennbaren räumlichen Idee verknüpft. Das Projekt wird zu einem wichtigen Ort innerhalb der Gemeinde oder des Quartiers entwickelt – ob über eine markante und wertige Fassade, einen öffentlich zugänglichen Freiraum oder eine Ankernutzung im Erdgeschoss. Eine wiedererkennbare, einheitliche Materialität kann als Kitt für das vielfältige Wohnangebot und die Bandbreite der Nutzungsmöglichkeiten dienen.

Die Selbstorganisation und der Betrieb vor Ort spielen eine zentrale Rolle dabei, das Engagement innerhalb der Gruppe über die vielfach anstrengende Fertigstellung hinaus zu erhalten. Dabei können Räume für Aneignung und die Weiterentwicklung sowie das Nachjustieren unfertiger Teile des Projekts unterstützend wirken.

Mehrwert

Wert-Schätzer entwickeln über ein Projekt einen Beitrag zu einem qualitativen Wandel vor Ort und im Quartier sowie darüber hinaus auch auf einer gesellschaftlichen Ebene. Das angestoßene Umdenken kann sich auf den Wert und die Attraktivität eines Standorts beziehen, der sich in Folge des Projekts positiv entwickelt. Es kann am Ort eine positive Marktdynamik in Gang gesetzt werden, wenn das Projekt neue Nachfrage entstehen lässt, die zur Grundlage für weitere positive Entwicklungen wird.

Zudem werden soziale, kulturelle und ökonomische Modelle erprobt, um Wohnen und Zusammenleben, Arbeiten, Bildung, Versorgung und Mobilität gesellschaftlich neu zu organisieren. Die Projekte thematisieren das Verhältnis von Individuum und Gemeinschaft und tarieren dieses entlang der gemeinsam getragenen Werte neu aus. Sie entwickeln Impulse, die vor Ort und in die (Fach-)Öffentlichkeit ausstrahlen und damit größere Entwicklungen (mit)anstoßen können.

Wert-Schätzer agieren jenseits der Marktlogik und sind bereit, in der Projektentwicklung Risiken einzugehen. Damit können sie Partner in der Orts- und Quartiersentwicklung sein, beispielsweise wenn es darum geht, Veränderungen anzustoßen, Ankernutzer zu finden, neue Wahrnehmungen für einen Standort zu schaffen oder besonders sensible und wichtige Lagen zu entwickeln.

Die Projekte können als Teil eines kulturellen Prozesses verstanden werden. Wert-Schätzer entwickeln sich mit dem Projekt vielfach zu Kennern und Kümmerern vor Ort und treiben dort auch nach Fertigstellung des Bauvorhabens soziale, kulturelle und ökonomische Aktivitäten voran. Zudem führen die starken Eigenleistungen im Projekt zu einer starken Identifikation vor Ort, die auch das Zusammenleben im Alltag stärkt.

Im Rahmen einer Konzeptvergabe der Stadt Tübingen wird der zentrale Quartiersbaustein ↗ *Alte Weberei Carré* an eine ambitionierte Gruppe vergeben. Ein Ziel ist es, das Schlüsselgrundstück mit möglichst großem Mehrwert für das Quartier zu entwickeln. Eine Demenz-Wohngruppe ist fester Bestandteil der Hausgemeinschaft. Das Erdgeschoss wird als attraktive Sockelzone gestaltet und umfasst Flächen für eine Agentur, eine Praxis, einen Lebensmittelladen und Büros. Ein historisches Trafogebäude wird als Relikt erhalten, saniert und als Gemeinschaftsraum sensibel in den Neubau integriert. Die Mehrkosten für eine hochwertige Klinkerfassade als Visitenkarte in zentraler Lage werden von der Gruppe getragen.

Das Projekt ↗ *Doma* in Straußberg wird möglich, als eine stark im Ort verankerte Kerngruppe auf ein brachgefallenes historisches Ensemble stößt. Der zufällige, rasche Erwerb rettet das Ensemble vor dem Abriss, stellt sich im Nachgang aber als hohes Projektrisiko heraus. Marode Bausubstanz unter schöner Fassade führt zu massiven Mehrkosten und Verzögerungen. Das fehlende finanzielle Kapital wird durch hohe Eigenleistung kompensiert. Die zeitliche Flexibilität beim Einzug ermöglicht eine schrittweise Sanierung. Die zuvor verwaiste Ecke der Altstadt wird als Ensemble zum Wohn- und Gewerbeort revitalisiert. Dank der Trägerschaft im Mietshäuser Syndikat ließen sich trotz gestiegener Baukosten die günstigen Mieten halten.

Übertragbarkeit

Dimensionen der Übertragbarkeit

Im Quervergleich wurden entlang der 15 Fallstudien die Arbeitsweisen und Ergebnisse „anderer" Akteure am Wohnungsmarkt analysiert und auf fünf Ebenen festgehalten: Rahmenbedingungen, Akteure und Prozesse, die entwickelten Lösungen und übergeordnete Handlungslogiken. Auf dieser Basis sollen, der dritten Forschungsfrage folgend, Lernprozesse angestoßen werden: Wie lassen sich die untersuchten Lösungen so auf etablierte Akteure am Wohnungsmarkt übertragen, dass sie zu mehr Bedürfnisgerechtigkeit und Differenzierung im Wohnungsangebot beitragen?

Mit dem analytischen Ansatz des Forschungsprojekts wurde aus den untersuchten Projekten eine Fülle von Lösungsansätzen und Prozessbausteinen identifiziert. Die Absicht ist nun nicht, nach der Übertragbarkeit ganzer Projekte zu fragen, sondern die Optionen und den Mehrwert dieser Ansätze differenziert in den Blick zu nehmen. Der Quervergleich selbst bietet einen ersten Fundus an Anregungen. Darauf aufbauend wird in diesem Kapitel auf verschiedenen Stufen und in Bezug auf verschiedene Zielgruppen die Übertragbarkeit betrachtet. Lernen können die „anderen" Akteure selbst, ihre Kooperationspartner, etablierte Bestandshalter und Wohnungsbaugesellschaften, die öffentliche Hand, Banken, Planung und Bauwirtschaft. Die Herausforderungen und Aufgaben am Wohnungsmarkt und in der Stadtentwicklung dienen als Ausgangspunkt für eine Identifikation von Lösungen und positiven Wirkungen bei den „anderen" Akteuren, die für ein Lernen relevant sind.

Vor diesem Hintergrund wurden drei Perspektiven der Übertragbarkeit entwickelt: (1) *Skalierung und Funktionalität* zielt darauf ab, die Lösungen „jenseits des Standards" breiter anzuwenden, um mehr Wohnraum effizient, bezahlbar und zugleich mit langfristigen Qualitäten bereitzustellen. (2) *Individuum und Nachbarschaft* sucht nach passgenauen Lösungen für eine vielfältiger und älter werdende Gesellschaft und versteht Wohnen als sozialen Prozess, in dem Individuen befähigt werden und sich Zusammenleben fortwährend entwickelt. (3) *Stadtentwicklung und Baukultur* richtet den Fokus auf die Impulse und Veränderungsprozesse, die Wohnen – über die eigentliche Wohnfunktion hinaus – im Umfeld anstößt. Diese Perspektiven und die dazu entwickelten Thesen wurden im Rahmen des Forschungsprojekts in drei Fokusgruppen mit Vertretungen aus den oben genannten Zielgruppen diskutiert und daraus wurden die Hinweise zu Herausforderungen und Grenzen der Übertragbarkeit abgeleitet.

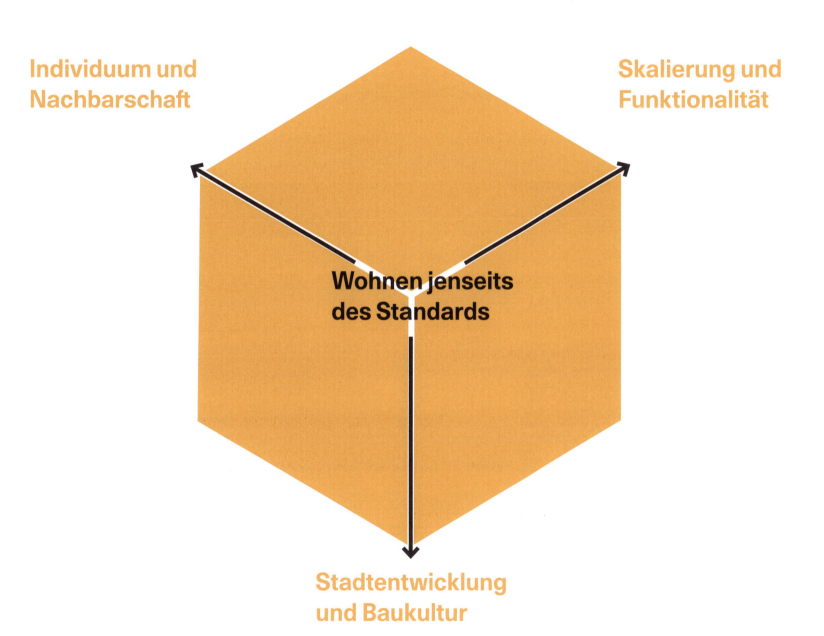

Stufen und Zielgruppen der Übertragbarkeit

Die Übertragbarkeit der Arbeitsweisen und Ergebnisse „anderer" Akteure kann sich auf die fünf Ebenen des Quervergleichs – und ihre Kombinationen – beziehen: Rahmenbedingungen, Akteure, Prozesse, Lösungen und Handlungslogiken. Es soll geprüft werden, wie diese Beiträge von einer Bandbreite bestehender Akteure am Wohnungsmarkt genutzt werden können. Dazu gilt es, die Zielgruppen und die damit verbundenen Stufen der Übertragbarkeit näher zu definieren.

Zum einen werden Projektentwickler, Bauherrschaften und Eigentümer angesprochen. Dazu zählen, neben den „anderen" Akteuren selbst, etablierte Akteure wie Wohnungsbaugesellschaften der Kommunen oder auch Kirchen und Unternehmen, privatwirtschaftliche Bestandshalter, Entwickler, Bauträger sowie alte Genossenschaften. Zum anderen werden ihre Partner, Unterstützer und Regulierer in Politik und Verwaltung, in Finanzwirtschaft, Planung und Bauwirtschaft angesprochen. Aus dieser Systematik der Akteure ergeben sich vier Stufen des Lernens und der Übertragbarkeit.

1. „Andere" Akteure mit ihren Vorgehensweisen und Lösungen stärken und in ihren Aktivitäten ausweiten, um positive Wirkungen für die Orts- und Quartiersentwicklung zu generieren und ausgewählte Zielgruppen am Wohnungsmarkt anzusprechen. Das Lernen auf dieser Stufe bezieht sich auf die „anderen" Akteure selbst und auf ihre Partner, Unterstützer und Regulierer.

2. „Andere" Akteure mit ihren Vorgehensweisen und Lösungen in Kooperationen und Partnerschaften mit etablierten Akteuren im Wohnungsbau einbinden und stärken. Die Übertragbarkeit bezieht sich hier also auf „andere" und etablierte Akteure sowie ihre Partner, Unterstützer und Regulierer.

3. Etablierte Akteure übernehmen ausgewählte Vorgehensweisen und Lösungen „anderer" Akteure, passen diese gegebenenfalls an, um ähnlich positive Wirkungen für gleiche oder andere Standorte und Nutzergruppen zu erzielen. Die Zielgruppen sind etablierte Akteure und ihre Partner, Unterstützer und Regulierer.

4. Vorgehensweisen, Lösungen und Mehrwerte, die bei „anderen" Akteuren zu beobachten sind, in Planung, Regulation und Förderung übernehmen, übersetzen und gegebenenfalls anpassen. Auf dieser Ebene des Lernens werden Politik und Verwaltung, Finanzwirtschaft, Planung und Bauwirtschaft angesprochen.

Stufen und Zielgruppen der Übertragbarkeit

4. Unterstützung und Förderung gewünschter Wirkungen

3. Mehr anders agierende etablierte Akteure

2. Bessere Einbindung und Verknüpfung „anderer" Akteure

1. Mehr wirkungsvolle „andere" Akteure

Akteure

| Politik | Verwaltung | Finanzierung | Planung | Bauwirtschaft |

Partner, Unterstützer, Regulierer

„Andere" Akteure	Etablierte Akteure
	Kommunale Wohnungsbaugesellschaften, Kirchen, Unternehmen, privatwirtschaftliche Bestandshalter, Entwickler und Bauträger, alte Genossenschaften

Projektentwickler, Bauherrschaften, Eigentümer

Suche! Mache! Lerne!

Die Übertragbarkeit wurde in einem gedanklichen Dreischritt entwickelt. Erstens „Suche!": Lernen ist dann relevant, wenn damit bestehende Probleme und Aufgaben von Wohnungsbau und Wohnungsmarkt sowie in der Entwicklung von Orten, Quartieren und Städten besser gelöst werden können. Zweitens „Mache!": Es gilt solche Lösungen „jenseits des Standards" der „anderen" Akteure zu identifizieren, die positive, wünschenswerte Wirkungen zeigen und damit zur Problemlösung beitragen können. Aufbauend auf dem Quervergleich wurden elf Thesen zur Übertragbarkeit entwickelt, die an solchen positiven Effekten ansetzen. Drittens: „Lerne!": Darauf aufbauend wird diskutiert, wie relevant die Lösungsansätze tatsächlich sind und welche Möglichkeiten die verschiedenen Akteure haben, diese Impulse umzusetzen. Schritt eins und zwei wurden im Forschungsteam durchgeführt und im Anschluss wurden Vorschläge zur Übertragbarkeit entwickelt. Schritt drei erfolgte in einem Dialog mit den verschiedenen Akteursgruppen, der im Rahmen von drei Fokusgruppen im Herbst 2018 in Stuttgart, Köln und Erfurt stattfand.

Die gewählte Methodik basiert auf einer feingliedrigen qualitativen Analyse der großen Bandbreite von 15 Fallbeispielen. Eine quantitative Erhebung erfolgte nicht. Damit können keine Aussagen zum Verhältnis von Mitteleinsatz zu Ertrag und zur Dimension der ausgelösten Effekten getroffen werden. Zudem erfolgte die Erhebung primär aus der Innensicht der Projekte – die Interviewpartner waren alle unmittelbar beteiligt, ob als Bauherr, Nutzer, Planer, Berater oder Verwaltung.

Drei Perspektiven

Die elf Thesen zur Übertragbarkeit wurden unter den Perspektiven Skalierung und Funktionalität, Individuum und Nachbarschaft sowie Stadtentwicklung und Baukultur geclustert. Sie geben drei grundlegende Richtungen vor, in die der Mehrwert von Lösungen „jenseits des Standards" sich entfalten kann. Zwar werden in den untersuchten Fällen diese Richtungen vielfach miteinander gekoppelt, bei der Übertragbarkeit wird aber angenommen, dass diese Perspektiven auch unabhängig voneinander Anwendung finden können. Lernen kann sich auf einzelne Prozessbausteine und Lösungsansätze beziehen. Inwieweit diese in ein fruchtbares Umfeld anderer Komponenten einzubetten sind, muss bei jeder These sorgfältig diskutiert werden.

**Thesen der Übertragbarkeit zu
Skalierung und Funktionalität**

Skalierung und Funktionalität

Die erste Perspektive der Übertragbarkeit diskutiert die Potenziale der untersuchten Projekte, Wohnraum effizient und bezahlbar bereitzustellen und zugleich nachhaltige Lösungen mit langfristigen Qualitäten zu entwickeln. In wachsenden Städten schwinden die Flächenreserven und daher ist Flächensparen ein wichtiges Ziel. Es werden Wege gesucht, die angespannten Wohnungsmärkte zu entlasten und für den Wohnungsneubau ehrgeizige Ziele zu formulieren. Zahlreiche Städte nehmen neue Stadtviertel an ihren Rändern oder auf Konversionsflächen im Stadtgebiet in Angriff, um neuen bezahlbaren Wohnraum zu schaffen.

Das Ziel ist, Lösungen „jenseits des Standards" aus ihrer Nische herauszuholen und breiter anzuwenden und damit einen Beitrag zur aktuellen Wohnungsfrage zu leisten, die vom Mangel an bezahlbarem Wohnraum in Wachstumsräumen beherrscht wird. Dabei erweist sich der Fokus auf Programm und Funktionen, Städtebau und Freiraum sowie das Management des Zusammenlebens als besonders wichtig. Darauf aufbauend kann es gelingen, Akzeptanz für Größe und Dichte zu schaffen. Denn eine kritische Masse an Nutzern und effizientes, flächensparendes Bauen sind wesentliche Voraussetzungen für ein Mehr an Räumen, Angeboten und Services für Bewohner und Nachbarschaft. Städte funktionieren seit jeher über dieses Prinzip. Die individualisierte Wohnung, Komfort und Ausstattung der Wohnung oder die Durchgestaltung bis ins Detail erscheinen in Relation dazu weniger wichtig.

Die Perspektive Skalierung und Funktionalität adressiert Kommunen mit ihrer Stadtentwicklungs- und Bauleitplanung, Konsortien und Multiträgerschaften in der Umsetzung größerer Wohnungsbauten, kommunale Wohnungsbaugesellschaften, alte Genossenschaften und andere langfristige Bestandshalter sowie Träger von Angeboten und Services im Quartier. Zudem sind rechtliche Grundlagen, Finanzierungs- und Fördermodelle hinsichtlich ihrer Wirkung auf die Wohnraumschaffung und Quartiersentwicklung im größeren Maßstab zu überprüfen. Aber auch die in den Fallstudien untersuchten vielfältigen „anderen" Akteure können in Kooperation mit Dritten und unterstützt von den Kommunen einen Beitrag zur Lösung der aktuellen Wohnungsfrage leisten.

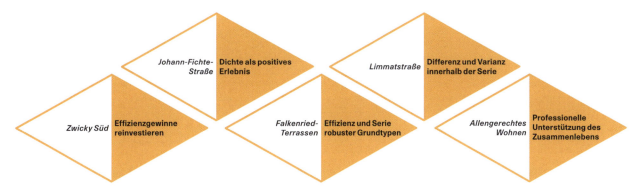

Wohnen im großen Maßstab nachhaltig gestalten

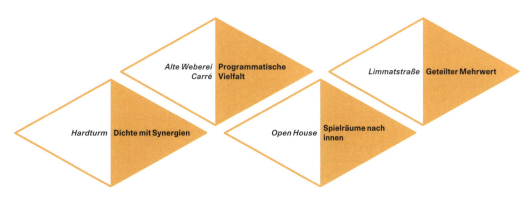

Dichte und Flächeneffizienz im Städtebau

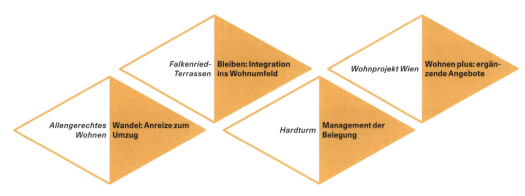

Reduktion individueller Wohnfläche

Quartiersfunktionen etablieren und nachhaltig nutzen

Wohnen im großen Maßstab nachhaltig gestalten

Über die geschickte Nutzung von Skaleneffekten und die Reinvestition der erzielten Effizienzgewinne in Programmatik und Zusammenleben gelingt es, auch in großem Maßstab neuen Wohnraum zu schaffen, der als Teil lebenswerter und nutzungsgemischter Quartiere eine hohe Akzeptanz findet und langfristige Wohnzufriedenheit schafft.

Der große Maßstab ist eine Chance, Stadt im größeren Zusammenhang zu gestalten, doch können negative Folgen großmaßstäblicher Stadtentwicklung auch jahrzehntelange Reparatur und Unterstützung notwendig machen. Die untersuchten Beispiele zeigen, wie Akteure basierend auf ihren Vorerfahrungen in kleineren Projekten größere Häuser und Ensembles in Angriff nehmen. Sie nutzen die Skaleneffekte sowie die kritische Masse an Bewohnern, um ein Mehr an Programm, an Sorgfalt in Städtebau, Freiraum und Erschließung und an Angeboten und Ansprache für die Bewohner- und Nachbarschaft zu realisieren.

Effizienzgewinne reinvestieren
In der Skalierung bisheriger Erfahrungen verschieben viele Akteure ihre Prioritäten. Effizienzgewinne bei der individuellen Wohnung werden in gemeinsame Güter, Angebote und Zusammenleben in Haus und Quartier reinvestiert. Der ökonomische Mehrwert des größeren Maßstabs fließt – ähnlich wie bei der sozialgerechten Bodennutzung – ins Quartier zurück, um den möglichen negativen Folgen der Entwicklung entgegenzuwirken. Bauliche Dichte und großer Maßstab sind also an ein Mehr an Qualitäten und Programmatik gekoppelt.

Mit ↗ *Zwicky Süd* entsteht an einem schwer entwickelbaren Standort in der Agglomeration Zürichs ein neues Quartier mit 280 Wohnungen, von denen 125 Kraftwerk1 als Genossenschaft verwaltet. Das Projekt belebt den Standort über eine Nutzungsmischung, durch Angebote in Kooperation mit sozialen Trägern, mit hochwertigen Freiräumen und Erschließungen sowie einem umfassenden Mobilitätskonzept.

Dichte als positives Erlebnis
Wenn Genossen, Mieter oder Einzeleigentümer gemeinschaftlich ein Haus entwickeln, sind alle Teil des Projekts. Sie profitieren gemeinsam von einer hohen baulichen Ausnutzung, die den einzelnen Wohnungen oder gemeinschaftlichen Angeboten zugutekommt. Dafür werden auch tiefe Grundrisse in Kauf genommen, welche die Flächen- und Energieeffizienz steigern. Ungünstig belichtete Lagen bieten Spielraum für großzügige Gemeinschaftsflächen oder ergänzende Nutzungen zu günstigem Mietzins.

Von der städtebaulichen Dichte an der ↗ *Johann-Fichte-Straße* profitiert ein breiter Bewohnermix, der in zentraler Lage barrierefreie Neubauwohnungen mit attraktiven Gemeinschaftsflächen in einer selbstverwalteten Hausgemeinschaft vorfindet.

Effizienz und Serie robuster Grundtypen
Mit dem Fokus weg von individuell zugeschnittenen und gestalteten Wohnungen hin zu robusten Grundtypen lassen sich Wohnungen effizient realisieren. Der Aufwand für Partizipation an der Planung wird an dieser Stelle bewusst reduziert. Einfache Variationen innerhalb weniger Grundtypen multiplizieren die Wohnmodelle in Ensemble und Quartier.

Die 324 Kleinwohnungen der ↗ *Falkenried-Terrassen* sind alle vom gleichen Typ und eignen sich aufgrund der flexiblen Innenwände und Raumteilungen für Singles, Paare und Alleinerziehende mit Kind gleichermaßen. Zusammen mit den überschaubaren Hausgemeinschaften, den attraktiven gemeinschaftlichen Freiräumen der Terrassen, der zentralen Lage und der günstigen Miete stellt sich eine hohe Wohnzufriedenheit ein.

Differenz und Varianz innerhalb der Serie
Im Rahmen eines dichten Städtebaus und einer effizienten Bauweise entstehen durch gezielte Abweichungen im Raster Orte für Sondertypen, Sondernutzungen sowie Spielräume nach innen.

Das geknickte Gebäudevolumen der ↗ *Limmatstraße* lässt in dem ansonsten seriell geprägten Zeilenbau Sondertypen entstehen, die auch Raum für gemeinschaftliche Nutzungen bieten.

Professionelle Unterstützung des Zusammenlebens
Aufbauend auf den Erfahrungen in kleineren Wohnanlagen unterstützen zahlreiche der untersuchten Akteure in größeren Projekten das Zusammenleben der vielfältigen Bewohnergruppen professionell. Damit stellt sich auch bei großen Nachbarschaften eine hohe Wohnzufriedenheit und ein langfristig stabiler Betrieb ein.

Im Projekt ↗ *Allengerechtes Wohnen* wird mit dem für das Dorf großen Projekt eine Kontakt & Rat Stelle geschaffen, die die Angebote für die Nachbarschaft und das Dorf koordiniert und das Engagement der Bewohner unterstützt.

Dichte und Flächeneffizienz im Städtebau

Areale werden städtebaulich dicht und flächeneffizient entwickelt, auch abweichend zu einer weniger dichten und heterogenen Nachbarschaft. Das geschieht aus der wirtschaftlichen Notwendigkeit einer maximalen Grundstücksausnutzung heraus und ist zugleich Ausgangspunkt für eine hohe programmatische, gestalterische und funktionale Qualität.

„Andere" Akteure unterliegen im Wohnungsbau den gleichen Kräften wie alle Entwickler und Bestandshalter: Auf einem finanzierten Grundstück soll möglichst viel nutzbare Fläche entstehen. Dabei geht es nicht um eine Maximierung des Gewinns, sondern darum, vielen Menschen Wohnraum zu bieten und sich über die einzelne Wohnung hinaus gemeinsam Räume und Angebote leisten zu können. Die so entwickelten Projekte zeigen, welche hohen Qualitäten in Programm, Städtebau und Gestaltung mit diesen Vorgaben erreicht werden können. Sie tragen in der Öffentlichkeit zu einem positiven Bild baulicher Dichte bei.

Dichte mit Synergien

Viele der untersuchten Projekte entwickeln eine hohe bauliche Dichte, um gleichzeitig einen ökonomischen, ökologischen, sozialen und urbanen Mehrwert zu schaffen. Dichte geht in den Projekten mit dem hohen Anspruch einher, die Synergien zwischen diesen Ebenen zu nutzen: Sie ist die wirtschaftliche Grundlage für mehr Angebote und Nutzungen und die Voraussetzung für einen schonenden Umgang mit Boden und Ressourcen. In Verknüpfung mit geteilten Gütern und neuen Formen der Mobilität lässt sich so ein Mehr an bezahlbarem Wohnraum für eine große Bandbreite unterschiedlicher Zielgruppen schaffen.

Kraftwerk1 entwickelt mit dem ↗ *Hardturm* einen dichten Stadtbaustein in einem wenig wohnlichen Umfeld. Das besonders hohe und tiefe Wohngebäude im Herzen der Anlage wird vom Keller bis zum Dach genutzt, um in ökologischer, energieeffizienter und langlebiger Bauweise einem breiten Mix von Wohnformen, gemeinschaftlichen Flächen und ergänzenden Nutzungen Raum zu bieten. Die durch die Dichte mögliche Vielfalt an Funktionen hat eine positive Wirkung auf das Umfeld.

Programmatische Vielfalt

Eine kritische Masse an Nutzern ist eine wirtschaftliche und praktische Voraussetzung für die Realisierung eines Mehr an Funktionen und Angeboten. In baulich dichten Arealen kann so in fußläufiger Distanz ergänzend zum Wohnen eine bunte Programmatik entwickelt werden, die auch Begegnung und soziale Kontrolle fördert. Gute Versorgung, gelebte Nachbarschaft und kurze Wege kommen so zusammen.

Im Rahmen der Konzeptvergabe für das ↗ *Alte Weberei Carré* entwickelt eine Baugruppe einen programmatischen Mix mit Wohnpflegegruppe, Arztpraxis, Lebensmittelladen, Büroräumen und einem auch von der Nachbarschaft anmietbaren Gemeinschaftsraum. Damit entsteht in strategischer Lage im Quartier ein neuer Stadtbaustein.

Spielräume nach innen

Bauliche Dichte ermöglicht Spielräume, die in den untersuchten Beispielen bewusst eingesetzt werden. In dichten, tiefen Bauvolumen entstehen suboptimal belichtete und geschnittene, also für den eigentlichen Wohnzweck nicht nutzbare Lagen. In diesen Situationen finden sich Nischen für gemeinschaftliche Räume, Nutzungen und Angebote, die in optimalen Lagen einen schweren Stand haben.

Die städtebauliche Y-Form des ↗ *Open House* bietet Spielräume im Gelenk, wo Gemeinschaftsräume und ein großzügiges Foyer angebunden an die zentrale Erschließung Platz finden.

Geteilter Mehrwert

Städtebauliche Dichte und Flächeneffizienz werden in den untersuchten Projekten durch gemeinwohlorientierte Trägerschaften mit ihrer langfristigen Bestandsperspektive entwickelt. Über Dialog und Beteiligung in der Projektentwicklung sind die zukünftigen Bewohner Teil des Projekts. Bauliche Dichte geht mit hohen Prozessqualitäten einher und kommt den Beteiligten sowie über die geteilten Güter auch der Nachbarschaft zugute.

Die gemeinsame Projektentwicklung von Genossenschaft und Waldorfschule ermöglicht in der ↗ *Limmatstraße* eine besonders effiziente Ausnutzung des Grundstücks. Der Schulhof ist zugleich die gemeinschaftliche Freifläche der Anlage, wodurch sich Erstellungskosten und Unterhalt für beide Parteien reduzieren.

Reduktion individueller Wohnfläche

Flexibel gestaltete Wohnangebote und deren passgenaues Management bei Einzug sowie begleitend im Lebenszyklus der Bewohnerinnen und Bewohner befördern eine Reduktion der individuellen Wohnfläche.

Flächensparen und ein schonender Umgang mit dem Boden sind wesentliche planerische Ziele – und der individuelle Wohnraumbedarf ist dabei eine wichtige Stellgröße. Einige der untersuchten Projekte thematisieren die Wohnfläche pro Kopf explizit und suchen nach einer aktiven Begrenzung. In anderen Projekten zeigen sich Effekte, die den individuellen Flächenverbrauch lenken, ohne dass die projektbeteiligten Akteure das explizit anstrebten.

Die Suche nach Wegen, die individuelle Wohnfläche zu reduzieren, ist hochgradig relevant. Der Verknappung und Verteuerung von Wohnraum gerade in den Wachstumsregionen kann nicht allein mit Neubaustrategien begegnet werden – zumal auch die Entwicklungsflächen weniger werden oder in Konkurrenz zum Erhalt von Grünraum stehen. Zudem ist mit dem fortschreitenden soziodemografischen Wandel eine weitere Zunahme kleiner Haushalte, die tendenziell einen höheren Flächenbedarf pro Kopf aufweisen, zu erwarten. Ein Management dieses Wandels mit flächeneffizienten, für die jeweilige Lebenssituation passenden Wohnformen ist angezeigt.

Wandel: Anreize zum Umzug

Ein Umzug ist eine Gelegenheit zum Wandel. Wohnungsangebote, die eine schlummernde Nachfrage ansprechen, können Umzüge im näheren und weiteren Umfeld auslösen. Anreize zur Reduktion der individuellen Wohnfläche – beispielsweise ein Umzug aus einem Einfamilienhaus in eine Geschosswohnung – sind beispielsweise mehr Barrierefreiheit und Komfort, ergänzende Angebote und Services, zentrale Lage mit guter Erreichbarkeit und Nahversorgung.

Das Projekt ↗ *Allengerechtes Wohnen* schafft 44 barrierefreie Geschosswohnungen im Herzen des Dorfs Burgrieden, eingebettet in attraktive Angebote für die Nachbarschaft. Der großzügige Zuschnitt und hohe Komfort der Wohnungen regen Umzüge aus benachbarten Einfamilienhäusern an.

Bleiben: Integration ins Wohnumfeld

Nicht nur eine Reduktion der Wohnfläche, auch eine Vermeidung der Expansion in sich verändernden Lebenssituationen – beispielsweise der Umzug in eine größere Wohnung oder in ein Eigenheim – wirkt flächensparend. Faktoren, die zum Bleiben motivieren, sind eine attraktive Lage, Angebote und Services vor Ort, eine gelebte Nachbarschaft, ausgeprägte soziale Netze sowie ein robuster, anpassbarer Wohnungstyp, der auch eine zeitweise dichtere Belegung ermöglicht.

Die flexibel nutzbaren, im Grundriss adaptierbaren Kleinwohnungen der ↗ *Falkenried-Terrassen* sind zusammen mit der zentralen Lage, der lebendigen Nachbarschaft und der hohen Identifikation der Bewohner vor Ort bedeutende Anreize zum Bleiben, auch wenn das Haushaltseinkommen inzwischen einen höheren Mietpreis zulassen würde.

Management der Belegung

Den Wohnungsbestand zu managen, bedeutet auch, dass erfahrene Akteure nach Wegen suchen, bei veränderter Haushaltsgröße Umzüge innerhalb der Wohnanlage anzuregen oder auch einzufordern. Das führt nicht nur zur einer Flächenreduktion einzelner Haushalte, sondern fördert auch die Gerechtigkeit zwischen Generationen – Familien und älteren Haushalten – und hält damit auch die Nachbarschaft lebendig.

Kraftwerk1 entwickelt basierend auf den Erfahrungen mit dem in die Jahre gekommenen Projekt ↗ *Hardturm* Ansätze, um die Belegung in der Genossenschaft zu managen. Dabei wird eine Mindestbewohnerzahl je Wohnung festgelegt, zusammen mit der Verpflichtung, bei Verkleinerung des Haushalts innerhalb der gleichen Wohnanlage umzuziehen.

Wohnen plus: ergänzende Angebote

Ergänzende Angebote jenseits der eigenen Wohnung können die Reduktion der Wohnfläche befördern, auch wenn sie für sich allein genommen zumeist keine ausreichenden Anreize zum Flächensparen sind. Wohnen plus kann aber einen individuellen Verzicht auf Wohnfläche kompensieren, wenn diese Aushandlung von einer Gruppe oder Trägerschaft organisiert wird.

Das ↗ *Wohnprojekt Wien* führt exemplarisch vor, wie auch beim Wohnen auf kleiner individueller Fläche ein gemeinschaftlicher Luxus an Flächen und Angeboten die Lebensqualität der Bewohner steigert. Die zusätzlichen Angebote reichen von einer kleinen und einer großen Gemeinschaftsküche, Werkstätten und einem Café über einen flexibel nutzbaren Veranstaltungsraum, einen Kinderspielraum und einen gemeinsamen Hof bis zu einer mit Bibliothek, Sauna, Ruheraum, drei Gästewohnungen und Garten ausgestatteten Dachlandschaft für die Hausgemeinschaft.

Quartiersfunktionen etablieren und nachhaltig nutzen

Eine kritische Masse an Nachfragern ermöglicht es, neben neuem Wohnen auch ergänzende Angebote und Services an neuen Standorten bereitzustellen. Eine positive Wirkung ins Quartier ist sowohl Anspruch vieler der untersuchten Projekte als auch Notwendigkeit in der Entwicklung schwieriger Standorte für das eigene Klientel.

Für die Schaffung von Wohnraum im größeren Maßstab ist das Denken in Quartierszusammenhängen essenziell. Damit rücken der Nutzungsmix, die das Wohnen ergänzenden Angebote und Services und Fragen der Mobilität in den Fokus vieler Projekte. Einzelne Häuser können als zentrale Bausteine ein Quartier ergänzen, wichtige Angebote etablieren und im Umfeld vernetzend wirken. Quartiersfunktionen werden wirtschaftlich nicht isoliert betrachtet, sondern sind Teil einer Gesamtinvestition der Bestandshalter – und erfahren im Fall von Konzeptvergaben über den Grundstückspreis eine indirekte öffentliche Förderung. Das Ziel ist es, die Wohnzufriedenheit und das Zusammenleben vor Ort langfristig zu stärken und einen Wandel hin zu nachhaltigen Lebensweisen anzustoßen. Viele der Leistungen, die durch das hohe, vielfach ehrenamtliche Engagement und die Ausdauer möglich sind, mit der viele der „anderen" Akteure die Quartiere entwickeln, würden unter den gängigen Marktbedingungen sicher nicht erbracht.

Wohnen als Teil der Nachbarschaft

Das eigene Wohnen wird über die Wohnung hinaus als Teil einer kontaktfreudigen Nachbarschaft verstanden. Die Zielgruppen der untersuchten Projekte erwarten ein lebendiges Umfeld und eine damit einhergehende hohe Wohn- und Lebensqualität im gesamten Quartier.

Die Wohnqualität und das Lebensgefühl in den ↗ *Falkenried-Terrassen* beruht neben den sparsam und dennoch flexibel geschnittenen eigenen vier Wänden auf der Einbindung in eine solidarische und selbstverwaltete Nachbarschaft – inmitten der Großstadt.

Synergien durch Mixed Use

In der Nutzungsmischung entstehen Synergieeffekte und Ergänzungen des Angebots am Wohnstandort, die in Verknüpfung mit der erweiterten Nachfrage im Quartier tragfähig werden. Die Angebote können professionell – zum Beispiel Supermarkt oder Café –, ehrenamtlich – zum Beispiel Nachbarschaftsbibliothek – oder gemeinschaftlich – zum Beispiel Foodcoops – organisiert sein.

Das ↗ *Alte Weberei Carré* ergänzt als funktionsgemischter Stadtbaustein in zentraler Lage das sich neu entwickelnde Quartier. Der Angebotsmix basiert auf einer Mischkalkulation, die durch die Konzeptvergabe des Grundstücks und während der erfolgreichen Testphase des Supermarkts von der Stadt Tübingen unterstützt wird.

Räume für das Quartier

Einzelne Häuser entwickeln basierend auf ihren nutzbaren Freiräumen, öffentlichen oder anmietbaren Innenräumen sowie Angeboten und Services für die erweiterte Nachbarschaft einen Mehrwert für das umgebende Quartier.

Das ↗ *Wohnprojekt Wien* bietet eine Vielfalt zusätzlicher Nutzungen und Angebote über das Wohnen hinaus. Zusammen mit der zentralen Lage am Park und der sorgfältigen Gestaltung des Erdgeschosses entwickelt sich das Haus zu einer wichtigen Anlaufstelle und einem Impulsgeber für das entstehende Nordbahnhofsviertel.

Ein lebendiges Stück Stadt

In angespannten Bodenmärkten entwickeln engagierte Akteure auch schwer entwickelbare oder periphere Grundstücke. Das spornt die beteiligten Träger an, mit dem Wohnen – und auch Arbeiten – die noch nicht vorhandenen Quartiersfunktionen zu entwickeln und anstelle einer reinen Wohnsiedlung ein neues Stück lebendiger Stadt zu schaffen.

An einer stark befahrenen Kreuzung in der Agglomeration Zürichs entwickelt eine Multiträgerschaft rund um die Genossenschaft Kraftwerk1 ↗ *Zwicky Süd* als lebendiges Quartier, das mit seinem Nutzungsmix und seinen Angeboten in die Umgebung ausstrahlt.

Nachrüsten bestehender Standorte

Neue Wohnangebote und ergänzende Funktionen können weit in das bestehende Umfeld ausstrahlen und dort Standortwandel anstoßen.

Das ↗ *Haus NOAH* setzt einen Impuls im bestehenden Umfeld, indem neue Wohnangebote und Services für ältere und pflegebedürftige Menschen ergänzt und durch eine aktive Netzwerkarbeit begleitet werden.

Thesen der Übertragbarkeit zu
Individuum und Nachbarschaft

Individuum und Nachbarschaft

Die zweite Perspektive Individuum und Nachbarschaft diskutiert die Übertragbarkeit der untersuchten Projekte, was die Unterstützung individueller Bedürfnisse und das Wohlergehen wie auch den Kontakt und das Zusammenleben der Menschen untereinander betrifft. Herstellung und Bereitstellung von Wohnen werden hinsichtlich ihrer Auswirkungen auf Mensch und Gesellschaft betrachtet. Dabei geht es einerseits um passgenaue Lösungen in einer vielfältiger und flexibler werdenden Gesellschaft. Dem weiter fortschreitenden soziodemografischen Wandel stehen die häufig eingeschränkten Fähigkeiten und Handlungsmöglichkeiten auf individueller Ebene entgegen, diesem Wandel aktiv zu begegnen. Ob beim Umgang mit vielfältigen Familien- und Partnerformen, beim Zusammenhalt zwischen den Generationen oder bei Alter und Krankheit – Wohnen kann als gemeinschaftlicher Kit das Zusammenleben und damit verknüpft die Strukturen der Selbsthilfe sowie der ehrenamtlichen und professionellen Unterstützung befördern. So wirkt Wohnen als soziales Projekt, das Menschen nicht nur mit Wohnraum versorgt, sondern Wohnen als einen Ort und Prozess der individuellen Befähigung gestaltet.

Die vielstimmigen Bauherrschaften mit ihren diversen Bewohnergruppen zeigen lebendige Aushandlungsprozesse auf dem Weg zu ihren Wohnlösungen. In Bezug auf Individuum und Nachbarschaft sind die Differenzierung und der Mix der Wohnungen ein wesentlicher Schlüssel. Wohnen plus mit Funktionen und Angeboten über die eigene Wohnung hinaus bietet Räume und Gelegenheiten für Aneignung, Aushandlung und Begegnung zwischen Nachbarn. Das Management im laufenden Betrieb und die Belegung erfolgen vielfach unter Mitwirkung oder in Selbstverwaltung der Bewohnerschaft. Und nicht zuletzt ist die Bezahlbarkeit der Wohnung von zentraler Bedeutung – ob über einen günstigen Boden, einen geschickten Mix der Fördermodelle und Finanzierungen oder alternative Trägermodelle – damit Menschen in verschiedenen Lebenslagen ihre Wohnsituation als unterstützenden, befähigenden Faktor erleben. Unter diesen Voraussetzungen sind Komfort und Ausstattung der einzelnen Wohnung, die Wohnungsgröße oder auch die Lagequalität innerhalb eines Gebäudes weniger bedeutend.

Die Perspektive Individuum und Nachbarschaft adressiert langfristig und sozial orientierte Bestandshalter, Einrichtungen und Verbände, kommunale Wohnungsbaugesellschaften wie auch, als Aufgabe von Politik und Verwaltung in den Kommunen, Stadtentwicklung, Stadtplanung, Sozialplanung und Sozialwesen. Wohnraumförderung und -finanzierung sind ebenso wie eine gemeinwohlorientierte Bodenpolitik in Hinblick auf ihre sozialräumlichen Wirkungen zu überdenken und zu präzisieren. Zudem sind die engagierten Akteure des Untersuchungssamples wichtige, einzubindende Partner, die ihren Gestaltungswillen in vielfältigen Kooperationen bereits unter Beweis gestellt haben.

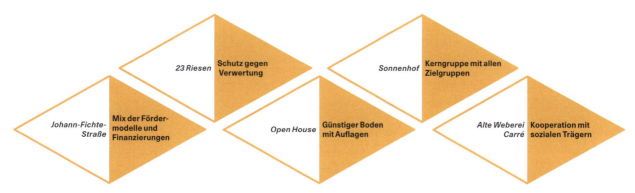

Wohnraum für benachteiligte Zielgruppen bereitstellen

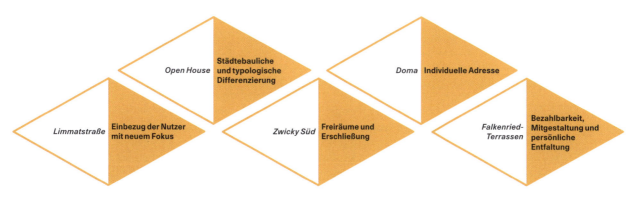

Raum für individuelle Wohnvorstellungen schaffen

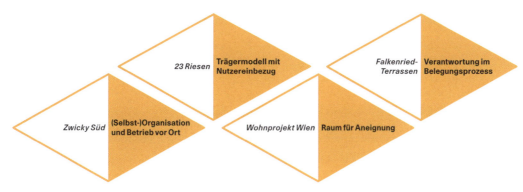

Menschen vor Ort befähigen

Gute Nachbarschaft und Zusammenleben

Wohnraum für benachteiligte Zielgruppen bereitstellen

Eine sozial vielfältige Nachbarschaft Tür an Tür unterstützt zusammen mit der Befähigung von Menschen entlang ihrer Begabungen in ihrem Wohnumfeld die langfristige Wohnraumbereitstellung für am Wohnungsmarkt benachteiligten Menschen.

Die Anzahl der Menschen, die nicht aus eigener Kraft am Wohnungsmarkt partizipieren können und Anspruch auf Wohnraumförderung haben, steigt stetig. Meist folgt die Unterstützung allein der Logik der Wohnraumversorgung. Eine aktive Rolle der zu unterstützenden Zielgruppen fehlt fast vollständig. Zudem wird geförderter Wohnungsbau oftmals räumlich getrennt vom freifinanzierten Wohnungsbau realisiert und wirkt daher zum Teil stigmatisierend. Zahlreichen der untersuchten Akteure gelingt es, Wohnraum für benachteiligte Zielgruppen bereitzustellen. Notwendige Voraussetzung für das Gelingen sind geeignete Fördermodelle und Formen der Finanzierung, die Bereitstellung von günstigem Boden und die Erfüllung von Auflagen der Kommunen, Eigentümer oder Finanzierer, wie beispielsweise Stiftungen, die damit verknüpft sind. Die Umsetzung wird durch einen oder mehrere der folgenden Faktoren unterstützt:

Mix der Fördermodelle und Finanzierungen
„Andere" Akteure nutzen und realisieren verschiedene Modelle und Töpfe der Förderung und Finanzierung und schaffen damit Wohnraum für verschiedene Zielgruppen in einem Haus. Eine Mischung verschiedener Haushaltsformen, Alters- und Einkommensgruppen dient der Integration benachteiligter Zielgruppen, aber auch der langfristigen Stabilität von Nachbarschaft und Zusammenleben. Sie fördert zudem eine positive Wahrnehmung der geförderten Wohnungen.

Die Genossenschaft WOGENO realisiert ihren ersten Neubau an der ↗ *Johann-Fichte-Straße* in Kooperation mit einem Club von Menschen im Rollstuhl und entwickelt, basierend auf einem Mix aus geförderten und nicht geförderten Wohnungen, eine große Wohnungsvielfalt. Die großzügige und vollständig barrierefreie Erschließung ermöglicht den durchgehenden Mix der Wohnlagen im Gebäude und die Erreichbarkeit jedes Punktes im Haus für alle.

Schutz gegen Verwertung
Trägermodelle wie Genossenschaften, Mietergenossenschaften oder Projekte des Mietshäuser Syndikats haben explizit das Ziel, Grundstücke und Wohnraum langfristig der Verwertung zu entziehen. Teilweise sind Kommunen oder gemeinnützige Stiftungen als Erbbaurechtsgeber zentraler Teil des Trägermodells.

Das gemeinschaftliche und generationenübergreifende Projekt ↗ *23 Riesen* konnte durch ein innovatives Trägermodell aus Stiftung, Trägerverein und Hausverein entwickelt werden. Die Stiftung trias kaufte das Grundstück, das gemeinnützige Martinswerk e.V. ist Eigentümer der Gebäude, Erbbaurechtsnehmer und kreditfähige Institution und hat mit dem Hausverein einen Kooperationsvertrag geschlossen.

Günstiger Boden mit Auflagen
„Andere" Akteure erhalten gegen Auflagen günstigen Boden vonseiten der Kommunen oder Stiftungen, wodurch bezahlbarer Wohnraum für unterschiedliche Zielgruppen entsteht.

Die Entwicklung des ↗ *Open House* gelingt auf einem städtischen Grundstück, gefördert im Rahmen der IBA Hamburg, in einer Multiträgerschaft aus der Schanze e.G. (Dachgenossenschaft einer Baugemeinschaft und Genossenschaft mit eigenen Mietwohnungen) sowie der STEG Hamburg (Entwicklungsgesellschaft für Wohneigentum).

Kerngruppe mit allen Zielgruppen
Menschen mit unterschiedlichen finanziellen Ausgangslagen bringen sich aktiv und gleichberechtigt in das Projekt ein. Benachteiligte Zielgruppen werden nicht nur versorgt, sondern nehmen eine aktive Rolle in Entwicklung und Betrieb der Wohnlösung ein.

Die Entwicklung des ↗ *Sonnenhofs* erfolgt mit einer diversen Trägerschaft aus den geförderten Wohnungen der Gruppe ARCHE, der WOGE e.V. mit einer Demenzwohngruppe und einer Baugruppe mit freifinanzierten Eigentumswohnungen.

Kooperation mit sozialen Trägern
Soziale Träger bringen ihre Zielgruppen, notwendiges Know-how und Qualitätssicherung in der Phase der Projektentwicklung ein und können auch die bedarfsgerechte Betreuung der vielfältigen Zielgruppen im Betrieb übernehmen.

In der Entwicklung des ↗ *Alten Weberei Carrés* nimmt die Samariter Stiftung als gleichberechtigter Partner in der Baugruppe teil, um eine Demenzwohngruppe zu realisieren und zu betreuen. Über die Integration des professionellen und zur Gemeinnützigkeit verpflichteten Trägers kann die Baugruppe ihr Ziel langfristig sichern.

Raum für individuelle Wohnvorstellungen schaffen

Ein differenziertes, von der Nutzerschaft mitgestaltetes Wohnangebot erhöht die Passgenauigkeit des Angebots im Hinblick auf die Nachfrage und stellt damit die individuelle Wohnzufriedenheit innerhalb vielfältiger Lebensentwürfe sicher.

Viele der untersuchten Projekte sprechen eine schlummernde Nachfrage an, die sich aufgrund veränderter Lebensstile sowie neuer Bedürfnisse im Zuge des soziodemografischen Wandels entwickelt. Damit wirken sie Ineffizienzen am Wohnungsmarkt entgegen, die beispielsweise wegen fehlender Alternativen zum Einfamilienhaus oder mangelnder Wohnangeboten für die Lebenslagen vielfältiger Familienformen und Partnerschaften oder im Alter und bei Krankheit bestehen. Die „anderen" Projektentwicklungen entwickeln vielfältige Angebote, die eine individuelle Auswahl ermöglichen, hohe Wohnzufriedenheit schaffen und dadurch verdichtetes Wohnen attraktiv machen. Im besten Fall erhöhen sie die Akzeptanz von Neuentwicklung und Verdichtung ganz allgemein. Sie befördern die Wohnmobilität, da sie über passgenaue Angebote die Bereitschaft und Möglichkeit zum Umzug steigern.

Einbezug der Nutzer mit neuem Fokus
Der Einbezug der zukünftigen Bewohnerschaft in Entwicklung, Entwurf, Bau und Betrieb fördert die Identifikation mit der Wohnanlage. Zugleich wenden sich zahlreiche untersuchte Akteure zunehmend von einer Individualisierung der einzelnen Wohnungen ab und bieten stattdessen Baukasten- und Typenlösungen. Der Fokus der Beteiligung verschiebt sich von der Gestaltung der eigenen Wohnung hin zur gemeinsamen Idee, zur Programmatik sowie zu den Konzepten für Nutzung und Betrieb.

Die Genossenschaft WOGENO steuert die Partizipation in der Planungsphase zunehmend professionell. So werden bei der ↗ *Limmatstraße* Anregungen für Wohnungstypen, nicht aber für individuelle Wohnungen, eingebracht und der Fokus der Partizipation stärker auf die gemeinschaftlichen Flächen und Angebote gelegt.

Städtebauliche und typologische Differenzierung
Individualisierung erfolgt auf der Ebene des Städtebaus und der Typologie durch die Differenzierung von Lagen und die Schaffung spezifischer Relationen zwischen den einzelnen Funktionen und Räumen. Die einzelne Wohnung wird mit ihrer Adresse und ihrem Gesicht in der Gesamtanlage gestärkt – unabhängig von der Individualisierung im Inneren, die durch die Flexibilität des Wohngrundrisses sichergestellt wird.

Die unverwechselbare Y-Form des ↗ *Open House* schafft auf einem Grundstück vielfältige öffentliche, halb private und private Räume, klare Zuordnungen und erkennbare Adressen für die Wohnformen der dreigliedrigen Trägerschaft.

Freiräume und Erschließung
Die Gestaltung und die Schaffung von Aneignungsmöglichkeiten in den Frei- und Erschließungsräumen – vom bepflanzten Laubengang bis hin zu individualisierten Briefkästen – bietet eine weitere Ebene der Individualisierung jenseits der eigenen Wohnung.

Die markanten rostroten und zunehmend berankten Stahlbalkone und Brücken tragen maßgeblich zum architektonischen Charakter von ↗ *Zwicky Süd* bei und verleihen der vorgefertigten Betonfassade einen individuellen Anstrich.

Individuelle Adresse
Die Entwicklung eines Standorts oder einer Immobilie mit Atmosphäre, Geschichte und besonderem Ortsbezug stärkt die Identifikation mit Wohnhaus und Wohnung. Die eigene Wohnvorstellung verknüpft sich mit der individuellen Adresse des Gebäudes oder Areals – und fördert zugleich die Wertschätzung einzelner Lagen und (Bestands-)Immobilien im Quartierszusammenhang.

Im Fall von ↗ *Doma* entwickelt eine Gruppe junger Menschen eine alternative Wohnform in einem denkmalgeschützten Ensemble im Zentrum Strausbergs. Die Inwertsetzung des Bestands fördert den Stolz der Gruppe und schafft eine eigenständige Adresse im Ort.

Bezahlbarkeit, Mitgestaltung und persönliche Entfaltung
Durch geringe Mietbelastungen entsteht ein Rahmen für individuelle Gestaltungsmöglichkeiten, Freiheiten im Lebensentwurf und neue Möglichkeiten der ehrenamtlichen Mitgestaltung vor Ort. Die Folge ist eine langfristig hohe Wohnzufriedenheit und positive soziale Wirkungen vor Ort.

Die Wohnungen der ↗ *Falkenried-Terrassen* sind doppelt günstig: kleine Wohnungen und geringer Mietzins in der selbstverwalteten Mietergenossenschaft. Das hilft Menschen, sich in schwierigen Lebenssituationen neu zu orientieren und mit reduziertem ökonomischen Druck Arbeit, Engagement und Hobby neu zu justieren – und damit wiederum anderen vor Ort zu helfen.

Menschen vor Ort befähigen

An die Stelle der Versorgung von Bedürftigen mit Wohnraum tritt ein Verständnis von Wohnen als Raum und Prozess der aktiven Befähigung mit positiven sozialen Wirkungen. Damit werden Nachbarschaften stabilisiert und möglichen negativen Effekten einer räumlichen Konzentration von geförderten Wohnungen und sozial schwachen Gruppen entgegengewirkt.

Zahlreiche der untersuchten Akteure befähigen sich und die zukünftige Bewohnerschaft über den Prozess von Planung, Realisierung und Betrieb der Wohnanlage. Damit werden sie über das reine Wohnprojekt hinaus handlungsfähig und wirksam. Auch später hinzukommenden Nutzergruppen wird dieser Raum der Befähigung eröffnet, sodass jenseits der Erfüllung von (Wohn-)Bedürfnissen als Versorgungsleistung aktive Rollen in der Gestaltung des eigenen und gemeinsamen Lebens, der Nachbarschaft und des Quartiers entstehen. Diese Perspektive ist relevant, da sie Menschen Optionen zur Mitgestaltung von Gesellschaft bietet. Im Wohnumfeld werden positive Resonanzerfahrungen der eigenen Wirksamkeit erlebbar.

(Selbst-)Organisation und Betrieb vor Ort
In zahlreichen Projekten haben die Nutzer eine aktive Rolle in Organisation und Betrieb vor Ort. Die Selbstverwaltung von Hausgemeinschaften ist ein zentrales Anliegen vieler Genossenschaften, sie wissen, dass sich daraus stabilisierende Wirkungen auf die Nachbarschaft entfalten. Zudem lassen sich über die Mitwirkung der Bewohner in Verwaltung und Unterhalt Kosten einsparen – als Beitrag zu einer geringeren Miete.

Am Standort Dübendorf in der Agglomeration Zürichs spricht Kraftwerk1 eine andere Klientel an als in zentraler Stadtlage. Um das Zusammenleben der Bewohner in den 125 Wohnungen in ↗ *Zwicky Süd* zu pflegen und zu entwickeln, spielen die Teilselbstverwaltung und die vor Ort initiierten Projekte eine zentrale Rolle. In der Anfangsphase unterstützt sie eine professionelle Gemeinwesensarbeit.

Trägermodell mit Nutzereinbezug
Auch über das Trägermodell lassen sich die Bewohner aktiv einbeziehen und die Verbundenheit mit dem Projekt und Wohnort stärken. Dadurch werden die Nutzer zu lokalen Kümmerern – ob in Bezug auf Gebäude und Bausubstanz oder bei Bedürfnissen und Problemen in der Nachbarschaft. Auch diese Aktivitäten können helfen, Kosten zu senken und langfristig günstige Mieten zu sichern.

Der Hausverein ↗ *23 Riesen* e.V. hat generationenübergreifendes, gemeinschaftliches Wohnen zum Ziel. Die gemeinsame Instandsetzung des historischen Ensembles in Potsdam, teilweise über Eigenleistungen, hat die Gruppe zusammenwachsen lassen. Über das Martinswerk e.V. als Gebäude- und die Stiftung trias als Grundeigentümer sind die Mietwohnungen langfristig gesichert. Der Hausverein ist jedoch eigentümerähnlich für den Unterhalt, die Belegung und das Management des Zusammenlebens verantwortlich.

Raum für Aneignung
Das Wohnen ergänzende gemeinschaftliche Flächen, Angebote und Services können Bewohnern Raum für Aneignung und Tätigkeit für Gemeinschaft und Quartier bieten. Dabei kann es auch um die Gestaltung und Pflege von Freiräumen gehen. Eine „Sozialpolitik über Aufgaben" motiviert Menschen zu aktiven Rollen und unterstützt sie, Halt in der Nachbarschaft oder gar im Leben zu finden.

Der Salon am Park des ↗ *Wohnprojekt Wien* war als Gewerbeeinheit zunächst nicht zu vermieten und wird heute als Café und Nahversorger von einer nicht auf Gewinn ausgerichteten GmbH aus acht Bewohnern gemeinsam mit ehrenamtlicher Unterstützung betrieben. Der Salon hat sich als Treffpunkt und Ort der Kommunikation im Viertel etabliert.

Verantwortung im Belegungsprozess
Über die Mitwirkung am Belegungsprozess werden Eigenverantwortung und Nachbarschaft gestärkt. Menschen werden als Gestalter ihres Wohnumfelds und ihrer Lebenswelt handlungsfähig.

Die Vergabe der 100 Prozent geförderten Wohnungen der ↗ *Falkenried-Terrassen* erfolgt über einen von der Mietergenossenschaft organisierten Belegungsprozess, der auch neuen Genossen Gelegenheit für Engagement bietet. Die Mitwirkung der Hausgemeinschaften ist Voraussetzung für ein gelingendes Zusammenleben in einer Wohnform, die aufgrund von hoher Dichte und schlechtem Schallschutz im Bestand wenig Rückzugsmöglichkeit bietet.

Gute Nachbarschaft und Zusammenleben

Wenn Wohnen als soziales Projekt begriffen wird, werden Nachbarschaft und Zusammenleben vielfältiger Zielgruppen von Planungsphase Null bis in die Phase Zehn aktiv gestaltet.

Im Zuge des soziodemografischen Wandels nehmen Singlehaushalte zu, werden Lebensmodelle und Haushaltsformen vielfältiger und mehr Menschen immer älter. Es besteht Bedarf an Unterstützung von nachbarschaftlicher Hilfe und eines Zusammenlebens jenseits traditioneller Familienstrukturen. Wohnen kann Katalysator für das Zusammenleben sein, wenn es als „Dorf in der Stadt" oder im Sinne von „Nachbarschaft als Sippe" organisiert wird. Eine kleinräumige soziale Mischung verschiedener Einkommensgruppen und Lebensstile unter einem Dach benötigt ebenfalls einen aktiven Ansatz, damit Nachbarschaft und Zusammenleben gestaltet und eine hohe Lebensqualität für alle Zielgruppen erreicht werden kann.

Die Akteure in den untersuchten Projekten haben ein Kerninteresse an guter Nachbarschaft und gelingendem Zusammenleben. Dazu entwickeln sie einen breiten Mix an Instrumenten, die vor, während und nach Planung und Realisierung des baulichen Projekts zum Einsatz kommen. Dabei bestehen Synergien mit den zuvor beschriebenen Ansätzen „Menschen vor Ort befähigen" und „Wohnraum für benachteiligte Zielgruppen bereitstellen".

Hausgemeinschaft als soziales Projekt
Eine Hausgemeinschaft kann als soziales Projekt selbstorganisiert oder professionell unterstützt entwickelt werden. Unter Beteiligung der zukünftigen Bewohner und in Kommunikation mit ihnen werden räumliche, programmatische und organisatorische Lösungen für die spätere Nachbarschaft entwickelt. Diese Prozesse können über den Moment des Einzugs hinweg in Formate der Selbstorganisation und des koordinierten Engagements und Ehrenamts überführt werden. Beziehungen zwischen späteren Nachbarn, die bereits vor dem Einzug entstehen, geben wichtige Impulse für die Projektentwicklung. Ein intensives Kennenlernen und gegenseitiges Testen der einzelnen Persönlichkeiten im Planungsprozess kann ein wertvoller Beitrag zur Vorselektion und Gruppenfindung sein und die Nachbarschaft langfristig stärken.

Die Genossen der WOGENO und die Rollstuhlfahrer des kooperierenden Vereins haben sich in der Projektentwicklung der ↗ *Johann-Fichte-Straße* intensiv eingebracht. Auf dieser Basis wurden wichtige räumliche Eckpfeiler für die Gemeinschaft entwickelt, wie der rollstuhlgerechte Laubengang, der gemeinschaftlich genutzte Hof und das Gäste-Apartment mit Dachterrasse. Von diesen gemeinsamen Erfahrungen konnte das Zusammenleben und die Selbstorganisation vor Ort nach Einzug profitieren.

Professionelle und selbstorganisierte Services rund um die Wohnung
Professionelle oder selbstorganisierte Angebote und Services rund um die Wohnung stellen Schnittpunkte mit Nachbarn und Quartier dar. Dabei spielen zwei sich ergänzende Effekte zusammen: Einerseits benötigen die zusätzlichen Funktionen eine kritische Masse an Nachfragern und andererseits profitiert das Mehr an Bewohnern von den stabilisierenden Effekten dieser Angebote für Nachbarschaft und Zusammenleben.

Das Projekt ↗ *Allengerechtes Wohnen* ist mit seinen 44 Geschosswohnungen ein Großprojekt in der Mitte von Burgrieden. Ergänzende Angebote werden sowohl für die Hausgemeinschaft als auch für das Dorf geschaffen und das Zusammenleben über eine professionelle Kontakt & Rat Stelle unterstützt.

Integration besonderer Zielgruppen und Wohnformen
Viele der untersuchten Projekte suchen nach Wegen, Hausgemeinschaften mit Inklusion besonderer Zielgruppen und Sonderwohnformen zu bilden – sei es aus eigenem Ansporn oder gestoßen durch den Wettbewerb um ein Grundstück im Rahmen einer Konzeptvergabe. Dabei hilft es, professionelle Netzwerke und Unterstützer dieser Zielgruppen mit in die Projektentwicklung und gegebenenfalls auch in die Trägerschaft zu integrieren.

Die Demenzwohngruppe im Projekt ↗ *Alte Weberei Carré* ist selbstverständlicher Teil der Hausgemeinschaft und wird durch die erfahrene Samariterstiftung getragen.

Thesen der Übertragbarkeit zu
Stadtentwicklung und Baukultur

Stadtentwicklung und Baukultur

Die dritte Perspektive der Übertragbarkeit richtet den Fokus auf den Beitrag von Wohnen „jenseits des Standards" zu Stadtentwicklung und Baukultur, der über die Bereitstellung von Wohnraum und die eigentliche Wohnfunktion hinausgeht. Denn die untersuchten Projekte schieben übergeordnete Veränderungsprozesse an: Sie wandeln einen Standort, verbessern das wohnungsnahe oder quartiersbezogene Angebot, entwickeln ein diverses, für verschiedene Bedürfnisse passendes Wohn- und Lebensumfeld oder befördern nachhaltige Lebensweisen. Mit neuen Angeboten wird eine bisweilen schlummernde Nachfrage identifiziert, geweckt und eine positive Dynamik am lokalen Wohnungsmarkt entfacht. Die Entwicklung schwieriger, mit Defiziten belasteter Standorte erfordert vielfach einen Mehraufwand, der sich rückblickend als lohnend erweist und mit hohen architektonischen und gestalterischen Qualitäten vor Ort einhergeht.

Wohnen als Beitrag zu Stadtentwicklung und Baukultur setzt an den Besonderheiten und Ressourcen des Ortes an und nutzt den Städtebau als Struktur und Form gebende Kraft. Wohnen ist Anlass und Teil einer erhöhten programmatischen und typologischen Vielfalt, langlebiger gestalterischer und technischer Lösungen und bedarf daher eines hohen Engagements und einer Risikobereitschaft der Akteure. An die Stelle kurzfristiger Wirtschaftlichkeit und Rendite treten langfristige Anlagestrategien. Diese reichen über das Einzelprojekt hinaus und lösen positive Effekte im Umfeld aus. Die Projekte benötigen aufgrund ihres hohen Grades an Kontextualisierung sowie ihrer vielfach erhöhten programmatischen oder typologischen Komplexität ein Mehr an Zeit, Ressourcen und Kompetenzen sowie eine sorgfältige Vorbereitung insbesondere in Planungsphase Null.

Die Perspektive Stadtentwicklung und Baukultur richtet sich an Akteure, die die strategische Entwicklung von Orten, Quartieren und Städten verantworten und mit Grundstücksvergabe, Baurechtschaffung und Finanzierung wesentliche Rahmenbedingungen prägen. Die Umsetzung bedarf engagierter Akteure, die bereit sind, in den Projekten Risiken einzugehen und sich selbst fortzuentwickeln. Dieses Commitment lässt sich nicht übertragen. Es kann von den vielfältigen Trägerschaften erbracht werden, die sich in den untersuchten Fallstudien zeigen. Diese Akteursvielfalt ist eine wichtige Ressource für die Entwicklung von Baukultur in der Stadt und auf dem Land.

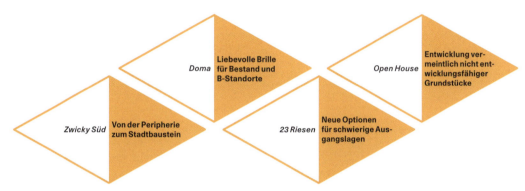

Schwierige Lagen und Substanzen entwickeln

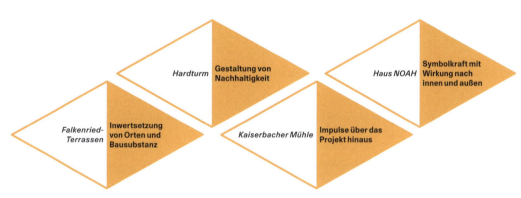

Kultureller Wandel und neue Wertschätzung

Impulsgeber für Umfeld und Stadtentwicklung

Schwierige Lagen und Substanzen entwickeln

In angespannten Bodenmärkten sind öffentliche, privatwirtschaftliche oder gemeinwohlorientierte Akteure in der Wohnraumschaffung auf die Erschließung von bisher wenig attraktiven, belasteten oder bautechnisch schwierigen Standorten und Beständen angewiesen. Nötige Mehraufwendungen in der Urbarmachung und Entwicklung werden durch die Herausbildung ortsspezifischer Qualitäten belohnt, die zugleich Impulse für den Standort und die Nachbarschaft setzen.

In städtischen, durch Knappheit geprägten Boden- und Wohnungsmärkten müssen sich Projektentwickler, Bauherrschaften, Eigentümer und zukünftige Bewohner jenseits bisher beliebter, etablierter und einfach zu entwickelnder Lagen orientieren und neue Standorte sowie mitunter schwierige Grundstücke erschließen. Um diese komplexen und belasteten Lagen und Substanzen zur Entwicklungsreife zu bringen, ist in Projektentwicklung, Planung und Umsetzung ein Mehraufwand notwendig.

Von der Peripherie zum Stadtbaustein

Der hohe programmatische, funktionale und städtebauliche Anspruch „anderer" Akteure kann genutzt werden, um dezentrale Standorte für einen Mix verschiedener Zielgruppen zu entwickeln. So entstehen neue Qualitäten in Randlagen, die auch für stadtaffine Bewohner attraktiv werden. Dabei sollten die „anderen" Akteure als Querdenker für den Standort bereits in der frühen Phase der Baurechtschaffung beteiligt werden.

Das Projekt ↗ *Zwicky Süd* führt vor, wie ein Standort an einer bisher identitätslosen Kreuzung in der Agglomeration von Zürich als nutzungsgemischter Stadtbaustein aktiviert werden kann. Die neu geschaffenen Angebote vernetzen das Areal auch mit seiner Umgebung.

Liebevolle Brille für Bestand und B-Standorte

Dank ihrer Wertschätzung für ein Gebäude oder Ensemble entwickeln engagierte Bauherrschaften Lösungen, die sich in einer wirtschaftlichen Betrachtung des Einzelprojekts nicht rechnen. Ideell motivierte Gruppen widmen sich jenseits der Marktlogik wertvollen Bausubstanzen und leisten damit einen Beitrag zu Baukultur und Ressourcenschonung.

Die Akteure von ↗ *Doma* entwickeln fernab des Sogs von Berlin, aber mit der S-Bahn in einer Stunde erreichbar, eine Wohnalternative zu einem urbanen Lebensstil, indem sie ein baufälliges Ensemble am Rand der Strausberger Altstadt mit einem vielfältigen Wohnungsmix, attraktiven Gemeinschaftsräumen und Gewerbeeinheiten rund um einen gemeinsamen Hofraum ausbauen. Die Nutzergruppe wird zum Retter der historischen Substanz.

Neue Optionen für schwierige Ausgangslagen

Um in angespannten Bodenmärkten mehr Wohnraum zu schaffen, gilt es auch, bisher unbeliebte, vorbelastete oder technisch schwierige Grundstücke mit einem Mehr an Kreativität, Risikobereitschaft und Durchhaltevermögen zu entwickeln. Der in Städtebau, Programmatik, Bautechnik und/oder denkmalgerechte Gestaltung investierte Mehraufwand macht den Standort in einer hohen Qualität für Wohnen urbar. Weniger professionalisierte und zahlungskräftige Bauherrschaften können sich häufig nur schwierige Grundstücke leisten. Diese entwickeln sie dann – gezogen von ihren eigenen Wohnvorstellungen und getrieben von den widrigen Rahmenbedingungen – zu neuen Wohnlösungen „jenseits des Standards".

Im Projekt ↗ *23 Riesen* meistert die bunt zusammengesetzte Bauherrschaft die Herausforderung im Umgang mit einem denkmalgeschützten, hochgradig baufälligen Bestand. Sie revitalisiert das Ensemble, auf das sie als Hausgemeinschaft gemeinsam stolz ist und das auch die Nachbarn anhaltend wertschätzen.

Entwicklung vermeintlich nicht entwicklungsfähiger Grundstücke

Schwierige und vorbelastete Grundstücke werden oft erst durch die Beteiligung experimentierfreudiger und kreativer Akteure, die beispielsweise als Mitspieler oder Juniorpartner in Multi-Trägerschaften auftreten, entwicklungsfähig und können so ihren jahrelangen Dornröschenschlaf beenden.

Das Projekt ↗ *Open House* wird mit Unterstützung der IBA Hamburg als gemeinsames Projekt von drei sich gegenseitig ergänzenden Partnern auf einem belasteten und für jeden einzelnen Partner zu großen Grundstück entwickelt. Die so zusammengesetzte Bauherrschaft wird trotz der zum Teil divergierenden Interessen handlungsfähig und verwandelt städtische Grundstück, das zuvor über viele Jahre erfolglos vermarktet wurde, zu einem wertvollen Baustein im bestehenden Quartier.

Kultureller Wandel und neue Wertschätzung

Die Entwicklung oder der Erhalt einer Immobilie oder eines Areals mit Atmosphäre, Geschichte und besonderem Ortsbezug kann einen kulturellen Wandel bei den Beteiligten und in ihrem Umfeld auslösen. Impulse eines Projekts in Bezug auf Programm, Funktionen und Zusammenleben können einen räumlichen Ausdruck und eine wertschätzende Gestaltung erfahren und damit die Identifikation der Beteiligten mit den neuartigen Lösungen stärken sowie eine Strahlkraft in die Umgebung entfalten.

Das Entwickeln und Annehmen neuer Wohnlösungen „jenseits des Standards" ist eng mit kulturellen Fragen verknüpft, die sich planerisch jedoch kaum steuern lassen. Bauleitplanung, Förderungen und Anreize, Normen, Richtlinien und Zertifizierungen bieten nur einen Rahmen und im besten Fall einen Entfaltungsraum, in dem sich das Machen und die Praxis des Wohnens entwickeln. Akteure, die jenseits gängiger Marktprozesse Wohnen werte- und dialogorientiert entwickeln, können als wesentliche Treiber für einen kulturellen Wandel im Wohnen wirken – und damit verbunden Lebensstile, Formen des Zusammenlebens sowie Orts- und Quartiersentwicklung neu prägen.

Inwertsetzung von Orten und Bausubstanz

Werteorientierte Bauherrschaften stoßen auf spezifische Lagen und Bestandsimmobilien, die verfügbar und leistbar sind, um ihre Wohnvorstellungen zu realisieren. Die intensive Auseinandersetzung mit diesen Orten hinterlässt Spuren im Zusammenhalt und in der Wertorientierung der Gruppe. Daraus kann sich ein positiver Prozess der Inwertsetzung zwischen der Gruppe, ihrem Wohnkonzept „jenseits des Standards" und dem Ort entwickeln.

Die Bewohner der ↗ *Falkenried-Terrassen* widersetzten sich jahrelang dem beabsichtigten Abriss, da sie im Bestand nicht nur bauliche Qualitäten, sondern eng damit verknüpft auch soziale Qualitäten erkannten, wie das positive Zusammenleben vor Ort und die Relevanz der bezahlbaren Kleinwohnungen in zentraler Lage für die Wohnraumversorgung schwacher Gruppen. Daraufhin engagierten sich Bewohner, Architekten und schlussendlich auch die Politik für eine behutsame Sanierung.

Gestaltung von Nachhaltigkeit

In vielen Projekten zeigt sich ein Bedürfnis, den hohen sozialen oder ökologischen Ansprüchen einen räumlichen Ausdruck in Städtebau, Gestaltung und Materialisierung zu verleihen. Langlebigkeit und Wertigkeit der Bauausführung wie des Designs sollen helfen, neuartige Lösungen „jenseits des Standards" zu vermitteln und selbstverständlich anzunehmen.

Im Projekt ↗ *Hardturm* wird eine zeitlose Klinkerfassade als äußere Form für ein aufregendes Wohnkonzept im Inneren gewählt. Zudem ist die Fassade Teil einer hochwertigen ökologischen Bauweise und eines hohen Energiestandards.

Impulse über das Projekt hinaus

Die Projekte können durch eine neue Wertschätzung für Gebäude, Standorte sowie Formen des Zusammenlebens als Impulsgeber in ihr Umfeld wirken und einen kulturellen Wandel anstoßen. Engagierte Akteure entwickeln sich mit dem Projekt vielfach zu Kennern und Kümmerern vor Ort. Projekte wirken als Vorbild auf verschiedenen Ebenen, ob für Ortsentwicklung, neue Wohnformen, Nutzungen und Angebote oder Lebensstile.

Das Projekt ↗ *Kaiserbacher Mühle* wirkt als Labor für die Dorfentwicklung: Eine zuvor ungenutzte Immobilie wird wieder mit Leben gefüllt und das Dorf durch engagierte Bewohner, Arbeitsplätze von Selbstständigen und Angebote für das Gemeindeleben gestärkt. Unter Mitwirkung einiger dieser Akteure wird ein paar Jahre später die Bürgerstiftung Pfalz gegründet, die seither viele Projekte im Dorf anstößt und umsetzt.

Symbolkraft mit Wirkung nach innen und außen

Projekte mit hohem Komplexitätsgrad, Neuigkeitswert im lokalen Kontext oder Risiko stützen sich im Entstehungsprozess auf (Stadt-)Räume und gestalterische Elemente mit Symbolkraft. Diese geben Orientierung, wirken sinnstiftend auf die beteiligten Akteure nach innen und setzen nach Fertigstellung ein Zeichen für eine veränderte Wahrnehmung nach außen.

Der Umbau des ↗ *Haus NOAH* setzt im Quartier Pfingstweide Impulse für neue Wohnformen im Alter sowie für neue soziale und kommunikative Angebote im Quartier. Das Haus wird auch sichtbar umgestaltet: Der großzügige Eingangsbereich und die doppelgeschossigen Gemeinschaftsräume mit roten Fassadenelementen wirken als Zeichen ins Quartier, aber auch innerhalb der Hausgemeinschaft.

Impulsgeber für Umfeld und Stadtentwicklung

Gebäude und Areale wirken als Impulsgeber für die Entwicklung ihres Umfelds in Quartier, Dorf oder Stadt. Dies geschieht über ihre Effekte auf die Marktdynamik im Wechselspiel von Angebot und Nachfrage, über die Qualifizierung und Vernetzung der Akteure und dadurch angestoßene Folgeprojekte und Nachahmer oder über neue Angebote und Wertschätzung am Standort.

Projekte und Nutzungsprozesse stehen in einem Wechselspiel mit der räumlichen Entwicklung im Dorf oder in der Stadt. Dabei sind einzelne Häuser oder ein definiertes Ensemble vergleichsweise überschaubar und durch Eigentümer, Entwickler oder Bestandshalter gut steuerbar. Die aktive Entwicklung von Gebäuden oder Arealen kann andere Instrumente der Orts- und Stadtentwicklung ergänzen, wenn ihre Wirkung auf das Umfeld gezielt genutzt wird.

Mit Wohnen Stadt entwickeln
Viele der untersuchten Projekte gehen deutlich über den Anspruch der Wohnraumversorgung hinaus. Sie koproduzieren eine lebenswerte Nachbarschaft, einen lebendigen Ort oder ein Stück qualitätsvolles Quartier. Wenn mit Wohnen Orte, Quartiere und Städte entwickelt werden, dann verschiebt sich der Rahmen, in dem Wirkung und Ertrag dem finanziellen Mitteleinsatz gegenüberzustellen sind.

Das ↗ *Haus NOAH* wird als Testfall konzipiert, um den Bestand aus den 1970er Jahren mit Mehrwert für das Umfeld zu sanieren. Die Mittel werden in einem Haus gebündelt, um eine spürbare Wirkung für das gesamte Quartier zu erreichen. Es wird nicht nur in bauliche Maßnahmen, sondern auch in neue Wohnkonzepte, Netzwerkarbeit und umfangreiche Angebote für die Menschen im Umfeld investiert.

Erfahrungsräume für kollektives Engagement
Projekte können Katalysatoren für Entwicklungen im Quartier oder Dorf sein, weil sie Erfahrungsräume für kollektives Engagement und Anziehungspunkte für engagierte Personen sind. Dabei können sich Netzwerke bilden und Folgeaktivitäten angestoßen werden, die das Engagement vor Ort vervielfachen.

Der Fall Klingenmünster zeigt ausgehend von dem Projekt ↗ *Kaiserbacher Mühle*, wie die dort beteiligten Akteure weitere Prozesse im Dorf maßgeblich mit anstoßen, wie sich ein breiterer Kreis engagierter Personen herausbildet und Synergieeffekte zwischen verschiedenen Aktivitäten der Dorfentwicklung entstehen.

Pionier- und Ankernutzer verändern Standortwahrnehmung
Nicht nur über den gebauten Raum und seine Funktionen, auch über die Menschen vor Ort ändert sich die Wahrnehmung eines Standorts. Pioniernutzer wagen sich in neue Quartiere und Standorte vor und schließen diese für neue Zielgruppen auf. Ankernutzer wirken durch ihr Engagement und ihr hohes soziales Kapital stabilisierend auf sich entwickelnde Nachbarschaften.

Im Hamburger Stadtteil Wilhelmsburg wird das ↗ *Open House* auf einem schwierigen Grundstück in Randlage entwickelt. Rund um die erste Baugruppe im Stadtteil entwickelt sich eine vielfältige und engagierte Nachbarschaft, die die Mikrolage verändert und einen Beitrag zur Entdeckung der Lage südlich der Elbe durch neue Zielgruppen leistet. Was sich unter anderem daran zeigt, dass die anfangs geringe Nachfrage wenige Jahre später um ein Vielfaches gestiegen ist.

Direkte und indirekte Marktimpulse
Neue Angebote „jenseits des Standards" wirken am lokalen Wohnungsmarkt nicht nur direkt, indem sie zuvor nicht bediente Bedürfnisse erfüllen. Über die ausgelösten Bewegungen am Wohnungsmarkt stellen sich auch wertvolle indirekte Effekte ein.

Im durch Einfamilienhäuser geprägten Dorf Burgrieden spricht das Projekt ↗ *Allengerechtes Wohnen* eine schlummernde Nachfrage nach zentral gelegenen, gut integrierten und barrierefreien Geschosswohnungen an. Das wirkt zweifach flächensparend: Ältere Haushalte verkleinern ihre Wohnfläche und ziehen in die Dorfmitte – Familien ziehen in die freiwerdenden Einfamilienhäuser und verzichten so auf einen eigenen Hausbau.

Starke Partner der Quartiersentwicklung
Selbstorganisierte und von hohem Engagement geprägte Hausgemeinschaften und (Multi-)Trägerschaften entwickeln besondere Nutzungskonzepte und Angebote, die in das umgebende Quartier ausstrahlen. Zudem sind sie mit ihren eingeübten Aushandlungsprozessen schon vor dem Einzug handlungsfähige Akteure und engagierte Partner der Quartiersentwicklung.

Das ↗ *Wohnprojekt Wien* bildet mit der Lage am Park, den bewusst gestalteten Schnittstellen zur Nachbarschaft im Erdgeschoss und den zahlreichen Angeboten für das Umfeld einen wichtigen Knotenpunkt im neuen Quartier. Vertreter der Nutzergruppe sind bereits vor Einzug im Umfeld und mit dem Quartiersmanagement vernetzt, engagieren sich in der lokalen Bürgerinitiative und beteiligen sich – im Gegensatz zur noch nicht feststehenden Mieterschaft anderer Gebäude – aktiv an der Entwicklung des Nordbahnhofviertels.

Herausforderungen und Grenzen der Übertragbarkeit

Die drei Perspektiven der Übertragbarkeit zeigen Richtungen auf, in denen die untersuchten Lösungen „jenseits des Standards" – mit ihren dazugehörigen Rahmenbedingungen, Akteuren und Prozessen – einen Beitrag dazu leisten können, aktuellen Herausforderungen in der Stadtentwicklung und am Wohnungsmarkt zu begegnen. Lernen können daraus erstens die „anderen" Akteure selbst, zweitens ihre Kooperationspartner, drittens etablierte Bestandshalter, Wohnungsbaugesellschaften, Genossenschaften sowie viertens Partner, Unterstützer, Regulierer in Kommunen, Land und Bund sowie in Finanzwirtschaft, Planung und Bauwirtschaft.

Die entwickelten Perspektiven zur Übertragbarkeit wurden in drei Fokusgruppen mit Personen aus genau diesen verschiedenen Zielgruppen erörtert. Dabei wurden weniger die einzelnen Vorschläge im Detail betrachtet als vielmehr übergeordnete Herausforderungen und Grenzen der Übertragbarkeit angesprochen. Einige der Argumente werden in diesem nun abschließenden Kapitel festgehalten. Die Diskussion der Übertragbarkeit ist mit dem Forschungsprojekt jedoch nicht abgeschlossen. Das vorliegende Buch soll dazu anregen, die aufgezeigten Optionen und auch die offenen Fragen weiter zu erörtern.

Im Quartier denken

In den untersuchten Fallstudien wurde die Wirkung auf das Umfeld, den Ort oder das Quartier nicht systematisch untersucht, sondern primär aus Sicht der Projektbeteiligten erfasst. Eine eigentliche Wirkungsanalyse für das Umfeld fehlt. Aus der Innensicht der beteiligten Akteure jedoch zeigt sich: Das Umfeld hat als Ressource und Wirkungsfeld der Projekte eine sehr große Bedeutung.

Mehrwert im Quartier – wie einpreisen?

In den Fokusgruppen betonen große Entwickler und Bestandshalter, dass Wohnen und Quartier in den letzten Jahren näher zusammengerückt sind – die Nutzer betrachten zunehmend beides. Eine Strategie besteht beispielsweise darin, Wohnungen barrierefrei und damit förderfähig zu erstellen, die Grundrisse selbst aber kaum mehr zu variieren, um den finanziellen Mehraufwand primär in das Quartier zu investieren. Ein anderer Ansatz ist der, Häuser mit besonderen Wohnformen und Trägerschaften in ein größeres Quartier einzubetten, beispielsweise als Mehrgenerationenhäuser, um alternden Bestandsmietern Möglichkeiten zum Bleiben im gewohnten Umfeld zu geben. Doch wie lassen sich Nachbarschaft und Quartier in ein Immobilienprojekt einpreisen, wenn Haus und Quartier nicht in einer Hand sind?

Zukunftsfrage Versorgung

Viele Teilnehmende der Fokusgruppen erwarten, dass in den kommenden Jahren die Versorgung des alltäglichen Bedarfs in den Quartieren deutlich schwieriger und die Daseinsvorsorge immer weniger gewährleistet sein wird. Grund hierfür sind zunehmende räumliche Disparitäten und auch der stark von der Digitalisierung geprägte Umbruch im Einzelhandel, bei Dienstleistungen und im Gesundheitswesen. Umso dringlicher sind Projekte, die im Neubau oder Bestand Quartiere beleben und zusätzlich versorgen – über die Etablierung neuer Angebote, den Aufbau ehrenamtlicher Strukturen oder durch eine Verstärkung lokaler Nachfrage, die bestehende Strukturen stützt. Auch hier stellt sich die Frage nach der Verantwortlichkeit und der Quartiersrendite.

Organisationformen im Quartier

Das, was „andere" Akteure in ihren Projektentwicklungen freiwillig für ganze Areale oder Quartiere leisten, deutet auf die übergeordnete Frage: Welche Organisationsformen sind dazu geeignet, in bestehenden und auch neuen Quartieren den Mehrwert im Quartier zu entwickeln und auch abzusichern? Konsortien oder Quartiersgenossenschaften sind hierzu erste Beispiele. Welche Form der Verbindlichkeit kann damit erreicht werden und mit welchen Anreizen und Strukturen?

Bestände situativ sanieren und auffrischen

Alte Genossenschaften suchen nach Wegen, ihre Bestände weiterzuentwickeln. Sie beabsichtigen eine Re-Individualisierung ihrer Wohnanlagen vom Quartier bis zur Wohnung. Allerdings stoßen neue Wohnformen vielfach auf Ablehnung bei langjährigen Genossen. Ein Hebel zur Veränderung, der Akzeptanz findet, ist die Schaffung von Wohnangeboten für ältere, mobilitätseingeschränkte Bewohner. Eine andere Strategie, Bestände weiterzuentwickeln, ist die Diversifizierung des Angebots über neue, barrierefreie Wohnungen sowie über einen Mix von Neubauten, hochwertig sanierten und nur einfach instandgehaltenen Wohnungen. Einzelne Häuser werden an Träger vergeben, die den Bestand managen. Damit können Mieter wechseln und junge Menschen ziehen zu. Das Ziel ist es, dass möglichst viele Mieter vor Ort bleiben. Hier zeigt sich ein Verständnis von Sanierung als bauliches und soziales Projekt auf dem Maßstab eines Quartiers. Auch diese Strategien erfordern also eine Gesamtkoordination über das einzelne Haus hinaus.

Wohnungsbau als Sozialpolitik

Die Thesen zur Übertragbarkeit trennen die bauliche und die soziale Komponente der Projekte „jenseits des Standards" voneinander. Mit relativ wenig Mitteln kann beispielsweise im Bestand ein soziales Projekt gestartet werden, das die Aneignung des Lebensumfelds fördert, Individuen vor Ort befähigt und die Nachbarschaft insgesamt stärkt. Wohnen wird so als sozialer Prozess verstanden und aktiv gestaltet. Damit wäre grundsätzlich zu fragen: Ist es die Aufgabe des Wohnungsbaus, Sozialpolitik zu betreiben? Oder umgekehrt: Können wir es uns noch leisten, Wohnen nicht als Teil der Sozialpolitik zu begreifen? Viele der Entwickler und Bestandshalter, die an den Fokusgruppen teilgenommen haben, bekennen sich klar zu einem sozialpolitischen Ansatz des Wohnens – der langfristig auch einen ökonomischen Mehrwert schafft.

Vorsorge und Nachsorge

Mit dem Hinweis auf die sozialen Projekte, die „andere" Akteure vor, während und nach den Planungs- und Bauphasen in ihren Projekten verfolgen, wurde intensiv diskutiert, was das für eine aktive Begleitung der Zyklen im Wohnen bedeutet. Denn Häuser und ihre Bewohner haben eine typische biographische Entwicklung: Im Neubau dominiert immer noch die Vorstellung, dass das Projekt mit Bezug abgeschlossen ist, auch im geförderten Wohnungsbau. Und im Bestand sind Fördermittel erst verfügbar, wenn die Probleme schon gravierend sind. Der Mitteleinsatz wäre deutlich geringer, wenn Prozesse der Selbstorganisation und Verantwortung im Quartier kontinuierlich angestoßen und begleitet würden.

Mit Mieterbeteiligung haben einige Bestandshalter bereits positive Erfahrungen gemacht und genau diese Effekte erreicht. Zu beachten ist allerdings, dass es in Nachbarschaften und Quartieren auch divergierende Interessen bei unterschiedlichen sozialen Gruppen gibt, die eine aktive Begleitung und Moderation und damit ausreichend personelle Ressourcen erfordern.

Wie Sozialrendite erfassen?

In den Fokusgruppen wurde intensiv diskutiert, ob und wie der Aufwand für die soziale Entwicklung in die Erstellung und den Betrieb von Wohnen eingepreist werden sollte. Sozialer Wohnungsbau ist im Wesentlichen nur geförderter Wohnungsbau mit unterschiedlichen zeitlichen Fristen der Preisbindung – denn das Zusammenleben wird nicht begleitet. Bei den „anderen" Akteuren hat der soziale Prozess eine Struktur und in vielen Baugruppen wird der Aufwand von Einzelpersonen getragen, die sich mit ihrem Idealismus engagieren und Freizeit investierten. In Brennpunktquartieren muss die Kommune die Kosten übernehmen, und wird dabei zum Teil gefördert, um soziale Nachsorge zu betreiben, beispielsweise über Bau und Betrieb von Quartierszentren oder anderer sozialer Infrastruktur. Dabei sollten die Wohnungsbauträger sich an diesen Kosten beteiligen, also einen Anteil an den gesamtgesellschaftlichen Kosten des sozialen Zusammenlebens übernehmen. Für die Sozialrendite gibt es allerdings kein ausreichendes Rechenmodell, obwohl ihre positiven Effekte klar greifbar sind: weniger Fluktuation, höhere Wohnzufriedenheit und ein verbesserter Zusammenhalt in der Wohnanlage.

Geld ist da! – Ist Geld da?

Unter der gängigen Wirtschaftlichkeitsbetrachtung rechnen sich viele der Maßnahmen, die das soziale Projekt im Wohnen befördern, nicht. Wer also trägt die Kosten? In der Diskussion der Fokusgruppe wird betont, dass die zusätzlichen Angebote Vorteile schaffen und daher nicht über öffentliche Finanzierung alimentiert werden müssen. Zudem ist ja heute Geld im Wohnungsbau da – nur die Anwälte, die sich für den Mehrwert der notwendigen Investitionen stark machen, fehlen. Andererseits haben Städte vielfach keine Ressourcen, sich aktiv um Nachbarschaften und Quartiere zu kümmern. Nachsorge kostet Geld, daher kann man sie sich bei geringer kommunaler Steuerkraft und hohen Schulden nur dann leisten, wenn es sich um Fördergebiete handelt.

Anwälte für die langfristige Perspektive

Wohnungsbau als Impulsgeber für Stadtentwicklung und Baukultur, Individuum und Nachbarschaft – die Perspektiven der Übertragbarkeit richten sich auf einen mittel- und langfristigen Zeithorizont. Die untersuchten „anderen" Akteure sind alle langfristige Bestandshalter.

Verantwortung der Kommune – und wer noch?

Mit Bauleitplanung, Bodenpolitik und kommunalen Wohnungsbaugesellschaften haben Kommunen die wesentlichen Schlüssel in der Hand, Entwicklungen langfristig zu steuern. Bei jeder Erstellung eines Bebauungsplans sollten die längerfristigen Folgen von Wohnprojekten betrachtet werden. In weniger wirtschaftsstarken Städten ist die Diversifizierung des Wohnungsangebots und -bestands ein wichtiges Ziel, denn diese trägt zu Stabilität in monofunktional geprägten Wohnungsmärkten bei. Ein wichtiger Hebel dafür ist die Vergabe von Grundstücken über Konzeptverfahren. Grundstücke sollten nicht unter Preis, aber entgegen einer kurzfristigen Marktlogik verkauft werden. Offen ist die Frage, welche Akteure diese kommunale Sicht teilen. Die Fördergeldgeber im sozialen Wohnungsbau sind zunächst blind in Bezug auf Standortlogik, Vielfalt der Nachfrager und Potenziale wie auch auf Herausforderungen des Zusammenlebens. Und auch ein Investor hat das wenig im Blick, wenn er Wohnungen zum Abverkauf erstellt. Aber aus diesen Faktoren entwickelt sich die Nachhaltigkeit im Bestand und in der Vermietung, die in der Quartiersentwicklung langfristig ein relevanter Wirtschaftsfaktor ist.

Wohnungsbau unter Druck: schnell und Standard

In angespannten Wohnungsmärkten, die durch Knappheit gekennzeichnet sind, wird die ökonomische Logik durch das Standardmodell dominiert. Große Anbieter haben kaum Anreize, am Markt neue Lösungen anzubieten. Aber immer mehr Menschen mit vielfältigen Lebensstilen und Lebensmodellen suchen genau in diesen Städten und Regionen etwas anderes. Auch kommunale Wohnungsbaugesellschaften stehen unter Druck, in kurzer Zeit viel Wohnraum zu schaffen. Ein einzelnes Bauvorhaben hat schnell 150 und mehr Wohnungen und damit Quartiersgröße erreicht. Um Kosten und Zeit zu sparen, werden Vorfertigung und Modulbauweise oder rechnergestützte Entwurfsverfahren diskutiert. Doch die großen Skalen lassen sich bei wenig Zeit kaum in der gewünschten Qualität erstellen. Günstig, ökologisch, nachhaltig, barrierefrei, energiesparend, die Förderrichtlinien nicht überschreiten und die Belegung kommunal organisieren – diese Wunschliste lässt sich unter dem aktuellen Druck aus Markt und Politik kaum umsetzen.

Prozessqualitäten und Gestaltungsspielraum

Die untersuchten Projekte „anderer" Akteure zeichnen sich in Planung und Betrieb durch eine sehr hohe Prozessqualität und einen engen Dialog zwischen Herstellern, Betreibern und Nutzern aus. In den Fokusgruppen wurde intensiv diskutiert, ob sich die Lösungen „jenseits des Standards" auch ohne ihre aufwendigen Prozesse übertragen lassen.

Prozesse, die sich rechnen

Die Prozesse der untersuchten Projekte sollten differenziert betrachtet werden. Einerseits zeigen sich situative, durch prägnante lokale Gegebenheiten oder starke Persönlichkeiten geprägte Entwicklungen mit einer spezifischen Gruppendynamik, in denen sich ein bauliches und ein soziales Projekt herausbildet. Andererseits gibt es eine instrumentelle Sicht auf präzise abgrenzbare Räume, Verfahren und Organisationsformen. Optionen der Übertragbarkeit beziehen sich vor allem auf diese zweite Perspektive.

Mitbestimmung und Mieterbeteiligung in Planung, Organisation und im Betrieb von gemeinsamen Räumen und Flächen wurden auch schon im konventionellen Wohnungsbau getestet. Da sich dabei Bewohner selbst einbringen und kümmern, entstehen überschaubare Kosten, aber ein hoher Mehrwert für die Nachbarschaft, sodass die Rendite des gesamten Projekts sogar gesteigert werden kann. Ebenso kann eine Beteiligung der Mieterschaft überraschende Ideen generieren und ein Quartiersmanagement überflüssig machen. Kommunale Wohnungsbaugesellschaften berichten, dass sie neue Themen wie Mehrgenerationenwohnen mit alternativen Formen der Projektentwicklung angehen, die zum Beispiel von Vereinen getragen werden. Dabei lernen die Gesellschaften ihre Mieter und diese sich gegenseitig schon im Entstehungsprozess kennen, was bei konventionellen Mietwohnungen nicht der Fall ist.

Aushandlungsprozesse jenseits von Einzelpersonen

Beteiligungsprozesse bergen die Gefahr, dass sie selektierend wirken, da viele Menschen nicht in der Lage sind, dort mitzumachen. Zugleich hängt in diesen Prozessen vieles an einzelnen Persönlichkeiten mit ihrem Wissen und Engagement. Vor diesem Hintergrund wurden in den Fokusgruppen Ansätze erörtert, Beteiligung unabhängig von Einzelpersonen zu organisieren. So arbeitet eine Genossenschaft mit Stellvertreterpersonen, um für verschiedene gesellschaftliche Milieus, Lebensphasen und Geldbeutel ein Produkt für ein Leben in der Stadt von morgen zu entwickeln. Jeder in der Gruppe muss jederzeit abspringen und ausziehen können – und das Projekt dennoch lebensfähig sein. Zudem empfinden es viele Menschen als Vorteil, später zu dem Projekt hinzuzustoßen, wenn schon vieles festgelegt ist. Die Form des strukturierten Prozesses schafft dennoch Identifikation.

Gestaltungs- und Verhandlungsspielräume

Die wesentliche Schwierigkeit in diesen Aushandlungsprozessen liegt darin, darzustellen, was „jenseits des Standards" möglich ist und heute am Markt nicht angeboten wird. Werden die Stellvertreter beteiligt, dann liegt der Fokus auf den Gemeinschafts- und Freiflächen, während alle Wohnungen den Förderrichtlinien entsprechen müssen und daher wenig mitgestaltet werden können. Der gemeinsame Gestaltungsspielraum sollte klar definiert werden: In den Fokusgruppen wird das Beispiel einer neu gegründeten Genossenschaft diskutiert, in der jede Partei fünf von 100 Quadratmetern an die Gemeinschaftsfläche abgibt.

Ebenso spielen die Gestaltungsspielräume bei der Vergabe und Ausnutzung des Grundstücks eine zentrale Rolle. Kann man durch eine kompaktere Bebauung mehr Freiräume schaffen? Das ist nur möglich, wenn der Grundstückspreis an eine definierte Ausnutzung des Grundstücks gekoppelt ist. Wenn der Preis im Rahmen einer Konzeptvergabe fixiert ist, kann ein Wettbewerb der Konzepte stattfinden. Damit ist ein klarer Rahmen für die Aushandlung der Wohnqualitäten geschaffen. In der Projektentwicklung ist es wichtig, dass es einen Anwalt für den Gestaltungsspielraum gibt und dieser einen klaren Rahmen für die Prozesse definiert.

Förderrichtlinien – Rahmen und Begrenzung der Aushandlung

Das Einhalten der Förderrichtlinien wird aus verschiedenen Perspektiven als relevant und hilfreich für den langfristigen Betrieb und auch für die Beteiligung angesehen. Sowohl viele der untersuchten „anderen" Akteure als auch etablierte Bestandshalter sind bemüht, geförderte und nicht geförderte Wohnungen nach dem gleichen Standard zu bauen, um so für eine Flexibilität in der Belegung, langfristige Weitervermietung sowie eine Durchmischung der einzelnen Häuser zu sorgen. Die Förderbedingungen helfen zudem, den zahlreichen Wünschen, die in den Prozessen entstehen, einen klaren Rahmen zu geben. Zugleich gibt es aber einige Wohnformen, die aus dem Rahmen fallen, wenn beispielsweise Clusterwohnungen mit 28 Quadratmetern Wohnfläche die Mindestwohnfläche nach den Förderstandards unterschreiten.

Vorselektion und soziale Entmischung

Intensive Diskussionen fanden rund um die Frage der Zielgruppen für die untersuchten Projekte statt. Welche Ansprüche an Prozesse und Wohnlösungen „jenseits des Standards" möchte man übertragen? Und mit welchen persönlichen und finanziellen Ressourcen sind diese hinterlegt?

Finanzkraft und soziales Kapital

In den Fallstudien wurden ökonomische Eckdaten wie Baukosten oder Haushaltseinkommen der Bewohner nicht ermittelt und auch keine Milieudaten ausgewertet. Ein großer Teil der Projekte inkludiert in einem Haus auch geförderten Wohnraum und viele Projekte bieten zudem Wohnraum für besondere Zielgruppen, beispielsweise Jugend- oder Demenzwohngruppen. Im Fall der Falkenried-Terrassen handelt es sich sogar um 100 Prozent geförderte Wohnungen – ein Wohnberechtigungsschein ist Voraussetzung für den Einzug. In den Projekten gibt es also eine große Vielfalt an Lebenssituationen. Dennoch kann der soziale Anspruch an die Prozesse zu einer Vorselektion führen, da sich nur bestimmte Menschen überhaupt so auf den Weg machen. Auch ökonomisch waren viele der untersuchten Projekte ein Abenteuer, weil sich Akteure relativ unprofessionell in ein Projekt gestürzt haben, in dem durch schwierigen Bestand, Altlasten oder Bauverzug große Risiken auftraten. Die Fragen der individuellen Ressourcen, der Risikobereitschaft und auch des persönlichen Vorstellungsvermögens spielen dabei eine wichtige Rolle – und entsprechende Milieus finden sich nicht in jeder Stadt.

Freiwillige oder unfreiwillige Aushandlungsprozesse

Bei den „anderen" Akteure zeigen sich intensive Aushandlungsprozesse um die Wohnlösungen. Offen ist die Frage, welcher Grad von Freiwilligkeit und Unfreiwilligkeit dabei vorliegt und ob freiwillige Aushandlungsprozesse tatsächlich übertragbar sind. Bei freiwilligen Prozessen bringen viele der beteiligten Akteure in den untersuchten Projekten eine gewisse Leidensbereitschaft und Affinität mit, solche Prozesse zu moderieren und auszuhalten.

Die Reduktion der Wohnfläche kann freiwillig erfolgen oder auch durch wirtschaftliche Zwänge des Einzelnen, der sich in teuren Wohnungsmärkten beziehungsweise am gewünschten Standort nicht mehr Fläche leisten kann. Aus der Erfahrung langjähriger Bestandshalter wird Skepsis geäußert, ob die hier beschriebenen Lösungen auf breite Schichten der Bevölkerung übertragbar sind, da die angesprochenen Menschen in den Projekten „jenseits des Standards" mobil und fähig sind, auf neue Situationen zu reagieren, beispielsweise mit einem Wohnungswechsel. Die Menschen brauchen eine Affinität zum engen Zusammenleben und das Engagement hierfür muss laufend erneuert werden.

Entmischung und Ausgrenzung

In den Diskussionen wurden die Gefahren von Entmischung und Ausgrenzung deutlich angesprochen. Auch die Gruppe der förderfähigen Mieter ist breit gestreut. So würden im Fall von gefördertem Wohnungsbau manche Bauträger und Betreiber vorwiegend „problemfreie" Mieter suchen – und so zur Entmischung von Nachbarschaften und auch von

Schulsprengeln beitragen. Neue gemeinschaftlich orientierte Angebote, Räume und Prozesse dürfen nicht zu neuer Ausgrenzung führen, sondern sollten Menschen über individuelle Förderung Chancen eröffnen.

Skalierung – Treiber und Grenzen

Die Frage der Übertragbarkeit hängt direkt mit der Möglichkeit der Skalierung der Projekte zusammen. Viele Kommunen entwickeln heute wieder größere Areale und Quartiere, um dem drängenden Wohnraumbedarf zu begegnen. Auch die Wohnungswirtschaft ist herausgefordert, größere Stückzahlen in geringerer Zeit zu realisieren.

Hemmnisse der Mobilität am Wohnungsmarkt

Ein Wirkungsfeld der untersuchten Projekte sind direkte und indirekte Markteffekte, wenn nämlich nicht nur neue Bedürfnisse angesprochen werden, sondern auch die Mobilität am Wohnungsmarkt erhöht wird. In angespannten Wohnungsmärkten scheitert der Wohnungswechsel häufig an fehlenden Anreizen oder Angeboten. Ein Umziehen von einer großen in eine kleine Wohnung macht wirtschaftlich zumeist keinen Sinn, weil der Mietzins der kleineren Wohnung deutlich höher ist als die Bestandsmiete. Auch auf dem Land bestehen Situationen, in denen der Nutzen der Reduktion der individuellen Wohnfläche fraglich ist, wenn dadurch Leerzüge von Einfamilienhäusern entstehen, für die sich keine Nachnutzer finden.

Knappheit als Treiber

Andererseits können die zunehmende Flächenknappheit und die immer höheren Miet- und Kaufpreise durchaus als Treiber für neue Aushandlungsprozesse und Lösungen „jenseits des Standards" wirken. Eine kleine Wohnfläche wird akzeptiert, weil man sich nichts anderes leisten kann, eine dichte Bebauung ebenfalls, weil sie den eigenen Wohnraum in der gewünschten Stadtlage schafft. Beides hat ökologische, infrastrukturelle und auch stadträumliche Vorteile. Und die Gemeinschaftsflächen, beispielsweise das Gäste-Apartment, federn die individuellen Einschränkungen ab.

Maximale Größe

Dem Argument der kritischen Masse von Bewohnern, die dafür nötig ist, bestimmte zusätzliche Räume und Angebote zu betreiben und eine robuste Sozialstruktur aufzubauen, ist die Frage der maximalen Größe gegenüberzustellen. Für die Beteiligten ist es über einer gewissen Größe der Hausgemeinschaft oder Nachbarschaft hinaus schwierig, in Kontakt zu treten und Aushandlungsprozesse zu führen. Die Frage, wie weit der Gemeinschaftsgedanke skalierbar ist, sollte unbedingt weiter untersucht werden – denn viele der untersuchten Beispiele haben durchaus Mechanismen entwickelt, die auch bei größeren Hausgemeinschaften und Nachbarschaften Zusammenleben organisieren und Zusammenhalt stiften.

Das Große und das Kleine – was stößt was an?

Ein wichtiger Treiber für die Fragen der Skalierung ist die aktuelle Herausforderung, Wohnen im großen Maßstab neu bereitzustellen. Viele europäische Städte entwickeln aktuell neue Stadtteile mit 5.000 bis 15.000 neuen Wohnungen. Daher sollten die hier diskutierten Lösungen intensiv begutachtet werden, damit wir nicht heute die Fehler von morgen bauen. In der Diskussion der Fokusgruppen wurde angeregt, nicht nur die andersartigen kleinen Projekte als Initialzündung für größere Projekte zu betrachten, sondern auch kleine Projekte „jenseits des Standards" in größere Entwicklungen einzustreuen. Besondere Wohnformen und Angebote werden in jedem Quartier benötigt. Zudem erwächst daraus ein stabiles Engagement mit vielen Aktivitäten und Aneignungsmöglichkeiten, ob über Gärtnern, Feste oder einen Gemeinschaftsraum.

Transformative Kraft der Projekte

Eine Grenze der Übertragbarkeit und Skalierung wird in Bezug auf die transformative Kraft der Projekte gesehen. Mit vielen der untersuchten Projekte verbindet sich eine normative Agenda, soziale und ökologische Leitbilder werden verfolgt und auch Lagen und Gebäude neu gelesen. In den Prozessen entwickeln sich neue Lösungen zum Teil unvorhergesehen, in einer eigenen Dynamik, mit beabsichtigten und nicht beabsichtigten Folgen. In dieser Hinsicht sind die Projekte sehr kontextbezogen, an Ort und Gruppe gebunden – Stadt- und Wohnraum haben hier auch eine kulturelle Dimension. Die ersten Speerspitzen eines Wandels entwickeln sich aus Nischen, die in ihren Lösungen und Wirkungen vorab kaum zu beschreiben und daher auch nicht zu transferieren sind.

Fallstudien

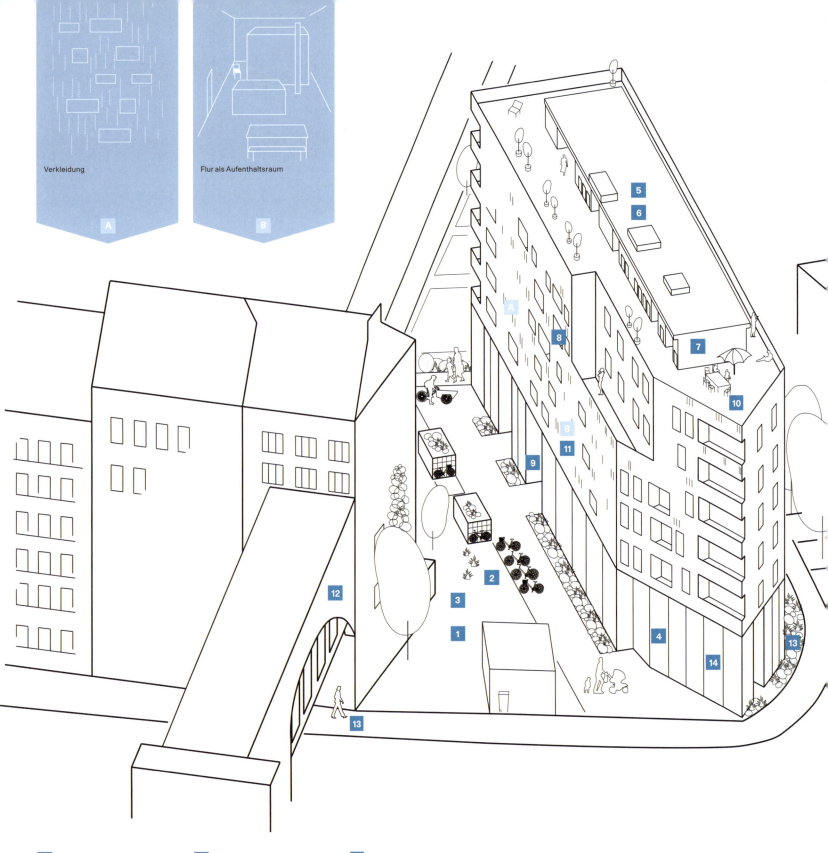

Größe: 39 WE, Neubau
Projektstart: 2009
Fertigstellung: 2013
Trägermodell: WEG
Akteure: ARGE D1 Architekten: roedig.schop architekten, sieglundalbert Architekten, DMSW Architekten, Baugruppe, Projektsteuerung MRP
Zielgruppe: Baugruppe
Besonderheiten: Denkmalschutz, luftiger Solitär, Metallgitterfassade, Gewerbenutzung im Erdgeschoss, Dachboxen, einsehbarer Garten, Dachterrasse

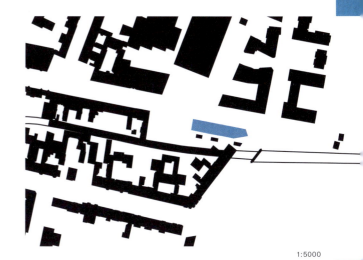

1:5000

Dennewitz Eins, Berlin

2009 stand der vom Immobilienmarkt bisher unbeachtete Teil von Berlin-Kreuzberg mit dem angrenzenden Gleisdreieck, das eben in einen Park umgebaut wurde, kurz vor einem Umbruch. Eine Gruppe von Architekten hatte den sozial schwachen, zentral gelegenen Kiez länger beobachtet und ein Gespür für die weitere Entwicklung gefunden. Sie bildeten eine Arbeitsgemeinschaft aus drei auf Baugruppen spezialisierten Büros (ARGE), um ein Restgrundstück neben einer denkmalgeschützten U-Bahn-Brücke zu bebauen. Der Baugrund – damals noch günstig – ermöglichte die Errichtung von bezahlbarem und dennoch hochwertigem Wohnraum in Eigentum für 38 Bauherren. Die Gruppengröße ermöglichte es, dass die diversen Bedürfnisse der heterogenen Gruppe ihren Platz im Projekt finden konnten. Durch das kooperative Vorgehen der Architekten konnte eine große Gruppe unerfahrener Bauherren gewonnen werden. Damit wurde Dennewitz Eins zu einem der ersten Baugruppenprojekte Berlins und steht damit auch exemplarisch für eine Veränderung in der Stadtentwicklung. Die architektengetriebene Projektentwicklung fand, abgesehen von der Grundstücksvergabe, ohne substanzielle externe Unterstützung statt; nur ein zusätzlicher Projektsteuerer wurde hinzugezogen.

Der freistehende Solitär vereint drei Häuser, die von drei Architekturbüros geplant und umgesetzt wurden, und markiert die besondere städtebauliche Situation, indem er auf die maximale Ausnutzung des Baurechts verzichtet. Die nach einem langen Aushandlungsprozess beschlossene Metallgitterfassade gibt den drei Gebäuden ein gemeinsames Kleid. Die Grundrisse wurden nach einheitlichen Ausbaustandards geplant, jedoch durch Sonderausführungen an die Wünsche der jeweiligen Bauherren angepasst. Die Abstellboxen auf dem Dach ermöglichen den Verzicht auf eine Unterkellerung, die aufgrund des belasteten Bodens kostenintensiv ausgefallen wäre. Der zur Straße offene Garten und die große Dachterrasse haben sich als Treffpunkte der Bewohner etabliert und fördern ein ungezwungenes Miteinander.

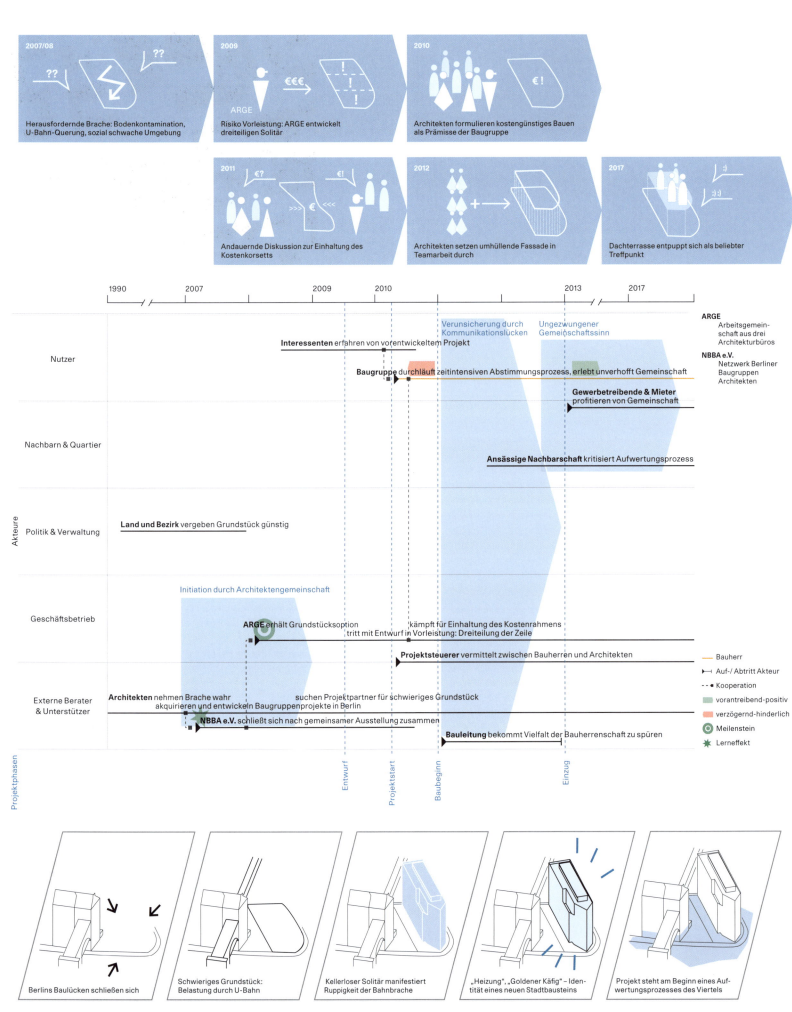

Rahmenbedingungen

Gesamtstadt
Vor dem Hintergrund der schwierigen Marktsituation um 2008 gelang es einem Zusammenschluss von Architekten, ein zentral gelegenes Grundstück zu einem günstigen Kaufpreis zu erwerben. Die Lage war gekennzeichnet durch eine sehr gute Anbindung an den öffentlichen Verkehr mit einer unmittelbar angrenzenden, denkmalgeschützten U-Bahn-Station, die Nähe zum Potsdamer Platz sowie zum künftigen Park am Gleisdreieck. Aus dem mitten in der Stadt entstehenden, teilweise in einem partizipativen Prozess geplanten Park ergaben sich Veränderungen, die eine neue Wahrnehmung des Standorts prägten und ihn als Wohnort bei der erhofften Zielgruppe allmählich vorstellbar werden ließen.

Quartier
Das Grundstück war unter anderem darum so günstig zu erwerben, weil das direkte Umfeld als schwierig galt. Der an vielen Stellen sehr lebendige und beliebte Stadtteil Kreuzberg zeigte hier mit Straßenprostitution, Drogenkriminalität und vielen brachliegenden Grundstücken andere Seiten und war bei Investoren dementsprechend unbeliebt. Durch langjährige Beobachtung wurde in dem von den Architekten als „Wackelkiez" bezeichneten Viertel die Tragfähigkeit eines Projekts geprüft. Dennewitz Eins war eines der ersten Neubauprojekte in der beginnenden Entwicklungsphase und kennzeichnet damit auch den Beginn eines Umbruchs im Quartier. Dementsprechend kritisch wurde der mitunter durch dieses Projekt angestoßene Aufwertungsprozess von den unmittelbaren Nachbarn wahrgenommen.

Grundstück
Geschickt nutzten die Architekten den Umstand, dass die öffentliche Hand Grundstücke an Baugruppen vergibt. Die Bedingungen zur Entwicklung des konkreten Standorts waren durch den kontaminierten Boden, die nahe U-Bahn-Brücke und die Auflagen wegen des benachbarten denkmalgeschützten Gebäudes jedoch nicht einfach. Die Gruppenbildung für den Grundstückskauf dauerte so länger als üblich, weil zunächst der abschreckende Standort das Interesse hemmte. Es erforderte einen höheren Aufwand, der gewünschten Zielgruppe den Standort schmackhaft zu machen. Die späteren Bauherren wurden immer wieder auf das Grundstück eingeladen, um dieses und die Umgebung kennenzulernen. So blieben in der Vergabe der Wohnungen beim Grundstückskauf zunächst einige übrig und auch die Gewerbeeinheiten blieben bei Fertigstellung des Gebäudes vorerst frei.

Akteure

Externe Berater & Unterstützer
Das Netzwerk der Berliner Baugruppen Architekten (NBBA) gründete sich nach einer Ausstellung über Baugruppen-Projekte aus 15 Architekturbüros. Aus diesem Netzwerk heraus schlossen sich Anfang 2009 auf Initiative eines Architekturbüros drei Teams mit Baugruppenerfahrung zu einer Arbeitsgemeinschaft (ARGE D1) zusammen.

Geschäftsbetrieb
Die ARGE D1 gab als einzige ein Angebot auf das Grundstück aus dem städtischen Liegenschaftsfonds ab und erhielt die Kaufoption. Die beteiligten Architekten hatten konkrete Baupläne und gingen mit der Projektentwicklung in Vorleistung. Durch die selbstgesetzte Prämisse, kostengünstig zu bauen, nahmen die Architekten starken Einfluss, da die anvisierten Kosten die Entscheidungen maßgeblich lenkten. Nach langjähriger Beobachtung des Standorts und seiner Umgebung waren die Architekten von der Tragfähigkeit einer Projektentwicklung überzeugt. Sie entwickelten auf dem Risikogrundstück ein verhältnismäßig großes Baugruppenprojekt, in das Erfahrungen aus kleineren und auch gescheiterten Projekten eingingen und in dem vergangene Fehler vermieden werden konnten. Die Zusammenarbeit in der ARGE D1 war von gegenseitigem Respekt gekennzeichnet und verlangte bei der Aufgabenteilung der Ausführungsplanung viel interne Abstimmung.

Ein durch die Architekten eingesetzter Projektsteuerer bündelte die Entscheidungsfindung in der Baugruppe und leitete die Wohnungsvergabe. Er verantwortete zudem auch die Gesamtkostenaufteilung und übernahm „Übersetzungsaufgaben" zwischen Planern und Bauherren. Diese Leitungsfunktion der Bauherrschaft wurde allgemein als enorm wichtig eingeschätzt.

Nutzer
Durch persönliche Kontakte, die Nachfrage von Familien in der Nachbarschaft, Aufrufe über den Verteiler des NBBA und verschiedene Stellen im Internet fand sich eine Baugruppe für das durch die Architekten vorentwickelte Projekt. Aufgrund der Grundstücksgröße wurde eine relativ große Bauherrschaft aus 38 Parteien gebildet, die sich nur zum Teil kannten. Jenseits des Prinzips „Freunde bauen mit Freunden" bot und bietet die große Gruppe eine gewisse Anonymität und eine außergewöhnlich hohe Diversität in Bezug auf Alter, Berufstätigkeit, Familienkonstellation und kulturellen Hintergrund. Damit verknüpft sind wiederum unterschiedliche Zielsetzungen und finanzielle Möglichkeiten, die zu einem erhöhten Diskussionsbedarf ohne festgefahrene Lager oder Pole führten. Der enge

Kostenrahmen und das einheitliche Erscheinungsbild nach außen wirkten dabei immer wieder als wichtiger Kitt der Gruppe.

Das vorentwickelte Grundkonzept nahm zu Beginn eine wichtige sichernde Rolle ein und versprach – trotz Risikogrundstück – ein rasches Vorankommen und eine verbindende Richtung. Darüber hinaus gaben die Erfahrungen einiger Bauherren aus vorherigen Projekten der Gruppe Zuversicht. Die Baugemeinschaft bekannte sich zu der Grundidee des kostengünstigen Bauens, was für einige Interessenten gar zum wichtigsten Argument für den Beitritt zur Baugruppe avancierte.

Nachbarn & Quartier
Die Haltung der ansässigen Nachbarschaft gegenüber dem Projekt wurde im Allgemeinen kritisch wahrgenommen. Dennewitz Eins war eine der ersten Projektentwicklungen, die den Beginn von Veränderungsprozessen des Stadtviertels markierten. Die Aufwertung des Viertels wurde von den Anwohnern mit der Sorge vor Veränderung durch eine fortschreitende Gentrifizierung betrachtet.

Politik & Verwaltung
Das Land Berlin und der Bezirk Mitte wirkten mit der Vergabe des Grundstücks zu einem günstigen Preis an die Baugruppe unterstützend, nahmen im Prozess jedoch keine aktive oder steuernde Rolle ein.

Prozesse

Initiation durch Architektengemeinschaft
Vor dem Hintergrund der Berliner Wohnungsmarktsituation in den Nullerjahren erhielten die beteiligten Architekturbüros nur wenige Direktaufträge und begannen sich eigeninitiativ in der Projektentwicklung zu engagieren. Dabei bekamen sie mit der Zeit ein Gespür für Standortentwicklung insbesondere von schwierigen Lagen. Aus diesen Bemühungen heraus gab die ARGE D1 mit einem vorentwickelten Baugruppenkonzept als einzige Interessentin ein Kaufangebot für ein brachliegendes Grundstück beim städtischen Liegenschaftsfonds ab und erhielt 2009 einen Optionsvertrag. Dieser Vertrag schuf ein Zeitfenster, um eine kaufbereite Kerngruppe für das Grundstück zu suchen. Die Option auf das schwierige Grundstück erwies sich als ausschlaggebend für die Realisierung eines Wohnungsbaus auf bezahlbarem Grund in zentraler Lage. Der günstige Grundstückspreis schlägt sich bis heute in den bezahlbaren Mieten nieder.

Im Anschluss an den Optionsvertrag stieg die ARGE D1 in die Entwurfsphase ein und erarbeitete ein städtebauliches und architektonisches Grundkonzept in Vorleistung. Der Arbeitsweise der ARGE D1 lag die Idee zugrunde, durch Zusammenarbeit qualitätsvolle Architektur entstehen zu lassen und darüber eine vielfältige, komplexe Bauherrschaft zu erreichen. Die Setzung und Struktur eines klaren Baukörpers zu Beginn half, den komplexen Aushandlungsprozess in der Detailgestaltung durchzustehen. Bereits in einem ersten Schritt der Projektentwicklung sah der Vorentwurf einen Solitärbau in Form eines langen, dreiteiligen Riegels mit entlang der beteiligten Architekturbüros getrennten Abschnitten und damit gesonderten Grundrissentwürfen vor. Die unterschiedliche Raumkonfiguration der drei Einzelhäuser macht sich bei den Erschließungskernen und der Fenstersetzung bemerkbar. Das gemeinsame Gesicht nach außen gewährleisten die Ausführungsplanung aus einer Hand und eine „einhüllende" einheitliche Fassade.

Der Baugrund verlangte nach einer frühen Festlegung der Kostenziele, ohne dass die konkreten Wohnungen schon feststehen konnten. Die Kostenermittlung erwies sich in der Arbeit der ARGE D1 als notwendiges Mittel, um die mit dem Standort verbundenen Probleme handhabbar zu machen. Daraus ging ein relativ detaillierter Vorentwurf hervor. Die separate Entwurfsplanung der drei Häuser hinter einer gemeinsamen Fassade ermöglichte es, Schnittstellen mitzudenken und in der organisatorischen und baulichen Planung Synergien zu nutzen. In der Ausführungsplanung kooperierten die Architektenteams in der Aufteilung der Gewerke quer zu den einzelnen Häusern. So plante beispielsweise Büro A alle Böden, Büro B wiederum alle Elektroinstallationen. Dies hatte ein einheitliches Erscheinungsbild des Gebäudes zur Folge. Dieses Vorgehen in der Ausführungsplanung verlangte zwar viel Abstimmung, führte aber auch zu einem wertvollen Erfahrungsaustausch zwischen den drei Architekturbüros.

Kostenrahmen bändigt Meinungsvielfalt
Die soziale Vielfalt innerhalb der Baugruppe erforderte viel Diskussion in der Projektentwicklung. Im Laufe dieses intensiven Abstimmungsprozesses drohten auch Gruppenspaltungen. Der durch die Architekten festgelegte inhaltliche und finanzielle Rahmen half jedoch, die unterschiedlichen Meinungen der Mitglieder immer wieder zu gemeinsamen Entscheidungen zu kanalisieren. In der Ausführungsplanung lenkte die Einhaltung des Kostenrahmens – unter Einbeziehung der Erfahrungen der drei Architektenteams – die Entscheidungen der Baugruppe maßgeblich. An verschiedenen Stellen und auf unterschiedlichen Maßstabsebenen vom Gebäude bis zu der Ausstattung konnten

kostensparende Entscheidungen herbeigeführt werden: Durch die Realisierung von Dachboxen wurden die hohen Tiefbaukosten eingespart, die eine Unterkellerung des auf kontaminiertem Grund stehenden Gebäudes mit sich gebracht hätten. Durch den Verzicht auf die volle Grundstücksausnutzung und damit Schließung der Blockrandbebauung konnte der Anschluss zum an die U-Bahn grenzenden Nachbargebäude vermieden werden. Auf der Ebene der individuellen Wohnungsausstattung wurde mit einem einheitlichen Standard-Basispaket gearbeitet, das auf eigene Kosten individuell ergänzt werden konnte. Auch die viel diskutierte, von den Architekten gewünschte einhüllende Metallgitterfassade des Gebäudes konnte schlussendlich durch weniger dicht gestaltete Lamellen in kostenreduzierter Form realisiert werden.

Eine besondere Herausforderung war die Ausgestaltung der Erdgeschosszone. Die Architekten wünschten hier explizit eine Nicht-Wohnnutzung. Die Vermarktung der Gewerbeflächen gelang schließlich über private Kontakte. Die Erdgeschosszonen sind heute teilweise gewerblich, teilweise durch Wohnnutzung belegt.

Ungezwungener Gemeinschaftssinn

Eine wesentliche Herausforderung bestand darin, die geeignete Dosis der Mitbestimmung der Mitglieder der Baugruppe auf die bauliche Realisierung zu finden. Einerseits wurde ein hohes Maß an Mitgestaltungsmöglichkeiten gewünscht, andererseits stellte sich bei einigen Baugruppenmitgliedern zeitweise ein gewisser Überdruss an zeitintensiven Abstimmungsgesprächen ein. In diesen Situationen half die gegenseitige Unterstützung mehrerer Architektenteams. Dank der verschiedenen fachlichen Hintergründe konnte ein hohes Maß an Überzeugungskraft gewonnen und gegenüber der relativ unerfahrenen, finanzierenden Bauherrschaft eingesetzt werden. Damit entstand eine Planungskultur zwischen den Architekten und in der Vermittlung an die Nutzer.

Im fortgeschrittenen Entwicklungsstadium des Projekts gab es in der Vermarktung der Wohnungen keinerlei Schwierigkeiten mehr. Die große Anzahl Mitgliedsparteien der Baugruppe ließ ein gewisses Maß an Anonymität zu und erzwang damit keine Gemeinschaft; vielmehr entwickelte sich diese aus Sicht der Architekten unverhofft im Prozess, und einige von ihnen zogen schlussendlich selbst in das Gebäude ein. Später hinzugekommene Mieter und Gewerbetreibende im Erdgeschoss – unter anderem ein Landschaftsarchitekturbüro – konnten so von den Vorteilen einer bereits bestehenden Gemeinschaft profitieren.

Lösungen

Markanter Städtebau greift Ruppigkeit des Ortes auf

Ausgangspunkt für das Projekt bildete die Veränderung der Attraktivität der Lage, die durch den angrenzenden, damals im Entstehen begriffenen Gleispark begründet war. Dennewitz Eins stand als eines der ersten Projekte im Aufwertungsprozess eines ganzen Viertels. Das architektengetriebene Projekt hatte jedoch nicht die Absicht, sich „investorisch und invasorisch" in diesen Prozess einzumischen, sondern wollte einen eigenen Weg verfolgen, frei nach dem Motto: „Stadt muss gemacht und kann nicht nur verbraucht werden." Der Umstand, am Anfang des Umbauprozesses eines Quartiers durch fortwährende Neubauentwicklungen zu stehen, brachte den Nachteil eines Baustellen-Dauerzustands in der angrenzenden Nachbarschaft mit sich.

Die Planung zu Dennewitz Eins stand seitens der Architekten unter der Maßgabe, einen tollen Ort für eine diverse Bewohnerschaft kostengünstig bewohnbar zu machen und dabei eine markante Architektur und Adresse zu entwickeln. Der Erhalt einer als „brutal" bezeichneten urbanen Situation wurde mit einer markanten städtebaulichen Setzung kombiniert. Dabei wurde bewusst auf die maximale Ausnutzung des möglichen Baurechts verzichtet und der städtebaulich freistehende Solitär gegenüber dem Anbau bevorzugt.

Die Materialität der Metallgitterfassade wiederum reagiert als „Hülle" auf die unwirtliche Atmosphäre der Umgebung und spiegelt die Ruppigkeit der räumlichen Situation und des Quartiers wider.

Drei in Eins

Den drei auf individuelle Entwürfe zurückgehenden Häusern wurde mit einer monolithisch wirkenden Hülle ein gemeinsames Kleid gegeben. Der gemeinsame Garten und die luxuriös große Dachterrasse wirken als verbindende Elemente. Die hohe Außenraumqualität von Garten und Dach als großzügige Gemeinschaftsflächen bei gleichzeitig zentraler Lage werden als besondere Standortqualität wahrgenommen. Die Anlage wartet auf Erdgeschossebene mit offenen Grünflächen, Beeten und einem Spielplatz auf. Die im Vergleich zur Umgebung andersartige Fassade lässt auf eine besondere Bauherrschaft schließen. Für die kritisch eingestellte Nachbarschaft dient die Fassade gar als Angriffsfläche und bringt dem Gebäude Spitznamen wie „Heizung" oder „Goldener Käfig" ein.

Durch den Prozess des gemeinsamen Bauens lernten sich die Beteiligten besser kennen, was sich im Anschluss in Betrieb und Alltag positiv bemerkbar machte. Wahlverwandtschaften, Freundschaften und gegenseitiges Vertrauen mündeten in eine ungezwungene Gemeinschaft. Die ausgeglichene Zusammensetzung der Mitwirkenden wird auf die Größe und Heterogenität der Gruppe zurückgeführt, die keinen Gruppenzwang entstehen ließen. Im Betrieb zeigten sich für die Bewohner mehr Spielräume und Möglichkeiten, sich einzubringen, als in ihren vorangegangenen Wohnsituationen. Die Dachterrasse erweist sich als Begegnungsort, was unter anderem den Dachboxen geschuldet ist, die als individuelle Lagerflächen auch im Alltag genutzt werden. Die Baugruppe realisierte zudem drei Gewerbeeinheiten im Erdgeschoss, welche teilweise jedoch erst relativ spät verkauft und anschließend vermietet werden konnten.

Das durch die Bewohner mitgestaltete Eigentum strahlt in der Einschätzung der beteiligten Architekten Sicherheit aus. Durch den starken Bezug der Bewohner zum Haus und zum Standort spüre man, dass „hier Leute wohnen, denen das Haus gehört".

Kostenkorsett als gemeinsame Stütze
Da der Preis des Grundstücks mit 150 Euro pro Quadratmeter verhältnismäßig günstig gewesen war, fielen vor allem die Baukosten ins Gewicht. Die Architekten formulierten einen erstrebenswerten Kostenrahmen für die entstehende Baugruppe. Sie errechneten als Ziel einen Kaufpreis von 2000 Euro pro Quadratmeter, welcher in der Aushandlung der Standards immer wieder als Richtwert diente und schlussendlich nur um rund 80 Euro überstiegen wurde. Die kostengünstig erstellten und durch den preiswerten Grundstücksverkauf indirekt mit öffentlichen Mitteln geförderten Wohnungen sind mittlerweile enorm im Wert gestiegen.

Die Architekten nahmen zu Beginn eine Kostenkalkulation basierend auf einem Gesamtpaket mit niedrig gehaltenem Standard vor, das später durch eine zusätzliche, individuell bezahlte Ausstattung aufgewertet werden konnte. Der Basis-Kostenplan sah einen standardisierten Innenausbau, unverputzte Innenräume sowie an der Außenfassade nur eine erste Putzschicht plus Metallgitterfassade vor. Das Basispaket diente als verlässliches Mittel während der Projektentwicklung, um kostengünstiges Bauen für alle zu sichern. Kostentechnisch relevante Aspekte in der Konstruktionsweise – wie die Position von Schächten und Stützen – wurden von den Architekten festgelegt und mit individuellen Grundrisswünschen ergänzt. Auf Stellplätze, Unterkellerung und Gemeinschaftsräume wurde aus Kostengründen ebenfalls verzichtet. Zwischen den drei Häusern ließ sich im Verlauf des Projekts eine Angleichung der verschiedenen Standards beobachten. Trotz dieser Festsetzungen stellte sich im Prozess ein leichter Kostenmehraufwand ein, woraus die Architekten für Nachfolgeprojekte den Schluss zogen, mit einem klaren Katalog für Bäder und Küchen nur noch wenige Wahlmöglichkeiten in der Ausgestaltung zuzulassen.

Die individualisierten Grundrisse ohne Flur wurden zum Teil gegen die Empfehlung der Architekten realisiert und bewährten sich in der Benutzung dann auch aus Bewohnersicht nicht. Andere Kritik an der Ausgestaltung der Wohnungen bezieht sich auf den Balkonzuschnitt, das fensterlose Bad oder die nicht umgesetzten bodentiefen Fenster. Es zeigten sich Grenzen in der Individualisierung der Wohnungen innerhalb eines komplexen Planungs- und Bauprozesses. Das Spannungsverhältnis zwischen fachlich versierten Architekten und bezüglich Bauen unerfahrenen Bauherren mündete stellenweise in Kompetenzgerangel und Konflikten.

Die auch in der Nachbarschaft als Bereicherung empfundene hohe Diversität der Bewohnerschaft konnte unter anderem durch das anfänglich gesteckte Ziel der günstigen Bauweise erreicht werden, welche verhältnismäßig günstige Mieten zur Folge hatte. Die Neubebauung des Grundstücks hat eine andere Klientel an den Standort gezogen. Das vorgegebene Kostenkorsett erwies sich als geeigneter Mechanismus, um das Bedürfnis nach Individualität und Gemeinschaft und die damit verbundenen Standards in der Gruppe auszuhandeln.

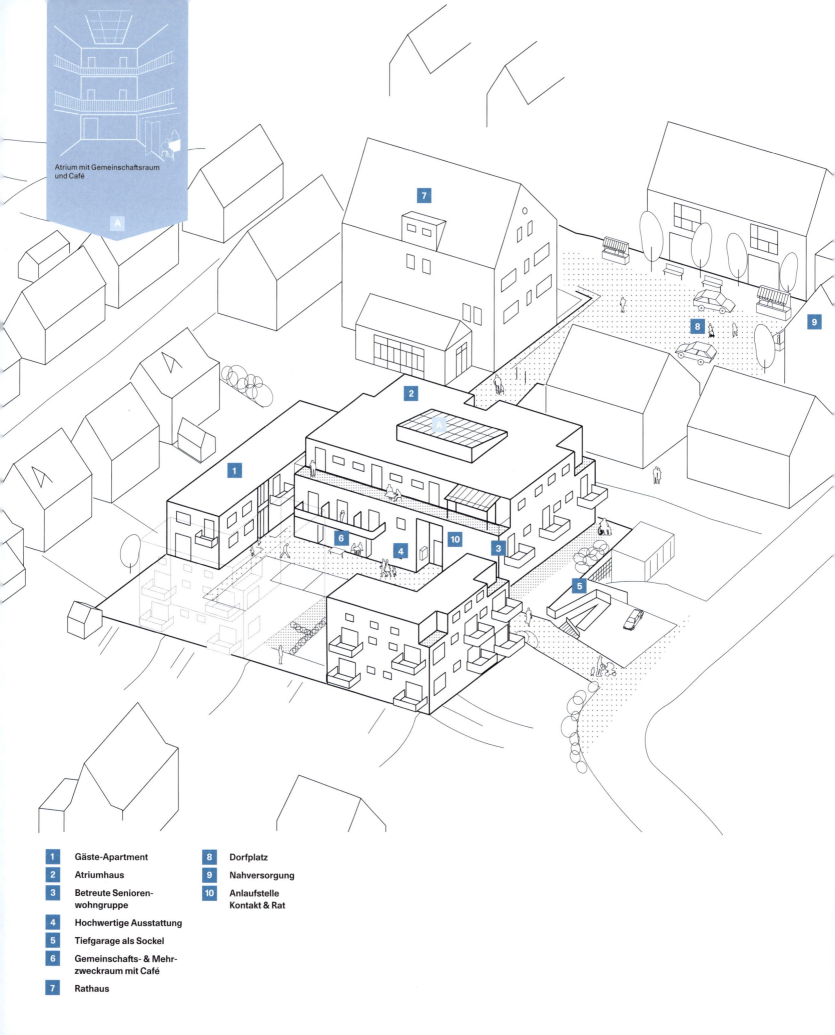

Größe: 45 WE, Neubau
Projektstart: 2011
Fertigstellung: 2016
Trägermodell: Bürgerstiftung und Privateigentum
Akteure: Bürgermeister, Gemeinderat, Lebensqualität Burgrieden e.V., Bürgerstiftung Burgrieden, engagierte Dorfbewohner, BauWohnberatung Karlsruhe (BWK), Architekten Grünenwald + Heyl, Generalunternehmer Reisch, Architekten Planquadrat Gaiser
Zielgruppe: Dorfbewohner
Besonderheiten: Auszeichnung für Entwurf, Generalvermietung über Bürgerstiftung, Angebote für die Gemeinde, betreute Seniorenwohngruppe

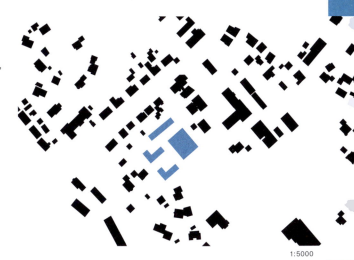

1:5000

Allengerechtes Wohnen, Burgrieden

Die Folgen des soziodemografischen Wandels waren im ländlichen Burgrieden Anfang der 2000er Jahre deutlich spürbar. Um der Vereinsamung im Alter entgegenzuwirken und die Zusammengehörigkeit der Dorfgemeinschaft zu stärken, gründeten sich der Lebensqualität Burgrieden e.V. und eine lokale Bürgerstiftung. Mit Unterstützung von externen Fachleuten starteten die engagierten Akteure nach einer langen Phase der Ideenfindung das ambitionierte Projekt Allengerechtes Wohnen.

Mit dem Projekt ging ein Wandel einher, der sich in der Einstellung vieler Dorfbewohner zum Projekt zeigte. Aus einem zunächst geradezu unvorstellbaren Vorhaben erwuchs auf einem durch Verein und Stiftung bereiteten sozialen und politischen Boden ein Projekt, das immer mehr Akzeptanz fand. Dank externer Berater weitete sich der inhaltliche Fokus: von „altengerecht" zu „allengerecht". Während die Vermarktung der Eigentumswohnungen und damit die Finanzierung schleppend anliefen, hätten am Schluss mehr Wohnungen verkauft werden können, als zur Verfügung standen. Das Projekt schaffte es, eine schlummernde Nachfrage zu adressieren – mit der attraktiven Alternative zum dominierenden Einfamilienhaus konnten vor Ort ein Wandel der Lebensstile angestoßen und Impulse am Wohnungsmarkt gesetzt werden.

Über einen barrierefreien öffentlichen Weg ist das aus einem Haupthaus und drei weiteren Wohngebäuden bestehende Ensemble mit dem Dorfzentrum verbunden. Die von der Gemeinde getragene Anlaufstelle Kontakt & Rat sowie der große Gemeinschafts- und Mehrzweckraum, in dem Freizeitveranstaltungen für die Dorfbewohner stattfinden, schließen an das großzügige Atrium des Haupthauses an. Die Bürgerstiftung übernahm die Zentralverwaltung und -vermietung der eigenen sowie der nicht durch die jeweiligen Eigentümer selbst bewohnten Wohnungen. Damit steuert sie langfristig im Sinne eines stabilen Zusammenlebens und guter Nachbarschaften.

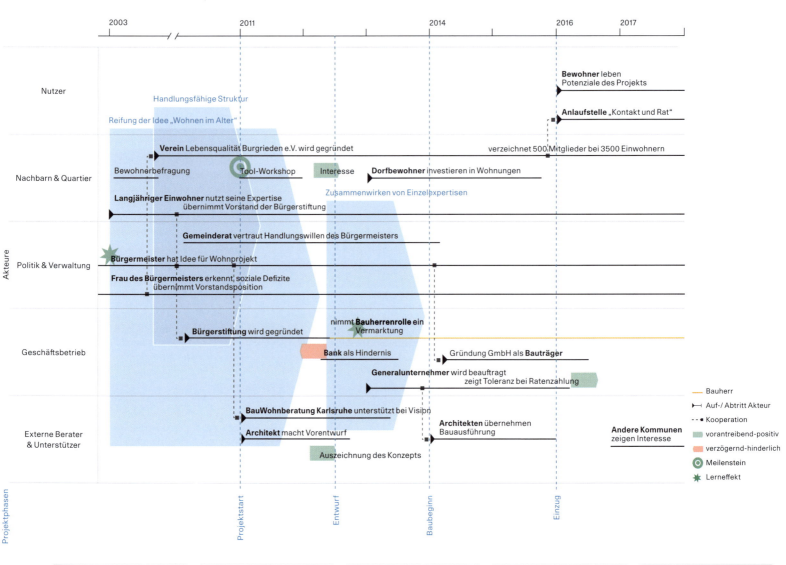

Rahmenbedingungen

Dorf

Im etwa zwanzig Kilometer südlich von Ulm gelegenen oberschwäbischen Burgrieden führte der soziodemografische Wandel zu einer schlummernden Nachfrage nach neuen Wohnformen. Die Alterung der Einwohnerschaft im Dorf war deutlich spürbar und warf Fragen nach alternativen Haushaltsformen und Lebensmodellen für ihr Alter auf. Ein bestehender Verein sowie die später gegründete Bürgerstiftung wollten sich deshalb des Themas annehmen. Bereits vor Projektbeginn wurde gemeinschaftlich am Zusammenleben und der Begegnung im Dorf gearbeitet und der soziale und politische Boden für das spätere Projekt bereitet.

Den Hintergrund der Projektentwicklung bildete die stabile wirtschaftliche Situation der 4000-Einwohner-Gemeinde. Über die dadurch gegebene kommunale Handlungsfähigkeit hinaus konnten investitionsbereite Akteure aus der Umgebung gewonnen werden.

Grundstück

Die Gemeinde konnte zu günstigen Konditionen ein Restgrundstück erwerben – aufgrund des sumpfigen Untergrunds galt es als schwer bebaubar und war deshalb trotz der zentralen Lage noch nicht entwickelt worden. Die Anbindung an die neu gestaltete Dorfmitte mit Rathaus, Dorfplatz und Nahversorger erwies sich als großes Kapital für die alternative Projektentwicklung. Über einen barrierefreien Zugang wurde eine niederschwellige Erreichbarkeit geschaffen. Diese Einbindung in den bestehenden Kontext beförderte die Akzeptanz des zunächst als ungewöhnlich geltenden Projekts. Zudem trägt die Lage maßgeblich dazu bei, dass die neu geschaffenen Angebote eine möglichst große Wirkung auf die Dorfgemeinschaft entfalten können.

Akteure

Politik & Verwaltung

Der bereits seit dreißig Jahren amtierende Bürgermeister hatte das Vertrauen von Bürgerschaft, Gemeinderat und Verwaltung und war die treibende Kraft bei der Projektentwicklung. Eine starke Rolle der Gemeinde zeigt sich zu mehreren Zeitpunkten in dem für die lokalen Verhältnisse großen Projekt, das gezielt Einfluss auf den lokalen Wohnungsmarkt nimmt. Die Verwaltung legte – angespornt durch die Projektidee des überzeugten und überzeugenden Bürgermeisters – ein hohes Maß an Handlungswillen und Risikobereitschaft an den Tag. Die Gemeinde kaufte das Grundstück und übergab es später an die Bürgerstiftung.

Die Frau des Bürgermeisters wiederum erkannte früh soziale Defizite in der Gemeinde und übernahm den Vorsitz des 2005 gegründeten Lebensqualität Burgrieden e.V. Zusammen mit weiteren Vereinsmitgliedern bereitete sie das soziale Konzept sowie das Serviceangebot rund um das zukünftige Wohnprojekt mit vor. In Summe prägten die über Jahre im nahen Umfeld der Gemeindepolitik und mit mehreren Schlüsselpersonen aufgebauten sozialen Ressourcen und Strukturen der Zusammenarbeit das Projekt wesentlich.

Nachbarn & Quartier

Die Aktivitäten und das ehrenamtliche Engagement der Dorfbewohner fußen auf einem seit Langem bestehenden Bewusstsein zu sozialen Fragestellungen. So konnte das parallel zur baulichen Planung erarbeitete soziale Konzept auf einer langjährigen Tradition des Kümmerns und Netzwerkens innerhalb der Dorfgemeinschaft aufbauen.

Mehrere im Dorf ansässige Schlüsselfiguren machten das Projekt möglich. Entscheidend war das Vertrauen, das ihnen vonseiten der anderen Dorfbewohner entgegengebracht wurde. Positive Stimmen im Gemeinderat, von Ehrenamtlichen und Unternehmern beförderten die Entwicklung. Wichtige Identifikationsfiguren der Dorfgemeinschaft befürworteten das Projekt und verstärkten die Wahrnehmung, dass die Projektentwicklung nicht nur für zuziehende Personen, sondern auch ganz wesentlich im Sinne der bereits Ansässigen geschieht. Die durch diese Fürsprache hervorgerufene Investitionsbereitschaft der Bürger lässt sich auch als Beitrag zur Dorfentwicklung lesen und führte allgemein zu mehr sozialem Engagement, insbesondere einer wertegetriebenen Unterstützung von Schwächeren.

Geschäftsbetrieb

Das Bürgermeister-Ehepaar war zum Zeitpunkt der Projektentwicklung bereits stark vernetzt. Einen langjährigen Einwohner konnten sie als ständigen Ansprechpartner und Vorsitzenden für die Bürgerstiftung gewinnen. Die engagierte und handlungsstarke Persönlichkeit konnte ihre einschlägigen beruflichen Kompetenzen in Finanzierung und Abwicklung des Vorhabens einbringen. Darüber hinaus bewies der Stiftungsvorsitzende im zunächst nur zäh anlaufenden Vermarktungsprozess ein ausgeprägtes Verkaufstalent.

Die Bürgerstiftung Burgrieden ging aus dem bestehenden Lebensqualität Burgrieden e.V. hervor und erlangte durch den engagierten Vorstand sowie das durch den Verein eingeschossene Startkapital schnell Handlungsfähigkeit. In der Projektgenese kommt ihr die Rolle der Bauherrin zu. Mit den vorhandenen finanziellen Mitteln beauftragte sie einen erfahrenen Generalunternehmer. Es etablierte sich eine partnerschaftliche Zusammenarbeit, geprägt durch einen wohlwollenden Umgang des Generalunternehmers mit seinem sozial motivierten Auftraggeber. So unterstützte der Generalunternehmer durch Sonderregelungen bei der finanziellen Abwicklung und zeigte bei manchen Ratenzahlungen Geduld, als etwa Vermarktung und Verkauf der Wohnungen über eine Bank scheiterten und der Vertrieb von der Bürgerstiftung beziehungsweise deren Vorsitzendem übernommen wurde.

Gemeinde und Stiftung gründeten mit gleichen Anteilen eine GmbH, die rechtlich als Bauträger eingesetzt wurde. Seit Fertigstellung der Bauten sorgt die Bürgerstiftung über das Belegungsrecht beziehungsweise die Generalvermietung der eigenen sowie der nicht durch die Eigentümer selbst bewohnten Wohnungen für die Heterogenität der Bewohnerschaft im Sinne der Projektziele, kümmert sich um die Verwaltung und garantiert allen investierenden Parteien die Mieteinnahmen – ein Argument, das im Verkaufsprozess wesentlich war.

Externe Berater & Unterstützer
Die BauWohnberatung Karlsruhe (BWK) unterstützte die Konzeption und die Findung der Projektstruktur. Als externer Impulsgeber wirkte sie nicht nur wesentlich an der Ausgestaltung der Projektidee mit, sondern übernahm in der Planungsphase auch die Qualitätssicherung. Sie vermittelte darüber hinaus an das Architekturbüro Grünenwald + Heyl, zu dem personelle Schnittmengen bestehen und das die Vorentwurfsplanung ausführte. Sowohl die BWK als auch das Architekturbüro stiegen während des Entwurfs aus dem Projekt aus – die Architekten Planquadrat Gaiser übernahmen an diesem Punkt im Auftrag des Generalunternehmers die abschließende Planung sowie die Bauüberwachung.

Nutzer
Die Bewohner des Projekts, unter ihnen eine Wohnpflegegruppe für Senioren, nahmen die geschaffenen Möglichkeiten im Alltag an. Die Gemeinde betreibt in einem von ihr angemieteten Raum die Anlaufstelle Kontakt & Rat – kurz KoRa, die allen Einwohnern zur Verfügung steht.

Prozesse

Reifung der Idee „Wohnen im Alter"
Im ländlichen Burgrieden reifte die Idee für das relativ große Wohnbauprojekt bis zum Projektstart über lange Jahre heran. Da man die mit der zunehmenden Alterung und der damit einhergehenden Vereinsamung im ländlichen Raum verbundenen Probleme zunehmend erkannte, bildete sich ein Netzwerk von Akteuren, die eine gemeinsame Haltung vertraten. Eine Umfrage unter den Dorfbewohnern holte deren Meinungen zum Thema „Wohnen im Alter" ein. 2005 gründete sich als Pilotprojekt der Lebenswertes Burgrieden e.V. mit dem Ziel, die finanziellen Mittel für die Gründung einer Bürgerstiftung zu sammeln. Ende 2007 konnte die Bürgerstiftung mit einem Startkapital von 50.000 Euro als handlungsfähige Struktur hinsichtlich der wahrgenommenen Probleme gegründet werden.

Auf einer Fortbildung lernte der engagierte Bürgermeister die Berater der BWK kennen. Diese Begegnung schärfte seinen Blick auf die Probleme und gab ihm den Impuls zur konkreten Idee eines Wohnbauprojekts. In der Folge berieten und moderierten die BWK-Experten in der Findungs- und Definitionsphase des Projekts. Die Berater organisierten über ihr Netzwerk den Besuch von Referenzprojekten. Sie regten außerdem an, das vorgesehene Raumprogramm zu überdenken. Dabei verschob sich der Fokus von „altengerecht" auf eine breitere Zielgruppe – einem „allengerechten", also einem allen Bedürfnissen im Dorf gerecht werdenden Projekt. Die Gemeinde zeigte sich in der Erarbeitung des Konzepts sehr offen gegenüber der Beteiligung der Dorfbewohner. Die Berater wendeten im eigenen Handeln bewährte, im lokalen Kontext jedoch neuartige Partizipationsmethoden an. Ein Tool-Workshop etwa half der Bürgerstiftung als Bauherrin dabei, die mitunter unbewussten und verdeckten Bedürfnisse zu erkennen, um basierend darauf eine Vision zu entwickeln. Mithilfe erwünschter Tools wurde das Zusammenspiel funktionaler, räumlicher und symbolischer Elemente getestet. Eckpunkte für die spätere Entwicklung waren unter anderem ein Atriumhaus, eine betreute Wohngemeinschaft, ein Concierge, aber auch soziale Tools wie ein Mittagessen für Ältere oder gemeinsames Boule-Spielen. In dieser prägenden Phase Null wurde ein Stock an Ideen gesammelt. Zugleich beförderten externer Input und geschickte Moderation einen Lernprozess bei den lokalen Akteuren. Die relativ lange Zeit für die Entwicklung einer eigenen Vision war wesentlich. Auf diesem inhaltlichen und sozialen Fundament konnte ein Wohnungsbauprojekt für eine gemischte Bewohnerschaft entstehen, das wesentlich von der Einbeziehung einer aktiven Dorfgemeinschaft lebt.

Handlungsfähige Struktur
Die Ausarbeitung eines sozialen Konzepts – parallel zur baulichen Planung – entstand unter Federführung des Vereins Lebensqualität Burgrieden. Dieser konnte an umfassenden Kenntnissen über die Dorfgemeinschaft und deren Mentalität ansetzen und auf bestehende Netzwerke aufbauen. Die Gründung der Bürgerstiftung ergänzt Verein und Gemeinde zu einer handlungsfähigen Struktur.

Mit dem Erwerb des Grundstücks und der Vorplanung ging die Gemeinde in Vorleistung und übernahm ein hohes Risiko. Es sollte Wohneigentum in einem Modell entstehen, in dem der Bürgerstiftung die Steuerung der Belegung mit Blick auf eine gute Nachbarschaft und sozial ausgewogene Durchmischung überantwortet wird. Die frühzeitige und fundierte Konzeptentwicklung erleichterte die Finanzierung, bei der Gemeinde und Bürgerstiftung neue Wege gingen. Gemeinsam gründeten sie die Burgrieden baut GmbH, die im Projekt als Bauträger auftrat. Zudem stand die Bürgerstiftung als Generalmieterin für allfällige Mietausfälle ein, wodurch das Risiko der Käufer reduziert wurde. Dies half wesentlich in der herausfordernden Vermarktung der Wohnungen. Eine Auszeichnung des Konzepts während der Entstehungsphase beförderte das Interesse potenzieller Investoren zusätzlich und erleichterte die weitere Finanzierung.

Zusammenwirken von Einzelexpertisen

Als der geplante Verkauf der Wohnungen über eine Bank mangels interessierter Käufer scheiterte, nahm der Vorsitzende der Bürgerstiftung den Vertrieb selbst in die Hand. Im persönlichen Kontakt mit potenziellen Käufern offenbarte sich sein Verkaufstalent. Die Käufer mussten schließlich auch vom inhaltlichen Konzept und der dahinter liegenden Funktionsweise des Projekts überzeugt werden.

Ein mit den Beratern der BWK verbundenes Architekturbüro lieferte den Vorentwurf – Konzeptentwicklung und Entwurf entstammten dadurch einem Guss. Die gemeinsamen sozialen und funktionalen Ideen konnten gefestigt werden, erschienen den Beteiligten zunehmend realistisch und fanden eine nachvollziehbare architektonische Form.

In der baulichen Übersetzung der Vision zeigten sich jedoch auch Bruchlinien. Die Reduktion auf das Machbare wurde hart verhandelt, was von den Beteiligten ausgehalten werden musste. Die Umplanung des umfangreichen Konzepts fand unter wirtschaftlichen Gesichtspunkten statt, wobei der hinzugezogene Generalunternehmer eine hohe Durchsetzungskraft bewies. An vielen Stellen mussten Abstriche gemacht werden; so wurde an besonderen ästhetischen Ansprüchen und zusätzlichen Ideen wie Verbindungsbrücken zwischen den Häusern konsequent gespart. Die Berater und das für den Vorentwurf verantwortliche Architekturbüro stiegen aufgrund von Unstimmigkeiten mit dem Vorgehen des Generalunternehmers aus dem Prozess aus, übernahmen in einer kleineren Rolle jedoch die Qualitätssicherung hinsichtlich des Entwurfs. So konnte beispielsweise das großzügige Atrium erhalten werden. An den ökonomischen Möglichkeiten orientiert wurde auf dem schwierigen Baugrund durch den Generalunternehmer eine konventionell anmutende Architektur entwickelt – deren Qualitäten zeigen sich jedoch auf Ebene des Ensembles, der Einbindung in die Nachbarschaft des Dorfes und der sozialen Angebote.

Lösungen

Wohnbau als Beitrag zur Dorfentwicklung

Das aus vier Gebäuden bestehende Ensemble ermöglichte eine Anordnung der Gebäude mit Bezug zueinander und zu den umgebenden Freiflächen. Das zentrale Atrium stellt die gemeinschaftliche und symbolische Mitte dar. Die Tiefgarage bildet den unsichtbaren Sockel des gesamten Ensembles und ist von allen Gebäuden aus zugänglich. Die kritische Masse an Wohnungen ermöglichte eine über das Einzelhaus hinausgehende Gestaltung der Zwischen- und Freiräume sowie eine städtebauliche Verbindung mit der Umgebung.

Der Gemeinschafts- und Mehrzweckraum mit einem für alle geöffneten Nachbarschaftscafé ist eine Schnittstelle zur Dorfgemeinschaft und trägt zu einem regelmäßigen Austausch und aktiven Dorfleben bei. In den großzügigen Räumlichkeiten finden regelmäßig Ausstellungen und Veranstaltungen statt. Die Concierge-Idee wurde in die Anlaufstelle Kontakt & Rat überführt. Sie übernimmt Aufgaben und vermittelt Angebote für das gesamte Dorf. So koordiniert sie unter anderem das Café und die gegen ein kleines Entgelt allen Dorfbewohnern zur Verfügung stehende Gästewohnung. Die ehrenamtliche Arbeit der sozial engagierten Dorfbewohner konnte in Form einer von der Gemeinde finanzierten Stelle professionalisiert werden. Dank dieser Angebote ist das Projekt ein aktiver Bestandteil des Dorflebens und leistet einen wichtigen Beitrag zur Dorfentwicklung.

Neuartige Wohnform im Dorf

Im lokalen Kontext stellt der Geschosswohnungsbau mit seiner hohen baulichen Dichte und den gemeinschaftlichen sowie sozialen Angeboten eine neue Wohnform dar. Der Mix an Zielgruppen und verschiedenen Wohnungstypologien, die sozialen Angebote und die Vernetzung mit dem Dorf stießen zunehmend auf Akzeptanz. Dies dürfte mit der Überzeugungskraft zentraler Akteure im Zuge der Planungen, aber auch der Vermarktung der Wohnungen sowie der Einbindung der Dorfgemeinschaft in die Projektgenese und Planungsphase zusammenhängen. Über die intensive Vermarktung und Bewerbung des Projekts konnte eine schlummernde Nachfrage geweckt und befriedigt werden. Attraktive Größen und Zuschnitte der Wohnungen sowie deren Barrierefreiheit und hochwertige Ausstattung trugen dazu bei, dass sich diese als Investitionsanlage und attraktive Alternative zum Einfamilienhaus etablieren konnten.

Die selbstbestimmte, betreute Wohngemeinschaft mit acht Apartments für ältere Menschen stellt eine neue Wohnform in der Gemeinde dar. Sie wurde mit der Erdgeschosslage im Atriumhaus bewusst ins Herz der Anlage gesetzt. Die Bürgerstiftung erwarb die Wohngruppe zusammen mit einer angrenzenden und einer weiteren Wohnung und vermietet diese unter Berücksichtigung sozialer Gesichtspunkte. Auch die Gemeinde ist im Besitz von vier Wohnungen im Ensemble.

Das großzügige Atrium diente im Prozess als sinnstiftendes Symbol, welches die Findung der Interessenten untereinander beförderte. Deshalb wurde es auch gegenüber Einsparplänen verteidigt. Das Atrium verkörperte von Anfang an die Gemeinschafts- und Kommunikationsidee der beteiligten Akteure, die sich dort im Betrieb gut umsetzen ließ. Die zunehmende Resonanz und starke Außenwirkung des Projekts bei Planern und anderen Kommunen löste bei den Beteiligten Stolz darüber aus, Teil eines Pionierprojekts zu sein und dieses auf den Weg gebracht zu haben.

Neuartige Trägerschaft im Dorf

In den Leistungsphasen übernahmen jeweils verschiedene Akteure die Führung in der Projektentwicklung und prägten damit das entstandene Ergebnis mit. Während zu Beginn die Architekten und die Berater der BWK das Wie und Was der Projektgruppe begleiteten, trat ab der Entwurfsphase der Generalunternehmer auf den Plan. Nach Fertigstellung zeigte sich in Annahme und Aneignung durch die Bewohner und das Dorf die Wichtigkeit des hinter dem Baulichen stehenden, ausdifferenzierten sozialen Projekts. Die standardisierte Architektursprache ist auf die wirtschaftlichen Kapazitäten und Interessensschwerpunkte der beteiligten Akteure zurückzuführen. Aus Sicht der Berater ist dies einer der wenigen Mängel der Projektentwicklung, der jedoch gemessen an den sozialen und funktionalen Qualitäten an Bedeutung verliert.

Die Bürgerstiftung bewährt sich im Kontext von Burgrieden als Einrichtung mit einer nachhaltigen Bedeutung. Sie verwaltet als Generalmieterin neben den eigenen Wohnungen auch solche, die nicht von den Eigentümern selbst bewohnt werden. Das Risiko etwaiger Mietausfälle wurde so übernommen, was gerade bei zunächst zaghaften Investoren eine wichtige Entscheidungsgrundlage war. Über ein Belegungsrecht hat die Bürgerstiftung zudem die Möglichkeit, die Mischung der Bewohner- und Nachbarschaft aktiv zu steuern. Das gelungene und gelebte Projekt stärkt wiederum die Bürgerstiftung und das dahinterstehende ehrenamtliche Engagement. Die Träger und Initiatoren wurden und werden durch das Projekt bestätigt und entwickelten ihre Kompetenzen und ihre Wirkungsmöglichkeiten fort. Das Projekt Allengerechtes Wohnen wird als Alleinstellungsmerkmal wahrgenommen, das für die besondere Qualität des Gemeindelebens in Burgrieden steht.

Langfristiger Wandel

Durch das neue Wohnangebot ließ sich ein Wandel in der persönlichen Einstellung bei Eigentümern und Mietern beobachten. Einige erkannten darin eine geeignete Geldanlage. Andere vollzogen den Schritt vom Einfamilienhaus in eine Wohnung und reduzierten so den individuellen Flächenverbrauch. Die neue Wohnsituation schafft über das entsprechend gestaltete Umfeld eine perspektivische Sicherheit für das eigene Alter. Zudem wurden in der Folge des Projekts im Ort Einfamilienhäuser frei – was die Nachfrage nach Neubauten und dem damit einhergehenden Flächenverbrauch verringert.

Aber auch auf dem lokalen Wohnungsmarkt lassen sich Lerneffekte beobachten. Das Angebot schafft eine Nachfrage, deren Ausstrahlung wiederum neue Angebote nach sich zieht. Letztlich hätte man deutlich mehr Wohnungen verkaufen können – obgleich die Vermarktung noch während des Bauprozesses eine immense Herausforderung war. In dieser Phase wurden durch die Gemeinde, Privatpersonen und den Generalunternehmer erhebliche Risiken übernommen und ausgehalten.

Neben den bestehenden sozialen und kulturellen Gegebenheiten erwies sich die ausgeprägte und tiefgreifende Phase Null der Konzeptentwicklung als richtungsweisend. Gutes Feedback von außen unterstützte das Projekt während der Entstehung. Heute zeugen die breite Akzeptanz und alltägliche Nutzung durch die Dorfbewohner vom Erfolg des als „Wohnpark" vermarkteten Projekts. Die nachbarschaftlichen Aktivitäten entwickeln sich weiter und vernetzen das Projekt mit der Dorfgemeinschaft und dem Dorfleben.

1	Autofrei	10	Groß-WG
2	Veredelter Rohbau	11	Fassade: außen Rost, innen begrünter Beton
3	Private und halb öffentliche Außenbereiche	12	**Recycelte** Verbindungsbrücken
4	Renaturierter Bach	13	Miet- und Eigentumswohnungen als Nachbarn
5	Kontaktstelle für Bewohner	14	Kreuzung in der Agglomeration
6	Öffentliches Café	15	Glattalbahn
7	Großzügige Durchgänge	16	Studentisches Wohnen
8	Mobilitätsstation		
9	Gewerbemix		

Größe: 125 WE, Neubau
Projektstart: 2008
Fertigstellung: 2015
Trägermodell: Genossenschaft
Akteure: Projektentwickler Senn, Genossenschaft Kraftwerk1, Architekten Schneider Studer Primas, Immobilienberatung Wüst und Partner, kooperierende Sozialeinrichtungen und Mitinvestoren, Immobilienunternehmen Pensimo mit Anlagestiftung Turidomus und Adimora
Zielgruppe: Genossenschaftsmitglieder, Eigentümer, Mieter
Besonderheiten: herausforderndes Grundstück, ehemaliges Industrieareal, Wohnungs- und Nutzungsmix, Städtebau und Typologie, Kooperationen

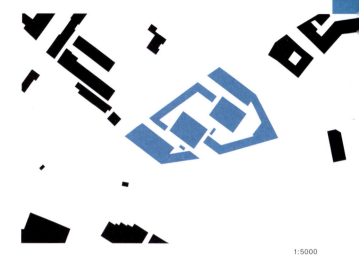

1:5000

Zwicky Süd, Dübendorf

Der an einem Verkehrsknotenpunkt in der Agglomeration Zürich gelegene Standort erforderte die Kooperation mehrerer Akteure, einen starken programmatischen Ansatz und eine innovative städtebauliche Lösung. So wurden die herausfordernden Ausgangsbedingungen gebändigt und die Entstehung eines lebendigen neuen Stücks Stadt möglich.

Die Zürcher Genossenschaft Kraftwerk1 beteiligte sich auf Einladung des Totalunternehmers Senn an der Entwicklung der Industriebrache und realisierte damit ihr drittes und bislang größtes Projekt. Kraftwerk1 war als kreativer Ideengeber zur Entwicklung neuer Standorte und als Schlüssel zu einer bestimmten Nutzergruppe gefragt. Zusammen mit einem weiteren Mitinvestor wurde das Areal räumlich, finanziell und vom Entwicklungszeitpunkt her aufgeteilt: Zuerst entwickelte Kraftwerk1 die Fläche zur Straßenkreuzung mit einem geringeren Anteil am Bodenpreis als die anderen Träger. Die Genossenschaft übernahm damit die Pionierrolle, auf die die beiden Partner aufsetzen konnten.

Der Städtebau verbindet die unterschiedlichen Partner in einem Gesamtkonzept aus einem Guss. Die Kombination der drei Gebäudetypologien Scheibe, Block und Halle ermöglicht eine hohe bauliche und damit einhergehend funktionale Dichte und den gewünschten Nutzungsmix. Gleichzeitig entsteht ein vom äußeren Verkehrslärm geschützter Freiraum im Inneren des Ensembles. Der autofreie Teil des Hofes von Kraftwerk1 ermöglicht sicheres Kinderspiel im Freien und dient gemeinsam mit der angrenzenden Gastronomie als Treffpunkt der Gemeinschaft. Über die Schaffung von selbstverwalteten und kommerziellen Angeboten jenseits der eigenen vier Wände konnte eine Reduktion der individuellen Ansprüche zugunsten eines gewissen kollektiven Luxus erreicht werden. Die Erschließung der Genossenschaftswohnungen erfolgt vorrangig über Laubengänge. Zwei Brücken verbinden die Gebäudeteile der Genossenschaft und stehen sinnbildlich für das gemeinschaftliche Zusammenleben.

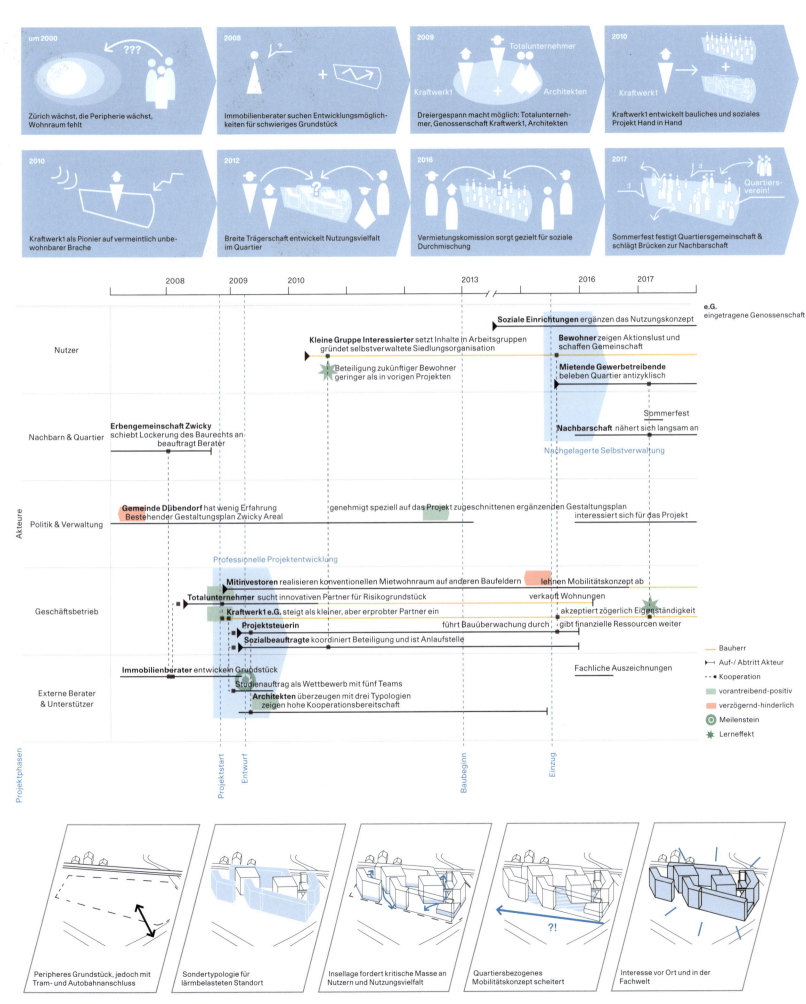

Rahmenbedingungen

Gesamtstadt
Das Areal liegt am nordöstlichen Rand von Zürich, in der Nachbarkommune Dübendorf. Die dezentrale Lage, Lärm- und Verkehrslasten sowie die fehlende soziale Infrastruktur machen das Grundstück zu einem Risikostandort. Das Vordringen an den Stadtrand, in großer gefühlter Distanz zum Zentrum, war Neuland für Kraftwerk1. Durch die gute öffentliche Verkehrsanbindung war jedoch eine Mindestvoraussetzung der Projektentwicklung gegeben. Mit Unterstützung schaffte es die Genossenschaft, die Erfahrungen aus dem urbanen Kontext auf dem unbekannten Terrain erfolgreich zu adaptieren – die Mängel des Standorts erforderten allerdings veränderte Prioritätensetzungen und angepasste Organisationsstrukturen.

Quartier und Areal
Bis 2001 wurden in der Spinnerei Zwicky Nähutensilien produziert. Als die Erbengemeinschaft die Produktion ins Ausland verlegte, war zunächst eine gewerbliche Folgenutzung vorgesehen. Der vom Bahnviadukt abgeschnittene Südteil des Areals konnte nach ersten erfolglosen Anläufen schließlich in Mischnutzung mit starkem Wohnanteil entwickelt werden. Von konventionellen Projektentwicklern wurde das Areal als „unmöglicher" Wohnstandort abgelehnt, da die Belastung als zu stark erschien. Um eine reine „Schlafstadt" zu vermeiden, war den Entwicklern ein gut durchdachtes Programm besonders wichtig. Durch Nutzungsmischung sollte lokale Wertschöpfung entstehen. Soziale Infrastruktur, Kultur- und Freizeitangebote – wie Quartiersladen, Friseursalon und Gastronomie – sollten das Quartier bereichern.

Grundstück
Das Grundstück liegt zwischen einer großen Straßenkreuzung und einem Bahnviadukt und ist damit einer großen Verkehrs- und Lärmbelastung ausgesetzt. Gleichzeitig ist es dadurch verkehrlich – individuell motorisiert wie öffentlich – enorm gut angebunden. Die restriktiven gesetzlichen Lärmschutzanforderungen konnten durch Verhandlungsgeschick mit Begründung der Lage etwas gemildert werden. Zudem begünstigten neue Bautechniken das Wohnen an bisher unvorstellbaren Standorten. Die Architekten reagierten in der städtebaulichen Setzung mit nach außen geschlossenen Gebäudescheiben auf die Situation, wodurch alle Gebäudeteile eine lärmabgewandte Seite besitzen und ein ruhiger Innenhof geschaffen wurde.

Akteure

Externe Berater & Unterstützer
Die Immobilienberater Wüst und Partner wurden von der Erbengemeinschaft des Zwicky Areals mit der Standortentwicklung beauftragt. Als Initiatoren der Projektentwicklung knüpften sie wesentliche Kontakte und waren prägende Mitgestalter. In dem durch sie ausgelobten Studienauftrag überzeugten die Architekten Schneider Studer Primas.

Geschäftsbetrieb
Mit dem Totalunternehmer Senn gewannen die Berater ein gut strukturiertes Familienunternehmen mit Qualitätsanspruch und starken Führungspersonen als aktiven Partner und ersten von insgesamt drei Trägern. Senn zeigte Verständnis für die Projektidee und brachte die nötige Finanzkraft und Bauerfahrung ein – über die Bedeutung von Nutzungsmischung und Wohnungsmix in der schwierigen Lage waren sich die Projektpartner schnell einig.

Für das risikoreiche Projekt sollte daher eine experimentierfreudige junge Genossenschaft als zweiter Träger, Ideengeber und Pionier hinzugezogen werden: Kraftwerk1 erschien dem Totalunternehmer als geeignete Partnerin, da sie anhand der erfolgreichen Vorprojekte Hardturm und Heizenholz in den vergangenen Jahren einen Lernprozess durchlaufen und eine starke Erfahrungsbasis aufgebaut hatte. Die Genossenschaft war motiviert für neuartige Aufgaben. Aufgrund begrenzter Ressourcen und der dadurch notwendigen Planungseffizienz war der Rückgriff auf bewährte Lösungen notwendig. Durch die Adaption dieser für den größeren Maßstab wurden nebenbei Kapazitäten für neue Themen eröffnet. Kraftwerk1 hatte von Beginn an feste Vorstellungen und Ziele. Beispielsweise sollte der Bewohnermix die Gesamtbevölkerung des Kantons Zürich repräsentieren. Die zunehmende Etablierung und das professionelle und selbstbewusste Auftreten halfen bei der Finanzierung und dem Anwerben engagierter Personen. Eine eigens eingesetzte Projektsteuerin übernahm die Bauüberwachung und Gesamtleitung bis zum Einzug der Genossenschaft. Sie verantwortete die Partizipation der Genossenschaftsmitglieder und bildete die Schnittstelle zu den Projektpartnern. Eine Sozialbeauftragte koordinierte zudem den Beteiligungsprozess und wirkte als ständige Anlaufstelle für alle Beteiligten. Trotz vielfältiger Kooperationen konnte Kraftwerk1 so in wichtigen Bereichen in Planung, Bau und Nutzerpartizipation Verantwortung übernehmen.

Das Dreieck aus Totalunternehmer, Architekten und Genossenschaft erwies sich als robuste, risikobereite und entscheidungsfreudige Kooperationsstruktur. Eine klare Aufgaben- und Zuständigkeitsverteilung verschaffte allen dreien Handlungsspielräume. Die komplexe Trägerschaft löste zwar Mehrarbeit aus, ermöglichte aber auch ein höheres Risiko. Sich ergänzende Kompetenzen und eine Zusammenarbeit auf Augenhöhe waren für alle Seiten zwingend notwendig: Kraftwerk1 konnte die Pionierrolle ausfüllen, weil es ihre Experimentierfreude institutionalisiert und professionelle Strukturen aufgebaut hatte sowie über einen Pool an interessierten Personen verfügte; der Totalunternehmer Senn brachte finanzielle Mittel, Know-how in der Umsetzung und Interesse an Innovation mit; die Architekten konnten ihre konzeptionelle Stärke im Dialog gezielt einbringen.

Im Westen des Areals kooperierten die Berater und der Totalunternehmer mit einem vertrauten Partner als drittem Träger. Pensimo leitet für große Pensionskassen das Immobiliengeschäft und realisierte die Mietwohnungen. Der Mitinvestor beschnitt die konzeptionellen Ansprüche der Genossenschaft an einigen Stellen – so wurde etwa kein konsequentes Mobilitätskonzept umgesetzt und es erfolgte keine durchgehende Begrünung und Schaffung öffentlicher Angebote in den Innenhöfen.

Kraftwerk1 erkannte früh in der Planung, dass für eine erfolgreiche Quartiersentwicklung weitere Kooperationen notwendig waren. Durch diesen „Einkauf supplementärer Kompetenzen" bereichert nun eine differenzierte Trägerschaft das Quartiersleben und ermöglicht Vielfalt in Bezug auf Bewohner- und Nutzungsmischung. Soziale Einrichtungen wie die Stiftung Altried unterstützen etwa den Hotelbetrieb sowie ein Bistro mit einem integrativen Arbeitsplatzkonzept. Weitere Gewerbetreibende kamen nach Bezug hinzu und beleben das Quartier zu verschiedenen Zeiten.

Nutzer
Während die von Anfang an beteiligten Genossenschaftsmitglieder am erarbeiteten Wertefundament festhielten, verinnerlichten neue dieses weniger stark. Aus ihnen gründete sich eine kleine selbstverwaltete Gruppe, die eigene Inhalte und Strukturen aufsetzte, statt jene von den Vorprojekten zu übernehmen. Die breit aufgestellte spätere Bewohnerschaft übernahm die gemeinschaftliche Organisation im Betrieb. Die Bewohner der umgebenden Mietwohnungen zeigen ein schwächeres Interesse am gemeinschaftlichen Zusammenleben.

Politik & Verwaltung
Die Gemeinde Dübendorf hatte wenig Erfahrung im Umgang mit experimentierfreudigen Projektentwicklungen. Der bestehende Gestaltungsplan setzte zunächst strikte und ungünstige Rahmenbedingungen. Nachdem sich bereits die Erbengemeinschaft um eine Lockerung des Baurechts bemüht hatte, brauchte es viel Überzeugungsarbeit der drei Träger, um einen revidierten Gestaltungsplan zu erwirken. Nach der erfolgreichen Realisierung und der positiven Außenwirkung des Projekts zeigt die Kommune nun stärkeres Interesse.

Nachbarn & Quartier
Die Nachbarschaft der umgebenden Kommunen kam über Sommerfeste in Kontakt und interessierte sich zunehmend für Zwicky Süd.

Prozesse

Ein frühes Zusammenkommen der entscheidenden Akteure, teilweise über bestehende Netzwerke, führte zum gemeinsamen Projekt. Seit 2002 verfolgte die Erbengemeinschaft Zwicky als Grundeigentümerin die Idee einer gemischten Stadtteilentwicklung auf dem ehemaligen Industrieareal. Um 2008 beauftragte sie die Immobilienberater mit der Entwicklung aller Baufelder. Diese zogen für die Konzeption den Totalunternehmer hinzu, der später auch für die Realisierung eines Baufelds den Zuschlag erhielt. Der Totalunternehmer konnte die Genossenschaft Kraftwerk1 als innovative Partnerin gewinnen.

Professionelle Projektentwicklung
Das Zustandekommen der dreiteiligen Trägerschaft markierte den Projektstart. Der Totalunternehmer behielt die Flächen am Fluss und realisierte dort Eigentumswohnungen. Die Firma Pensimo entwickelte auf der Seite des Bahnviadukts günstige studentische Mietwohnungen. Die Genossenschaft übernahm den ersten Bauabschnitt nahe der verkehrsreichen Autokreuzung und hatte damit eine Pionierrolle inne. Diese wurde mit einem günstigeren Grundstückspreis honoriert – die beiden anderen Investoren mit ihrer konservativeren Klientel begannen später und zahlten anteilig einen höheren Betrag an den Grundstückskosten.

Die drei Träger arbeiteten vor der Baurechtschaffung zusammen und nutzten damit die jeweiligen Kompetenzen in der Projektentwicklung. Das interdisziplinäre Projektteam brachte verschiedene Sichtweisen ein, was den Planungsprozess gegenüber konventionellen Abläufen verlängerte. Der Totalunternehmer band den Pioniergeist der jungen Genossenschaft bei der programmatischen Entwicklung ein. Die Immobilienberater schrieben parallel einen Studienauftrag für mehrere Architekturbüros aus. Die Architekten, die mit ihrem städtebaulichen Konzept überzeugen konnten, bereicherten das Konzeptionsteam zusätzlich. Das Format der Studie ermöglichte jenseits des klassischen Wettbewerbs Raum für Experimente und

Formfreiheit. Die Entwurfsstrategie ging von einem übergeordneten, atmosphärischen Bild aus. Dank eines Baukastensystems waren im weiteren Verlauf Anpassungen möglich und gleichzeitig das Erreichen der komplexen Zielsetzung gewährleistet. Über eine enge Zusammenarbeit zwischen Architekt und Totalunternehmer in der Kostenplanung konnte man auf konkreten Erfahrungswerten aufbauen. Der bearbeitende Architekt brachte sich stark in die Auseinandersetzung ein. Ein gemeinsames Qualitätsverständnis half bei schwierigen baulichen Entscheidungen.

Die frühe Bekanntgabe des Projekts half den verschiedenen Trägern jeweils, geeignete Interessenten zu gewinnen. Gleichzeitig fand die Beteiligung der zukünftigen genossenschaftlichen Bewohnerschaft relativ unabhängig von Projektentwicklung und baulichen Fragestellungen statt. Ein professionell organisiertes Team im Kraftwerk1-Vorstand wusste aus Erfahrung, an welchen Stellen Partizipation sinnvoll einsetzbar ist. Der stark moderierte Beteiligungsprozess forcierte konkrete Fragestellungen und Kleinprojekte. Hierfür wurden zwei Personen in Teilzeit angestellt, die zwischen der Bewohnerschaft und den Planungs- und Bauverantwortlichen vermittelten. Es wurden Veranstaltungen organisiert, um die Nutzer über den Bauhergang zu informieren und gleichzeitig die Gemeinschaftsbildung zu befördern. Auch die Gewerbetreibenden wurden gezielt in die Planungen einbezogen.

Der Totalunternehmer legte zusammen mit der Genossenschaft einen Quadratmeterpreis als Kostenrahmen fest. Der Ausbaustandard wurde nach dem Prinzip „design to cost" verhandelt. Dies zeigt sich exemplarisch an den Fenstern, die bei der Genossenschaft zugunsten anderer Merkmale in Kunststoff, bei den Eigentumswohnungen jedoch in Holz realisiert wurden. Die Devise war, Mindeststandards zu erfüllen und individuellen Luxus zu vermeiden. Die Genossenschaft setzte ihre gemeinschaftlich erarbeitete Wertebasis bewusst ein – sonst hätten die baulichen Standards nicht verringert werden können. In den Diskussionen relativierten sich individuelle Ansprüche, und der persönliche Verzicht wurde durch die Idee des Gemeinschaftlichen aufgewogen. Bei der Realisierung der Vision waren einige Anpassungen notwendig – trotzdem gelang es, das große Ganze nicht aus den Augen zu verlieren.

Nachgelagerte Selbstverwaltung

Die soziale Organisation ging maßgeblich über die Planungs- und Bauphase hinaus. Die Dauer dieses Prozesses machte eine entsprechende Zeit- und Finanzplanung notwendig. Die Projektsteuerin reservierte für die Zeit nach Baufertigstellung ein Budget für die Weiterentwicklung, die in die Hände der einziehenden Genossenschaftsmitglieder übergeben wurde. Diese wurden damit bei Einzug zu aktiven, handlungsfähigen Akteuren, die Teilprojekte – wie die Gestaltung der Außenflächen – mitverantworteten. Die Architektur blieb an vielen Stellen bewusst roh und unfertig, um Aneignungsprozesse zu ermöglichen oder sogar zu provozieren.

Der Totalunternehmer verantwortete seit der Planung die Positionierung und das Corporate Design der Gesamtsiedlung. Nach Fertigstellung konnten zwei Drittel der Wohnungen sofort vermietet werden. Der Totalunternehmer vermietete seine Eigentumswohnungen zunächst unter, um diese dann vollvermietet als Gesamtpaket zu verkaufen. Trotz der dezentralen Lage fanden auch die gewerblichen Flächen guten Absatz. Die groß geschnittenen Genossenschaftswohnungen waren anfangs schwer zu vermarkten; mit Geduld und zunehmender Beliebtheit der Siedlung gelang aber auch das.

Zwicky Süd stellt sowohl aufgrund seiner Architektur als auch der Vielfalt der Lebensstile in der Genossenschaft einen Fremdkörper im Umfeld dar. Die isolierte, andersartige Lage löste bei Einzug der Genossenschaftsmitglieder eine Suche nach Identifikation aus und begünstigte dadurch den gemeinschaftlichen Aspekt des Projekts. Dabei entwickelte sich im Alltag zunächst ein starker Eigenbezug der Bewohner, den sie in der ausgeprägten internen Gemeinschaft mit ihrer Dynamik begründet sehen. Mit dem starken inneren Zusammenhalt konnte in der Anfangsphase ein funktionierender Stadtbaustein entstehen. Erst in einem zweiten Schritt öffneten sich die Pioniere am Standort zur Nachbarschaft, etwa mit der Einladung zum ersten selbstorganisierten Sommerfest. Die bewohnerinitiierte Siedlungsorganisation und die durch ein Budget gesicherte Selbstverwaltung haben sich nach einer Anlaufphase gut etabliert. Ein durch die Genossenschaft unterstützter Quartiersverein begleitet die Entwicklung der Siedlung mit Veranstaltungen.

Lösungen

Außerordentlicher Wohnungs- und Nutzungsmix
Die städtebauliche Kombination der Typen Scheibe, Block und Halle schuf an dem belasteten Standort ein Gefühl der räumlichen Geborgenheit. Der Mix der 125 – von insgesamt 280 – durch Kraftwerk1 realisierten Wohnungen weist ein enorm breites Spektrum auf: vom 1-Zimmer-Studio bis hin zur Wohngemeinschaft mit 14,5 Zimmern. Über die geknickten Scheiben ergeben sich zusätzliche Grundrissvarianten, sodass kaum eine Wohnung der anderen gleicht. Bei den Bewohnern zeigt sich wenige Jahre nach Einzug eine hohe Zufriedenheit mit den jeweiligen Wohnungen. Eine Gewöhnung an den „rohen" Ausbaustandard, namentlich die Sichtbetonwände, hat stattgefunden. Verbesserungsbedarf wird meist nur auf Ebene des Quartiers gesehen. Vor dem Hintergrund der hohen Wohnungsnachfrage im Raum Zürich weist Zwicky Süd allein aufgrund der bezahlbaren Mieten und der Neubauqualität eine hohe Attraktivität für Wohnungssuchende auf. Eine Belegungsregel legt die Mindestanzahl an Personen pro Wohnungstyp fest. Über einen Solidarfonds wird ökonomisch schwächeren Personen der Zugang zum Projekt erleichtert. Ein Knackpunkt in der Vermietung war zum Teil das bewusst gering gehaltene Parkplatzangebot trotz Agglomerationslage. Die Wohnungen mit besonders großen Grundrissen und damit entsprechenden Mieten und Genossenschaftseinlagen wiesen zunächst Leerstände auf. Das galt zunächst auch für die neuen Wohnkonzepten folgenden Wohnungen, wie die aus den Suiten bei Hardturm weiterentwickelten Cluster-Wohnungen. In dieser „Veredelungsform der Groß-WG" teilen sich mit Teeküchen und Sanitärzellen ausgestattete Individualzimmer einen Gemeinschaftsbereich.

Die facettenreiche Sockelzone fasst einen breiten Nutzungsmix. Die in den großzügigen Hallen angesiedelten Gewerbenutzungen und Gastronomieangebote wechseln sich mit Atelierflächen, einem Fahrradkeller, einem Quartiersladen, einem Hotel, einem Tanzstudio und Werkstätten ab. Die Gewerbevermietungen werden durch die Genossenschaft aktiv kuratiert. Um ein über das Wohnen hinausgehendes Zusammenleben zu etablieren, waren die Setzung eines gewerblichen Programms und das aktive Kümmern darum notwendig. Die Gewerbetreibenden haben sich zum Verein Werkplatz Zwicky zusammengeschlossen.

Urbane Mobilität am dezentralen Standort
Die direkt hinter dem Bahnviadukt haltende Glattalbahn fährt in vier Minuten zum nächsten S-Bahnhof und in rund 15 Minuten ins Stadtzentrum oder zum Flughafen. Eine großzügige, über eine Rampe befahrbare Fahrradgarage priorisiert das Rad gegenüber dem Auto. Die Fahrzeit mit dem Rad ins Zentrum von Zürich ist mit etwa 35 Minuten für das tägliche Pendeln attraktiv. Der Innenhof der Genossenschaft wurde als Begegnungszone mit Kiesboden, Bepflanzung und Spielplatz geplant. Das autoarme Mobilitätskonzept sieht für die Bewohner standardmäßig keine Stellplätze vor, es sei denn, sie benötigen aus beruflichen oder gesundheitlichen Gründen ein Auto. Da der Innenhof für die Gewerbetreibenden befahrbar sein muss, stellen zuweilen Bewohner der anderen Gebäude ihre Fahrzeuge dort ab. Die gute Erreichbarkeit mit dem Auto war für die Genossenschaft nicht interessant und wurde aus Sicht des Totalunternehmers zu wenig beachtet. Die Parkplatzpolitik war ein kontrovers diskutierter Punkt der Projektentwicklung.

Erschließung als Entscheidung zwischen Effizienz und Gemeinschaft
Das intensiv diskutierte Erschließungssystem zeigt ökonomische wie soziale Mehrwerte: Einerseits ermöglicht die effiziente Gestaltung eine gute Raumausnutzung sowie geringe Baukosten, andererseits schafft sie Orte für Begegnungen und Aufenthalt. Bei den Scheiben sitzen Erschließungskerne, Bäder und Küchen zur Straße, während sich die Wohn- und Schlafbereiche zum Innenhof orientieren und zusätzlich über außerhalb der beheizten Hülle liegende Laubengänge erreichbar sind. In den Blöcken sitzen jeweils zwei Erschließungskerne mittig und dienen wie das Atrium der zusätzlichen Belichtung. In innen liegenden, unbelichteten Räumen finden Nutzungen wie ein Kino oder ein Archiv Platz. Die Erschließungsflächen sind jeweils sorgsam gestaltet und mit Materialien hoher Qualität ausgeführt. Zwei bei der Sanierung eines Zürcher Platzes gerettete Brücken verbinden die Gebäudeteile der Genossenschaft im fünften Obergeschoss und werden als gemeinschaftliche Treffpunkte und Balkone genutzt.

Gekonnte Akzentsetzung und vielfältige Freiräume
Das Ziel, kostengünstigen Wohnraum zu schaffen, führte zu einem starken Fokus auf bauliche Dichte und Kosteneffizienz. Die Gebäude weisen daher ein relativ nacktes, auf den ersten Blick ungemütliches Erscheinungsbild auf. Neben bewusst gesetzten Akzenten in den Gemeinschaftsflächen unterstützen vor allem die gemeinsamen Freiräume in unterschiedlichen Lagen und ausdifferenzierten Qualitäten das gemeinschaftliche Leben. Öffentliche, halb öffentliche sowie private Freiflächen grenzen direkt an die Wohnungen an und tragen maßgeblich zur Beliebtheit der Siedlung bei. Die Dachflächen der Hallen sind, wenn nicht durch Photovoltaikanlagen bestückt, meist begrünt und zugänglich. Bei diesen großzügigen Flächen zeigte sich anfangs eine geringere Nutzungsdichte. Der Innenhof ist mit Cafés, Kinderspielplatz und anliegendem Gewerbe ein lebendiger, viel genutzter Raum. Der

durchgängig geschützte Spiel- und Bewegungsraum entlastet die Eltern in der Betreuung, weil sich die Kinder trotz der nahen verkehrsreichen Straßen sicher und frei bewegen können.

Die Architekten wollten ein industrielles Flair entstehen lassen. Vor allem in der Materialität zeigt sich ein harter architektonischer Ausdruck, etwa an den Innenräumen mit Sichtbeton oder den Außengeländern aus Wasserrohren und Maschendrahtzaun. Die zum Bahnviadukt und zur Neugutstraße gewandte Rostfassade wurde als Referenz an die vormalige industrielle Nutzung gestaltet. Bauweise und Ausstattung im Rohzustand, kostengünstig und ohne Veredelung, sollten eine Weiterentwicklung durch die Nutzer ermöglichen und anregen. Während die Wohnungsausstattungen standardisiert sind, findet sich in den gemeinsamen Flächen der eine oder andere Luxus. Schmuckvolle Einzeldetails wie farbige Treppengeländer oder bunt gestreifte Fußböden tragen zum wertigen Gesamteindruck bei. Diese Akzente halfen den Bewohnern, sich mit dem ansonsten eher kahlen Gebäudekomplex zu identifizieren und sich von Anfang an wohlzufühlen.

Bewohnermischung, Selbstorganisation und Engagement

Das wichtige Ziel der sozialen Durchmischung bildet sich in einer Bewohnerschaft aus alten und neuen Genossenschaftsmitgliedern sowie vielen Familien unterschiedlichster Herkunft ab. Über den angebotenen Wohnungsmix wurde die Nachfrage gesteuert und damit eine gewisse Vorselektion vorgenommen. Das vielschichtige Raumprogramm und die angedachten Wohnformen trugen dazu bei, dass Menschen mit unterschiedlichen Motivationslagen und Lebensstilen einzogen und die Siedlung zum Leben erweckten. Neuen Bewohnern und ihrer Situation wird heute weiterhin große Aufmerksamkeit geschenkt.

An Aufgaben wachsen

Dass Kraftwerk1 das Grundstück angeboten wurde, zeigt, dass die Arbeit der jungen Genossenschaft auch von etablierten Entwicklern auf dem Wohnungsmarkt wahrgenommen und geschätzt wird. Das Areal stellte sie jedoch auch vor neue Herausforderungen. Die dezentrale Lage und die Entfernung zum Stadtzentrum von Zürich lösten Diskussionen innerhalb der Genossenschaft aus. Es gab Kritik am mangelhaften öffentlichen Verkehrsanschluss, der als Kriterium jeder Entwicklung gesehen wird. Die zunächst wenig frequentierte Glattalbahn passte ihren Takt jedoch noch vor Projektbeginn dem städtischen Fahrplan an, sodass diese Grundvoraussetzung gewährleistet wurde. Die durch stark befahrene Autostraßen erzeugte Insellage des Standorts wurde durch den sein Inneres schützenden Städtebau und die zunächst introvertierte Gemeinschaft noch verstärkt. Allmählich bildet sich jedoch eine Vernetzung mit der Umgebung aus: Einzelne Bewohner engagieren sich in der Kommunalpolitik, während das kulturelle Angebot der Siedlung bei den Dübendorfern Interesse weckt. Die urbanen Erfahrungen, Ansichten und Erwartungen der „alten" Genossenschaftsmitglieder konnten zusammen mit den neuen Bewohnern und Mitgliedern ein lebenswertes Stück Stadt schaffen. Die erhoffte positive Entwicklung der angrenzenden Quartiere zeigt sich bisher nur verhalten.

Wie sich Zwicky Süd im Betrieb bewährt, kann nach wenigen Jahren nur ansatzweise beurteilt werden. Die große Resonanz in der Fachwelt lässt allerdings vermuten, dass interessante Antworten auf aktuelle Fragestellungen gefunden wurden. Vielseitige Publikationen, Preise und positive Außenwahrnehmungen lösen sowohl bei den Planern als auch bei den Genossenschaftsmitgliedern Stolz über den Projekterfolg aus.

Ein ungelöstes Dilemma, welches sich bereits an den vorangehenden Projekten der Genossenschaft zeigte, stellt die Aufwertungsdynamik dar, welche die Pioniere durch ihr Wirken auslösen. Die eigene Zielgruppe kann sich den zunächst noch erschwinglichen Standort dadurch immer weniger leisten. Dass die drei realisierten Projekte verschiedene Standorte haben, wird von Kraftwerk1 einerseits als Chance im Sinne eines gesamtstädtischen Mitgestaltens gesehen. Andererseits zeigt sich durch die räumliche Trennung ein fehlender Austausch zwischen den Projekten. Auch projektübergreifende Wohnungswechsel finden kaum statt.

Während beim Projekt Hardturm der Schwerpunkt noch auf der Entwicklung eines neuartigen Wohnangebots und innovativen Wohnformen lag, beschäftigte sich die Genossenschaft im Rahmen von Zwicky Süd stärker mit einem sparsamen Flächenumgang. Zudem bewegte sich der Fokus zunehmend weg von der introvertierten Entwicklung eines Hauses hin zur Realisierung von Qualitäten auf Quartiersebene. Hardturm kann als Laborraum gelesen werden, in dem stark ideologisch aufgeladene Inhalte in eine bauliche Form übersetzt wurden. Zwicky Süd zeigt die Weiterentwicklung des gemeinschaftlichen Bauens als breites Tätigkeitsfeld mit professionellen Methoden, klaren Aufgabenverteilungen und zusätzlichen Managementaufgaben. In Zukunft will der Kraftwerk1-Vorstand nicht nur kostengünstigen Wohnraum realisieren, sondern sich verstärkt dem Thema langfristige Haltbarkeit im Bauen widmen. Bei schwierigen Grundstücken müssten dann eventuell die Mietpreise nach oben angepasst werden, um die Wohnlichkeit zu sichern und gleichzeitig nachhaltig bauen zu können.

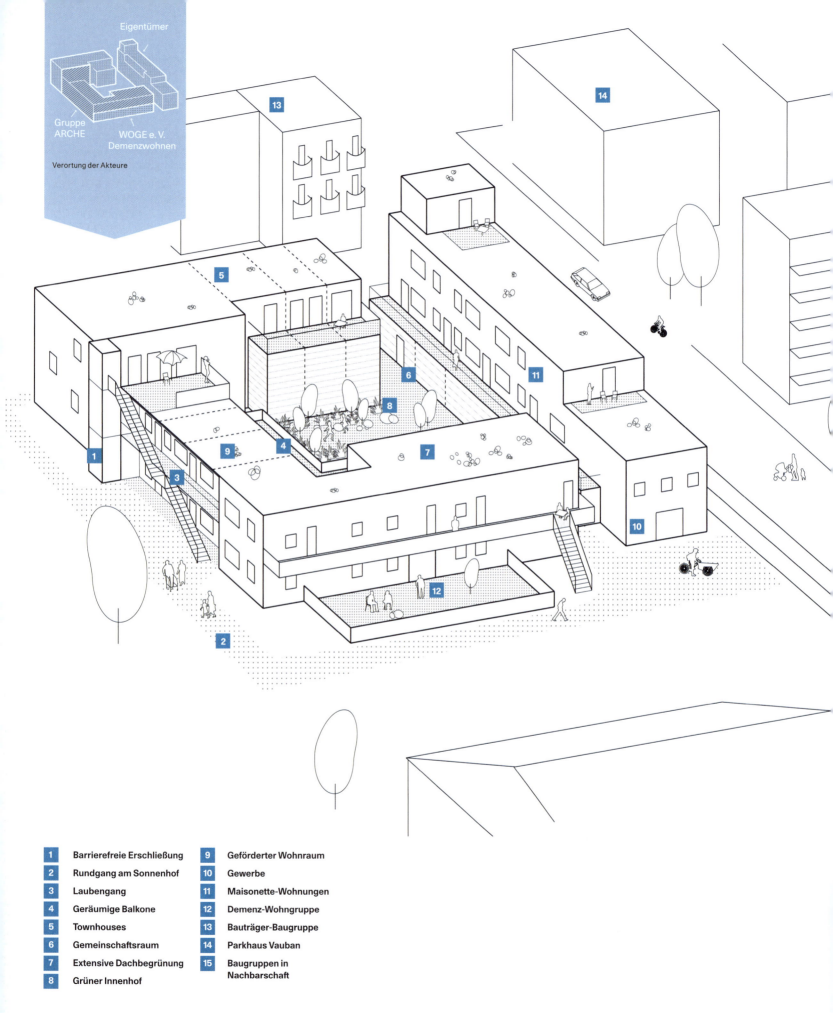

1	Barrierefreie Erschließung	9	Geförderter Wohnraum
2	Rundgang am Sonnenhof	10	Gewerbe
3	Laubengang	11	Maisonette-Wohnungen
4	Geräumige Balkone	12	Demenz-Wohngruppe
5	Townhouses	13	Bauträger-Baugruppe
6	Gemeinschaftsraum	14	Parkhaus Vauban
7	Extensive Dachbegrünung	15	Baugruppen in Nachbarschaft
8	Grüner Innenhof		

Größe: 30 WE, Neubau
Projektstart: 2005
Fertigstellung: 2007
Trägermodell: WEG aus Einzeleigentümern und Haus-GmbH mit zwei Gesellschaftern nach dem Modell des Mietshäuser Syndikats
Akteure: Projektmanagement Bauberatung beha + beier, Projektentwicklung Jürgen Feldmaier, Architekt Stephan Brakmann, Vereine WOGE und ARCHE, Mietshäuser Syndikat
Zielgruppe: Eigentümer in Selbstnutzung, Wohngruppe für Menschen mit Demenz, Mieter mit Wohnberechtigungsschein
Besonderheiten: heterogene Bewohnerschaft und Wohnformen, 2/3 Eigentumswohnungen, 1/3 Mietwohnungen, Gewerberäume, Demenz-Wohngruppe, Selbstverwaltung des Mietwohnraums im Mietshäuser Syndikat, Gemeinschaftsraum und gemeinsamer Innenhof

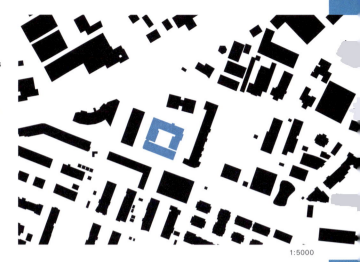

1:5000

Sonnenhof, Freiburg

Das Mietshäuser Syndikat hat sich in Freiburg seit den 90er Jahren mit dem Ziel entwickelt, Wohnraum der Privatisierung zu entziehen und damit zu einem bezahlbaren Mietwohnungsmarkt beizutragen. ARCHE und WOGE begaben sich gemeinsam unter dieses Dach. Die ARCHE ist eine Gruppe Alleinstehender mit Wohnberechtigungsschein, die WOGE betreut eine Demenz-Wohngruppe. Mit Unterstützung des Syndikats realisierten WOGE und ARCHE in Baugemeinschaft zusammen mit Privateigentümern einen Neubau im beliebten Viertel Vauban.

Der Sonnenhof ordnet die 30 Wohneinheiten um einen begrünten Hof an. In der heterogenen Eigentümergemeinschaft wurde ein Wohnungsmix aus geförderten Kleinwohnungen, individuellen Geschosswohnungen, Maisonetten und viergeschossigen Stadthäusern realisiert. Im Erdgeschoss mit eigenem Garten befindet sich die Demenz-Wohngruppe sowie straßenseitig der gemeinsam verwaltete Gemeinschaftsraum, ein Architekturbüro und ein Yogastudio.

Dass die sozialen Träger von Anfang an gesetzt waren und sich die Eigentümerschaft als tragende Struktur darum herum gruppierte, erwies sich als zentraler Lerneffekt der Projektentwicklung. In einem verhandlungsintensiven Planungsprozess wurden Räume innerhalb der festgelegten Hülle auf die Bedürfnisse der Nutzer angepasst. Gemeinsam organisierte Raumangebote und Veranstaltungen sowie nachbarschaftliche Hilfe erhöhen die Attraktivität des Lebensumfeldes. Selbstverwaltung in Koordination und Belegung tragen zu einem stabilen Zusammenleben bei. Der großzügige Innenhof wertet die dichte Bauweise auf. Die Heterogenität der Nutzergruppe trägt zur Vielfalt des Quartiers bei.

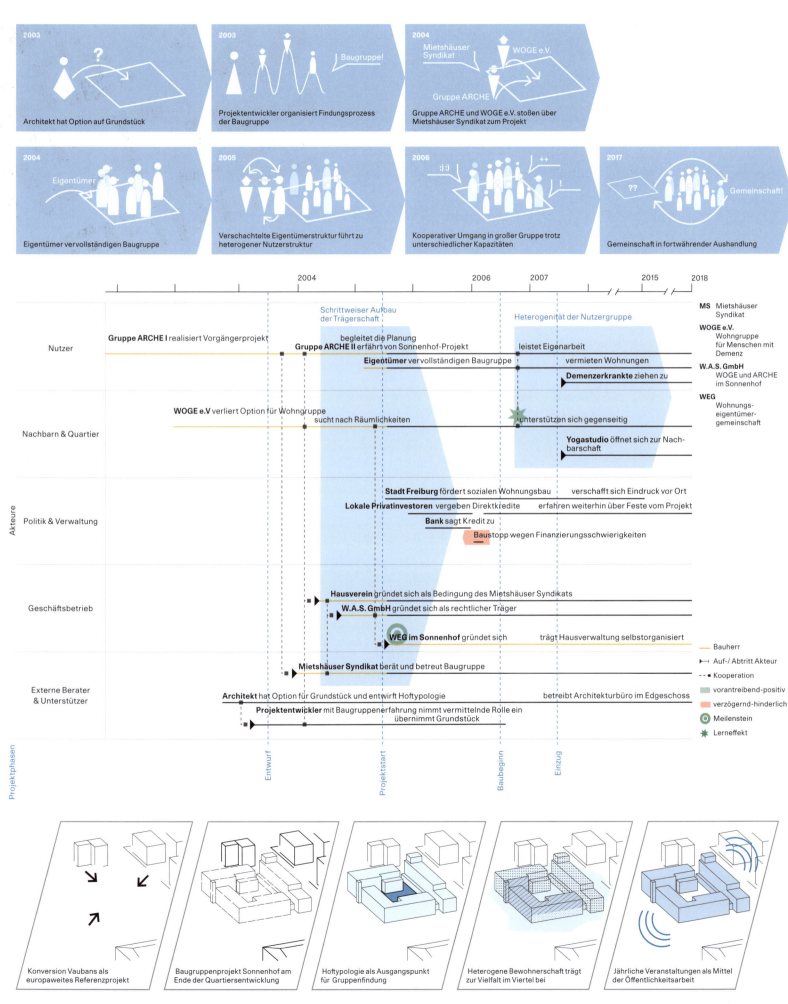

Rahmenbedingungen

Gesamtstadt
Der Sonnenhof entstand am Ende eines in den 80er Jahren angestoßenen Konversionsprojekts auf dem ehemaligen Kasernenareal Vauban in Freiburg im Breisgau. Als sich ein Architekt aus Eigeninteresse und ohne konkreten Auftrag an den Entwurf für eine der letzten Parzellen im Gebiet wagte, hatte sich in Vauban bereits ein Quartier mit einem stark ökologisch geprägten Milieu in einer autoreduzierten Umgebung herausgebildet.

Quartier
In vielen Aspekten fügte sich der Sonnenhof in seine Umgebung ein – so nahm er zum Beispiel die hohe bauliche Dichte oder die Reduktion von Autostellplätzen auf –, in einem Punkt unterschied sich die Herangehensweise der Projektentwickler jedoch wesentlich: Über ein Netzwerk von Akteuren, das an verschiedenen Stellen weitervermittelte, fand sich eine Trägerstruktur, die neben der im Quartier überwiegend homogenen Bevölkerungsgruppe aus jungen Familien und Akademikern einer sozial und ökonomisch schwächeren Gruppe zu Wohnraum verhelfen konnte.

Areal
Für die relativ große Parzelle, die laut Regelung im Bebauungsplan bevorzugt an Baugemeinschaften vergeben werden sollte, handelte sich der Architekt eine einjährige Option auf das Grundstück aus und entwarf eine Hoftypologie, die sich als tragendes Konzept für die verschiedenen Beteiligten erweisen sollte. Die Kommunikation mit einer großen Anzahl Bauherren überließ der Architekt einem auf Baugruppen spezialisierten Projektmanagement- und Bauberatungsbüro, das wiederum über das Mietshäuser Syndikat eine Gruppe alleinstehender Personen mit Wohnberechtigungsschein mit an Bord holte. Die ebenfalls im Bebauungsplan geforderte gewerbliche Nutzung von 30 Prozent der Baufläche konnte mit der Stadt zugunsten einer sozialen Nutzung durch eine Wohngruppe für Menschen mit Demenz verhandelt werden.

Als eines der letzten Baugruppenprojekte in Vauban konnten die Akteure von bereits gemachten Erfahrungen profitieren. So setzte das Projektmanagement die beiden Gruppen der Alleinstehenden und der Demenzerkrankten als zukünftige Nachbarn für hinzukommende Eigentümer der Baugruppe voraus. Dies führte zur Herausbildung einer Struktur an Beteiligten, die die verschiedenen Wohnnutzungen trägt und unterstützt. Die verschiedenen Gruppen in der Struktur der Wohnungseigentümergemeinschaft bieten bezahlbaren Wohnraum an und verwalten ihn auch selbst, womit ihnen zu Mitbestimmung und Teilhabe in einem bereits etablierten Viertel verholfen werden konnte.

Akteure

Externe Berater & Unterstützer
Ein bereits im Viertel Vauban tätiger und gut vernetzter Architekt äußerte beim lokalen Bauamt Interesse an einem der letzten verfügbaren Grundstücke für Baugemeinschaften und entwickelte die Typologie des Sonnenhofs. Er handelte sich eine einjährige Option für die relativ große, nicht teilbare Parzelle aus und begab sich auf die Suche nach einer Baugruppe. Der Architekt hatte damit die Rolle des Initiators inne, übergab aber in der Folge die Suche nach und die Kommunikation mit den zahlreichen Bauherren einem auf Baugruppen spezialisierten Projektmanagementbüro und ging in eine Dienstleisterrolle über.

Das Projektmanagement für Baugruppen trat als eigentlicher Entwickler des Projekts auf, indem es das Grundstück im Anschluss an die einjährige Option des Architekten erwarb. Noch bevor potenzielle Eigentümer angesprochen wurden, entstand über einen privaten Kontakt die Idee, das Projekt mit dem in Freiburg sehr präsenten Mietshäuser Syndikat zu entwickeln.

Das Mietshäuser Syndikat war 1994 in Freiburg mit dem Ziel gegründet worden, Wohnraum langfristig der Privatisierung zu entziehen und damit für den bezahlbaren Mietwohnungsmarkt zu sichern. Als Dachorganisation vereint es deutschlandweit verschiedene Projekte, gibt Starthilfe und berät bezüglich Struktur und Aufbau. Anfang der 2000er Jahre war es in Freiburg bereits zu einiger Bekanntheit gelangt. Über bestehende Kontakte zu verschiedenen Interessensgruppen holte das Syndikat die Gruppe ARCHE ins Projekt und begab sich mit der Realisierung eines Neubaus selbst auf Neuland.

Nutzer
Die Gruppe ARCHE formierte sich als ein Zusammenschluss aus älteren Alleinstehenden und Paaren und hatte bereits eine Projektentwicklung zum gemeinschaftlichen Zusammenleben realisiert. Mit Unterstützung des Mietshäuser Syndikats fand die Gruppe durch viel Beratungs- und Betreuungsleistung schließlich zum konkreten Projekt im Sonnenhof. Dabei durchlief die ARCHE eine Phase der Transformation, in der Einzelne dazukamen oder absprangen und sich der Fokus von „Leben mit Tieren im Alter" hin zum generationenübergreifenden Wohnen von Alleinerziehenden

und Alleinstehenden mit Wohnberechtigungsschein entwickelte. Die ARCHE begleitete die Planungsphase des Projekts mit zu Beginn monatlichen Treffen aktiv und bringt im Betrieb viel Eigenarbeit ein.

Die Eigentümer der straßenseitig gelegenen Wohnungen kamen im Prozess erst hinzu, als die Akteurskonstellation von ARCHE und WOGE im Portfolio des Bauprojekts bereits feststand. Sie entschieden sich damit bewusst für diese Nachbarschaft.

Nachbarn & Quartier
Die WOGE hatte als Verein für Menschen mit Demenz ein Wohngruppenprojekt in den ehemaligen Kasernengebäuden in Vauban geplant. Als diese dem Abriss preisgegeben wurden, verlor der Verein die Räumlichkeiten zur Umsetzung der Wohngruppe. Über Umwege und durch Unterstützung des Mietshäuser Syndikats erhielt die WOGE schließlich Zugang zum Projekt Sonnenhof. ARCHE und WOGE brachten unterschiedliche Voraussetzungen mit ein und waren wichtige Standbeine bei der Projektentwicklung. Während die ARCHE den Raum für das Projekt sicherte, konnte die WOGE im Umfeld ihrer privaten Stifter das Startkapital für die Realisierung akquirieren. Der Verein tritt als permanenter Ansprechpartner im Projekt auf, koordiniert den externen ambulanten Pflegedienst und vermietet seine Räumlichkeiten an demenzerkrankte Personen.

Gewerbliche Nutzungen, wie ein Yogastudio und ein Architekturbüro, schufen nach Inbetriebnahme straßenseitig eine Öffnung und Kontaktfläche zur Nachbarschaft.

Geschäftsbetrieb
WOGE und ARCHE behielten ihre Eigenständigkeit, schlossen sich aber nach Vorgabe des Mietshäuser Syndikats zu einem Hausverein zusammen. Dieser fungiert als Gesellschafter einer GmbH, die als Eigentümerin des Gebäudes auftritt – der W.A.S. GmbH WOGE und ARCHE im Sonnenhof. Dadurch hat der Hausverein alle Rechte und Pflichten eines normalen Eigentümers und kann sich selbst verwalten. Als zweiter Gesellschafter dieser GmbH wirkt das Mietshäuser Syndikat und verhindert über ein Vetorecht dauerhaft den Hausverkauf.

Darüber hinaus schloss sich die W.A.S. GmbH mit den übrigen Eigentümern zu einer Wohnungseigentümergemeinschaft (WEG) zusammen, die sich in regelmäßigen Sitzungen trifft und die Hausverwaltung selbstorganisiert trägt. Jeder Eigentümer ist damit Teil der Hausgemeinschaft und beteiligt sich über seine Wohnfläche anteilig an den Allgemeinkosten.

In diesem komplexen Akteursgefüge ergaben sich in mehrfacher Hinsicht Besonderheiten: Für das Mietshäuser Syndikat war neu, dass sich der Hausverein aus zwei Projekten bildet, von denen eines eine Kooperation mit einem sozialen Träger darstellt und damit aus Personen besteht, die nicht vor Ort wohnen. ARCHE und WOGE haben im Rahmen der W.A.S. GmbH als Eigentümer von 14 Wohnungen wiederum eine Sonderrolle im Rahmen der WEG. Sie lassen sich nicht über die Einzeleigentümer vertreten, sondern schicken Delegierte zu den WEG-Sitzungen. Diesen wird von den anderen Eigentümern ein höheres Stimmrecht eingeräumt. Als Bindemittel in diesem Gefüge wirken gegenseitige Toleranz und ein ausgeprägter Gemeinwohlgedanke.

Politik & Verwaltung
Durch das bisherige Wirken des Mietshäuser Syndikats waren Politik und Verwaltung für Projektentwicklungen gemeinschaftlicher Wohnformen sensibilisiert. Die Kommunalverwaltung der Stadt Freiburg hatte bereits an verschiedenen Stellen mit dem Syndikat kooperiert und vertrat eine positive Grundhaltung. Über Zuschüsse zum sozialen Wohnungsbau wurden die Wohnungen der ARCHE gefördert. Nach Einzug besuchten Vertreter der Stadtverwaltung das gebaute Ergebnis.

Auch bei lokalen Privatinvestoren war der Widerstand gesunken, in ein Projekt des Mietshäuser Syndikats zu investieren, da es bereits einige erfolgreiche Modelle vorweisen konnte. Über Direktkredite sowie Förderzuschüsse im Rahmen des sozialen Wohnungsbaus und des barrierefreien Ausbaus konnte ungefähr ein Drittel der Investitionssumme aufgebracht werden. Die Landesbank Karlsruhe sagte aufgrund des nachgewiesenen Eigenkapitalanteils, dem aufgebauten Vertrauensverhältnis sowie nach einem persönlichen Gespräch vor Ort den Kredit zur Finanzierung zu.

Prozesse

In der Konzeptions- und Initialphase profitierte das Projekt vom Austausch eines Netzwerks an Fachpersonen und der guten Kommunikation zwischen Entwicklern und privaten Bauherren, sodass ein relativ schneller Projektstart möglich wurde. Zentral war dabei auch das durch den Architekten geschaffene Motiv „Sonnenhof". Die Festlegung der groben baulichen Struktur als gestaffelter Baukörper mit einem grünen Hof erwies sich als tragende konzeptionelle Leitidee und bewährte sich in der Findungs- und Projektentwicklungsphase.

Schrittweiser Aufbau der Trägerschaft
Die Trägerstruktur aus WOGE und ARCHE mit dem Mietshäuser Syndikat als Dachorganisation entwickelte sich innerhalb eines Jahres. Die übrige Eigentümerkonstellation wurde bewusst darum herum organisiert. Die restlichen Wohnungen wurden unter dem Motto „Baugemeinschaft sucht ..." auf dem freien Markt angeboten. Dabei waren soziale Bausteine, wie die Demenz-Wohngruppe, als feststehende Teile der Projektentwicklung gesetzt. Es wurde sichergestellt,

dass die angedachte soziale Struktur von den Beteiligten getragen wird, ohne dass wiederum die sozialen Gruppen direkten Einfluss auf die Auswahl der Eigentümer gehabt hätten. Durch dieses Vorgehen bildete sich eine gewisse Vorselektion unter den Eigentümern, die von Entwicklerseite als positiv gewertet wird.

Heterogenität der Nutzergruppe

Die Diversität der Wohnungsangebote im Block ließ eine vielfältige Nutzergruppe zu. Mit den verschiedenen Nutzern konnten wiederum Anpassungen in dem bisher erst grob entworfenen Konzept gemacht werden. Die künftigen Bewohner konnten ihre Interessen anhand eines konkreten Baukörpers formulieren. Während der Architekt nur die äußere Form vorgab, wurden die innere Aufteilung und die Anordnung des Nutzungsmix im Gebäude im Laufe der Planungsphase justiert. Die Demenz-Wohngruppe wechselte in diesem Prozess vom Ost- in den Westflügel. Die Erschließungsform über Laubengänge veränderte sich. Einzelne Zimmer wurden anderen Wohnungen zugeschlagen oder mehrere Zellen zusammengelegt. Grundrisse wurden den Anforderungen der Nutzergruppen entsprechend angepasst. Eigentümer konnten den soliden Ausbaustandard der Wohnungen über Sonderwünsche erhöhen. Dieses Austarieren der Wünsche und Bedürfnisse der Nutzergruppen zog sich über rund eineinhalb Jahre hin.

Als gegen Ende des Planungsprozesses ein Teil der ARCHE-Mitglieder – ältere Paare, die den Schritt zur aktiven Wohnraumreduzierung im entscheidenden Moment nicht gehen wollten – absprang, wurden fünf 2-Zimmer-Wohnungen plötzlich frei. Nach einigen Diskussionen konnten als neu hinzukommende Nutzer Alleinerziehende mit Wohnberechtigungsschein gewonnen werden.

Aufgrund sich ergänzender Ausgangssituationen und Interessenslagen in Bezug auf Grundstückverfügbarkeit und Baufinanzierung entwickelte sich zwischen WOGE und ARCHE eine kommunikative, unkomplizierte Kooperation. Die Größe der Baugruppe inklusive der Eigentümer wurde aber eher als hinderlich für ein aktives Einbringen wahrgenommen. Die Aushandlung im Planungsprozess war anstrengend, verlief aber ohne größere Konflikte und war geprägt von einem starken Projektmanagement.

Die kalkulierten Baukosten konnten in Bezug auf den ermittelten Quadratmeterpreis gehalten werden. Aufgrund der komplexen Trägerstruktur, die verschiedene Finanzierungsformen mit sich brachte, kam es jedoch zwischenzeitlich zu einer Bauunterbrechung, da ein Direktkredit der W.A.S. GmbH geplatzt war. Während die Eigentümer einmalig einen Finanzplan vorlegen mussten, um sich die Finanzierung bei der Bank zu sichern, bestand der Finanzierungsmix von ARCHE und WOGE aus Direktkrediten von Stiftern aus dem WOGE-Umfeld und Zuschüssen der Stadt im Rahmen des sozialen Wohnungsbaus sowie des rollstuhlgerechten Ausbaus.

Lösungen

Unterschiedliche Kapazitäten der Nutzer

Erst nach Fertigstellung und Einzug zeigte sich die Diversität der Nutzergruppen. Trotz unterschiedlicher Kapazitäten etablierte sich insgesamt ein kooperativer Umgang. Der Aufbau eines gemeinsamen Werteverständnisses brauchte jedoch Zeit, und so glich das Zusammenleben am Anfang eher einem Nebeneinander der verschiedenen Nutzergruppen mit vereinzelten Schnittpunkten im Alltag.

Teilweise engagieren sich Eigentümer oder Mitglieder der ARCHE durch ehrenamtliche Tätigkeiten in der Demenz-Wohngruppe, indem sie mit den Bewohnern musizieren oder spazieren gehen. Die WOGE hat aufgrund ihrer Vorgeschichte in Vauban und der externen Mitarbeiter des ambulanten Pflegedienstes einen stärkeren Bezug zum umliegenden Quartier und dessen Institutionen als zur eigenen Baugruppe. Die zunächst wegen ihrer geringeren zeitlichen Kapazitäten kritisch beäugten Alleinerziehenden erweisen sich im Betrieb als Kümmerer und treibende Kraft hinter den gemeinschaftlichen Angeboten.

Rahmenbedingungen des Quartiers prägen bauliches Projekt

Die gefundenen Lösungen im Sonnenhof sind als Projektergebnis stark an den Standort im Quartier Vauban gebunden und wären anderswo schwieriger umsetzbar gewesen. Eine erprobte Nachbarschaft in Bezug auf Baugruppen erleichterte die Umsetzung der angestrebten Lösungen, und so fügen sich heute die Bauform und das Mobilitätskonzept ins Quartier ein.

Durch die Realisierung einer großen baulichen Dichte gewinnen die Freiräume und ihre Qualität im Projekt an Bedeutung. Der Innenhof als wichtiges symbolisches Element etablierte sich als Grün- und Ruhepol, jedoch nicht als aktiver Treffpunkt der Gemeinschaft. Zum eher ruhigen Charakter der Fläche beigetragen haben mag, dass diese aus den ersten Obergeschossen der angrenzenden Wohnungen nicht direkt zugänglich ist. Zudem hatte sich die WOGE in der Planung – um den Bedürfnissen der Menschen mit Demenz besser gerecht zu werden – dazu entschieden, die Freifläche der Wohngruppe in einen ruhigeren, abgetrennten Bereich nach außen hin zu orientieren. Für die Nutzer, die an einem harmonischen Mit- und Nebeneinander interessiert sind, stellt der eher verhaltene Kontakt kein Konfliktthema dar, auch wenn an der einen oder anderen Stelle mehr Engagement und nachbarschaftliche Hilfe gewünscht wird.

Autostellplätze werden in Vauban über zwei Parkhäuser zentral organisiert. Dies ermöglichte den Eigentümern der Baugruppe den Verzicht auf eine Tiefgarage, was mit erheblichen Kosteneinsparungen einherging. Die Zentralisierung des Parkens und das Abwälzen der Kosten auf die Allgemeinheit löste jedoch auch Kritik aus.

Die Gesamtattraktivität des Projekts – die aus der Kombination einer qualitätsvollen Lage mit preisgünstiger Bauoption in einer Baugruppe und sozialem Aspekt bestand – rief eine bestimmte Gruppe Eigentümer auf den Plan. Durch die guten Ausgangsbedingungen konnten diese den anstehenden baulichen Entscheidungen gelassen entgegensehen.

Diskussionskultur an konkreten Räumen

Im Sonnenhof wurden die 30 Wohneinheiten – 14 davon von den Trägern WOGE und ARCHE – um einen begrünten Innenhof angeordnet. Die architektonische Grundidee bestand von Beginn an und trug als Symbol des gemeinschaftlich orientierten Wohnens über den gesamten Entstehungsprozess hinweg. Bei der Entwicklung des städtebaulichen Entwurfs hatten die Nutzer kein Mitspracherecht. Ihre Mitwirkung in der Planungsphase beschränkte sich auf die Fassadengestaltung, die Modifizierung der Grundrissaufteilung und die Innenausstattung.

Die ARCHE wünschte sich einen Gemeinschaftsraum, den sie aus eigenen Mitteln jedoch nicht realisieren konnte. So wurde er zum gemeinsam durch die WEG getragenen Raum, der über einen Kalender für alle belegbar ist, in Nutzung und Unterhalt aber ein ständiges Diskussionsthema und einen Gegenstand erneuter Aushandlung darstellt. Im Gemeinschaftsraum hat sich eine vielfältige Nutzung eingespielt – es werden Sitzungen der Gemeinschaft in verschiedenen Konstellationen abgehalten, Geflüchtete unterrichtet oder Feste gefeiert –, nur die kommerzielle Vergabe des Raums nach außen ist nicht erwünscht.

Die Erschließung über Laubengänge vor einem kompakten Körper mit geschlossener thermischer Hülle bot gegenüber einer Mehrspänner-Erschließung eine kostengünstige Variante. Die Kehrseite ist die Orientierung der Schlafräume zum Laubengang hin, insofern einige Nutzer den Geräuschpegel auf den Erschließungsflächen als Problem empfinden. Die Laubengang-Erschließung war durch den architektonischen Entwurf von Beginn an angelegt, wurde jedoch im Laufe des Prozesses in ihrer Form modifiziert. Für die ARCHE bewährten sich die Laubengänge auch im Zusammenhang mit der Umplanung zu einer barrierefreien Erschließung über Aufzüge. Die Laubengänge und gemeinsamen Balkone werden zudem als kommunikative Kontaktflächen und Begegnungszonen genutzt.

Miteinander unterschiedlichster Akteure durch Trägerstruktur

Der durch die Trägerstruktur entstandene Mix aus Eigentumswohnungen und geförderten Mietwohnungen schuf ein vielfältiges Wohnungsangebot aus individuellen Geschosswohnungen, Maisonetten und viergeschossigen Stadthäusern. Die Wohnungsgrundrisse der ARCHE entwickelten sich nach Bedarf, richteten sich nach den Vorgaben des sozialen Wohnungsbaus – 45 Quadratmeter für einen Einpersonenhaushalt, 60 für eine 2-Zimmer-Wohnung – und wurden zudem rollstuhlgerecht ausgebaut. Dies ermöglichte einerseits das Ausschöpfen der Förderzuschüsse und gewährleistete andererseits eine maximale Ausnutzung der zur Verfügung stehenden Baufläche. Die Erstbezieher der Wohnungen konnten über die Raumaufteilung mitentscheiden. Die bewohnergesteuerte Entwicklung der Grundrisse fand jedoch ohne Verbindlichkeit seitens der zukünftigen Nutzer statt, sodass zum Teil Wohnungen entstanden, die von verschiedenen Personen mitentwickelt und von wieder anderen bewohnt wurden. Trotz der limitierten Mitwirkungsmöglichkeit seitens der Nutzer zeigte sich eine hohe Zufriedenheit mit dem baulichen Ergebnis und den getroffenen Entscheidungen. Der realisierte Standard wird für den sozialen Wohnungsbau als hoch und als durchschnittlich für das Quartier Vauban betrachtet.

Der Wohnungsmix aus Privateigentum, gefördertem Mietwohnungsbau und Wohn-Pflegegruppe weist mit 45 bis 70 Quadratmetern Wohnfläche pro Person eine Spannbreite auf, die auch eine entsprechende soziale Klientel nach sich zieht. Die WEG bildet sich aus Bewohnern in unterschiedlichsten Einkommens- und Lebenslagen. Über die Integration von Personen mit einem Wohnberechtigungsschein gelingt es, auch Menschen mit geringem Einkommen mit Wohnraum zu versorgen. Die heterogene Bewohnerschaft trägt wiederum zur Vielfalt im Viertel bei.

Die Struktur des Mietshäuser Syndikats gibt eine kontinuierliche Mietzahlung vor und sichert darüber ein „flexibles Eigentum". Selbst wenn das Haus irgendwann abbezahlt ist, werden die Mitglieder des Hausvereins nicht zu Eigentümern, sondern zahlen weiterhin einen Mietzins. Der günstige Mietpreis kann über eine Umlegung der Kostenmiete auf alle erreicht werden. Über die jährlich festgelegte Staffelung nähert sich der Mietpreis nur langsam an das örtliche Mietniveau an und ist bei 20 Prozent unter der ortsüblichen Vergleichsmiete gedeckelt.

Nutzung einer bestehenden Vertrauensbasis

Durch langjährige Auseinandersetzungen mit der Kommunalverwaltung und die Realisierung verschiedener Projekte wuchs das örtliche Vertrauen in das Mietshäuser Syndikat, sodass es nun einen großen Unterstützerkreis im Raum Freiburg besitzt. Ein Preis für vorbildliche Genossenschaftsarbeit verhalf dem Syndikat zu weiterer Bekanntheit. Über diese Vertrauensbasis konnte lokales Geld in Form von Direktkrediten mit vergleichsweise geringem Aufwand eingeworben werden.

Die WOGE wiederum war durch ihre Vorgeschichte und die Bemühungen, das Thema Demenzerkrankung ins Gespräch zu bringen, im Viertel bekannt. Auch hier konnten über Unterstützer im Hintergrund Gelder eingeworben werden. Zudem profitiert das gesamte Projekt von den bestehenden Kooperationen des Vereins im Quartier und in regionalen Netzwerken.

Die Öffentlichkeitsarbeit erweist sich bei einem Projekt, das auf externer Unterstützung aufbaut, als zentrales Mittel der Existenzsicherung. Besondere Bedeutung kommt den jährlich stattfindenden Sommerfesten im Innenhof zu, die den Informationsaustausch der heterogenen Bewohnerschaft untereinander sowie die Bekanntheit und Wirkung nach außen fördern.

Unterschiedliches Gruppenverständnis hemmt Erneuerung

Dass sich zum zehnjährigen Bestehen der WEG kein Team zur Organisation eines Sommerfests fand, führt den strukturellen Erneuerungsbedarf der Hausgemeinschaft vor Augen. Vonseiten der Bewohner wird das Fehlen von Initiativen wahrgenommen.

Der unterschiedliche Bezug der Projektmitglieder bringt für die Beteiligten nach wie vor Herausforderungen mit sich. Während sich ARCHE-Mitglieder und Eigentümer, wenn auch in unterschiedlicher Intensität, als Teil eines gemeinschaftlich organisierten Wohnens erleben, ist die WOGE mit Vereinsmitgliedern, die sich auf ehrenamtlicher Basis engagieren und nicht vor Ort wohnen, in einer besonderen Art gefordert. Die verpflichtende Arbeit von Angehörigen der Demenzkranken sowie die externen Mitarbeiter des Pflegedienstes müssen koordiniert werden. Der Vereinsvorstand sieht sich in seiner Rolle als Mieter und Vermieter an die Demenzerkrankten sowie in der Abstimmung mit der WEG und dem Hausverein mit einer hohen Belastung konfrontiert. Die Gewerbetreibenden führen einträgliche Geschäfte ohne große Außenwirkung und müssen für die gemeinschaftlichen Aufgaben erst ein Verständnis entwickeln. Einige Eigentümer haben ihre Wohnungen vermietet, sodass es zu Fluktuationen in der Bewohnerschaft kommt. Auch in der Gruppe der Personen mit Demenz kommt es durch Wegzug und Tod zu häufigen Wechseln. Die verschiedenen Nutzergruppen bringen damit unterschiedliche Handlungsspielräume mit, sich über die eigene Wohn- oder Arbeitssituation hinaus zu engagieren, was ein Mehr an Kommunikation und Abstimmung erfordert.

Als große Stärke hat sich die Zugehörigkeit zu einer stabilen Wohngemeinschaft in einer individuell von Wandel geprägten Situation – Alter, Krankheit, alleinstehend oder -erziehend – erwiesen. Die Gemeinschaft vermittelt in diesen Situationen eine gewisse Sicherheit. Vermutlich aufgrund starker Außenkontakte hat sich innerhalb des Sonnenhofs allerdings nur eine verhaltene Nachbarschaftshilfe entwickelt. Für viele Bewohner funktioniert dieses Bekenntnis zum Wohnen in Gemeinschaft trotz weitgehend separierter Tagesabläufe jedoch gut und wird als angenehm empfunden.

Die Bekanntheit und das Interesse am Sonnenhof sind groß. Die WOGE hat es geschafft, die übrigen Bewohner für die Bedürfnisse von demenzerkrankten Personen zu sensibilisieren und diese durch Spaziergänge und Aktivitäten als gewohntes Bild im Quartier zu platzieren. Die ARCHE spürt über ihre Netzwerke großes Interesse und verfügt über eine lange Liste an potenziellen Mietern mit Wohnberechtigungsschein, über deren Auswahl jeweils nach einem Kennenlernen gemeinsam entschieden wird. Potenzial und Bedarf für Folgeprojekte bestünden, es mangelt jedoch vorrangig an personellen Ressourcen. So besteht ein weiterer Lerneffekt des Sonnenhofs darin, dass ehrenamtliche Arbeit Grenzen hat: Der selbstorganisierte Hausmeisterdienst führt zu Konflikten der verschiedenen Nutzergruppen bezüglich Sauberkeit und Ordnung. Die WOGE erwägt eine Professionalisierung der Vereinsstruktur, in welcher die Belastung der Ehrenamtlichen durch Anstellungsverhältnisse gelindert werden könnte.

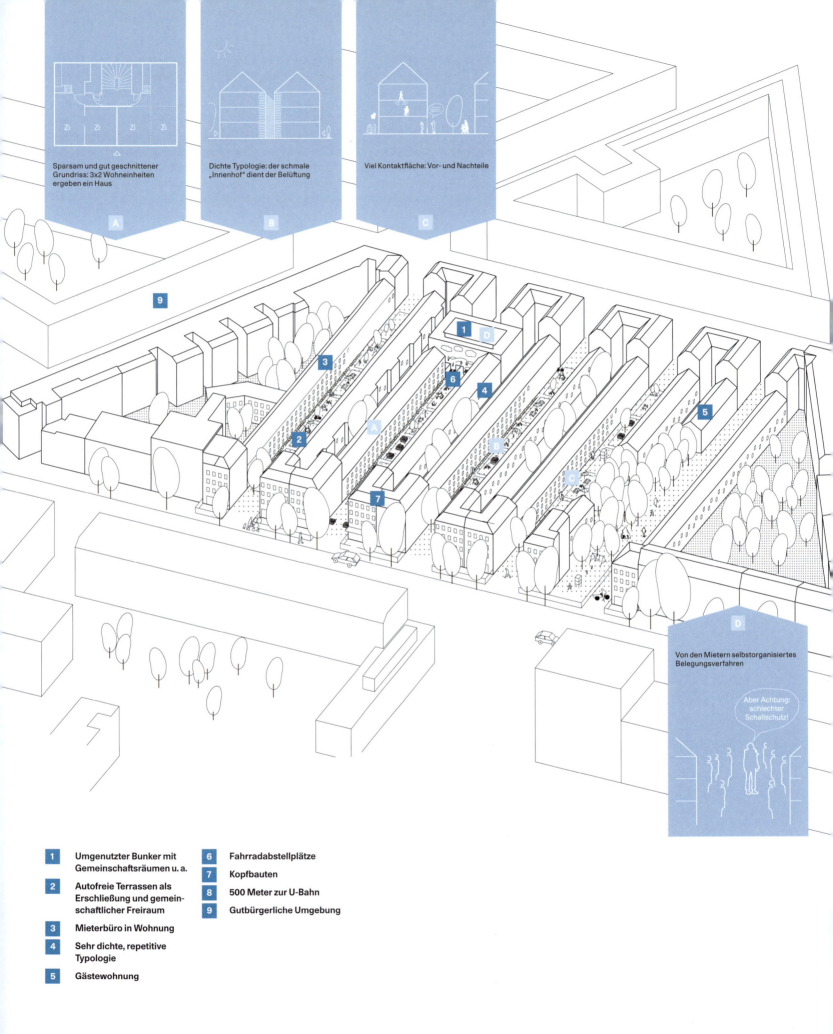

Größe: 324 WE, Sanierung
Projektstart: 1988
Fertigstellung: 1999
Trägermodell: Mietergenossenschaft als Generalmieterin und Stiftung als Eigentümerin
Akteure: Mieterinitiative, später Mietergenossenschaft Falkenried-Terrassen, Lawaetz-Stiftung, Stadt Hamburg, STATTBAU Hamburg, Architekten
Zielgruppe: Mieter mit Wohnberechtigungsschein
Besonderheiten: Selbstverwaltung öffentlicher Sozialwohnungen, repetitiver Haustyp unter Denkmalschutz, Flächeneffizienz, Terrassen als Erschließung und Freiraum, nachbarschaftliches Zusammenleben

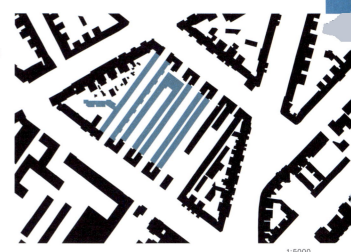

1:5000

Falkenried-Terrassen, Hamburg

Die Häuser mit den einfachen Arbeiterwohnungen entstanden um 1890 und haben eine wechselhafte Geschichte hinter sich. In einer Phase des planmäßigen Verfalls unter dem Vorhaben der Flächensanierung engagierte sich die Mieterschaft politisch intensiv für den Erhalt der lebendigen Siedlung für einkommensschwache Haushalte. Nach harten Verhandlungen gelang die Übernahme durch die städtische Lawaetz-Stiftung und die Gründung einer Mietergenossenschaft als Generalmieter. Es folgte ein siebenjähriger Sanierungsprozess, seit dessen Beginn die Mietergenossenschaft die Häuser eigenständig verwaltet, unterhält und zu hundert Prozent als stadteigene Sozialwohnungen vermietet.

Die 56 Terrassenhäuser stehen mittlerweile unter Denkmalschutz. Sie variieren leicht, beruhen jedoch immer auf demselben repetitiven Grundtyp eines Zweispänners mit drei Etagen und insgesamt sechs Wohnungen. Die sogenannten Terrassen zwischen den Reihenhäusern sind Erschließung, gemeinschaftlicher Freiraum und Treffpunkt zugleich. Die kommunikative, flächeneffiziente und kostengünstige Wohnsituation ist über ihr Trägermodell langfristig gesichert. Die hohe Zufriedenheit mit der Wohnsituation entfaltet zahlreiche positive Effekte auf das Leben der Mieter.

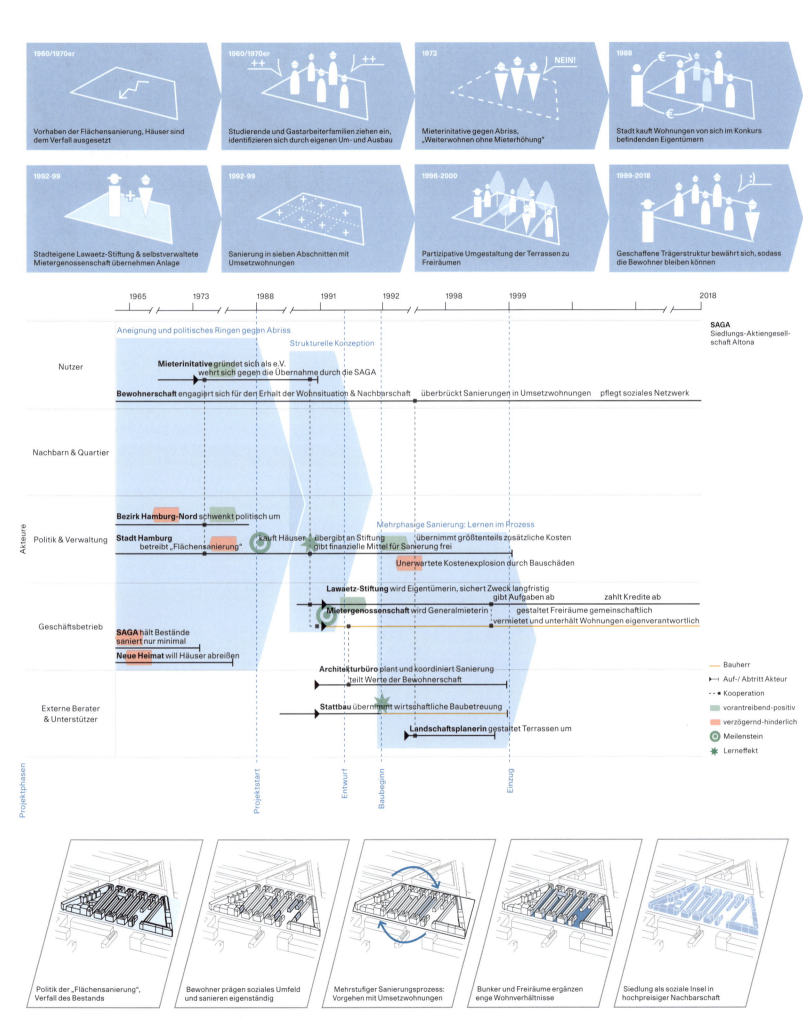

Rahmenbedingungen

Die Falkenried-Terrassen sind 1890 in einer Phase des Wirtschafts- und Stadtwachstums als Spekulationsobjekte entstanden. Die Typologie der Terrassenhäuser folgt dem englischen Vorbild der „terraced houses". Dies sind sehr dicht angeordnete Reihenhäuser beidseits einer schmalen Erschließungsfläche innerhalb eines größeren Blocks. Die Hinterseiten der Gebäude sind nur durch einen äußerst schmalen Hof zur Belüftung getrennt. Jedes der dreigeschossigen Reihenhäuser der Falkenried-Terrassen im einfachen Baustandard beherbergt sechs intelligent geschnittene, sehr kleine Arbeiterwohnungen. Die Dichte an Wohnungen ist demnach sehr hoch.

Quartier

Von 1961 bis Mitte der 1980er Jahre war für das gesamte Quartier eine Flächensanierung geplant, also der großflächige Abriss und anschließende Neubau nach zeitgemäßen Vorstellungen. Die Gebäude wurden weitgehend von zwei großen Wohnbauträgern im Auftrag der Stadt Hamburg gekauft und planmäßig dem Verfall preisgegeben; jegliche Sanierung unterblieb aufgrund des Abrissvorhabens. Vor allem am Wohnungsmarkt benachteiligte Zielgruppen wie Studierende und die damals so genannten Gastarbeiterfamilien fanden hier ein günstiges, aber baulich mangelhaftes Zuhause.

Wohnanlage

Wegen der ausbleibenden Sanierungsaktivitäten seitens der Eigentümerinnen und des schon zuvor niedrigen Bau- und Ausstattungsstandards wurden die Mieter zwangsläufig selbst aktiv. Die Wohnungen wurden auf eigene Kosten und/oder in Eigenarbeit saniert und so bewohnbar gehalten beziehungsweise gemacht. Bei vielen wurden von den Mietern die ersten Heizungen eingebaut. Aufgrund des niedrigen Mietniveaus bewertete die Mieterschaft ihre Eigenleistungen als ökonomisch sinnvoll. Die sanierungsbedürftigen Falkenried-Terrassen boten also kostengünstigen Wohnraum, den sich sozial schwache Gruppen aneigneten. Die Mieter schätzen die Qualitäten des Standorts, vor allem die günstige Miete in Innenstadtnähe, die lebendige Nachbarschaft und die bescheidene, doch intelligente Architektur. Die Kombination aus notwendiger Eigeninitiative und Wertschätzung führte zu einer hohen Identifikation und auch einem guten Netzwerk innerhalb der Nachbarschaft. Schon in dieser Phase war der Austausch zwischen den Bewohnern stark – weil die hohe Dichte und die vielen Kontaktflächen der baulichen Typologie viel Kommunikation hervorbringen und auch notwendig machen und weil man sich gegenseitig mit Rat und Tat zur Seite stand.

Als tatsächlich der Abriss drohte, wurde von politisch engagierten Studierenden eine Mieterinitiative ins Leben gerufen, die das Quartier mit seinem Milieu und seiner günstigen Mietstruktur erhalten und die Bauten nicht nur vor dem Abriss bewahren, sondern deren Zustand verbessern wollte. Die Stadtpolitik war durch den Häuserkampf in der Hafenstraße sensibilisiert und wollte keine Eskalation an einem weiteren Standort riskieren. Der lokale Widerstand gegen den Abriss traf einen politischen Nerv in der Stadt Hamburg.

Akteure

Nutzer

Die treibenden studentischen Akteure gehörten zu der bestehenden Nutzerschaft, die sich für den langfristigen Erhalt ihrer Wohnsituation engagierten und durch die Denkmalschutzdebatte der 1970er Jahre inspiriert waren. Diese Akteure und ihre Sichtweise stehen für eine Wende in der gesellschaftlichen Stadtvorstellung vom modernen Fortschrittsglauben zur Besinnung auf die Qualitäten der gewachsenen Stadt. Die 1973 gegründete Mieterinitiative mündete nach einem intensiven Konstituierungsprozess und starken politischen Bemühungen 1991 in einer Mietergenossenschaft, die in Vermietung und Unterhalt eigentümergleich auftritt, die Eigenverantwortung trägt und Generalmieterin der städtischen Lawaetz-Stiftung als Eigentümerin ist.

Politik & Verwaltung

Die Stadt Hamburg hat über die Leitlinie der Flächensanierung den Verfall der Terrassenhäuser ermöglicht und vorangetrieben, nach einer politischen Kehrtwende aber die Rahmenbedingungen für deren Erhalt geschaffen und die Sanierung finanziert. Die Hamburger Stadtpolitik, in den 1980er Jahren durch den Häuserkampf geprägt, wollte einer neuerlichen Eskalation entgegenwirken und reagierte auf die Bemühungen der Mieterinitiative. Durch die Übergabe an die stadteigene Lawaetz-Stiftung wurde eine Konstruktion geschaffen, die den Erhalt langfristig sichert. Vonseiten der Stadt Hamburg ist dies ein vertrauenswürdiger und solider Zwischenträger, sodass keine Förderung für Sanierungskosten beziehungsweise Besitz direkt an die Nutzerschaft übergeben wurde, was politisch kein gangbarer Weg gewesen wäre. Durch die städtische Übernahme der Wohnungen konnten in einem mehrstufigen Vorgehen sowohl die Bausubstanz, die bestehende Bewohnerstruktur und das niedrige Mietniveau erhalten werden.

Geschäftsbetrieb

Die ehemaligen Eigentümerinnen SAGA und Neue Heimat, zwei große städtische beziehungsweise gemeinnützige Wohnbauträger, gaben die Gebäude über drei Jahrzehnte dem Verfall preis und verfolgten gemeinsam mit der Stadt Hamburg das Vorhaben der Flächensanierung, also den kompletten Abriss und Neubau nach zeitgemäßen Vorstellungen. Die Kopfbauten an den Enden der Reihen wurden im Laufe der 1980er Jahre saniert, nicht jedoch die Terrassenhäuser selbst. Nach dem Konkurs der Neuen Heimat übernahm die Stadt Hamburg die Terrassenhäuser.

Die stadteigene Johann Daniel Lawaetz-Stiftung wurde 1991 Eigentümerin der Gebäude, mit der Mietergenossenschaft als Generalmieterin. Dadurch sind die Objekte dem Markt entzogen. Die Stiftung sichert den Zweck des kostengünstigen Wohnraums für sozial schwache Gruppen langfristig und gibt gleichzeitig die meisten Aufgaben eines Bestandshalters an die Mietergenossenschaft ab. Die Projekte der Stiftung tragen sich im Idealfall selbst und bedürfen wenig Kontrolle, sodass diese kaum Zeit und Geld für sie aufwenden muss. Das kommt auch der Generalmieterin entgegen, weil so die Miete gering gehalten werden kann. Nach Abzahlung der Kredite unterstützen die Pachteinnahmen der Falkenried-Terrassen andere soziale und gemeinnützige Projekte der Stiftung. Um langfristig handlungsfähig zu bleiben, legte die Lawaetz-Stiftung besonderes Augenmerk auf die Gestaltung der Organisationsstruktur: Der Erfolg liege sowohl an gut durchdachten Strukturen wie auch an starken Persönlichkeiten, weshalb es beide Ebenen zu berücksichtigen gelte, so die Stiftung.

Externe Berater & Unterstützer

Die STATTBAU als Baubetreuerin war für die Bauherrentätigkeiten während der Sanierungsphase zuständig. Diese komplexe Aufgabe extern und professionell managen zu lassen, wertet die ehrenamtliche Mietergenossenschaft als richtige Entscheidung. Auch ein Architekturbüro war an der Sanierung beteiligt. Dieses setzte sich stark für den Erhalt der Bausubstanz ein und wird für das Verständnis der spezifischen architektonischen und städtebaulichen Qualitäten gelobt. Eine Landschaftsarchitektin plante im Sanierungsprozess gemeinsam mit der Bewohnerschaft die Neugestaltung der Terrassen, sodass sie höhere Aufenthaltsqualität bekamen.

Nachbarn & Quartier

Die Nachbarschaft nimmt in der Projektgenese keine prägende Rolle ein.

Prozesse

Aneignung und politischer Kampf gegen Abriss

Während des planmäßigen Verfalls der Häuser seit 1961 nahm die Mieterschaft eigeninitiativ Anpassungen, Sanierungen und Umbauten vor. Das war durch die günstigen Mieten möglich und durch den Verfall der immer schon einfachen Bausubstanz nötig. Über persönliche Netzwerke kamen neue Mieter hinzu oder die Wohnungen wurden unter der Hand weitergegeben, sodass sie nicht leer standen. Es bildeten sich Netzwerke Gleichgesinnter. Sie entstammten vor allem zwei Milieus: dem studentischen und dem vorwiegend türkischer und jugoslawischer Gastarbeiterfamilien – vermeintlich „Publikum, das nicht meckert und das man leicht wieder loswird".

Die bestehenden Netzwerke engagierten sich jedoch gemeinschaftlich gegen den geplanten Abriss. Die Identifikation mit dem Wohnquartier und dessen Qualitäten führte zum politischen Einsatz für dessen Erhalt. Die von der 1973 gegründeten Mieterinitiative verfolgte Vision „Bestand erhalten & Weiterwohnen ohne Mieterhöhung" war neben dem Bedarf nach bezahlbaren Mieten in Innenstadtlage auch stark von ideellen Werten geprägt: Wertschätzung des Bestands, Denkmalschutz, eine andere Stadtvorstellung und soziale und ökologische Verantwortung. Motor des politischen Engagements war die Gegenwehr gegen den Abriss. Es wurden fast zwei Jahrzehnte lang harte Verhandlungen um die Möglichkeiten und Bedingungen des Erhalts und die Bestandsqualität geführt.

Strukturelle Konzeption

Nach dem Zusammenbruch der Neuen Heimat in den späten 1980er Jahren wehrte sich die Mieterschaft gegen die gesamthafte Übernahme durch das städtische Wohnungsunternehmen SAGA. Für die Stadtpolitik war es jedoch politisch nicht umsetzbar, den Bestand der Mieterschaft selbst zu übertragen, die wiederum aufgrund der Projektgeschichte allen öffentlichen Institutionen und Unternehmen gegenüber kritisch eingestellt war. Mit der stadteigenen Lawaetz-Stiftung wurde 1991 ein solider Zwischenträger gefunden, der durch die Bindung an den gemeinwohlorientierten Stiftungszweck das Vertrauen beider Seiten erhielt. Die Stadt Hamburg kaufte die meisten Terrassenhäuser – einige wenige befinden sich in verteilten Besitzverhältnissen – und übertrug diese der Lawaetz-Stiftung.

Die Mietergenossenschaft Farmsen, ebenfalls aus dem Bestand der Neuen Heimat hervorgegangen, wurde zum institutionellen Vorbild. Die Lawaetz-Stiftung agiert unter dem Leitsatz „Hilfe zur Selbsthilfe" und fand das angestrebte Modell der Mietergenossenschaft – Genossenschaft als „Selbsthilfeorganisation" – sofort interessant. Die Akteure entwickelten gegenseitiges Vertrauen. Dies lag einerseits an den Rechtsformen der Organisationen, aber auch die menschliche Ebene zwischen den handelnden Persönlichkeiten wird als zentral für den nötigen Vertrauensaufbau zu diesem entscheidenden Zeitpunkt gesehen. Die gefundene Konstruktion und auch, dass der Besitz nicht der Mieterschaft übertragen wurde, wird heute noch als richtig betrachtet .

Mehrphasige Sanierung: Lernen im Prozess

1992 beginnt ein siebenjähriger Sanierungsprozess in sieben Abschnitten – manche Haushalte waren also erst nach einigen Jahren betroffen. Während der Sanierung fanden keine Neuvermietungen statt. Es wurden zuerst einige leer stehende Häuser zu Test- und Anschauungszwecken saniert, und diese dann als sogenannte Umsetzwohnungen verwendet – das heißt, die Parteien, deren jeweiliges Haus zur Sanierung anstand, wurden in eine andere Wohnung „umgesetzt". Sie konnten die Sanierung in einem gewissen Rahmen mit dem Architekturbüro absprechen, Eigenleistungen erbringen und nach Abschluss der Bauarbeiten wieder zurückziehen. Einige Haushalte blieben aber auch in der Umsetzwohnung.

Die Kommunikation zwischen Mietergenossenschaft und Architekten war gut, weil gemeinsame Ideale wie die Wertschätzung der Bausubstanz und der Qualitäten des Quartiers bestanden und die Architekten Verständnis für die Interessen der Nutzerschaft hatten. Herausforderungen waren das Einhalten des Kostenrahmens und die bautechnische Umsetzung. Die abschnittsweise Sanierung ermöglichte ein Lernen im Prozess – bautechnisch jedoch nur in einem gewissen Rahmen, da die über hundert Jahre alten Gebäude alle individuell zu betrachten waren. In einer Sanierungsphase etwa gab es eine unvorhergesehene Kostenexplosion durch höhere Bauschäden als erwartet. Die Beteiligten stellen sich die Frage, ob sie dies durch mehr Erfahrung oder weitere Untersuchungen hätten voraussehen können. Man hatte sich an den ältesten leer stehenden Gebäuden orientiert, doch diese hatten gar nicht die gravierendsten Bauschäden. Andererseits wäre das Projekt wahrscheinlich nicht begonnen worden, so die Einschätzung der Akteure, hätte man anfangs bereits die tatsächlichen Kosten gekannt. Die Stadt Hamburg übernahm nach intensiven Verhandlungen und einem Baustopp den Großteil der zusätzlichen Sanierungskosten, die Mietergenossenschaft nur einen kleinen Eigenanteil.

Dank der Umsetzwohnungen war auch der Baustopp zu bewältigen, und der Bauprozess insgesamt wurde seitens der Mieterschaft nicht als harter Einschnitt oder schwere Phase wahrgenommen.

Während des Sanierungsprozesses wurde erst eine Terrasse mit einer Landschaftsarchitektin partizipativ geplant und umgestaltet, dann alle. So wurden die Erschließungsräume auch als Freiräume nutzbar gemacht, was einen wesentlichen Teil der heutigen Wohnqualität ausmacht.

1997 wurden die Belegungsrichtlinien und -verfahren festgelegt und damit die bis heute erfolgreich funktionierende Organisationsstruktur etabliert. 1999 wurden die Sanierungen abgeschlossen.

Lösungen

Ensemble aus gebautem und sozialem Raum

Bauliche und soziale Struktur gehen in den Falkenried-Terrassen eine enge Symbiose ein. Im Ringen um den Erhalt der Falkenried-Terrassen konnten sowohl die bauliche Struktur als auch die über Jahrzehnte gewachsene soziale Struktur und das günstige Mietniveau erhalten werden. Dabei erfolgten neben den baulichen Anstrengungen der Sanierung vor allem institutionelle Veränderungen. Dies geschieht durch die Trägerform, die vom Wohnungs- und Immobilienmarkt abgekoppelt ist und auf die weitgehende Selbstorganisation der Mieterschaft setzt – bei „hundert Prozent Sozialwohnungen". Die größte Veränderung in der Nutzung erfolgte in den schon immer autofreien Erschließungsräumen, die im Zuge der Sanierungen gemeinschaftlich gestaltet und so zu lebendigen Freiräumen für die Nachbarschaft wurden. Seither werden sie intensiv genutzt und sind ein wichtiger Bestandteil des Wohnkonzepts und der Mitgestaltungsmöglichkeiten.

Die städtebaulichen und freiräumlichen Qualitäten sind zentral für das Gelingen des Projekts. Die 56 Terrassenhäuser im verdichteten Reihenhausbau stehen unter Denkmalschutz. Alle haben – mit leichten Größenunterschieden – denselben Grundtyp eines dreistöckigen Zweispänners mit jeweils sechs Wohneinheiten. In mehreren gespiegelten Reihen formt sich eine robuste, flexible und sehr dichte Typologie. Der Erschließungsraum zwischen den Reihen ist gleichzeitig Freiraum und dient vor allem im Sommer als Gemeinschaftsfläche vor den Haustüren. In der mit 324 Wohneinheiten recht großen Anlage fällt der kleinteilige, am Menschen orientierte Maßstab ins Auge. Neben der jeweils individuellen Farbgebung der Fassadenelemente trägt auch die vielfältige Außenraumgestaltung zu einem differenzierten Äußeren der fünf baulich fast identischen Zwischenräume bei. Die Dimensionen und Proportionen der Innenräume sind sparsam, doch intelligent gelöst. Durch die Anordnung der Wohnräume zu den Erschließungsräumen – die Rückseiten haben nur etwa 1,5 Meter Belüftungsabstand – entsteht vor allem in den Erdgeschosswohnungen viel Kontaktfläche zum Freiraum der Terrassen. Die Vor- und Nachteile der Nähe auch innerhalb der einzelnen Häuser werden von den Nutzern als die beiden Seiten einer Medaille beschrieben: Die Nähe bringe Reibungen, aber auch Kontakte. Der

Rückzug ins Private sei jedoch manchmal schwierig. Einige Nutzer sagen jedoch, dass ihnen geschlossene Vorhänge bereits genug Abstand zum Freiraum der Terrassen bieten – bei Wunsch nach Kontakt werden im Sommer die Fenster hingegen geöffnet.

Klein, fein und …

Die Zufriedenheit mit den kleinen, dicht an dicht liegenden Wohnungen ist hoch, wenngleich sie von den Bewohnern aber auch als Kompromiss bezeichnet werden. Der vergleichsweise niedrige Ausbaustandard, etwa ohne Unterkellerung und mit schlechtem Schallschutz, und die kleinen Wohnungsgrößen werden bei einer steigenden Wohnungsnachfrage wegen der zentralen Lage und günstigen Miete in Kauf genommen. Im Sanierungsprozess setzte sich die Erkenntnis durch, dass der Baustandard zwar einfach, die Grundstruktur aber sehr durchdacht und flexibel ist. So beeindruckt etwa das gute Lüftungsverhalten – dafür sei das Querlüften über den schmalen Innenhof nötig. Die seit jeher autofreien Erschließungsflächen bieten zwischen den Häusern ein großes Potenzial an gemeinschaftlichen Freiräumen. Auch der lokale Lebensstil, die lebendige Nachbarschaft und die Lage im Viertel werden sehr geschätzt. Viele Nutzerinnen und Nutzer sind sehr froh über die Wohnqualität.

Mit 1 bis 2 Zimmern und 31 bis 42 Quadratmetern sind die Wohneinheiten in den Augen der Bewohnerschaft „klein, aber nicht zu klein" und immer noch zeitgemäß. Durch die gute Raumaufteilung und die flexible Grundrissgestaltung werden die Wohnungen im Verhältnis zu ihrer Fläche als groß und vollwertig wahrgenommen. Ein wesentlicher Vorzug sind die zwei getrennt begehbaren Zimmer. Um Platz zu sparen, gehen die Fenster nach außen auf. Durch die flexible Positionierung der Zwischenwände und Türen lassen sich die Grundrisse relativ einfach an verschiedene Lebenssituationen anpassen und eignen sich für Singles, Alleinerziehende und Paare. Die Möglichkeiten reichen von zwei Zimmern und Küche, die getrennt vom Flur zu begehen sind, damit die Haushaltsmitglieder sich zurückziehen können, bis zur Zusammenlegung von zwei oder allen drei Räumen für Alleinstehende oder Paare. Manche länger hier lebende Personen haben ihre Wohnungen mehrmals angepasst oder sind intern in andere, geeignetere Wohnungen umgezogen. Auch die Zusammenlegung von zwei gegenüberliegenden Wohnungen mittels eines Durchbruchs zu einer Familienwohnung wurde einige Male vollzogen – dafür müssen jedoch zwei Erwachsene je eine der beiden Wohnungen mieten und demnach auch die sozialen Voraussetzungen dafür erfüllen. Die Wohnungen können wieder getrennt werden, indem man einfach den Durchbruch schließt.

Diverse Gemeinschaftsräume ergänzen die kleinen Wohnungen bei Bedarf: Schlosserei, Glaserei, Werkraum im Bunker, Foodcoop-Raum, Fahrradhaus, Waschraum, Gästewohnung. Dieses Portfolio entwickelte sich schrittweise, ob durch den Ankauf der Bunker-Räume oder durch die Umwidmung einer frei werdenden Wohnung.

Die geringen Mieten stützen sich auf zwei Faktoren: Flächenpreis und Fläche. Der niedrige Flächenpreis entsteht durch die Abkopplung vom Markt, den einfachen Baustandard sowie die effiziente Verwaltung: kaum Aufwand vonseiten der Stiftung als Eigentümerin und die ehrenamtliche Selbstverwaltung der Mieterschaft. Die kleine Wohnfläche geht auf die kluge städtebauliche und architektonische Konzeption von 1890 zurück, die erhalten werden konnte.

Gemeinschaftliches, effizientes Trägermodell öffentlicher Sozialwohnungen

Die Größe der Mietergenossenschaft wird als gut empfunden und ist von einem ehrenamtlichen Vorstand zu bewältigen. Die Falkenried-Terrassen werden wie ein Dorf oder eine eigenständige Siedlung im großstädtischen Verbund wahrgenommen. Die Bewohner kennen sich, können aber – sofern gewünscht – einen gewissen Abstand halten. Die Nachbarschaft ist überschaubar, aber vielfältig. Es können Wahlverwandtschaften entstehen und die Gemeinschaftseinrichtungen gut genutzt werden.

Das durchdachte Belegungssystem und die Selbstverwaltungsstrukturen gehen auf die Sanierungsphase zurück. Die Sozialwohnungen sind städtisches Eigentum, werden aber durch die Mietergenossenschaft selbstverwaltet. Dabei arbeiten hauptsächlich ehrenamtliche Gremien, die um nur drei Angestellte ergänzt werden, die der Neutralität willen nicht in den Falkenried-Terrassen wohnen dürfen. In den Augen der Mietergenossenschaft ist Transparenz wichtig, da nicht eigenes, sondern öffentliches Eigentum verwaltet und genutzt wird.

Zwischen den Akteuren wurden in der Projektgenese neue Rollenverteilungen, etwa die Aufspaltung der Eigentümerkompetenzen zwischen Stiftung und Generalmieter, ausgehandelt, die bis heute für alle Beteiligten funktionieren. Die Atmosphäre wird als vertrauensvoll, wohlwollend und unterstützend beschrieben.

Die Mietergenossenschaft bewährt sich als Organisationsform. Als Hinderungsgrund für eine weitere Umsetzung in Hamburg wird das Fehlen größerer Bestände gesehen, die bereits eine gewachsene Nachbarschaft mit sozialen Strukturen aufweisen. Die Mietergenossenschaft wird allerdings als politischer Nährboden für die für Hamburg typischen vielen kleineren Baugemeinschaften und Genossenschaften empfunden.

Mehrwerte über das Wohnen hinaus

In den Falkenried-Terrassen sehen die Akteure einen hohen gesellschaftlichen Mehrwert, weil sie ökonomisch schwachen Haushalten eine günstige, doch gute und unterstützende Wohnform bieten. Die großen öffentlichen Investitionen bei Kauf und Sanierung dürften sich deshalb aus städtischer Sicht rentiert haben. Einige Mieter schätzen das gute Leben mit geringem Platz- und Ressourcenverbrauch auch aus ideologischen Gründen. Das soziale Umfeld bietet viele Möglichkeiten der Unterstützung und bestärkt Initiativen. Viele erzählen, hier in einer prekären Lebenslage eingezogen zu sein und ein unterstützendes, wohlwollendes soziales Netz vorgefunden zu haben. Die gelebte Nachbarschaft und die Möglichkeit, sich niederschwellig einzubringen, hat laut Aussage der Betroffenen einen positiven Einfluss auf die persönliche Entwicklung ausgeübt.

Augenmerk auf effiziente Nutzung

Weil die Wohnungen derart günstig sind, behalten manche diese bei ihrem Auszug, um sie zum Beispiel gelegentlich zu nutzen oder später eine Option für sich oder die eigenen Kinder zu haben. Nach einer kurzen Phase der Toleranz versucht die Mietergenossenschaft jedoch auf die Betreffenden einzuwirken, damit die Wohnung im Sinne des sozialen Auftrags neu vergeben werden kann, was meistens gelingt. Die Mietergenossenschaft legt also großes Augenmerk auf die effiziente Nutzung der Immobilien und scheut dafür keinen Konflikt mit Einzelnen. So gibt es kaum Leerstand oder Unternutzung, und die Wohnungen „kommen an den richtigen Stellen an".

Belegungsverfahren

Das ausgeklügelte Belegungsverfahren ist für den Erhalt der sozialen Struktur und eines guten Zusammenlebens zentral. Es wurde in der letzten Sanierungsphase – als die Umsetzwohnungen frei wurden – erdacht und bewährt sich seither in unveränderter Form. Wegen der riesigen Nachfrage erfolgt zuerst nur ein lokaler Aushang. Alle Interessierten haben dann die Möglichkeit zur Wohnungsbesichtigung. Um späteren Konflikten vorzubeugen, wird explizit auf den schlechten Schallschutz hingewiesen. Weil es auch eine Frage der Sympathie ist, ob die Nähe unter den Nachbarn zum Problem wird, wird die Mitsprache der Hausgruppe im Belegungsverfahren als sehr wichtig erachtet. Alle abgegebenen Bewerbungsbögen werden vom Belegungsausschuss mit von der Hausgruppe aufgestellten Kriterien abgeglichen. Dabei werden auch übergeordnete Kriterien wie eine ausgewogene soziale Mischung innerhalb der gesamten Mietergenossenschaft beachtet. Schlussendlich werden vom Belegungsausschuss fünf Personen vorgeschlagen, die nacheinander in je zwanzig Minuten die Hausgruppe kennenlernen. Anschließend entscheiden Hausgruppe und Belegungsausschuss gemeinsam.

Das Belegungsverfahren wird auch vonseiten der Einziehenden sehr positiv wahrgenommen: Man kenne seine Nachbarn bereits beim Einzug und wisse um deren positive Grundstimmung zu einem selbst; dies bewirke eine Harmonisierung, beuge Konflikten vor und sichere die Basis für das Zusammenleben auf knappem Raum. Die positive Erfahrung im Bewerbungsprozess motiviert viele unmittelbar zur Mitwirkung im zwanzigköpfigen Belegungsausschuss, der als Einstiegsgremium bezeichnet wird. Vorstand und Aufsichtsrat werden von eher erfahrenen Genossinnen und Genossen geführt und in der Mitgliederversammlung gewählt.

Der Wohnberechtigungsschein muss nur bei Bewerbung beziehungsweise Einzug vorgewiesen werden – danach nicht wieder. Insofern können auch Personen wohnen bleiben, deren ökonomische Situation sich verbessert. Dies wird von der Mietergenossenschaft unter anderem deshalb positiv gesehen, weil die Selbstorganisation essentiell auf Mitglieder mit höherem sozialem Kapital und Erfahrung im gemeinsamen Wohnen angewiesen ist – weshalb es positiv sei, dass einige Personen bleiben könnten. Das müssen laut Mietergenossenschaft jedoch nicht alle sein – einige Personen beteiligen sich unterproportional an der Selbstverwaltung, was neben der individuellen Einstellung auch an beruflichen und familiären Verpflichtungen liegen kann. Diese Differenzierung im Engagement sei jedoch möglich und von allen akzeptiert. Durch die Mitwirkungsmöglichkeiten und die kontaktfreudige, in eine lebendige Nachbarschaft eingebettete Wohnform wird ein positiver Effekt auf die individuelle Entwicklung gesehen. An benachteiligte Zielgruppen wie Alleinerziehende oder Geflüchtete werden gezielt Wohnungen vergeben. Manchmal entstehe ein „Wettbewerb der Bedürftigkeit", wobei jedoch wie erwähnt auch tragende und stabile Persönlichkeiten gesucht werden.

Die Qualität des Wohnens und die hohe Wohnzufriedenheit spiegeln sich in einer sehr hohen Nachfrage, auch über das Zielpublikum hinaus. Eine Wohnung wird als „Sechser im Lotto" betrachtet, da es wesentlich mehr Menschen gibt, die eine solche Wohnung bräuchten. Regelmäßig erkundigen sich zahlungskräftigere Leute nach Kaufoptionen.

Die Lösung in die Zukunft tragen

Einige Mitglieder sagen, es sei schwer, den „Funken zu erhalten" und die gefundenen Lösungen in die Zukunft zu tragen – denn irgendwann werde niemand mehr die politischen Kämpfe und Anstrengungen um den Erhalt erlebt haben und deshalb den Wert der Situation schätzen. Manche seien „eben nur Mieter, keine Genossen". Für die Zukunft fühlt sich die Mietergenossenschaft jedoch insgesamt gut gerüstet und auch die Lawaetz-Stiftung möchte das Erfolgsmodell über die vereinbarte Pachtdauer hinaus fortführen. Die niedrigen Mieten inmitten des lokalen Wohnungsmarkts werden als Ausnahme gesehen. Dank der Grundsanierung fallen zwar laufende Erhaltungsmaßnahmen, aber keine überraschenden Totalrenovierungen an – dies kann die Mietergenossenschaft im laufenden Betrieb schrittweise sehr gut leisten.

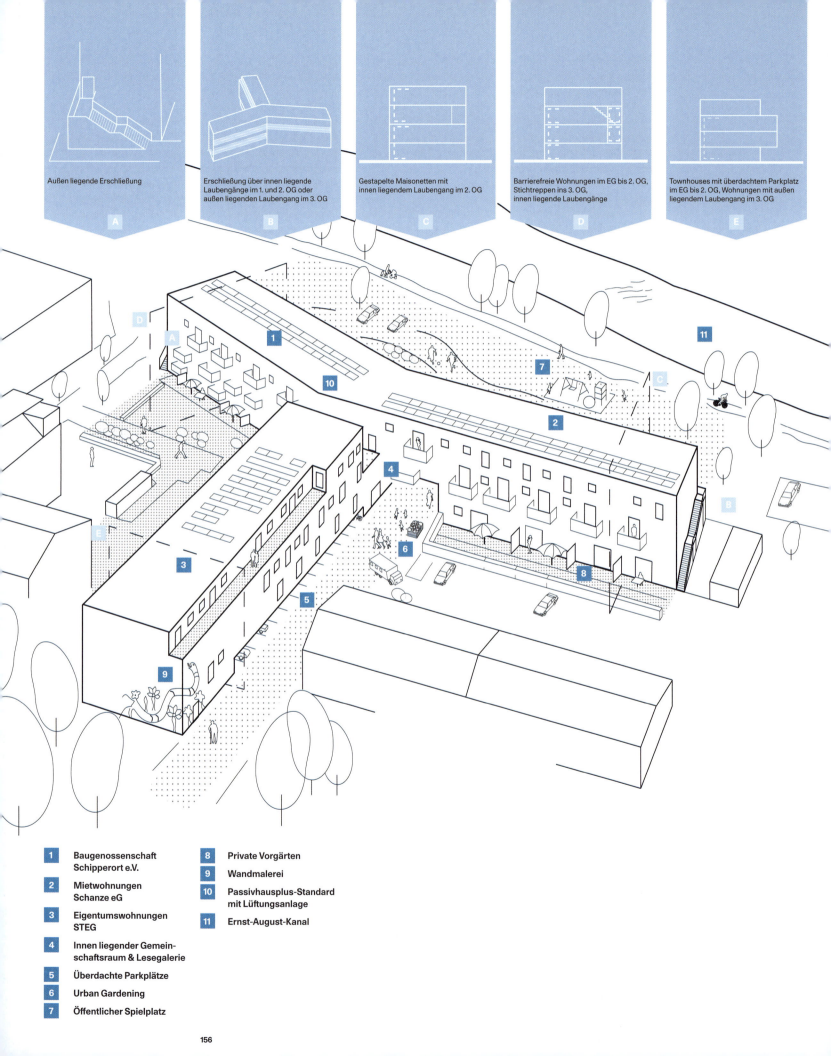

Größe: 44 WE, Neubau
Projektstart: 2006
Fertigstellung: 2011
Trägermodell: WEG aus Privateigentum und Genossenschaft mit Verein
Akteure: Schipperort e.V., STATTBAU, Schanze eG, STEG Hamburg, IBA Hamburg, Stadt Hamburg
Zielgruppe: Wohngruppe, Genossen, Eigentümer
Besonderheiten: Drei Träger in einem Haus, Y-Typologie, Erschließung über innen liegenden Laubengang, Maisonetten, halb private und halb öffentliche Freiräume

1:5000

Open House, Hamburg

Die Baugemeinschaft Schipperort e.V. wollte eigeninitiativ ein Wohnbauprojekt im vernachlässigten Stadtteil Wilhelmsburg anpacken, um dort Impulse zu setzen, und suchte ein Grundstück. Die erfahrene STATTBAU unterstützte die Gruppenfindung und war als Multiplikatorin entscheidend: Sie stellte den Kontakt zur Stadt Hamburg her, die auf einem eigenen Grundstück mit schwieriger Ausgangslage Pioniere im Stadtteil fördern wollte, und den zu Schanze eG und STEG als Bauherrenpartner, weil das Grundstück für die Baugruppe alleine zu groß war. Schanze eG übernahm die Doppelrolle als Dachgenossenschaft der Baugemeinschaft sowie als Anbieter geförderter Mietwohnungen. STEG wiederum entwickelte Eigentumswohnungen zum Verkauf. Die Zusammenarbeit mit der IBA (Internationale Bauausstellung) Hamburg ermöglichte die Finanzierung des gewünschten Energiestandards und prägte den planerischen Prozess und das bauliche Ergebnis entscheidend mit.

Auf die lange Anbahnungsphase bis zur Bildung der komplexen Partnerschaft aus drei Bauherren und ihren Unterstützern erfolgte ein durch die IBA initiierter Wettbewerb, dessen Ergebnis den Städtebau setzte und gegensätzliche Reaktionen hervorrief. Während die fachkundigen Akteure begeistert waren, sah die Baugemeinschaft ihre Bedürfnisse nicht ausreichend bedacht und blieb nur nach umfassenden Anpassungen mithilfe einer moderierenden Architektin im Projekt. In der Umsetzung waren Ästhetik, Funktionalität, Erschließung, Barrierefreiheit und Fassadengestaltung sowie die verschiedenen Arbeitsweisen der drei Bauherrenpartner konfliktreiche Themen.

Die originelle Y-Typologie des Open House verbindet in ihren drei Flügeln die drei Trägermodelle und transformiert das Areal qualitätsvoll, indem sie Bezüge zwischen den Nutzergruppen und ins Quartier herstellt. Städtebau und Erschließung sind wichtige Symbole der Nutzervielfalt unter einem Dach und der Verbundenheit mit dem Quartier. Die Priorisierung des Städtebaus verlangte jedoch Kompromisse bei den Wohnungen der Baugemeinschaft, den Laubengängen und den Gemeinschaftsräumen. Die schwach definierten halb öffentlichen und halb privaten Freiräume werden zu sozialen Aushandlungsräumen. Auch die Fassade ist spielerisch umkämpfter Raum zwischen Graffiti aus der Nachbarschaft, hauseigenen Malereien und klaren ästhetischen Vorstellungen seitens IBA und Architektenschaft.

Im Betrieb entstehen Synergien zwischen den Einzeleigentümern, der Baugemeinschaft und der professionell aufgestellten Genossenschaft. Die Nachbarschaft wird ungeachtet der Trägerstruktur gelebt, und auch für das Quartier entstehen positive Impulse. Das Open House trägt zu einer veränderten Wahrnehmung des Stadtteils bei.

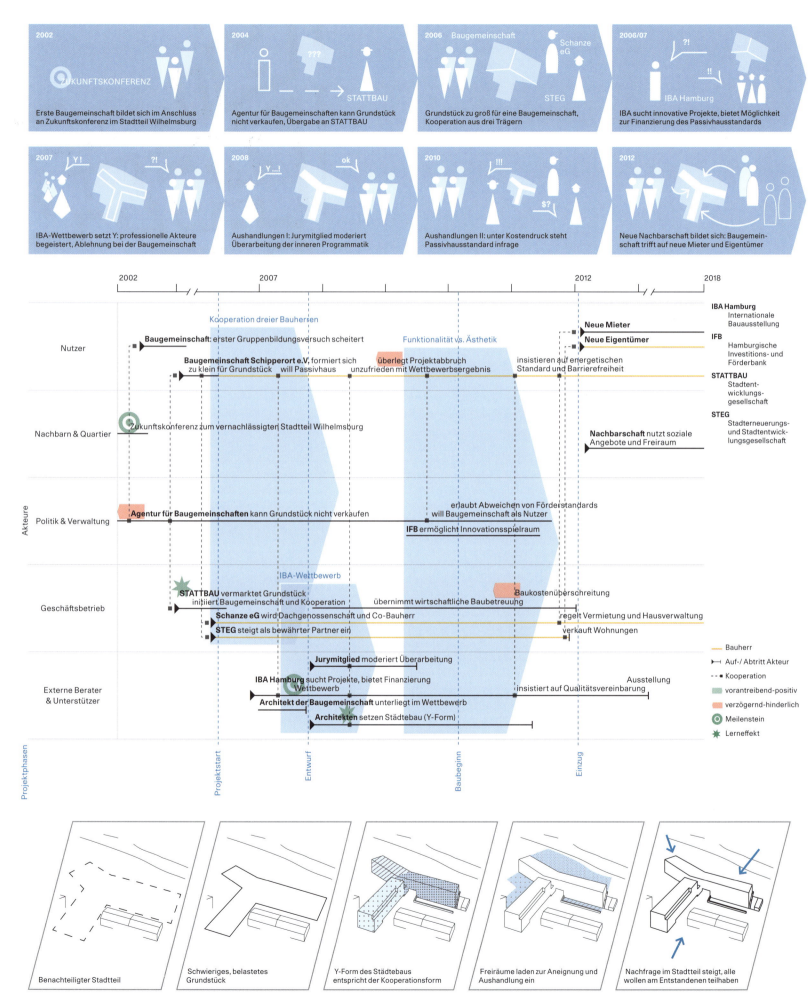

Rahmenbedingungen

Gesamtstadt und Quartier
In Städten sind vielfach nur noch Einzelgrundstücke verfügbar – umso wichtiger ist die Wirkung, die über ein Bauvorhaben erzielt werden kann. Das Open House zeigt, dass ein einzelnes Projekt eine transformative Kraft und damit Relevanz für die Stadtentwicklung haben kann. Der bezüglich der baulichen und sozialen Infrastruktur vernachlässigte Stadtteil Wilhelmsburg lag zunächst außerhalb der Wahrnehmung und des Interessenfeldes von Baugemeinschaften und auch von potenziellen Wohneigentümern, was sich in einer anfänglich geringen Nachfrage seitens der entsprechenden Zielgruppen äußerte. Die Baugemeinschaft mit ihrem Trägermodell war Pionier im Stadtteil und Teil der sich verändernden Marktdynamik in Quartier und Stadt. Aufgrund einer zunehmend angespannten Wohnungsmarktsituation in den Stadtteilen nördlich der Elbe und einer veränderten Wahrnehmung von Wilhelmsburg, zu der das Projekt beitrug, stieg die Nachfrage später an.

Areal
Da es sich um ein städtisches Grundstück handelte, war grundsätzlich die Handlungsfähigkeit der öffentlichen Hand gegeben. Allerdings wies das Grundstück einen schwierigen Zuschnitt in Größe und Form auf, war nicht teilbar und zusätzlich durch Altlasten und eine nahe Hochspannungsleitung beeinträchtigt, sodass es bis in die 2000er Jahre als unmöglich zu entwickelnde Restfläche galt. Die Stadt Hamburg wollte die Fläche nutzen, um eine erste Baugemeinschaft in Wilhelmsburg zu etablieren, und nahm im späteren Prozessverlauf eine ermöglichende Rolle ein: zum einen über die Wohnbauförderung, zum anderen, indem sie die Forderung der zu errichtenden Wohneinheiten auf dem Grundstück von zunächst 60 auf 50 senkte und dann auch mit den realisierten 44 zufrieden war.

Die schiere Größe des Grundstücks verlangte aus Sicht der Baugemeinschaft nach der Kooperation mit weiteren Trägern. Für die Baugemeinschaft war dieses Grundstück und damit auch die Kooperation die einzige Möglichkeit für eine Projektentwicklung in Wilhelmsburg.

Akteure

Nutzer
Die Anfänge von Schipperort e.V. liegen im Nachgang zur Zukunftskonferenz 2002 im Stadtteil, die als einen Themenschwerpunkt neue Wohnformen setzte. Die private Gruppe begab sich als erste Baugemeinschaft eigeninitiativ auf Standortsuche für ein generationenübergreifendes Wohnbauprojekt im Stadtteil und kann insofern als Pionier bezeichnet werden; allerdings konnte sie weder den Erwerb noch die Entwicklung eines Grundstücks alleine bewältigen. In der eigenen Wahrnehmung trat die Gruppe zunächst als nicht ausreichend stabiler Akteur auf. Erst mit Unterstützung der STATTBAU und viel Geduld gelang die Findung einer handlungsfähigen Projektgruppe, der Erwerb eines Grundstücks und die Formung einer tragfähigen Bauherrschaft. Die schlechte Außenwahrnehmung des Stadtteils hielt dabei viele Interessenten von der Entscheidung für das Projekt ab. Heute verwaltet der Verein den westlichen der drei Flügel des Open House unter dem Dach der Genossenschaft Schanze eG.

Die Bewohner der beiden anderen Flügel kamen erst nach Planung beziehungsweise Fertigstellung zum Projekt, indem sie von der STEG eine Wohnung im Südflügel kauften oder als Genossen der Schanze eG eine geförderte Mietwohnung im Ostflügel bezogen. Auf diese Weise trafen im Projekt Personen, die schon im Stadtteil wohnten, und neu Hinzuziehende zusammen.

Geschäftsbetrieb
Die komplexe Bauherrschaft ergab sich aus der Grundstücksgröße, die die finanziellen Möglichkeiten und den Bedarf der Baugemeinschaft überstieg, weshalb drei Parteien kooperierten: die Schanze eG, die außerdem Gesellschafter der STATTBAU ist, übernahm die Rolle der Dachgenossenschaft der Baugemeinschaft und realisierte zudem geförderte Mietwohnungen im eigenen Bestand; die STEG wiederum entwickelte und vermarktete Eigentumswohnungen. Die Mischung der Trägermodelle hinsichtlich Betreiberformen, Wohnungstypen und Zielgruppen war Voraussetzung für die Realisierung des Projekts, ergab in der Folge aber eine erhöhte Komplexität der Bauherrschaft und der Aufgabenstellung, insofern die verschiedenen Logiken von Selbstnutzern, erfahrener Bestandshalterin und professionellem Entwickler innerhalb eines Projekts verknüpft wurden. Daraus ergab sich eine asymmetrische Verteilung der Kompetenzen, Rollen und Arbeitsweisen.

Je nach Thema formierten sich entlang der jeweiligen Sichtweisen und Interessenslagen verschiedene Allianzen. Die unterschiedlichen Handlungsabsichten und -geschwindigkeiten der Akteure führten zu inneren Spannungen und dadurch hervorgerufenen positiven wie negativen Reibungspunkten. So brauchte etwa die Baugemeinschaft als basisdemokratisch organisierte Gruppe Privater länger für Entscheidungen als ihre professionellen Co-Bauherren. Das galt es im Projektverlauf auszuhalten, insbesondere, da vermittelnde Rollen fehlten – was neben positiven Synergien im Betrieb und einem gelungenen Zusammenleben bis in die Gegenwart spürbar ist.

Externe Berater & Unterstützer

Die gemeinnützige und professionelle Stadtentwicklungsgesellschaft STATTBAU glich das fehlende Know-how und Netzwerk der Baugemeinschaft als Multiplikatorin und Erfahrungsträgerin aus. Sie unterstützte die Gruppenfindung und stellte sowohl den Kontakt zur Stadt Hamburg als auch zu den kooperierenden Bauherren Schanze eG und STEG her. In der Bauausführung übernahm sie zudem die Rolle der wirtschaftlichen Baubetreuerin.

Die IBA Hamburg wurde als finanzielle Unterstützerin an Bord geholt und trat mit eigenen inhaltlichen Zielsetzungen auf. Die Baugemeinschaft war der IBA gegenüber kritisch eingestellt, erhielt durch sie jedoch die Finanzierungsmöglichkeit für den gewünschten Energiestandard Passivhaus. Damit traf die komplexe innere Logik der drei Projektträger zusätzlich auf starke Qualitätskriterien und Ansprüche von außen. Insbesondere setzte die IBA einen architektonischen Wettbewerb durch. Das Open House war das erste Bauprojekt der IBA Hamburg.

Der Architekt, mit dem die Baugemeinschaft bereits erste Planungen durchgeführt hatte, unterlag im Wettbewerb einer Arbeitsgemeinschaft aus einem niederländischen und einem lokalen Architekturbüro in Kooperation mit einem Landschaftsarchitekturbüro. Während die professionellen Entwickler mit dem Entwurf zufrieden waren, sah die Baugemeinschaft ihre Bedürfnisse im Wettbewerb übergangen, und auch die weitere Zusammenarbeit mit den baugruppenunerfahrenen Architekten gestaltete sich schwierig. Ein Jurymitglied moderierte die Überarbeitung der Wettbewerbsergebnisse im Sinne der Anpassung an die Nutzerbedürfnisse.

Nachbarn & Quartier

Akteure aus der Nachbarschaft spielten in der Projektgenese keine wesentliche Rolle. Sie waren jedoch Zielgruppe einiger neuer Angebote des Open House. Vor allem die Mietwohnungen der Schanze eG wurden an Personen vermietet, die schon zuvor im Stadtteil gelebt hatten.

Politik & Verwaltung

In der Rolle der Förderin und Unterstützerin trat die städtische Agentur für Baugemeinschaften auf, die Baugemeinschaften aktiv über die Grundstücksvergabe, aber auch über die Wohnbauförderung stärken möchte. An entscheidender Stelle gab die Hamburgische Investitions- und Förderbank (IFB), damals noch Wohnungsbaukreditanstalt, gestalterischen Spielraum, indem sie im Zuge der IBA ein Abweichen von den Förderstandards zuließ.

Prozesse

Kooperation dreier Bauherren

Die Genese des Open House ist durch eine lange Anbahnungsphase gekennzeichnet, die aus drei parallelen Prozessen bestand: der Findung der Baugemeinschaft, der erfolglosen Entwicklungsversuche auf dem Grundstück und der Einschaltung der IBA Hamburg als Entwicklungsmotor für den Stadtteil. Das Zustandekommen der dreiteiligen Bauherrschaft auf dem städtischen Grundstück, unterstützt durch die IBA Hamburg, markierte den Projektstart.

Durch die von der Stadtexekutive initiierte Zukunftskonferenz im Jahr 2002 wurden erste Grundlagen geschaffen und Kontakte für das spätere Projekt geknüpft. Es formte sich eine Baugemeinschaft, die sich eigeninitiativ für ein gemeinschaftliches Wohnbauprojekt im Stadtteil starkmachte. Die Findung interessierter Mitglieder vollzog sich allerdings schleppend – das gelang erst durch die Unterstützung der STATTBAU, und auch dann nur mit Geduld. Der Stadtteil hatte damals bei der Zielgruppe ein abschreckendes Image.

Gleichzeitig gelang über lange Jahre keine Vermarktung des öffentlichen Grundstücks gemäß Zielsetzung. Den Kontakt zwischen der städtischen Agentur für Baugemeinschaften und der Baugemeinschaft stellte wiederum die STATTBAU her. Da das Grundstück für die Baugemeinschaft alleine zu groß war, wurden die Schanze eG und die STEG als Bauherrenpartner geworben und gewonnen.

Die 2006 anlaufende IBA Hamburg wiederum, mit dem Stadtteil Wilhelmsburg als Bearbeitungsgebiet, suchte nach konkreten Projekten und zeigte sowohl Entwicklungsperspektiven als auch Fördermöglichkeiten auf, welche die dreiteilige Bauherrschaft dann in Anspruch nahm.

IBA Wettbewerb

Seitens der IBA war ein architektonischer Wettbewerb für die Prozessqualität unumgänglich. Durch dieses Entwurfsverfahren entstanden frische räumliche Ideen. Der Städtebau erfand den Ort in gewissem Sinne neu. Dabei war der Wettbewerb mehr als ein inhaltlicher Impuls von außen und Instrument zur Auswahl der ausführenden Architekten – es wurden auch politische Akteure in den Prozess eingebunden, was dem Projekt in der Folge den Weg ebnete. Dieser Prozessschritt fand ohne entscheidenden Einfluss der späteren Nutzer und vor allem der Baugemeinschaft statt. Was damit fehlte, waren Werkzeuge und Prinzipien zur Einbeziehung der unterschiedlichen Nutzerbedürfnisse. So rief das Wettbewerbsergebnis gegensätzliche Reaktionen hervor: Während die fachkundigen Personen und Institutionen vom Ergebnis positiv überrascht und neugierig auf die Umsetzung waren, sah die Baugemeinschaft ihre Prioritäten und Bedürfnisse nicht berücksichtigt und war nur nach umfassenden Anpassungen bereit, das Projekt weiterzuverfolgen.

Funktionalität versus Ästhetik

Wechselnde Allianzen, Synergien, Interessen und Konflikte zwischen den Akteuren machten den folgenden Aushandlungsprozess in der Präzisierung der Planungen zu einem aufwendigen und kräftezehrenden Akt, in dem heftig um das Projekt gerungen wurde. Eine Moderation und Mediation in Bezug auf das mangelnde Verständnis der Akteure untereinander fehlte meist. Lediglich in der ersten Überarbeitung des Wettbewerbsergebnisses im Westflügel der Baugemeinschaft unterstützte eine Architektin, die auch Mitglied der Wettbewerbsjury war.

Der Städtebau entwickelte eine Y-Typologie als Gesamtform, als „Haus aus einem Guss". Die von Nutzerseite positiv bewertete und fachlich raffinierte städtebauliche Setzung sah allerdings zu wenige Anpassungsspielräume im Inneren vor. Die Erschließungslösung aus dem Wettbewerb, den Westflügel der Baugemeinschaft über Außentreppen und einen südlich zum Garten hin gelegenen Laubengang zu erschließen, musste verändert werden. Diese Lösung ging nämlich von gestapelten Maisonetten aus, ähnlich wie sie im Ostflügel der Schanze eG umgesetzt wurden. Der Baugemeinschaft war allerdings die vollständige Barrierefreiheit aller Wohnungen ein zentrales Anliegen, weshalb Maisonetten nicht zur Diskussion standen. Das Wettbewerbsergebnis erwies sich auf Ebene des Erschließungssystems und der Wohnungszuschnitte als schwer adaptierbar. Das Ergebnis der Überarbeitung waren zu 75 Prozent barrierefrei erschlossene eingeschossige Wohnungen vom Erdgeschoss bis zum zweiten Obergeschoss und 25 Prozent nicht barrierefreie, weil mit Stichtreppen vom zweiten Obergeschoss erschlossene Wohnungen im dritten Obergeschoss. Für die Baugemeinschaft war dies immer noch ein Kompromiss. Die Anpassungen in den beiden anderen Flügeln waren weniger grundsätzlicher Natur, da die professionellen Entwickler mit dem Wettbewerbsergebnis weitgehend zufrieden waren – in diesem Fall standen die späteren Nutzer und deren konkrete Prioritäten aber auch noch nicht fest, was unter anderem die größere Offenheit hinsichtlich des gestalterischen Ergebnisses erklärt.

Die Baugemeinschaft richtete den Fokus auf Funktionalität im Sinne der eigenen Prioritäten, wie etwa Barrierefreiheit und Energieeffizienz. Im Gegensatz dazu verteidigten IBA und Architekten den hohen ästhetischen Anspruch, welcher im Sinne des Exzellenzanspruchs der IBA von Bedeutung war. Die Baugemeinschaft rückte in der Diskussion mit den Bauherrenpartnern von ihrem Anspruch des Passivhausstandards nicht ab. Dieses nicht verhandelbare Kernanliegen wurde im konkreten Fall auch von der IBA ideell und finanziell unterstützt. Allgemein machten die finanziellen Mittel der IBA die Umsetzung verschiedener normativ gesetzter Ideen erst möglich. Die IBA nahm damit starken Einfluss auf den Aushandlungsprozess und verzerrte die Rahmenbedingungen, unter denen Entscheidungen getroffen wurden.

Vermarktung durch die STEG

Der Verkauf der Wohnungen lief zunächst schleppend und erforderte einen hohen Einsatz seitens der STEG. Im Vergleich zu anderen Projekten wurden viele Gespräche je verkaufter Wohnung geführt, in denen vor allem der Standort Wilhelmsburg schmackhaft gemacht werden musste. Der Vorschlag, einen qualifizierten Rohbau zum Selbstausbau durch die Käufer zu realisieren, wurde nur einmal angenommen; für alle anderen Wohnungen wurde die STEG mit dem Innenausbau beauftragt. Bis zur Fertigstellung konnten alle Wohnungen verkauft werden.

Lösungen

Y-Typologie als Symbol
Die herausfordernden Ausgangsbedingungen des Grundstücks verlangten nach einer starken räumlichen Idee. Der Wettbewerbssieger verdeutlicht die transformative Erfindungskraft des städtebaulichen Entwurfs, die in einem utopischen Moment verschiedene Maßstabsebenen verbindet und den Ort neu erfindet. Die originelle Y-Typologie stellt bewusst ein verbindendes Symbol dar, das im Entstehungsprozess, aber auch für die spätere Kommunikation hilfreich ist. Im Gegensatz zu den anderen Entwürfen, die eher kleinteilige Strukturen vorschlugen, überzeugte der große Wurf, der sich feinfühlig an die Umgebung anpasst und trotzdem eine schlüssige eigene Form findet.

Die städtebauliche Struktur erwies sich als nützliches Gerüst, um die vielfältigen Wohnungstypen und Trägermodelle zu organisieren. Die Typologie interpretiert den Ort neu, verbindet ihn mit dem Quartier, hält über die starke Form alle Einzelteile zusammen und stellt geschickt Bezüge zwischen den verschiedenen Nutzergruppen her. Die Erschließungslösung und die Wohnungszuschnitte bleiben jedoch speziell im Baugemeinschaftsflügel ein Kompromiss zwischen den Ansprüchen der Nutzer, ästhetischen Vorstellungen der IBA und der Priorisierung des Städtebaus, der zu wenige Anpassungen zuließ. Die städtebauliche Form ist im Grundsatz aber stabil, verzeiht diesen Kompromiss bis zu einem gewissen Grad und bewährt sich trotz der starken inneren Überarbeitung nach dem Wettbewerb.

Trägervielfalt und Wohnungsmix bändigen
Die komplexe Bauherrschaft schaffte es im Rahmen des intensiven Aushandlungsprozesses, ein vielfältiges, für das Umfeld positives Programm umzusetzen. Eine einwandfreie architektonische Lösung konnte jedoch nicht durchgehend entwickelt werden – mehrere Schwachstellen lassen sich nur durch den schwierigen Entstehungsprozess und die gegensätzlichen Sichtweisen erklären. Im Alltag treten so an manchen Punkten eingeschränkte Funktionalitäten auf. Die dennoch hohe Wohnqualität entstand vor allem dank der Aneignung und Eroberung des neuen Wohnstandorts über die Freiräume und gemeinschaftlichen Angebote, den stabilen Städtebau und den durch das vielfältige Trägermodell geschaffenen und für das Zusammenleben positiven Bewohnermix. Es zeigt sich, dass die Programmatik am Standort und die Qualitäten von Städtebau, Freiraum und Wohnumfeld im Vergleich zu architektonischen Details starke Auswirkungen auf die Wohnqualität haben.

In Summe entstanden in einem Baukörper 44 Wohneinheiten sehr unterschiedlichen Typs in drei Trägermodellen. Über eine Realteilung ist das Gebäude auf die verschiedenen Parteien der WEG aufgeteilt.

Die 19 eingeschossigen Wohnungen im Westflügel der Baugemeinschaft sind im Erdgeschoss von außen erschlossen, im ersten und zweiten Obergeschoss über den innen liegenden Laubengang und im dritten Obergeschoss über Stichtreppen vom Laubengang des zweiten Obergeschosses. Die Erschließungslösung des dritten Obergeschosses ist aufgrund der nicht gegebenen Barrierefreiheit für die Baugemeinschaft ein Kompromiss.

Die zwölf als gestapelte Maisonetten ausgeführten geförderten Mietwohnungen der Schanze eG im Ostflügel sind im Erdgeschoss von außen und im zweiten Obergeschoss vom innen liegenden Laubengang erschlossen. Das obere Geschoss ist jeweils wohnungsintern angebunden. Die 13 Wohneinheiten im von der STEG entwickelten Südflügel sind sieben dreigeschossige Maisonetten, die von außen erschlossen sind, vier von einem außen liegenden Laubengang im dritten Obergeschoss erschlossene eingeschossige Dachlofts und zwei weitere von einem separaten Treppenhaus erschlossene Einheiten.

Gerade die seriellen zwei- und dreigeschossigen Maisonetten, zu denen der Wettbewerb die Idee gab, koppeln Flächeneffizienz mit einem in Bezug auf den Standort attraktiven Wohnungszuschnitt, der ein großes Raumangebot für Familien oder auch WGs bietet.

Innen liegende Laubengänge
Die Erschließung des West- und Ostflügels in Form von innen liegenden Laubengängen ist als Ort der Nachbarschaft und Begegnung gestaltet, indem geringfügig breitere Zonen vor den Wohnungseingängen Platz für Sitzgelegenheiten bieten. Aufgrund des Brandschutzes bestehen jedoch Einschränkungen in der Möblierung, und der innen liegende Flur an der Nordseit lädt kaum zum Verweilen ein. Die innen liegenden Laubengänge erweisen sich nur bei den Maisonetten im Ostflügel als funktional, da hier das obere Wohngeschoss mit den Schlafräumen zu beiden Fassaden orientiert werden konnte. In den eingeschossigen Wohnungen im Westflügel kam es zu Einschränkungen, da Wohn- und Schlafräume mit festverglasten Fenstern zum Laubengang hin orientiert werden mussten. Diese Lösung wurde als Experiment im Rahmen der IBA genehmigt, weil die für den Passivhausstandard notwendige kontrollierte Wohnraumlüftung für den Luftaustausch sorgt.

Gemeinschaftsräume im Inneren

Die starke städtebauliche Setzung nahm die Schaffung schlechter Lagen aufgrund von baulicher Dichte in Kauf. Die hinsichtlich Belichtung und Belüftung suboptimalen Zonen im Zentrum des Y erwiesen sich aber als wertvolle Räume – auch weil sie zentral im Gebäude sitzen und Angelpunkt des Erschließungssystems sind. Viele Bewohner kommen täglich daran vorbei, und auch für die anderen sind sie schnell erreichbar. Die Nutzung der Lagedifferenzen in einer baulich und funktional dichten Typologie, die die Verbindungen mit dem Umfeld und die Schaffung von Außenräumen priorisiert, widerspricht der modernen Idee eines hinsichtlich Belichtung, Belüftung und Besonnung optimierten Städtebaus.

Freiräume in Aushandlung

Die Freiräume sind zwar städtebaulich geformt, in ihrer Programmatik aber nur schwach definiert. Somit sind sie Orte der Begegnung und Aushandlung, verlangen aber auch nach dauerndem Engagement. Die Wahrnehmung der Freiräume als Dauerbaustelle des fertigen Projekts spiegelt diese Ambivalenz. Das Wegekonzept und die Freiräume sorgen für eine Öffnung des Grundstücks im Sinne einer urbanen Öffentlichkeit und Vernetzung ins Quartier. Damit gelingt es, das Wohnhaus als Quartiersbaustein zu etablieren.

Es gibt vier verschiedene Freiräume: private Gärten vor den Maisonetten, private Balkone zur Südseite, den halb privaten und damit gemeinschaftlichen Garten zwischen dem Flügel der Baugemeinschaft und den Eigentumswohnungen und den halb öffentlichen Grünraum auf der zum Kanal gelegenen Nordseite. Letzteren nutzen neben Familien vor allem die Jugendlichen der Nachbarschaft, was nicht immer geräusch- und konfliktlos vonstattengeht.

Passiv-Plus-Standard

Der umgesetzte Passivhaus-Plusenergie-Standard funktioniert, bewährt sich aber insofern nicht, als er weniger über die Architektur erreicht wird als vor allem über teure Technik erkauft ist, die nur durch die Unterstützung der IBA leistbar war und im Betrieb hohe Wartungskosten nach sich zieht.

Zusammenleben und Management

Die Gemeinschaft und das Zusammenleben in komplexer Träger- und Bewohnerschaft werden als sehr positiv wahrgenommen. Dabei entstehen Synergien zwischen den Kümmerern vor Ort wie der Baugemeinschaft und den Eigentümern und dem professionellen Management durch die Dachgenossenschaft. So beschreiben die Bewohner eine starke Gemeinschaft, ein positives Zusammenleben quer zu den verschiedenen Trägermodellen und eine gute Selbstorganisation im Haus. Die komplexe Managementaufgabe im Betrieb der gemeinschaftlichen Räume und Freiflächen ist so zu bewältigen.

Spannungsfeld Gestaltung

Das Erscheinungsbild der Fassaden erweist sich über die Fertigstellung hinaus als umkämpft. Die neuen Wohnformen und die durch den Anspruch der IBA geprägte Gestaltung steht in Kontrast zur Nachbarschaft. So finden sich einerseits regelmäßig Graffiti an den Wänden, wie sie sich schon im Zuge des lokalen Protests gegen die IBA gezeigt hatten, während die Bewohner selbst eine Fassadenmalerei umgesetzt haben und die IBA für den Zeitraum der Ausstellung bis 2013 für die Einhaltung der „sauberen" Ästhetik der weißen Fassade argumentierte.

Übergeordnete Impulse

Mit einem Wohnprojekt einen Ort neu entdecken und verändern, einen Stadtteil ins Bewusstsein rücken, Impulse für die Mikrolage setzen – all dies erreicht das Open House. Das Projekt führt zu einer neuen Nachfrage im Quartier und wirkt positiv auf die Wahrnehmung des Standorts. Infrage kommende Zielgruppen nehmen den Standort neu wahr, und vor Ort bestehende Zielgruppen interessieren sich für die lokal neuen Wohnformen. Die Baugruppe schafft es, über ihr Engagement vor Ort – den Betrieb der Kanalbar, regelmäßige Sommerfeste und die Lesegalerie – neue, vernetzende Angebote im Quartier zu etablieren.

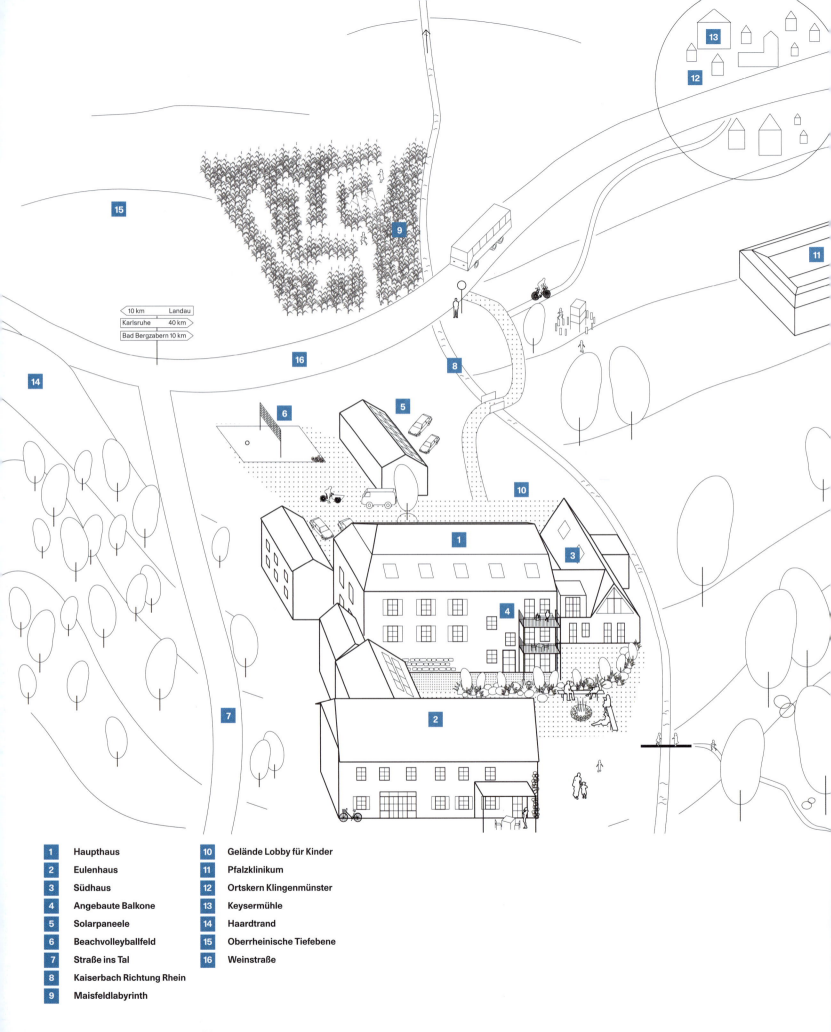

Größe: 9 WE, Sanierung
Projektstart: 1998
Fertigstellung: ab 1999 in mehreren Ausbauschritten
Trägermodell: Gesamt-GmbH mit drei Haus-WEGs
Akteure: Wohngruppe, Lobby für Kinder e.V., Gemeinde Klingenmünster
Zielgruppe: Wohngruppe
Besonderheiten: Revitalisierung eines alten Gutshofs, Angebote fürs Dorf, schrittweise Entwicklung des Ensembles, landschaftliche Einbettung

1:5000

Kaiserbacher Mühle, Klingenmünster

Die Gruppe von mittlerweile neun Familien erfüllt die brachgefallene Kaiserbacher Mühle mit neuem Leben. Das pittoreske Ensemble wurde einer neuen Nutzung zugeführt und dadurch mit neuer Identität und Bedeutung aufgeladen. Die öffentlichen Angebote auf dem Grundstück und das Engagement der Bewohner entfalten darüber hinaus eine positive Wirkung auf die Dorfentwicklung.

Das Vorhaben entstand aus der Initiative von drei Personen, die beruflich und ehrenamtlich bereits zusammenarbeiteten. Mit ihren Familien begannen sie die Projektentwicklung: ohne Vorerfahrung, Vorbilder und bestehende Strukturen und im Wesentlichen ohne professionelle Begleitung. Ziel war das Leben in Gemeinschaft mit mehreren Familien, Wohnen und Arbeiten am selben Ort und großzügige Freiflächen für die Familien sowie die ehrenamtliche Arbeit mit Kindern. Mit der Entdeckung und dem erfolgreichen Erwerb des vormals land- und gastwirtschaftlich genutzten Ensembles gingen die Initiatoren in Vorleistung. Um den Grunderwerb leisten zu können, mussten und wollten sie weitere Parteien hinzugewinnen, was mehrere Jahre dauerte. Nach den ersten Einzügen in zwei Bestandswohnungen folgte etappenweise der individuelle Ausbau beziehungsweise die Sanierung der jeweiligen Gebäudeteile. Die Gestaltung und Nutzbarmachung der umfänglichen Freiflächen war das Gemeinschaftsprojekt der Bewohner. Das Projekt entwickelte sich über die ersten zehn Jahre kontinuierlich weiter und lebte mit und von den unfertigen Zuständen.

Das Projekt ist heute ein geschätzter Wohnort für Familien, der das Dorfleben mit Angeboten und sozialem Engagement bereichert. Die rechtliche Konstruktion, die auf dem Einstimmigkeitsprinzip beruht, offenbarte nach einigen Jahren jedoch Schwächen. Nach zwei Jahrzehnten fehlen die Instrumente für eine Veränderung der Belegung und der Anpassung an die sich im Lebenszyklus verändernden Bedürfnisse. Aus dem Blickwinkel der Dorfentwicklung ist das Projekt ein wesentlicher Erfahrungsraum für kollektives Engagement und hat zahlreiche wertvolle Impulse generiert.

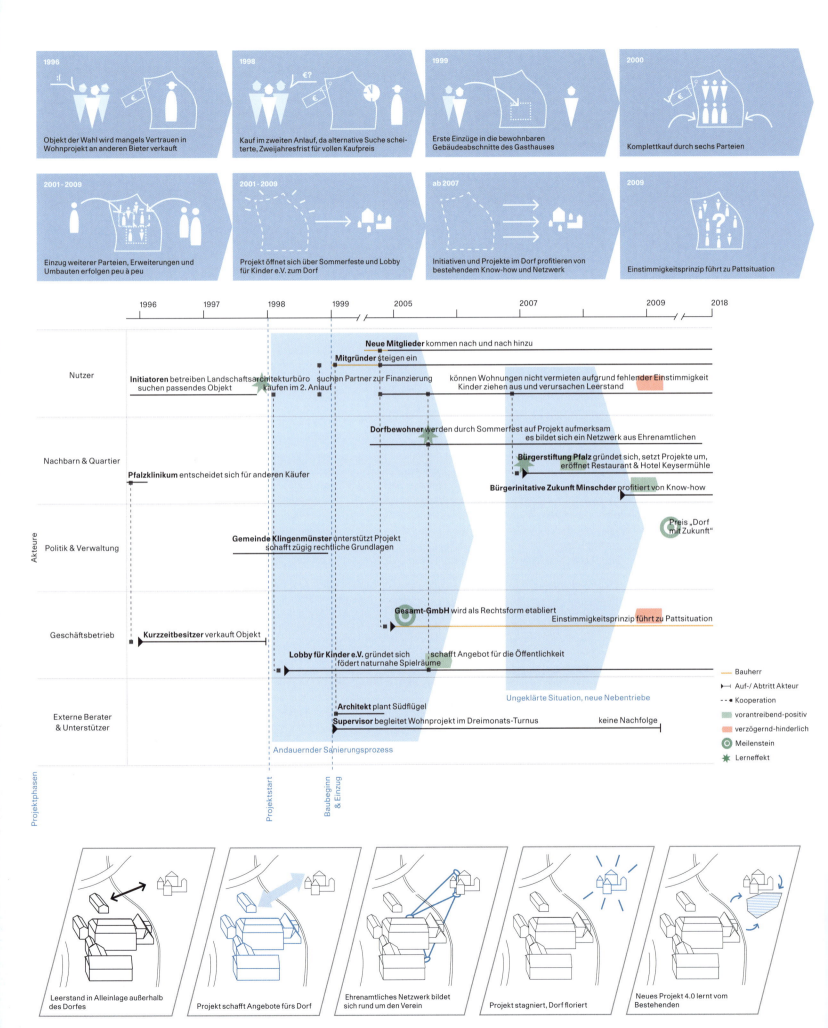

Rahmenbedingungen

Region
Der strukturschwache ländliche Raum in der Pfalz ist von Abwanderung betroffen, was auch zu einer Abnahme der sozialen Infrastruktur führt. Klingenmünster und Umgebung zeichnet sich in den Augen der Bewohner jedoch durch eine funktionierende soziale Infrastruktur – von den Einkaufsmöglichkeiten bis zu Bildungsangeboten – aus, die aber nicht gesichert ist. Eine Zielsetzung des Projekts war von Anfang an, Impulse für die Umgebung zu setzen.

Die Initiatoren suchten nach einem Ort, der eine gute automobile Anbindung, viele Frei- und Naturräume für Familien und für die Vereinstätigkeit der Lobby für Kinder sowie spannende Landschaftsräume bietet. Die Verbindung von Wohnen und Arbeiten sowie gemeinschaftliches Wohnen von mehreren Familien sollte möglich sein. Eine zentralere Lage in der Region war aufgrund der höheren Grundstückspreise mit den Anforderungen des Projekts nicht zu vereinbaren.

Dorf
Im örtlichen Kontext gab es keine Erfahrungen mit Wohnprojekten und daher gewisse Vorbehalte. Dadurch verzögerte sich der Immobilienerwerb um zwei Jahre, da das Ensemble zuerst an einen vermeintlich verlässlicheren Käufer vergeben wurde. Die Wohngruppe knüpfte mit den Dorfbewohnern erst nach und nach Kontakte. Zudem konnte die Gruppe auf keine Expertise beziehungsweise Vorbilder zu ähnlichen Projekten zurückgreifen.

Areal
Die Pioniere der Wohngruppe entdeckten das im Dornröschenschlaf schlummernde, ehemals land- und gastwirtschaftlich genutzte Ensemble Kaiserbacher Mühle für sich. Es bietet großzügige Freiflächen und ist an der deutschen Weinstraße an einer interessanten landschaftlichen Schnittstelle zwischen dem Haardtrand und der oberrheinischen Tiefebene gelegen. Der differenzierte Gebäudebestand bot der Wohngruppe mannigfaltige Möglichkeiten für individuelle Ausbauten und ermöglichte eine stufenweise Entwicklung. Mit einer Bushaltestelle ist zudem wenigstens eine minimale Anbindung an den öffentlichen Nahverkehr gegeben, was vor allem für Kinder und Jugendliche wichtig ist.

Aus raumplanerischer Sicht wird die nicht in den Dorfkern integrierte ehemalige Landwirtschaft als unerwünschte Splittersiedlung beurteilt. Nachdem die ersten Nutzer in die Bestandswohnungen eingezogen waren, wurde jedoch von der Kommune ein Vorhaben- und Erschließungsplan erstellt, der die weiteren Umbauten und Sanierungen ermöglichte. Die mangelnde Infrastruktur am Standort wird von außen deutlicher als Manko wahrgenommen als von innen.

Akteure

Nutzer
Heute besteht die Nutzergruppe aus neun Parteien: die drei Initiatoren mit ihren Familien warben für den Erwerb des Ensembles drei weitere Parteien an (im Folgenden Mitgründer genannt). Einige Jahre nach Einzug kamen in einem zweiten Schritt drei weitere Parteien dazu (im Folgenden Jungparteien genannt).

Zwei der Initiatoren führen seit 1990 gemeinsam ein Landschaftsplanungsbüro mit dem Schwerpunkt partizipative Gestaltung von Spielflächen. Davon angeregt gründeten sie den ehrenamtlichen Verein Lobby für Kinder, der Kindern und Jugendlichen naturnahe Spielräume bieten will und Aktionen für Familien durchführt. Die beiden initiierten gemeinsam mit einem Bekannten das Projekt. Ziele waren gemeinschaftliches Wohnen mit mehreren Familien, die Verbindung von Wohnen und Arbeiten am selben Ort und großzügige Freiflächen sowohl zur privaten Nutzung als auch zur Etablierung der Vereinstätigkeit. Zudem sollten in der strukturschwachen Region Impulse für das Umfeld gesetzt werden. Diese drei Parteien nahmen das Risiko und die Mühe der Projektentwicklung auf sich, definierten für sich inhaltliche Schwerpunkte, suchten und wählten den Standort und trafen in den frühen Phasen erste programmatische wie räumliche Entscheidungen.

Um die zweite Hälfte des Kaufpreises für das Ensemble zu finanzieren, wofür der Voreigentümer zwei Jahre Zeit gewährte, warben die Initiatoren über Zeitungsanzeigen um weitere Parteien und konnten die Mitgründer gewinnen. Diese entschieden sich 2000 für das konkrete Vorhaben und fanden im Südflügel ihren Platz. Die ersten sechs Parteien, unter denen mehrere Selbstständige sind, verständigten sich auf die Rechtsform des Projekts. Vom Einzug bis 2009 stiegen nach und nach die drei Jungparteien in das bestehende Konstrukt ein. Diese mussten sich in stärkerem Umfang an die Gegebenheiten des Projekts anpassen und hatten weniger Mitgestaltungsmöglichkeiten.

Das Wohnprojekt startete aus individueller Initiative mit einer „Macher"-Haltung – eine strukturelle Idee fehlte. So fand auch die programmatische Vision keinen Eingang in die Satzung, und das Wohnprojekt startete als gewöhnliche GbR. Nach vielen Beratungen wurde diese 2005 in eine Gesamt-GmbH umgewandelt, in der jede Partei Gesellschafterin ist; der GmbH gehören das Grundstück und damit die Gemeinschaftsflächen. Die Gebäude sind in drei einzelne WEGs aufgeteilt. Diese Rechtsform sollte der Gruppe Sicherheit vor möglichen Privatinsolvenzen bei den Selbstständigen bieten und Einzeleigentum an den jeweiligen Bauteilen ermöglichen. Ein Nachteil ist jedoch, dass für alle Veränderungen das Einstimmigkeitsprinzip gilt.

Externe Berater & Unterstützer
Für die Umbauten, das Energiekonzept und rechtliche Fragen wurden gezielt Fachleute hinzugezogen. Es gab jedoch keine Begleitung des Wohnprojekts als solches – möglicherweise fehlte diese Rolle, und das Projekt hätte an einigen Punkten mit besseren, im Konsens getroffenen und auch verbindlich festgehaltenen Entscheidungen eine andere Richtung einschlagen können.

Vom Einzug bis 2010 traf sich ein Supervisor mit der Nutzergruppe im Turnus von drei Monaten. Als dieser die Zusammenarbeit beendete, konnte sich die Gruppe nicht auf eine Fortführung mit einer anderen Person verständigen.

Geschäftsbetrieb
Der vormalige Eigentümer Pfalzklinikum hatte kein Vertrauen in das gemeinschaftliche Projekt und entschied sich für einen anderen Käufer, der jedoch zwei Jahre später an die Projektgruppe weiterverkaufte. Er gewährte ihr zwei Jahre Zeit, um die zweite Hälfte des Kaufpreises aufzubringen.

Nachbarn & Quartier
Die Kaiserbacher Mühle liegt in Alleinlage. Die Angebote des Vereins Lobby für Kinder und einige Feste der Nutzergruppe zogen jedoch Menschen aus dem Dorf und der weiteren Umgebung an. Außerdem kamen einige der Bewohner nach und nach mit anderen engagierten Dorfbewohnern in Kontakt, woraus neue Initiativen erwuchsen. Unter reger Mitwirkung einiger Mühlenbewohner gründete sich die Bürgerstiftung Pfalz, die seither das Dorfleben sehr aktiv mitgestaltet. Auch weitere bürgerschaftliche Initiativen, die keine personelle Schnittmenge mit der Wohngruppe haben, greifen direkt und indirekt auf die Erfahrungen des Projekts zurück, zum Beispiel in der Organisation von einem Sharing-Fahrzeug für die Dorfbewohner.

Politik & Verwaltung
Die Gemeinde Klingenmünster passte den Vorhaben- und Erschließungsplan an, sodass die Nutzungen und Umbauten des Wohnprojekts im baulichen Bestand der alten Landwirtschaft möglich waren. Die Bauverwaltung entschied sich gegen die Auflagen zum Denkmalschutz, was die Sanierungen und Umbauten vor allem in Hinblick auf die nötigen Investitionen wesentlich erleichterte und damit wohl ermöglichte.

Prozesse

Initiation
Die Initiatoren suchten ab 1996 ein Grundstück für das Wohnprojekt und stießen auf die Kaiserbacher Mühle. Das Pfalzklinikum verkaufte jedoch an einen anderen Bieter, der 1998 wiederum an die Wohngruppe weiterverkaufte. Der dazwischenliegende Suchprozess solidierte die Standortentscheidung, da keine bessere Alternative gefunden wurde. Um den vollen Kaufpreis erbringen zu können, mussten innerhalb von zwei Jahren drei weitere Parteien gewonnen werden – die drei Initiatoren gingen hier ein Risiko ein. Im Haupthaus gab es zwei bestehende Wohnungen, in die umgehend zwei Parteien einzogen.

Andauernder Sanierungsprozess
1999 wurde innerhalb eines Jahres der Vorhaben- und Erschließungsplan erarbeitet, der die rechtliche Grundlage der Umbauten und Nutzungen darstellt. Die Genehmigungen ergingen 2000. Die Umbauten der jeweiligen Gebäudeteile erfolgten individuell; nur für den Außenraum wurden gemeinsame Regelungen festgelegt. Die Mitgründer beauftragten für den Umbau des Südflügels dieselben Planer und Baufirmen, wodurch Synergien spürbar wurden.

In den ersten beiden Jahren wurden mehrere Feste mit hunderten Gästen veranstaltet und das Wohnprojekt für Gemeinderat und Gemeinde geöffnet, um die Vorurteile gegenüber Wohnprojekten abzubauen. Die Wohngruppe übernahm sich damit zwar, betrachtet die gemeinsamen Aktivitäten und die Öffnung zum Dorf aber auch als wesentlich.

2005 wurde die bis heute bestehende Rechtsform aufgesetzt: eine GmbH aller Parteien als Grundeigentümerin und drei WEGs für die einzelnen Gebäude. Die drei Jungparteien kamen bis 2009 nach und nach hinzu und sanierten beziehungsweise bezogen die übrigen Gebäudeteile.

Impulse für die Dorfentwicklung
Über die Vernetzung mit der Dorfgemeinschaft und das Engagement mehrerer Mühlenbewohner sind in den letzten Jahren neue Aktivitäten in Klingenmünster entstanden. Gemeinsam mit der Tätigkeit des Vereins Lobby für Kinder erreicht das Projekt so seine ursprüngliche Zielsetzung, neue Impulse für die Umgebung zu setzen.

Lösungen

Längerfristiger Entwicklungsprozess im Bestand
Der differenzierte Baubestand ermöglichte die schrittweise Entwicklung. In den ersten Jahren nach Kauf wurden die einzelnen Gebäudeteile aufbauend auf gemeinsam gesetzten Regeln für den Außenraum und die Fassaden im Inneren eigenverantwortlich gestaltet und ausgebaut. Dabei wurden sowohl professionelle Planer und Firmen hinzugezogen als auch Eigenarbeit geleistet. Der Bestand verzeiht Fehler und ermöglicht das schrittweise Wachsen der Gruppe in einer Region mit geringer Nachfrage, was bei einem Neubau nicht möglich gewesen wäre. Für weitere Ausbauten gibt es heute immer noch Platz; das Projekt ist also „nicht fertig".

Das Ensemble kann somit als Möglichkeitsraum für verschiedene Wohnmodelle und Klammer zwischen ihnen gelesen werden. In das bestehende Ensemble eingepasst gibt es derzeit neun Wohneinheiten sehr verschiedenen Typs, von der Geschosswohnung bis zur dreigeschossigen Maisonette. Dabei ist der Luxus von Fläche gegeben – die Wohneinheiten haben bis zu 300 Quadratmeter. Der hohe Wohnflächenverbrauch pro Kopf widerspricht allerdings dem Nachhaltigkeitsgedanken, wobei die geringe Flächeneffizienz vor allem der anfangs geringen Nachfrage und dem sehr großen Bestandsgebäude geschuldet ist. Zwanzig Jahre nach dem Einzug und mit dem Auszug der Kinder wird die große Wohnfläche aber auch für die Bewohner selbst hinsichtlich Pflege und Unterhalt und den damit verbundenen Kosten zum Thema.

Alternative zum Einfamilienhaus
Die Kaiserbacher Mühle bietet im ländlichen Raum eine lokal neuartige Form des Zusammenlebens für Familien – die Alternative für einige Bewohner wäre ein freistehendes Einfamilienhaus gewesen. Durch die Projektinitiative konnte eine Nachfrage nach einem andersartigen Leben am Land geweckt werden, die ansonsten nicht oder eben in traditionellen Mustern befriedigt worden wäre. Das Projekt ist in einem Kontext innovativ, in dem gemeinschaftliches Wohnen mit starken Vorurteilen belastet war und teilweise noch ist. Es belebt ein bestehendes Ensemble neu und wirkt dem Trend entgegen, dass in einer schrumpfenden Region neue Einfamilienhäuser außerhalb der Ortskerne „auf die grüne Wiese" gebaut werden. Vor diesem Hintergrund muss auch die niedrige Wohnflächeneffizienz beurteilt werden.

Die Kaiserbacher Mühle ist heute ein vor allem von Familien hochgeschätzter Wohnort. Gemeinschaftliches Leben und nachbarschaftliche Hilfe sind wesentliche Bestandteile und erleichtern den Alltag. Für Ältere und kleinere Haushalte ist das Projekt weniger ausgelegt, was sich nach einem Nutzungsabschnitt von etwa 15 Jahren zeigte. Die Nutzer haben gelernt, dass ein Wohnbau mit dem Lebenszyklus der Bewohner zu denken ist und bauliche und organisatorische Anpassungen möglich sein sollten. Dies betrifft etwa Fragen der Barrierefreiheit, aber auch des Umzugs und der Wiedervermietung bei sich ändernden Haushaltsgrößen.

Das in der Gegend bestehende Image von Wohnprojekten hat sich durch die Kaiserbacher Mühle verändert. Die anfänglichen Vorurteile konnten über persönliche Kontakte und Veranstaltungen, aber auch durch das ehrenamtliche Engagement abgebaut werden. Seit 2000 bietet der Verein Lobby für Kinder halb öffentliche Angebote, die intensiv genutzt werden und hohen Bekanntheitswert in der Gemeinde haben. Es entstanden mehr Projekte in der Region – und auch die Überlegungen zu einem innovativen großen Wohnbauprojekt im Ortskern wurden nicht zuletzt durch die Erfahrungen und die Impulse der Kaiserbacher Mühle angeregt.

Mobilität
Der Mangel an sozialer Infrastruktur am Grundstück selbst führt zu einer Abhängigkeit vom Auto, auch wenn die Bewohner mit dem Angebot von Gemeinde und Umgebung zufrieden sind. Gerade die Kinder sind nach 19 Uhr auf ihre automobilen Eltern angewiesen. Dieser Punkt wird von Außenstehenden am stärksten bemängelt und war bei einigen Hinderungsgrund, sich für die Teilhabe am Projekt zu bewerben.

Trägerschaft und Gruppendynamik
Die rechtliche Konstruktion des Wohnprojekts erweist sich im Lebenszyklus der Immobilien und Bewohner als problematisch. Es fehlen Instrumente des Konfliktmanagements, des Interessenausgleichs, der Sicherung beziehungsweise Veränderung von Vereinbarungen und des Belegungsmanagements. So stellen die Jungparteien etwa ursprüngliche Ziele des Wohnprojekts wie die starke Nutzung des Grundstücks durch die Vereinstätigkeit von Lobby für Kinder infrage, die nicht in der Satzung verankert wurden. Die Konstruktion wurde gewählt, um hohe finanzielle Sicherheiten im Falle von Insolvenzen der Selbstständigen zu bieten und Einzeleigentum zu ermöglichen. Aufgrund des Einstimmigkeitsprinzips ist die Konstruktion aber sehr starr.

Das gewählte Trägermodell macht Anpassungen schwer möglich. Diese wären aber relevant, weil inzwischen die meisten der zahlreichen Kinder erwachsen sind und die Bewohner älter werden. Da diese langfristige Perspektive der Alterung und des Generationenwechsels in der Projektentwicklung nicht ausreichend bedacht wurde, kann das Projekt nur schwer weiterentwickelt werden, obwohl das Ensemble in seiner Struktur noch ausreichend Platz bietet und adaptierbar ist.

Einige Nutzer sehen eine mit dem Eigentum verbundene psychologische Logik, die zwar ökonomische Stabilität garantiert, aber die nötige Dynamik und Fluktuation verhindert. Die Gruppe war im lokalen Kontext ein Pionier und würde heute, da allgemein mehr Erfahrungen mit verschiedenen Konstrukten bestehen, sicherlich eine andere Organisationsform wählen und diesbezüglich ein besseres Beratungsangebot vorfinden. Die Nutzer haben erkannt, dass die Rechtsform so gewählt werden sollte, dass ein Ausstieg, zumindest jedoch die (Unter-)Vermietung leichter möglich ist. Denn das Projekt bindet viel Eigenkapital, und den meisten Nutzern ist ein Umzug nur möglich, wenn sie dieses auslösen können. Die Satzung sollte auch Rahmenbedingungen und inhaltliche Zielsetzungen definieren, die für die Bewohner und das Zusammenleben essenziell sind.

Auch die Größe des Wohnprojekts wird von den Nutzern wie von Außenstehenden als zu klein betrachtet; weil erstens aufkommende Konflikte eine kleine Gruppe sehr belasten können und zweitens nur wenige zusätzliche Infrastrukturen finanziert werden können. In den Überlegungen zu einem weiteren Wohnprojekt im Dorf wird das Ziel formuliert, mit einer diverseren und größeren Nutzergruppe zu arbeiten, die dann auch andere Strukturen benötigen.

Freiflächen als verbindendes Element
Die großzügigen Freiflächen am Areal, die zu allen Seiten fließend in den interessanten Landschaftsraum übergehen, sind das gemeinsame Projekt der Wohngruppe und Ort der Gemeinschaft. Gemeinsame Innenräume gibt es nicht. Das Zusammenleben wird vor allem über die Freiflächen und das Engagement für sie gelebt. So findet auch der Kontakt mit Menschen aus dem Dorf und der Umgebung über die Angebote auf den Freiflächen statt.

Labor für die Dorfentwicklung
Den großenteils selbstständig arbeitenden Bewohnern gelingt in der Kaiserbacher Mühle als vormals ungenutzter Immobilie die Verbindung von Wohnen und Arbeiten am selben Ort. Damit eröffnen sich neue Gestaltungsspielräume – individuell, in der Familie und für ehrenamtliches wie berufliches Engagement vor Ort. Das Wohnprojekt stellt vor allem einen Frei- und Entfaltungsraum auf persönlicher, sozialer und kultureller Ebene für alle seine Nutzer, aber auch für die Gemeinde dar. Impulse und Angebote für das Dorfleben sind intendierter Teil des Projekts.

Das Wohnbauprojekt war ein bedeutender Katalysator für die Dorfentwicklung, weil es erste Erfahrungen mit kollektivem Engagement ermöglichte und ein Anziehungspunkt für engagierte Bürger war. So wurde 2007 unter Federführung mehrerer Bewohner die Bürgerstiftung Pfalz gegründet, die seither viele Projekte in der Gemeinde umsetzt oder anstößt und heute nach dem Pfalzklinikum die größte Arbeitgeberin ist. Für weitere Bürgerinitiativen wie etwa Zukunft Minschder ist das soziale Kapital der Kaiserbacher Mühle eine Ressource, auf die sie zurückgreifen können: als Vorbild, Kooperationspartner, Know-how-Träger und Schnittstelle zu einem größeren Netzwerk. 2014 wurde dem Dorf anlässlich dieser Entwicklungen der erste Preis beim Wettbewerb „Dorf mit Zukunft" verliehen. Die Beteiligten sehen es so, dass Mehrwerte für Gemeinschaft und Gesellschaft durch die Synergieeffekte und die räumliche Nähe zwischen engagierten Personen entstehen.

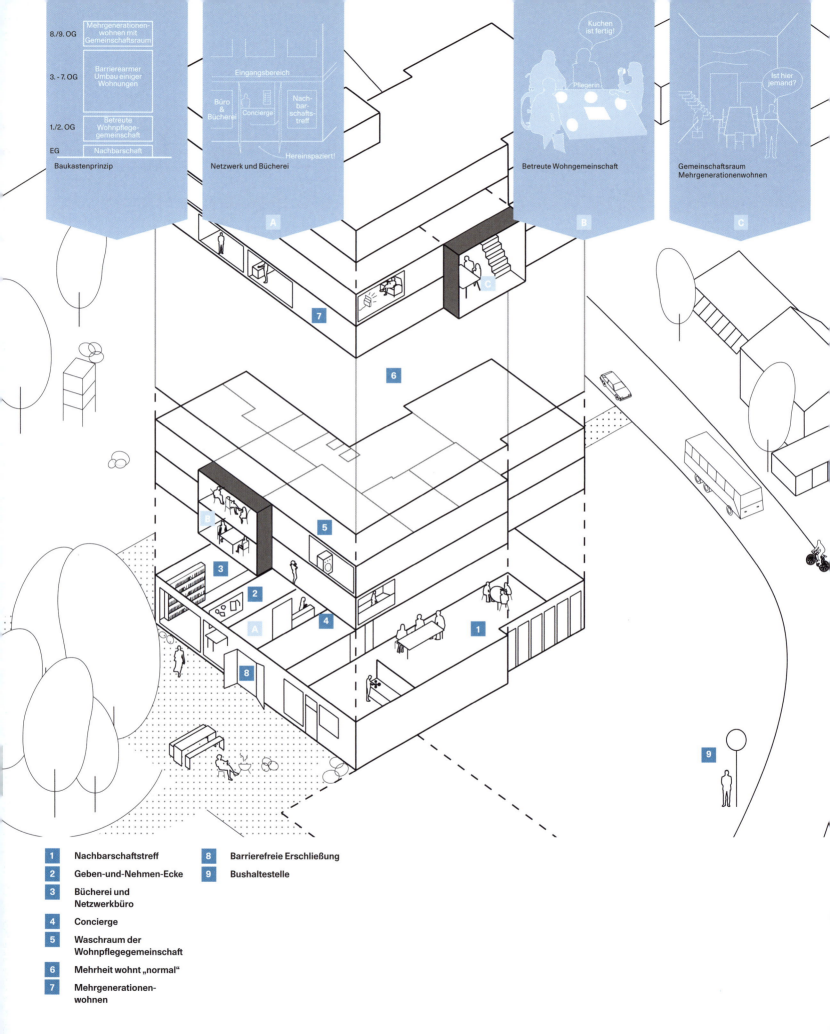

Größe: 46 WE, Sanierung
Projektstart: 2004
Fertigstellung: 2007
Trägermodell: Unternehmen
Akteure: BASF Wohnen + Bauen, BauWohnberatung Karlsruhe, Deutsches Rotes Kreuz, Netzwerkerin, Nachbarschaftsverein Pfingstweide Miteinander e.V.
Zielgruppe: (ehemalige) Unternehmensangehörige, Nachbarschaft
Besonderheiten: Differenzierung des Wohnungsangebots über Sanierung, Gemeinschaftseinrichtungen, Wohnpflegegruppe, ehrenamtlich geführter Nachbarschaftstreff, Concierge-Dienst

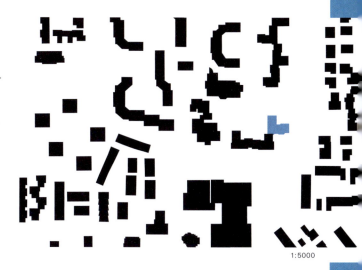

1:5000

Haus NOAH, Ludwigshafen

Die seit 1967 errichtete Großwohnsiedlung Pfingstweide befand sich in den 1990er Jahren in einer schleichenden Abwärtsspirale – überalterte Bewohnerschaft, mangelnde Infrastruktur, eine schlecht anpassbare und sanierungsbedürftige Bausubstanz, massiver Leerstand. Mit dem Umbau des Hauses NOAH als Pilotprojekt sollte auf diese Herausforderungen und speziell auf die Bedürfnisse älterer Menschen eingegangen werden, um weiterführende Lösungsansätze zu testen und eine Wirkung aufs Quartier zu entfalten.

Die Entwicklung des Projekts lebte stark vom Engagement mehrerer Schlüsselpersonen, die vom Bestandshalter und von außen kamen. Über einen kreativen und partizipativen Prozess der Ideenentwicklung konnten die Akteure gemeinsam ein Problemverständnis aufbauen, ihre Rollen weiterentwickeln und die gefundene Lösung verankern. Die spätere Bewohnerschaft nahm in der Planungsphase eine untergeordnete Rolle ein.

Das Pilotprojekt funktioniert über die Kombination unabhängiger Bausteine, die den Bestand gezielt ergänzen. Einerseits wurden einige Wohnungen barrierearm umgebaut und andererseits neue Wohnformen und nachbarschaftliche Angebote geschaffen. Im ersten und zweiten Obergeschoss lebt nun eine ambulant betreute Wohnpflegegruppe mit zwölf Wohneinheiten. Die zehn Wohneinheiten des achten und neunten Obergeschosses teilen sich einen großzügigen zweigeschossigen Gemeinschaftsraum. Das Erdgeschoss öffnet sich zum Quartier. Dort konnten über eine Netzwerkerin im Laufe von drei Jahren die Nachbarschaft aktiviert, neue Angebote etabliert, bestehende Institutionen vernetzt und ein selbstständiger, ehrenamtlicher Nachbarschaftsverein ins Leben gerufen werden, der zur sozialen Anlaufstelle für Haus und Quartier geworden ist.

Das Ziel der direkten Übertragbarkeit der Lösungsbausteine auf weitere Gebäude wurde nicht erreicht, obwohl dies baulich eins zu eins möglich wäre. Es zeigte sich nämlich ein sehr hoher finanzieller und technischer Aufwand für den Umbau der bestehenden Bausubstanz, und auch die sozialen Strukturen und Prozesse müssen jeweils differenziert betrachtet werden. Die Fördermittel seitens Bund und Land für das Pilotprojekt waren für beides wesentliche Ermöglicher. In Summe wird das Haus NOAH als gelungenes Projekt gesehen, das einen Beitrag zum positiven Wandel des Quartiers leistet. Über die Qualifizierung der Akteure wurden neue Vorgehensweisen und Lösungen erschlossen, die deren weitere Arbeit bereicherten.

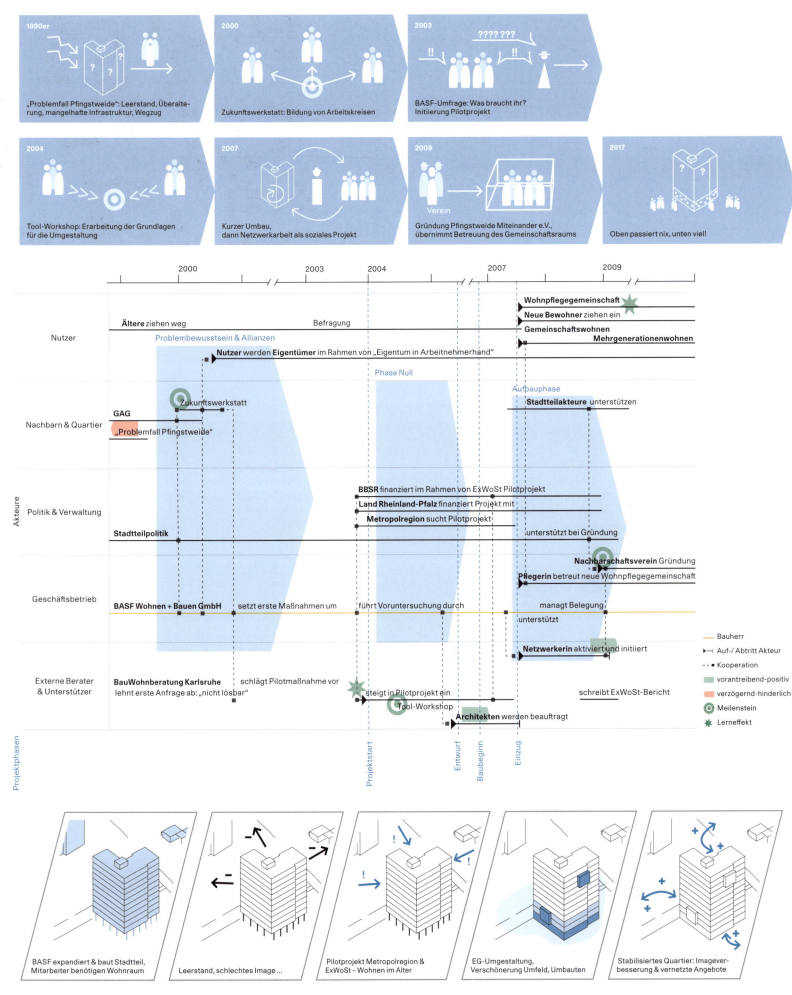

Rahmenbedingungen

Gesamtstadt
Die Stadt Ludwigshafen ist mit dem Chemiekonzern BASF stark verbunden. Der global tätige Konzern ist mit seinem Hauptsitz seit Jahrzehnten als größter Arbeitgeber prägend für Stadtbild, Wirtschaft und Wohnungsmarkt. Mit der BASF Wohnen + Bauen GmbH (bis 2015 LUWOGE) unterhält der Konzern ein Tochterunternehmen mit dem Auftrag, Wohnraum für die Belegschaft zu bauen und zu unterhalten.

Stadtteil
Von 1967 bis 1975 wurde der Stadtteil Pfingstweide „auf dem Reißbrett entwickelt" und als Trabantensiedlung gebaut. Dies geschah in einer Phase der Expansion von BASF und damit auch des Stadtwachstums in Ludwigshafen. BASF Wohnen + Bauen und die kommunale Wohnungsbaugesellschaft GAG sind die beiden mit Abstand größten Bestandshalter in der Großwohnsiedlung. Die meisten Gebäude sind mehrgeschossige Zeilenbauten oder große Solitäre, am Rand finden sich jedoch auch einzelne Einfamilienhäuser.

In den 1990er Jahren kam der Stadtteil in die Krise. Die Generation der Erstmieter war alt geworden, die soziale Infrastruktur aber immer noch auf Familien und junge Menschen ausgerichtet. Auch die Wohnungen waren nicht altersgerecht oder gar barrierefrei und für die Pflege nicht geeignet. Die bauliche Struktur und die Gestaltung der Freiräume zeigten Schwächen. So war die Bausubstanz schwer anpassbar – etwa die niedrigen, offenen Erdgeschosse mit starrem Stützenraster, die hauptsächlich als Parkplätze dienten. Immer mehr ältere Personen zogen aus, ohne dass neu vermietet werden konnte. Die Pfingstweide litt nämlich auch unter einem massiven Imageproblem. Während die Wohnzufriedenheit und Identifikation mit dem Viertel in der Innensicht gut war, krankte die Außenwahrnehmung. So standen bald etwa 40 Prozent der Wohnungen leer, mit allen negativen Folgen wie einer schlechter werdenden Nahversorgungslage und einem Rückgang von gastronomischen und sozialen Angeboten. Die Großwohnsiedlung befand sich in einer schleichenden Abwärtsspirale. Die Frage nach der langfristigen Perspektive der Siedlung sollte daher in Arbeitskreisen zur Stadtentwicklung beantwortet werden.

Bund, Land, Metropolregion
Auch auf Bundesebene war das Thema des soziodemografischen Wandels präsent, was sich im Förderprogramm ExWoSt niederschlug. Gleichzeitig wurde in der neu gebildeten Metropolregion Rhein-Neckar die Initiative „Neues Wohnen im Alter" ins Leben gerufen; dies fand unter Beratung der Bau-Wohnberatung Karlsruhe statt, die auch beim Haus NOAH beratend mitwirkte. Die Kommunen wurden nach möglichen Pilotprojekten gefragt. Die Bestandshalter BASF und GAG meldeten Interesse an, und BASF brachte ein Gebäude als Pilotprojekt ein. Die Themensetzung durch den Bund und die Metropolregion traf auf das lokale Problembewusstsein. In den späteren Umbauten und Sanierungen zeigte sich das bestehende Bausystem als Herausforderung. Ohne staatliche Unterstützung wäre der Umbau nicht leistbar gewesen – und auch mit ihr sei der betriebene Aufwand in den Augen des Bestandshalters immer noch fragwürdig.

Akteure

Die Entwicklung von Haus NOAH folgte einer Logik der Versorgung und des Managements bestehender Wohnungen, bei der die Nutzerperspektive erst in der Betriebsphase gefragt war. Das ehrenamtliche Engagement ist ein wesentlicher Baustein im Betrieb, wurde jedoch durch unter starker Mitwirkung professionell agierender Personen und Institutionen ins Leben gerufen. Mehrere Schlüsselpersonen zeigten viel Kreativität, außerordentliches Engagement und soziales Feingespür, was für den Erfolg des Pilotprojekts entscheidend war. Dabei lässt sich ein fortwährendes Lernen, eine Uminterpretation der eigenen Aufgaben und eine Weitung des Fokus beobachten.

Geschäftsbetrieb
Im Bestand der BASF Wohnen + Bauen GmbH (bis 2015 LUWOGE) befinden sich momentan etwa 8.000 Wohnungen, früher waren es 10.000. Das Tochterunternehmen des Chemiekonzerns hat den Auftrag, die Belegschaft der BASF mit Wohnraum zu versorgen. Wegen der gesunkenen Nachfrage nimmt man inzwischen auch verrentete ehemalige Mitarbeiter und Angehörige auf. Diese Klientel mit vorwiegend Ingenieursberufen ist zumeist zahlungskräftig, und die Auflagen zur Miete sind hoch – etwa ein unbefristetes Beschäftigungsverhältnis und Mindesteinkünfte. Der soziale Auftrag der Wohnraumversorgung wird über eine dreißigprozentige Beteiligung am kommunalen Wohnbauträger GAG gesehen, mit dem ein intensiver Austausch besteht; die GAG ist der zweite große Bestandshalter im Stadtteil Pfingstweide.

In den 1990er Jahren stand der Bestandshalter im Stadtteil Pfingstweide vor dem Problem von 40 Prozent Leerstand mit steigender Tendenz. Gleichzeitig wurden die Bedürfnisse der alternden Bewohnerschaft nicht erfüllt. Für diese strukturelle Herausforderung im gesamten Stadtteil, vor der auch die GAG stand, sollten Lösungen gefunden werden.

Für die Teilnahme an den Arbeitskreisen zur Stadtentwicklung seitens BASF sorgte vor allem eine Mitarbeiterin, die anfangs für Public Relations zuständig war, ihre Aufgabe jedoch im Sinne eines Sozialmanagements neu interpretierte. Sie intensivierte den Kontakt zur Bewohnerschaft und wurde zu deren Fürsprecherin in der Konzeption des Pilotprojekts. Als vertrauenswürdige Ansprechpartnerin des Bestandshalters für die Bewohnerschaft und die Akteure im Quartier hat sie bis heute eine wichtige Rolle im Kommunikationsnetzwerk inne. Darin zeigt sich, dass die Qualifizierung und Weiterentwicklung des Bestandshalters ein wesentlicher Effekt des Pilotprojekts ist.

Seit Fertigstellung wird die entstandene Wohnpflegegruppe durch das Deutsche Rote Kreuz ambulant betreut. Dafür ist eine Pflegerin zuständig, die seither als zentrale Ansprechperson im Haus fungiert. Sie wirkt nur innerhalb der Wohnpflegegruppe, dort jedoch über den Rahmen ihrer Tätigkeit hinaus.

Etwa zwei Jahre nach baulicher Fertigstellung ist es gelungen, den Nachbarschaftsverein Pfingstweide Miteinander e.V. zu etablieren. Er bietet seither den sozialen Angeboten und Aktivitäten im Quartier, vor allem für Ältere, ein Dach und verwaltet die Gemeinschaftsräume im Erdgeschoss. Das ehrenamtliche Engagement wird mit seiner Hilfe organisiert und stabilisiert. Vonseiten der Stadtpolitik, der Institutionen im Quartier, des Bestandshalters und der Bewohnerschaft genießt der Nachbarschaftsverein hohe Wertschätzung.

Politik & Verwaltung
Die öffentliche Hand spielte auf mehreren Ebenen eine unterstützende und ermöglichende Rolle. Bund, Land und Metropolregion brachten damals den soziodemografischen Wandel auf die Tagesordnung. Die Initiativen von außen trafen auf einen Bestandshalter, der selbst Handlungsbedarf sah. Der finanzielle Aufwand der Sanierung des Hauses NOAH wurde durch die ExWoSt-Förderung von Land und Bund möglich. Aber auch das Netzwerk zum inhaltlichen Austausch mit anderen Projekten wird positiv bewertet. Seitens der Kommunal- und Stadtteilpolitik erfuhr das Projekt indirekte Unterstützung, etwa in der Konzeption und Vernetzung.

Externe Berater & Unterstützer
Die Berater der BauWohnberatung Karlsruhe bringen Know-how aus Architektur und Sozialwissenschaft mit. Auf sie gingen wesentliche Teile der Konzeption und die damit einhergehende Beteiligung der Akteure zurück, sie erstellten den Förderantrag und übernahmen die inhaltliche Qualitätssicherung in der Ausführung. Zuerst berieten sie die Metropolregion, dann auch den Bestandshalter. Zwei frühere Anfragen des Bestandshalters zur Pfingstweide wurden abgelehnt, weil diese inhaltlich als nicht sinnvoll befunden wurden – die Aufträge zielten ausschließlich auf bauliche Aufwertungsmaßnahmen. Die dritte Anfrage, das Pilotprojekt zu betreuen, wurde mit der Forderung angenommen, eine fundierte und kreative Methodik anzuwenden und ein umfassendes Konzept zu erarbeiten.

Die Qualitätssicherung erfolgte bei der Überführung des inhaltlichen Konzepts in die architektonische Planung. Für diese Aufgabe war ein Architekturbüro beauftragt, mit dem der Bestandshalter standardmäßig kooperiert. Dieses Büro arbeitete innerhalb des üblichen Leistungsbildes, während die Karlsruher Berater für Konzeption und Prozessgestaltung wesentlich waren. Hier zeigt sich eine veränderte und fokussierte Rolle der Architektur mit hoher Wirkung auf das Projekt, die vor allem in der Phase Null stattfand, also vor Beginn der eigentlichen Planungsleistungen.

Für die Dauer von drei Jahren nach Fertigstellung wurde vom Bestandshalter, durch Bund und Land gefördert, eine Netzwerkerin beschäftigt. Diese initiierte die sozialen Aktivitäten vor Ort, trat mit den Akteuren im Stadtteil und der Bewohnerschaft in Kontakt und baute längerfristige Strukturen auf. Die Gründung des Nachbarschaftsvereins gegen Ende der drei Jahre ist der deutlichste Erfolg ihrer Tätigkeit.

Nachbarn & Quartier
Neben der GAG als zweitem großen Bestandshalter im Stadtteil waren in der Zukunftswerkstatt für den Stadtteil, im Tool-Workshop und in der Vernetzungsphase stets weitere Akteure aus dem Stadtteil beteiligt, darunter Kirchen, Vereine, Verbände und Unternehmen. Die Nachbarschaft des Hauses NOAH ist wiederum Zielgruppe der gemeinschaftlichen Angebote im Erdgeschoss und damit der Arbeit des Nachbarschaftsvereins. Auch die Ehrenamtlichen kommen zu einem Großteil nicht aus dem Haus, sondern aus dem Quartier.

Nutzer
Der Bestandshalter verfolgte schon längere Zeit das Programm „Eigentum in Arbeitnehmerhand". Mieter können darüber zu Miteigentümern werden und bilden dann eine Wohnungseigentümergemeinschaft mit dem Bestandshalter. Bei Wiederverkauf hat der Bestandshalter Vorkaufsrecht. Der Bestandshalter hat damit positive Erfahrungen gemacht, weil so Identifikation und Mitverantwortung zunehmen. Wesentliche Ziele des Programms, das nicht auf den Verkauf des Bestands zielt, sind stabilisierende Wirkungen und ein insgesamt pfleglicher Umgang mit der Bausubstanz. Andererseits hätten die Umbaumaßnahmen im Haus NOAH auch durch einen Miteigentümer gestoppt werden können.

Miteigentümer und bestehende Bewohnerschaft wurden im Planungsprozess bewusst nicht eingebunden, weil von einer Verhinderungshaltung ausgegangen wurde. Es wurde allgemein von Bedürfnissen nach mehr Barrierefreiheit in den Wohnungen, differenzierten Wohnpflegeangeboten und nach sozialer Infrastruktur in der Nachbarschaft ausgegangen. Dagegen wurden zahlreiche potenzielle Nutzer beziehungsweise an neuen Wohnformen Interessierte beteiligt – von diesen sind aber wenige eingezogen und nur eine Person ist geblieben. Die Planungspartizipation fand also gezielt, selektiv und primär auf professioneller, institutioneller und politischer Ebene statt, um eine reibungslose Veränderung möglich zu machen. Hinsichtlich der Ansprache der Bewohnerschaft wurde auf die direkte Wirkung der neuen Angebote und Räume vor Ort gesetzt.

Prozesse

Problembewusstsein und Allianzen
Leerstand, Wegzug, Überalterung der Bewohnerschaft und mangelhafte Infrastruktur beschäftigten die Bestandshalter, aber auch Politik und Institutionen im Stadtteil. In der Zukunftswerkstatt wurden im Jahr 2000 gemeinsame Arbeitskreise gebildet, welche über die Schaffung eines Problembewusstseins und die Netzwerkbildung eine wesentliche Grundlage für das spätere Projekt bilden. So gelangte die soziale Infrastruktur für Ältere ins Blickfeld. Außerdem wurden erste Maßnahmen wie „Eigentum in Arbeitnehmerhand" und bauliche Aufwertungen entwickelt. Die späteren Berater der BauWohnberatung Karlsruhe lehnten es zunächst ab, die baulichen Maßnahmen zu begleiten, weil mit ihnen nicht auf die soziale Problemlage eingegangen wurde.

Der Bestandshalter führte 2003 erst eine Imagestudie zum Stadtteil und anschließend eine Umfrage zur Bedürfnislage der Bewohner durch: Nicht die Wohnungen selbst, sondern Infrastruktur und Quartier wurden als Problem wahrgenommen. Die Berater schlugen an diesem Punkt vor, die nötige grundlegende Veränderung mithilfe einer umfassenderen Methodik vorzubereiten.

Phase Null
Auf Vorschlag der Berater wurden in der Metropolregion Pilotprojekte gesucht. Der Bestandshalter im konkreten Stadtteil wiederum sollte Lösungsbausteine testen, um zu sehen, ob sie auf den weiteren Bestand übertragbar sind. Diese Laborsituation hatte aufgrund der Größe des Gebäudes ein begrenztes Risiko. In diese vorbereitende Phase fiel auch die Bewerbung für das Bund-Länder-Förderprogramm ExWoSt.

In dem von den Beratern konzipierten und moderierten Tool-Workshop nahmen unterschiedliche Akteure mit unterschiedlichen Perspektiven seitens des Bestandshalters, aber auch aus Politik und Quartier teil. Die zugrunde gelegten Tools waren Lösungsbausteine, die andernorts bereits Anwendung fanden und aus denen eine eigene Herangehensweise kombiniert werden konnte. Die passgenaue Zusammenstellung der Tools war eine zentrale Beratungsaufgabe; die Teilnehmenden konnten aber auch eigene Ideen hinzufügen. Neben der inhaltlichen Grundlage für das Projekt entstand bei allen Teilnehmenden ein tieferes Problemverständnis, und das Spektrum der Möglichkeiten wurde auf kreative Weise erweitert. Als zentral wird die Möglichkeit zur anonymen Abstimmung gesehen, die den Teilnehmenden erlaubte, über ihre jeweilige Rolle und Verantwortlichkeit hinaus ihre persönliche Meinung zum Ausdruck zu bringen. Dies eröffnete gedankliche Spielräume. Die Qualifizierung der beteiligten Akteure einschließlich des Bauherren zu möglichen Lösungsansätzen erweist sich neben der demokratischen Ideenfindung als wesentliches Element des partizipativen, ergebnisoffenen Planungsprozesses.

Für das Pilotprojekt wurde ein zentrales und typologisch mehrfach vorkommendes Wohnhaus ausgewählt. Die zentrale Lage sollte die Erfolgschancen und Ausstrahlung des Projekts auf das Quartier vergrößern, sodass die neuen Angebote auch genutzt werden. Aufgrund der gemischteren Bewohnerstruktur fiel die Wahl auf ein Gebäude der BASF und nicht der GAG.

Nach der fachlichen Überführung der Ideen des Tool-Workshops in die architektonische Planung und einer kurzen, aber intensiven Bauphase wurde das Haus NOAH 2007 in neuer Form eröffnet.

Aufbauphase
Nach den Umbauten folgte eine wichtige Phase, in der die für die neuen Angebote notwendigen sozialen und kommunikativen Strukturen aufgebaut wurden. Unterstützt durch staatliche Fördermittel wurde vom Bestandshalter für drei Jahre eine professionelle Netzwerkerin eingestellt. Diese suchte die lokalen Akteure und Institutionen auf, holte ihren Rat ein und versuchte die Leute zum Engagement zu motivieren. Sie betrieb das Netzwerkbüro und den Gemeinschaftsraum im Erdgeschoss, initiierte erste nachbarschaftliche Aktivitäten und führte diese anfangs selbst durch. Auf diese Weise animierte sie zu zunehmend eigenständigem Engagement – so wurde ihr nach einigen Mittagstischen gewissermaßen der Kochlöffel aus der Hand genommen: „Wir machen das jetzt." Sie experimentierte mit verschiedenen Veranstaltungsarten und -formen und konnte so die Initialzündung zu Aktivitäten geben, die auf Bedarf treffen und sich durch ehrenamtliches Engagement auch selbstständig tragen, aber ohne äußeren Impuls nicht stattfinden würden. Die Netzwerkerin hatte also eine initiierende und katalytische Rolle.

Das deutlichste Zeichen des Erfolgs und Meilenstein der Netzwerkarbeit war die Gründung des Nachbarschaftsvereins im Jahr 2009. Die Netzwerkerin und auch der Bestandshalter unterstützten hier mit Know-how und Moderation. Sie sprachen gezielt Personen an und suchten nach einer tragfähigen Form für ein langfristiges ehrenamtliches Engagement. Der Nachbarschaftsverein betreibt in Nachfolge der Netzwerkerin die gemeinschaftlichen Räume und bietet den nachbarschaftlichen Aktivitäten einen Rahmen. Mit seiner Gründung beginnt gewissermaßen die normale Betriebsphase des Hauses NOAH.

Lösungen

Gesamtpaket mehrerer Bausteine
Für das Haus NOAH gibt es eine Reihe unabhängiger, aber miteinander verknüpfter Maßnahmen, die den bestehenden Wohnstandort gezielt ergänzen. So wurden im gesamten Haus barrierearme Umbauten in vielen Wohnungen durchgeführt, das Mehrgenerationenwohnen im achten und neunten Obergeschoss ins Leben gerufen, eine Wohnpflegegruppe im ersten und zweiten Obergeschoss gegründet sowie zahlreiche ehrenamtlich betreute Räumlichkeiten für die Nachbarschaft im zuvor leeren Erdgeschoss eingerichtet. Zudem wurden die Außenräume um das Gebäude aufgewertet.

Erdgeschoss für die Nachbarschaft
Das Erdgeschoss mit den neuen Nutzungen für das Quartier ist der Dreh- und Angelpunkt des Hauses NOAH. Wo vorher nur ein Eingang, Luftraum und Parkplätze waren, wurden neue Innenräume geschaffen. Neben den Räumen selbst ist vor allem die soziale Netzwerkarbeit des Nachbarschaftsvereins hervorzuheben, die das ehrenamtliche Engagement und die sozialen Angebote erst möglich macht.

Es wird eine symbiotische Beziehung zwischen Bestandshalter und Nachbarschaftsverein beschrieben. Der Verein bekommt die Räume inklusive Übernahme der Nebenkosten und Reinigung unentgeltlich zur Verfügung gestellt, managt diese dafür und bildet ein Dach für die vielfältigen Aktivitäten. Auch die Beratung und Wertschätzung durch den Bestandshalter ist für die ehrenamtliche Arbeit wesentlich. Für den Bestandshalter ergeben sich aus dem Investment in Kombination mit dem nachbarschaftlichen Engagement langfristige Mehrwerte.

Ein Concierge im Eingangsbereich dient als lokaler Ansprechpartner des Bestandshalters und Kümmerer vor Ort. Auf Basis eines Minijobs ist diese Stelle einige Stunden pro Woche besetzt. Das benachbarte Netzwerkbüro mit Blick zum Außen- und Eingangsbereich war erst Sitz der Netzwerkerin und dann des Vereinsvorstands. Hier ist auch eine Bibliothek untergebracht. Im Eingangsbereich findet sich eine Geben-und-Nehmen-Ecke als Tausch- und Informationsbörse der Bewohnerschaft und des Quartiers. Der Eingangsbereich wurde zudem großzügiger gestaltet und umfasst teilweise zwei Geschosse, die eine Sichtbeziehung zur Wohnpflegegruppe im ersten Obergeschoss erlauben. Das Kernstück ist der Nachbarschaftstreff, der etwa fünfzig Personen Platz bietet und mit einer Küche und einem behindertengerechten WC ausgestattet ist. Vom Verein wird er mit diversen Veranstaltungen bespielt: als Café für Ältere und junge Familien, für einen Mittagstisch, für Bastelworkshops, zum Spielen und für einen Weihnachtsbazar. Die Bewohnerschaft schätzt die Möglichkeit, sich in unterschiedlichen Arbeitsgruppen und Quartiersaktivitäten einzubringen. Dies bietet gerade den Älteren sozialen Anschluss.

Zehn Jahre nach Vereinsgründung funktioniert das System gut. Der Vereinsvorstand formuliert jedoch den Wunsch nach einer neuerlichen professionellen Unterstützung von außen, die frische Impulse liefert, Möglichkeiten aufzeigt und insgesamt das Projekt erneuert. Die getane Netzwerkarbeit bilde ein Polster, von dem man eine Zeit gut leben könne, das jedoch erneuert werden müsse. Einerseits werden die Ehrenamtlichen älter, andererseits wird das Haus NOAH als langfristig angelegtes soziales Projekt gesehen, an dem kontinuierlich gearbeitet werden muss.

Dezentraler Abbau von Barrieren
Während ein Großteil der Wohnungen unverändert blieb, wurden gezielt leer stehende und frei werdende Wohnungen oder solche, deren Bewohner das wünschten, barrierearm umgestaltet. Dabei wurde aufgrund des Bestands keine Barrierefreiheit nach DIN erreicht, aber die bestehenden Schwellen und Barrieren soweit wie möglich reduziert. Dahinter steht die Idee, dass sich die Bedürfnisse der alternden Bewohner meist nicht plötzlich, sondern kontinuierlich wandeln, und deshalb schon kleine Maßnahmen den Verbleib in der eigenen Wohnung verlängern oder ihren Bezug möglich machen. Auch über diese verhältnismäßig kleinen Eingriffe in einem Teil der Wohnungen entsteht ein positiver Effekt auf den Bestand und das Quartier.

Wohnpflegegruppe
Dem Gedanken der kontinuierlichen Veränderung der Bedürfnisse und einem langsam steigenden Bedarf an Unterstützung im Alltag folgt auch die Wohnpflegegruppe im ersten und zweiten Obergeschoss. Hier waren zuvor weniger und größere Wohnungen, die zu kleineren Einheiten plus geteilten Flächen umgebaut wurden. Ein Teil der Fläche wurde für einen Luftraum verwendet, um eine Sichtbeziehung zwischen dem Eingangsbereich des Gebäudes und dem Flur der Wohnpflegegruppe herzustellen. Auf zwei Etagen sind zwölf barrierefreie Wohneinheiten mit je 1 bis 3 Zimmern und zwischen 20 und 80 Quadratmetern

Wohnfläche entstanden. Auf beiden Etagen befinden sich jeweils Gemeinschaftsräume, eine gemeinsame Küche und eine Waschküche, die auch Treffpunkt ist. Die Basisbetreuung durch die Pflegerin gehört dazu; Zusatzleistungen können darüber hinaus gebucht werden. Das Angebot zielt auf die Lücke zwischen Pflegeheim und eigenständigem Wohnen mit keinem oder wenig Unterstützungsbedarf. So können die Nutzer, bis sie größeren Unterstützungsbedarf haben, weiterhin eigenständig wohnen, was sie sehr schätzen. Die Zielgruppe kann einen langsamen Wandel ohne Umzug vom eigenständigen Wohnen bis zum Pflegebedarf vollziehen. Danach ziehen die meisten Nutzer in ein Pflegeheim.

Die Gemeinschaftsräume der Wohnpflegegruppe werden vor allem besucht, wenn die Pflegerin etwas organisiert – was sie öfter macht, als sie müsste. Von sich aus nutzen die zwölf Bewohnerinnen und Bewohner die Räume kaum, sodass es auch weniger sein könnten. Die Verfügbarkeit eines gemeinsamen Raums wird jedoch als zwingend gesehen. Nach außen sind die übereinanderliegenden Gemeinschaftsräume durch eine hervortretende rote Umrandung in der Fassade („void") sichtbar.

Versuch des gemeinschaftlichen Wohnens

Auch der zweigeschossige Gemeinschaftsraum im achten und neunten Obergeschoss ist am roten „void" erkennbar, und auch er wird nicht besonders intensiv genutzt. Der Gemeinschaftsraum ist den zehn „normalen" Wohneinheiten in den beiden Geschossen zugeordnet. Auch in diesen Stockwerken sind aus wenigen größeren eine größere Zahl kleinerer Wohnungen geworden, die alle eigenständig funktionieren. Hier war ein gemeinschaftliches, intergenerationales Wohnen gedacht, mit einer intensiven Nutzung des anteilig zur Miete bezahlten, großzügig angelegten Gemeinschaftsraums. Die Bewohnerschaft ist nun 55+, und der Gemeinschaftsraum wird nur auf die selten stattfindende Initiative einer Person genutzt. Hinsichtlich der geringen Nutzung wird ein Zusammenhang mehrerer Parameter vermutet: Vor allem fehlt eine gemeinsam gefundene Organisationsstruktur. Darüber hinaus ist der Raum einem zu kleinen Kreis an Personen zugeordnet, der sich zudem willkürlich zusammensetzt, weil die Wohnungen nach gewöhnlichem Vorgehen vermietet werden. So entstehen hier etwa im Gegensatz zu Baugruppen, die sich gezielt mit der Gruppenfindung beschäftigen, zufällige Nachbarschaften und keine Wahlverwandtschaften. Diese nachträglich in einer kleinen Gruppe zu finden, ist unwahrscheinlich. Dasselbe trifft auf die Wohnpflegegruppe zu – auch dort verabreden sich die Bewohner eher mit Leuten aus dem Quartier als mit den zufällig ausgewählten Nachbarn. Zudem ist ein Gang in den Gemeinschaftsraum mit mehr gefühlter Verbindlichkeit verbunden, als sie in dem einer größeren Gruppe zugeordneten Nachbarschaftstreff im Erdgeschoss empfunden wird. Der gewöhnliche Vermietungsprozess klärt auch nicht, inwiefern ein Wille zu einem Leben in Gemeinschaft besteht.

Gemeinschaftliche Angebote richtig einbinden

Der Bestandshalter und die Berater haben daraus gelernt, lieber wenige Gemeinschaftsräume anzubieten, diese aber gut zu bespielen. Die Zahl der Gemeinschaftsräume würde bei einer Wiederauflage des Projekts kleiner ausfallen, dafür würden diese einem größeren Kreis zugeordnet werden. Gemeinschaftliche Räume sollten eher als Angebot und Infrastruktur für das Quartier und weniger für das Haus oder Teile davon gedacht werden. Zuständigkeit und Zuordnung sind zentral für eine gelungene Nutzung. Die Zuordnung muss so flexibel sein, dass sie Wahlverwandtschaften ermöglicht. In Summe werden die Bausteine auf nachbarschaftlicher Ebene intensiver genutzt als jene, die nur wenigen Parteien gemeinschaftlich zur Verfügung stehen.

In der Nachbetrachtung wird auch die Großzügigkeit anderer Maßnahmen kritisch gesehen. So sind die zweigeschossigen Räume wie die Erschließung im Erdgeschoss und der Gemeinschaftsraum im achten und neunten Obergeschoss dem damaligen Leerstand zuzuschreiben. Im Licht der heutigen Vollvermietung wird der Kosten- und Platzbedarf anders bewertet, zumal sich diese Elemente in der Nutzung nicht bewähren. Allerdings waren einige dieser Elemente im Prozess wichtige Symbole der Veränderung für die Beteiligten und das Quartier.

Pilotprojekt mit Lerneffekten und Wirkung ins Quartier

Das Haus NOAH wird insgesamt als gelungen wahrgenommen und von allen Akteuren gerne präsentiert. Auch aus den Einfamilienhäusern der Pfingstweide ist ein Zuzug ins Haus NOAH feststellbar. Die Idee, einen Prototyp zu schaffen, hat aber nicht funktioniert, auch wenn die bauliche Übertragung eins zu eins möglich wäre. Dies liegt an der jeweils neuen sozialen Konstellation, für die immer ein individueller Prozess nötig ist, der an Schlüsselpersonen hängt und Arbeit bedeutet. Auch der immense finanzielle Aufwand für die baulichen Eingriffe in eine unflexible Substanz sei ohne staatliche Fördermittel nicht leistbar. Einzelne Bausteine wurden vom Bestandshalter aber in weiterentwickelter Form immer wieder eingesetzt, vor allem Gemeinschaftseinrichtungen, Wohnpflegegruppen und barrierearme Umbauten. Der Lernprozess im Pilotprojekt konnte also durchaus genutzt werden.

Insgesamt betrachtet der Bestandshalter die Anstrengungen und Investitionen als lohnend. Die Arbeit für den Stadtteil mache sich langfristig in der Zufriedenheit der Bewohnerschaft bemerkbar, die länger in den Wohnungen bleiben kann und möchte. Das Haus NOAH habe also einen positiven Effekt auf den Stadtteil. Heute zeigt sich ein stabilisiertes Quartier mit einem verbesserten Image, einer besseren Versorgungslage und kaum Leerstand, was aber natürlich nicht allein auf das Pilotprojekt zurückgeführt werden kann.

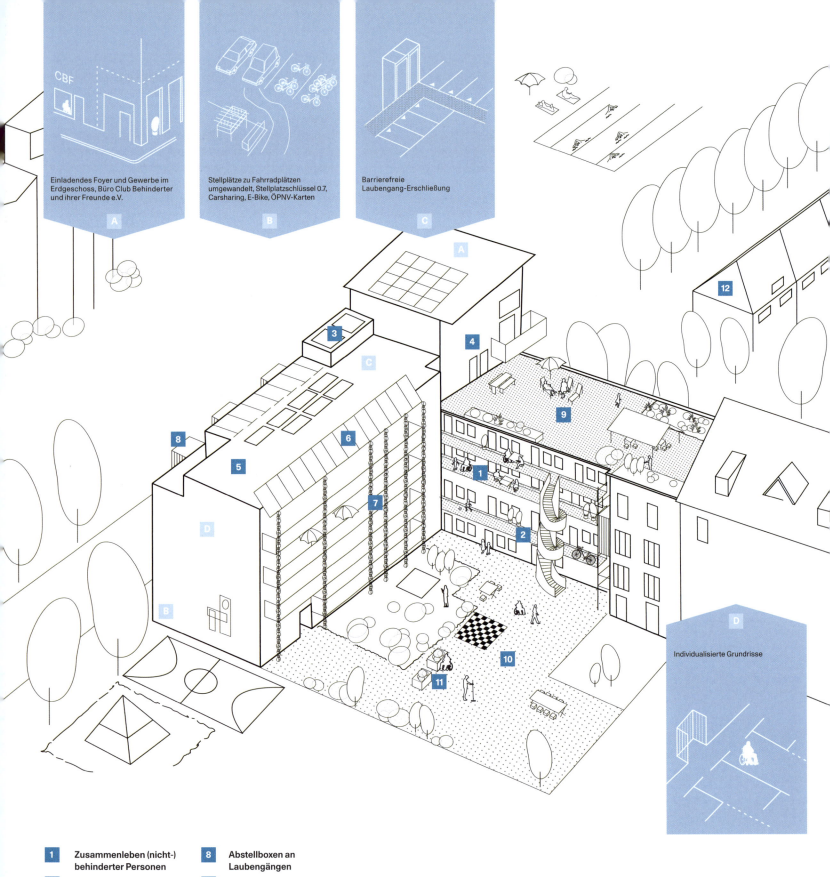

Größe: 28 WE, Neubau
Projektstart: 1996
Fertigstellung: 2001
Trägermodell: Genossenschaft
Akteure: Genossenschaft WOGENO, Club Behinderter und ihrer Freunde e.V. (CBF), H2R Architekten
Zielgruppe: Genossenschaftsmitglieder
Besonderheiten: Laubengang-Erschließung, individuelle Grundrisse, gemeinschaftliche Dach- und Hofflächen, Gäste-Apartment, Mobilitätskonzept

1:5000

Johann-Fichte-Straße, München

Der Club Behinderter und ihrer Freunde e.V. (CBF) erhielt die Option für ein städtisches Grundstück im Erbbaurecht und suchte für die Planung und Entwicklung eines inklusiven Projekts, in dem das Zusammenleben von Menschen mit und ohne Behinderung im Zentrum steht, einen Partner. Er fand ihn in der WOGENO. Für die damals junge Genossenschaft erwies sich die Johann-Fichte-Straße, die ihr erster Neubau und drittes Projekt insgesamt war, als wegweisend.

In einem selbstorganisierten Wettbewerbsverfahren wurden die Architekten ausgewählt, mit denen das barrierefreie und gemeinschaftliche Gebäude entwickelt und an die individuellen Wünsche und Möglichkeiten der Gruppenmitglieder angepasst wurde. Ein intensiver Beteiligungsprozess mit Eigenleistungen seitens der Bewohnerschaft in Planung, Bau und Betrieb ermöglichte maßgeschneiderte Lösungen. Die Beteiligung half als identitätsstiftende Prozedur über die schwierige Phase bis zum Baubeginn hinweg, der sich durch eine Altlastenproblematik verzögerte.

Die Wohnungen unterscheiden sich durch eine Vielzahl an Fördermodellen und entsprechend der Bewohnerwünsche in Grundriss und Ausstattung. Intensive Diskussionen zur Erschließung führten zu einer Sensibilisierung in Bezug auf die Inklusion von mobilitätseingeschränkten Personen. Alle Wohnungen sind über zwei zentrale Aufzüge und eine L-förmige Laubengang-Erschließung erreichbar. Dies ermöglicht die gewünschte Mischung hinsichtlich der Lagen der behindertengerechten Wohnungen innerhalb des Gebäudes – alle Bewohner können so alle Wohnungen erreichen. Die großzügigen Erschließungsflächen werden darüber hinaus als Wohnraumerweiterung genutzt.

Der grüne Hof und die großzügige Dachterrasse mit angrenzendem Gäste-Apartment bieten Raum für gemeinschaftliche Aktivitäten. Es wurden neue Technologien für ökologisches Bauen und ein Mobilitätskonzept mit reduziertem Stellplatzschlüssel umgesetzt. Bei der Wahl der bautechnischen Standards zeigte sich die Kompromissbereitschaft der Projektbeteiligten und eine veränderte Prioritätensetzung. Durch Eigenleistungen in Bau und Betrieb sowie reduzierte Verkehrs- und individuelle Wohnflächen wurden Einsparungen erzielt, die wiederum in technologische Neuerungen und umfassende Barrierefreiheit reinvestiert werden konnten. Dabei zeigte sich im Einsatz technischer Neuheiten ein Spannungsfeld zwischen Innovationsdruck und -wunsch.

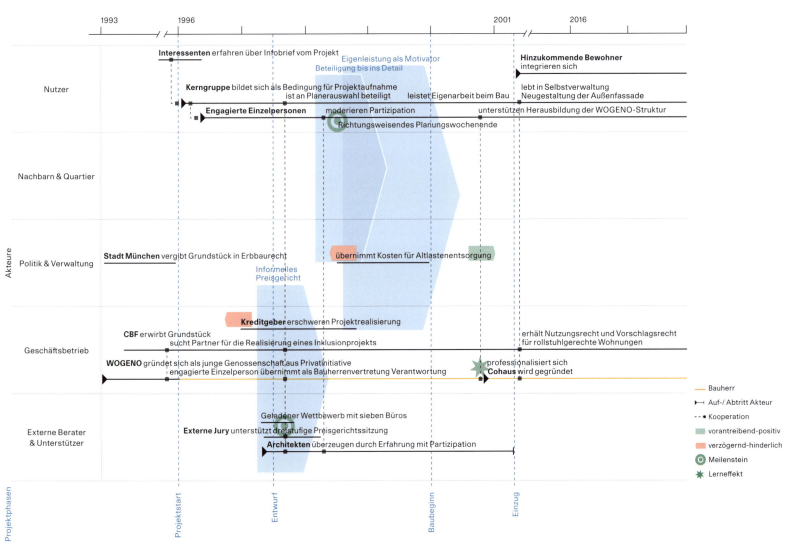
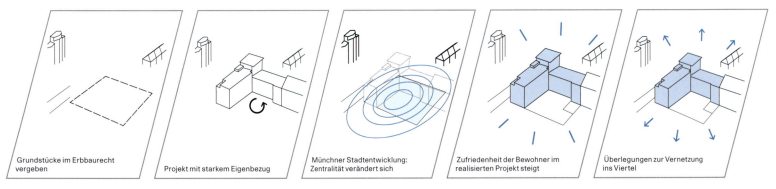

Rahmenbedingungen

Gesamtstadt
Der Münchner Ableger des Clubs Behinderter und ihrer Freunde e.V. (CBF) erhielt Ende der 1990er Jahre die Option zur Entwicklung einer Fläche im nördlichen Schwabing. Mit dem Grundstück machte sich der CBF auf die Suche nach einem Partner für die Realisierung eines Inklusionsprojekts – und fand ihn in der seit wenigen Jahren bestehenden Genossenschaft WOGENO. Diese ist beim Grundstückserwerb üblicherweise von einer Förderung durch die Stadt München abhängig und nahm daher die Kooperation, in welcher der CBF als „Türöffner" zum Grundstück wirkte, gerne an.

Quartier
Das Grundstück wurde damals von der WOGENO als nicht ideal beurteilt, da es ein wenig abgelegen vom lebendigen Schwabing liegt. Auch die unmittelbar angrenzende „unaufgeregte" Umgebung wies aus Sicht der Genossenschaft einen Mangel an sozialer Infrastruktur und Angeboten auf. Eine gute Erreichbarkeit des Standorts als Mindestanforderung war allerdings gegeben. Dies erleichterte es der damals noch weitgehend unbekannten WOGENO, Interessenten anzulocken. Aufgrund der Umgebung wurde ein für sich funktionierendes Projekt entwickelt und die Vernetzung mit dem Quartier in der Planung nicht explizit thematisiert – das Projekt bildete einen „Inselcharakter" aus. Die Projektpartner CBF und WOGENO versuchten zu Beginn vorrangig die Idee des Zusammenlebens von Menschen mit und ohne Behinderung innerhalb eines Hauses zu verankern und richteten ihren Fokus weniger auf die Einbeziehung des in ihren Augen unterversorgten angrenzenden Quartiers. Erst später sollten sich die Schnittstellen zum Umfeld als wesentliches Thema erweisen.

Akteure

Geschäftsbetrieb
Der CBF war im Zustandekommen des baulichen Projekts von der Kooperation mit einem Bauherrenpartner abhängig. Die WOGENO hatte sich als junge Genossenschaft aus einer Privatinitiative heraus gegründet und besaß zum Zeitpunkt des Projektstarts zwar zwei Bestandshäuser, hatte allerdings noch keinen Neubau realisiert. Fehlende Erfahrung sowie Finanzmittel wurden durch viel ehrenamtliche Tätigkeit kompensiert. Ein hoher Anteil an Eigenleistung und ehrenamtlichem Engagement sowohl seitens des Vorstands als auch der Bewohnerschaft erwies sich als zwingend notwendig. Die überwiegend der Mittelschicht zuzuordnenden WOGENO-Mitglieder brachten dafür die notwendigen zeitlichen und finanziellen Ressourcen ein. Mit der Fokussierung auf die wesentlichen Bedürfnisse im Wohnen versuchte die Genossenschaft Wirtschaftlichkeit und eigene Werte in Einklang zu bringen.

Einer der künftigen Nutzer engagierte sich überdurchschnittlich und wurde im Laufe der Anbahnungsphase zum tragenden Mitgestalter. Durch sein Eigeninteresse getrieben fand er den Weg in den Geschäftsbetrieb der WOGENO, um auf ehrenamtlicher Basis Verantwortung zu übernehmen. Trotz seiner in Teilen fehlenden Projekterfahrung wurde er zur Bauherrenvertretung, die eine Schnittstelle zu verschiedenen Experten und Partnern bildet sowie als professioneller Ansprechpartner nach außen in Erscheinung tritt. Der WOGENO half diese schlanke und handlungsfähige Organisationsform. Die „All-in-one-Rolle" brachte eine hohe Belastung für den Betreffenden mit sich – dennoch erwies er sich als wertvoller Motivator in kritischen Momenten der Projektentwicklung. Aus Bewohnersicht ermöglichte er eine faire Moderation genauso wie eine respektvolle Partizipation.

Bauherrschaft und Architekten arbeiteten bezüglich des engen finanziellen Rahmens und der Einhaltung der förderungsbedingten Flächenvorgaben eng zusammen. So ergab sich eine schlanke Projektsteuerung: Die kurzen Kommunikations- und Rückkopplungsschleifen führten zu schnellen Entscheidungsprozessen. Flache Hierarchien und das Fehlen von festgelegten Standards bei der WOGENO ermöglichten die flexible Beauftragung unterschiedlicher Firmen. Eine starke Kontrolle und der direkte Draht zum Bauherrn während des Bauprozesses trugen zu kostengünstigem Bauen bei.

Nutzer
Die Mitglieder beider Partner wurden von Anfang an in die Entscheidungsprozesse integriert, wobei die Sensibilität aller Beteiligten bezüglich der Inklusion von Personen mit Handicap wuchs. Um der Diversität der Bewohnerbedürfnisse gerecht zu werden und die vollständige Integration trotz Mobilitätseinschränkung umzusetzen, brauchte es eine starke Partnerschaft, die das Zusammenleben vorbereitete.

Aus damaliger Sicht stellte sich die Frage, ob überhaupt genügend interessierte Genossen gefunden werden können, die sich an einem mehrjährigen Bauprozess beteiligen. Die WOGENO machte eine stabile Kerngruppe zur Bedingung für den Projektstart. Die Kerngruppe diente der jungen, noch unbekannten Genossenschaft als Garantie dafür, dass sich für die neuen Wohnungen auch genügend Mieter finden würden, und minimierte damit das Risiko der Projektentwicklung. Die gegründete Nutzergruppe entwickelte eine starke Eigendynamik, beteiligte sich an der Auswahl der Architekten sowie am Bau und blieb trotz Verzögerungen in der Planungsphase und hohem Prozessrisiko relativ konstant. Später hinzukommende Bewohner integrierten sich bei geringer Fluktuation in die Hausgemeinschaft.

Externe Berater & Unterstützer
Im Auswahlverfahren des informellen, geladenen Wettbewerbs überzeugte ein Architektenteam durch Erfahrung mit Nutzerpartizipation und mit bereits realisierten Laubengang-Erschließungen. Die Architekten brachten ihre Kompetenz hinsichtlich der räumlichen und organisatorischen Gestaltung des Wohnens ein. Dies ermöglichte es, die gewünschte Vielfalt im Inneren in den Griff zu bekommen und aktiv zu kuratieren. Das Architektenteam entwickelte als primäres Werkzeug ein baulich-funktionales Regelwerk, das die Handlungsmöglichkeiten und Spielräume im Planungs- und Bauprozess absteckte und damit gewisse Gestaltungsfreiheiten ermöglichte. Durch das Arbeiten mit architektonischen Bausteinen wurden Wahlfreiheiten für die zukünftigen Nutzer gewährleistet, und der Entwurf konnte im Dialog mit den Nutzern gezielt weiterentwickelt werden.

Politik & Verwaltung
Die Stadt München vergab das Grundstück im Erbbaurecht. Zudem wirkte sie in einem kritischen Moment als Rückversicherer, als sie nach Auftreten einer ungeklärten Altlastensituation die Beseitigungskosten trug.

Prozesse

Da im Geschäftsbetrieb relativ wenig Eigenkapital vorhanden war, erwies sich der Weg zur Genehmigung eines Bankkredits als schwierigste Hürde. Um das Ziel einer damals noch relativ unüblichen Mischung verschiedener sozialer Gruppen in einem Haus zu erreichen, suchte man Bewohner mit unterschiedlichem finanziellen Hintergrund. Über mehrere Jahre galt es für die – wachsende und an Bekanntheit gewinnende – Genossenschaft, auszuharren, bis schließlich die nötigen Fördermittel über drei verschiedene Finanzierungsarten gesichert waren. Es wurde ein Mix aus freifinanzierten und zwei verschiedenen einkommensorientiert geförderten Wohnungen angeboten. Damit waren die Voraussetzungen für den Projektstart gegeben.

Informelles Preisgericht

Bei der Auswahl der Planer sollte ein offenes und damit teures Wettbewerbsverfahren vermieden, aber eine gewisse Qualität gewährleistet werden. Die WOGENO entschied sich für die Organisation eines geladenen Wettbewerbs mit sieben Architekturbüros. In den dreistufigen Preisgerichtssitzungen wurde sie von einer externen Jury unterstützt. Schlussendlich ausgewählt wurden die Architekten jedoch maßgeblich von WOGENO und Kerngruppe. Die ausgewählten Planer hatten es geschafft, die architektonische Idee über sensibel gestaltete Handzeichnungen und anhand eines Modells zu vermitteln.

Beteiligung bis ins Detail

Die Entwurfsphase gestaltete sich als mehrstufiger, iterativer Prozess zwischen Architekten, WOGENO und Bewohnerschaft. So konnte speziellen Anforderungen Rechnung getragen und besondere Qualitäten herausgearbeitet werden. Die Flexibilität im Planungsprozess und Intensivformate – beispielsweise das richtungsweisende Planungswochenende zu Beginn der Entwurfsphase – ermöglichten das Eingehen auf Veränderungen innerhalb der Nutzungsgruppe. So konnten beim Auftreten neuer Bedürfnisse die bauliche Ausführung und die Grundrisse angepasst werden. In den offenen, ungefilterten Partizipationsprozess flossen viele individuelle Wünsche ein. Auch grundlegende Änderungen der Stützen-Konstruktionsweise hin zu einer Lösung mit Schotten wurden beschlossen. Zur Entlastung der Bauleitung wurde bei den Ausstattungsdetails eine standardisierte Vorauswahl getroffen. Die von den Architekten vorgesehene hohe Dichte der Wohnanlage wurde indes seitens der zukünftigen Bewohnerschaft nicht infrage gestellt, da alle Beteiligten an einer durch die breite Finanzierung möglichen Realisierung interessiert waren.

Eigenleistung als Motivator

Durch eine Probebohrung vor Baubeginn ergab sich eine unklare Belastungssituation des Baugrunds. Da das Erbbaurecht zu diesem Zeitpunkt noch nicht vergeben war, musste ein Stadtratsbeschluss zur städtischen Übernahme der für die Altlastensanierung anfallenden Kosten erwirkt werden, damit ein bereinigtes Grundstück übergeben werden konnte. Der damit verbundene Baustopp verzögerte den Baubeginn um rund eineinhalb Jahre. Den verlängerten Erstellungsprozess galt es auszuhalten; immerhin vergingen seit Gründung der Kerngruppe bis zum Einzug rund fünf Jahre. Die aktive Beteiligung, inhaltliche Mitbestimmung und Eigenarbeit der zukünftigen Bewohnerschaft im Bau wurden dabei als motivierende Schlüsselmomente empfunden, die sich in der Stabilität und der geringen Fluktuation der Kerngruppe widerspiegelten. So wurden beispielsweise Keller und Innenräume in Eigenregie gestrichen. Die dabei entstandene ownership erwies sich als tragende soziale Grundhaltung in kritischen Situationen und konnte als gemeinsame Basis für das Zusammenleben in die Betriebsphase übernommen werden.

Evolution eines Akteurs

Die Johann-Fichte-Straße wurde als erstes Neubauprojekt der WOGENO gewissermaßen zum Lehrstück, aus dem die Genossenschaft Erfahrungswerte und Entscheidungsgrundlagen für Folgeprojekte gewann. Die Ausformulierung eigener Lösungen trug zur Etablierung eigener Standards für die Zukunft bei. Zudem qualifizierte die Arbeit am Projekt Mitarbeiter der WOGENO und mündete in der Folgeinstitution Cohaus. Diese mit Projektsteuerung und Controlling betraute hausinterne Tochtergesellschaft lässt sich als direkter Professionalisierungseffekt aus dem Projekt begreifen. In der Standortsuche setzten sich ein naher U-Bahn-Anschluss sowie ein kooperativer Arbeitsmodus mit der Stadt als grundlegende Standards durch. Die Verfahrenskreativität des informellen Wettbewerbs wurde institutionalisiert. Seither konzentriert sich die Genossenschaft in ihren Projekten zunehmend auf die Strahlkraft und Schnittstellen zum Quartier und weniger auf das Einzelprojekt.

Auch eine Kultur der Fehler etablierte sich – sie werden zugunsten schneller Entscheidungsfindung und kurzer Reaktionszeiten in Kauf genommen. Während in der Johann-Fichte-Straße noch die Suche nach dem höchsten Standard pro Wohnung und die Umsetzung möglichst aller Wünsche zentrale Anliegen waren, zeigt sich in den Folgeprojekten ein geringerer Fokus auf die individuelle Wohnung, was auch mit einer standardisierten Partizipationskultur zusammenhängt. Mit der Arbeit an Wohnungstypologien anstelle individueller Grundrisse als Mitgestaltung am Entwurf stellt sich allerdings auch die Frage nach dem richtigen Maß an Teilhabe in der räumlichen Ausgestaltung des zukünftigen Lebensumfelds der Nutzer.

Lösungen

Hohe Dichte und Wohnungsvielfalt

Im Eckgebäude an der Johann-Fichte-Straße wurde eine hohe bauliche, soziale und funktionale Dichte erreicht. Durch die Finanzierung über verschiedene Fördermodelle ergab sich eine Wohnungsvielfalt mit unterschiedlichen Anforderungen und Standards. Alle 28 Wohnungen wurden barrierefrei, fünf davon rollstuhlgerecht realisiert und zugunsten der Durchmischung bewusst über alle Stockwerke verteilt. Verschiedene an Einkommensgrenzen geknüpfte Regelungen für Wohnbauförderung konnten genutzt werden. Die Kombination mit freifinanzierten Wohnungen ermöglichte die gewünschte Bewohnervielfalt, also eine Diversität von niedrigen und hohen Haushaltseinkommen, welche innerhalb des Hauses bunt gemischt wurden. Durch ein Set an straffen Belegungskriterien wurde zusätzlich die Begrenzung der Wohnfläche pro Person festgelegt: Alleinlebenden stehen 50, allen anderen durchschnittlich 30 Quadratmeter je Wohnung zu. Die hierarchielosen Grundrisstypen bewähren sich im Betrieb, da sie flexibel von verschiedenen Bewohnergruppen nutzbar sind. Was den Wohnungs- und Bewohnermix angeht, stellte sich der Lerneffekt ein, dass unabhängig vom Finanzierungsmodell eine standardisierte Wohnungsfläche einen größeren Spielraum zulässt. Heute realisiert die WOGENO die einzelnen Wohnungen jeweils so, dass sie dem Fördermodell mit dem geringsten Standard entsprechen und sichert so eine bessere ökonomische Abbildbarkeit, Skalierbarkeit sowie eine langfristige Nutzungsperspektive über den einzelnen Bewohner hinaus.

Barrierefreie Laubengang-Erschließung

Eine Vorreiterrolle übernahmen die Projektbeteiligten im damaligen Kontext mit der Realisierung der barrierefreien Erschließung aller Wohnungen über großzügige Laubengänge. Diese spielen in mehrfacher Hinsicht eine Schlüsselrolle: Die Erschließungsflächen bieten der vielfältigen Bewohnerschaft Kontaktmöglichkeiten. Sie ergeben sich durch die Durchmischung der rollstuhlgerechten und nach Fördermodellen unterscheidbaren Wohnungen. Zudem erwies sich der außerhalb der warmen Hülle gelegene Laubengang als wirtschaftlichste Lösung – auch hinsichtlich der Fluchtwege –, machte allerdings Mehraufwände in der Herstellung der Barrierefreiheit notwendig. Der CBF forderte die kostenintensive Installation eines zweiten Aufzugs, damit die Erschließung auch bei Ausfall oder Auslastung eines Aufzugs für die rollstuhlgängigen Personen gesichert ist. Nach ausgiebiger Diskussion entschied sich die Hausgemeinschaft dafür und beurteilt dies im Nachhinein aufgrund von tatsächlich auftretenden Ausfällen als gerechtfertigten Mehraufwand. Die intensiven Verhandlungen über die Form der Erschließung führten zu einem Umdenken und einer Sensibilisierung der Bewohnerschaft in Bezug auf Inklusion. Die Laubengänge erfahren ein hohes Maß an Akzeptanz und Aneignung seitens der Bewohnerschaft und werden als zusätzliche Wohnfläche genutzt. So dienen etwa multifunktionale Boxen am nördlichen Laubengang als willkommene Abstellflächen.

Erdgeschoss, Innenhof und Dachterrasse – das Beste für die Gäste

Eine großzügige, auch für Veranstaltungen nutzbare Eingangshalle grenzt an einen Mix aus Gewerbe- und Wohnflächen. Das Büro des CBF liegt ebenso wie ein Malatelier im Erdgeschoss. Die gemeinschaftlichen Freiräume im begrünten Innenhof wurden mit hoher Qualität gestaltet und – mit Hochbeeten ausgestattet – auch rollstuhlgängig geplant. Die Dachfläche wurde mit der bewussten Entscheidung zu einer höheren Miete als gemeinschaftliche Dachterrasse und nicht als individuelle Fläche erstellt. An der schönsten Stelle des Hauses schließt ein Gäste-Apartment an die Dachterrasse an. Die Gemeinschafts- und Erschließungsflächen sind als Raumzusammenhang, als gemeinsame Figur erfahrbar. Deren Finanzierung wird über die Mieten quersubventioniert, während die Einnahmen aus der Vermietung der Gästewohnung wiederum der Hauskasse zugutekommen.

Die Akteure verfügen über einen hohen Grad an Handlungs- und räumlicher Anpassungsfähigkeit: In der Weiterentwicklung der Raumnutzung nach sich verändernden Bedarfen soll das Malatelier, das bislang vermietbar war, zu einem nachbarschaftlichen Gemeinschaftsraum umfunktioniert werden. Die WOGENO ist zum Zwecke der Unterstützung der Wohnnutzung bereit, an dieser Stelle ihre Mieteinnahmen zu senken.

Anpassungsfähigkeit technischer Neuerungen

Als eines der ersten Niedrigenergiehäuser im gesamten Stadtgebiet wurde das Projekt von der Landeshauptstadt München gefördert. Auch für das Mobilitätskonzept war eine ökologische Grundhaltung der Beteiligten Prämisse: Carsharing wurde von Beginn an ins Konzept integriert. Der Stellplatzschlüssel konnte für damalige Verhältnisse auf den niedrigen Wert von 0,7 Fahrzeugen je Wohnung gesenkt werden. Durch die nachträgliche Umwidmung einiger Tiefgaragenstellplätze zu Fahrradabstellplätzen wurde der Fahrradkeller faktisch zur Gemeinschaftsfläche. Durch die Erweiterung mit geteilten E-Bikes und Tickets für den öffentlichen Verkehr konnte das Mobilitätsangebot den heutigen ökologischen Vorstellungen angepasst werden. Auch in der Nutzung von Regenwasser und von Solarenergie zur Brauchwassererwärmung sowie der bepflanzten Fassade zeigte sich die Affinität der Bewohner zum Ausprobieren neuer technischer und ökologischer Lösungen. Einige technische Neuerungen wurden jedoch ohne ganzheitliche Überlegung und Abstimmung installiert und zeigten über die Jahre technische Schwierigkeiten im Betrieb. So erwies sich die Regenwasseranlage als unwirtschaftlich, und bei den Aufzügen zeigte sich eine Abhängigkeit von der Monopollösung eines Herstellers.

Identitätsstiftende Beteiligung am Planungsprozess

Die WOGENO professionalisierte ihre Bewohnerbeteiligung im Rahmen der Projektentwicklung zur Johann-Fichte-Straße. Ziel war und ist eine effiziente Umsetzung eines Vorhabens und die Vermeidung der typischen Verzögerungen von gemeinschaftlich organisierten Projekten. Die Rollen von Moderatoren und Beteiligungsbeauftragten in der Kommunikation mit den Bewohnern wurden zunehmend professionell besetzt. Rund ein Drittel der zukünftigen Bewohnerschaft wurde in Form einer Kerngruppe intensiv in den Prozess involviert und erhielt im Gegenzug den gewünschten Wohnungstyp. Später hinzukommende Nutzer integrierten sich in die bestehenden Strukturen. Das aktive Arbeiten an Grundrissen und Ausstattungen bezog sich jeweils auf Wohnungstypen und nicht auf Einzelwohnungen. Auch in der Auswahl der Planer setzte man auf personelle Kontinuität: Die engagierte, sorgfältige Arbeit der Architekten wurde geschätzt und führte zu einer erneuten Beauftragung durch die WOGENO.

Individualisierte Wohnungen, gemeinschaftliche Verwaltung

Die hohe Qualität der gemeinschaftlichen Räume und Freiräume verdankt sich auch der insgesamt hohen Bau- und Nutzungsdichte bei begrenzter individueller Wohnfläche. Die verschiedenen Finanzierungsmodelle sowie die umfassende Beteiligung ermöglichen eine Ausgestaltung nach individuellen Bedürfnissen. Die Vermietung aller Wohnungen wird in ehrenamtlicher Selbstverwaltung der Bewohner betrieben, was weitere Serviceangestellte überflüssig macht. Hausmeistertätigkeiten oder die Verwaltung der Gästewohnung werden gruppenintern als sozialer Mehrwert wahrgenommen, bedeuten allerdings auch einen hohen Zeitaufwand. Die Selbstverwaltung spart Geld und stärkt die Vernetzung innerhalb der Gruppe, bedarf jedoch viel Organisation.

Langfristiges Wohnen innerhalb des Projekts bei sich verändernden Bedürfnissen durch wandelnde Lebenssituationen dürfte schwierig sein. Innerhalb des Hauses ergeben sich aufgrund der begrenzten Wohnungsanzahl je Förderkategorie kaum Umzugsmöglichkeiten. Die WOGENO kann als Dachorganisation jedoch Umzüge innerhalb ihres Gesamtbestands ermöglichen. Der Vorstand der WOGENO bewertet die unterschiedlichen in die Hausgemeinschaft eingebrachten Interessen und Motivationen als positiven Effekt, der sich aufgrund des verfügbaren bezahlbaren Wohnraums und nicht allein aus ideellen Gründen ergibt. Dies mündet in einem größeren Verständnis für Minderheiten innerhalb der Bewohnerschaft.

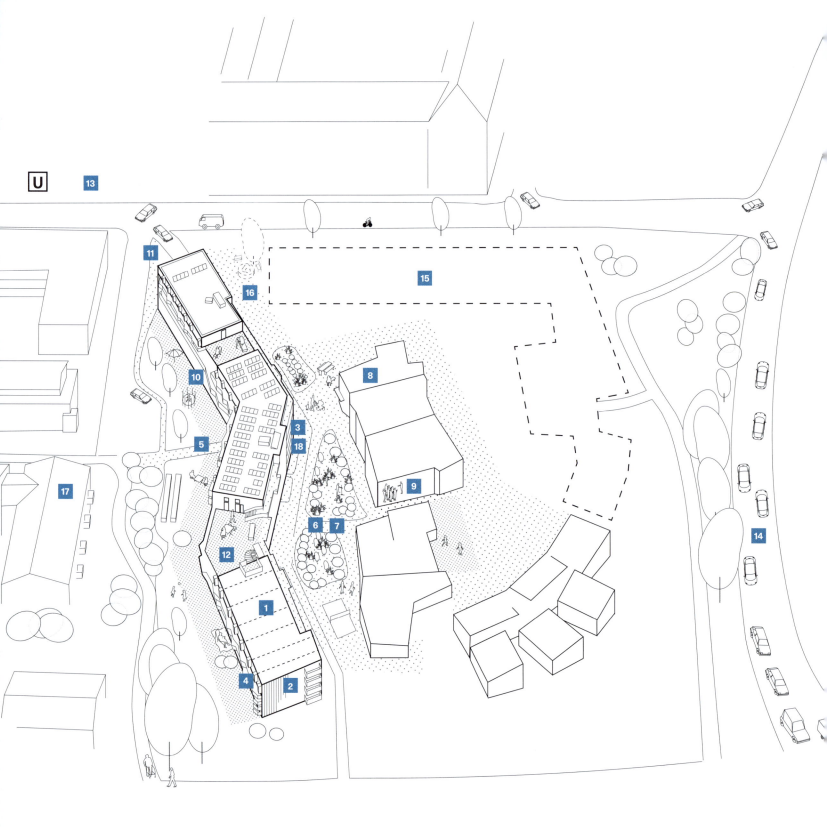

1	Stahlbeton-Schotten-Bauweise	8	Gemeinsam genutzte Schulmensa	14	Lärmbelastung durch große Straße im Osten
2	Vorgehängte Holzfassade	9	Chorgruppe des Quartiers	15	Schulbau in Planung
3	Laubengänge	10	Betreute Wohngruppe	16	Zukünftige Eingangssituation
4	Verbundene Balkone	11	Tiefgarage mit Carsharing-Stellplatz	17	Alteingesessene Nachbarschaft
5	Durchgang zum Hof	12	„Krähennest" als Sonderwunsch	18	Gemeinschaftsraum
6	Vernetzter, halb öffentlicher Schulhof	13	U-Bahn-Station Forstenrieder Allee		
7	Gemeinsam gepflegter Schulgarten				

Größe: 70 WE, Neubau
Projektstart: 2010
Fertigstellung: 2015
Trägermodell: Genossenschaft
Akteure: Wohnungsbaugenossenschaft WOGENO, bgsm Architekten und Stadtplaner, bogevischs buero Architekten und Stadtplaner, Nachbarprojekt: Freie Waldorfschule München Südwest
Zielgruppe: Genossenschaftsmitglieder
Besonderheiten: Kooperation der beiden Bauherren, gemeinsamer Freiraum von Schule und Wohnen, Dachterrassen, Laubengang, verbundene Balkone, Gemeinschaftsraum, Gäste-Apartments mit Küche

1:5000

Limmatstraße, München

Mit dem Ziel eines Miteinanders von Jung und Alt, der Kombination von Schule und Seniorenwohnen und ausgestattet mit einem Grundstück kontaktierte die Waldorfschule die Genossenschaft WOGENO. Gemeinsam sollte eine brachliegende Gewerbefläche zu einem kombinierten Schul- und Wohnstandort entwickelt werden. Für die Entwicklung des Geländes als nach innen orientiertes Quartier wurde unter dem Motto „Mehrgenerationenplatz" ein städtebaulicher Wettbewerb ausgerufen, der die Erweiterung der Waldorfschule in Kombination mit einem Wohnungsneubau untersuchte. Die bauerfahrene WOGENO wurde zum wichtigen Kooperationspartner der – bezüglich Planung und Bauen – unerfahrenen Waldorfschule. Mit vereinten Kräften konnte ein langfristiger Transformationsprozess des schwierigen, an einer großen Straßenkreuzung gelegenen Grundstücks angestoßen werden.

Der dichte Stadtbaustein schöpft Synergien aus der produktiven Nähe von Schule und Wohnen. Die antizyklische Nutzung des Schulgartens und der Energiezentrale sowie die Mitnutzung von Angeboten der Waldorfschule wie der Mensa durch ältere Bewohner zeugen davon. Die städtebauliche Form des Wohngebäudes bildet den „starken Rücken" des Ensembles. Neben Familienwohnungen stellen kleinere Wohnungen, die den Bedürfnissen älterer Bewohner entsprechen, einen Schwerpunkt dar. Die eher knapp bemessene individuelle Wohnfläche wurde bewusst als Mittel eingesetzt, um die Nachfrage nach den gemeinschaftlichen Räumen zu erhöhen. Die Laubengang-Erschließung und die an die Laubengänge angrenzenden gemeinschaftlichen Räume fordern und fördern das nachbarschaftliche Zusammenleben. Die relativ große Gruppe der selbstverwalteten Hausgemeinschaft organisiert sich routiniert über regelmäßige Treffen und im wechselseitigen Austausch mit der Waldorfschule über die Nutzung ergänzender Angebote jenseits der eigenen Wohnung.

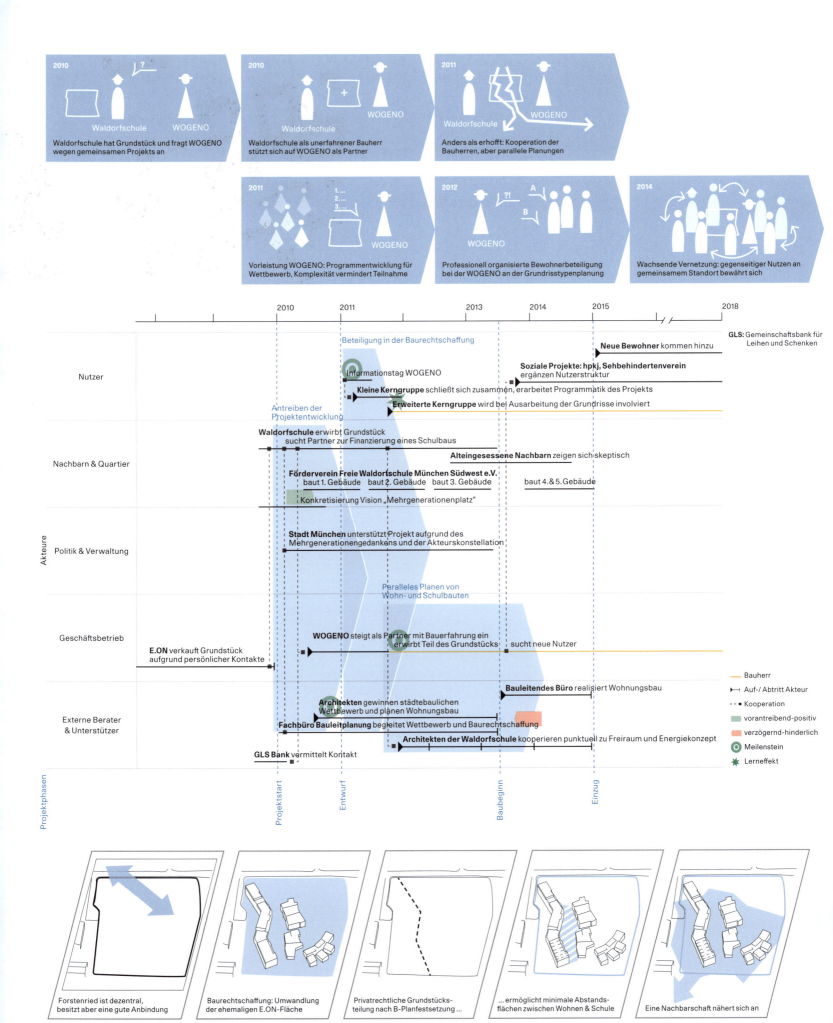

Rahmenbedingungen

Gesamtstadt
Die dezentrale Lage des Areals in Forstenried im Südwesten von München wird durch eine direkte U-Bahn-Anbindung kompensiert. Den Befürchtungen der Genossenschaft, der Standort könnte sich als wenig beliebte Wohnsituation erweisen, konnten Erfahrungen aus München Riem entgegengehalten werden, wo trotz größerer Entfernung zum Zentrum genügend interessierte Genossen gefunden wurden. Die Kooperation der Beteiligten und der Erfahrungsaustausch in Bezug auf die Entwicklung von Stadtrandlagen beschleunigten den Projektstart.

Quartier
Der Standort weist trotz relativer Dezentralität eine gute Anbindung an die Innenstadt und ausreichend Nahversorgungsmöglichkeiten auf. Eine Herausforderung war die Lärmbelastung durch die direkt angrenzende große Verkehrsachse Drygalski-Allee beziehungsweise die Lage an der Nahtstelle zum Gewerbeband Obersendling. Der bestehende Flächennutzungsplan sah für den Standort eine gewerbliche Nutzung vor. Als ehemaliger informeller Dorfplatz, der unter anderem für Volksfeste genutzt wurde, bestand jedoch seit jeher ein Bezug zwischen der Fläche und der unmittelbaren Nachbarschaft. Diese Aufenthaltsqualität für den Stadtteil sollte erhalten und durch den neuen Schulbau und die Wohnbebauung ergänzt und aufgewertet werden. Durch die Bebauung sollte die ehemalige Randlage so auch für die alteingesessene Nachbarschaft an Bedeutung gewinnen.

Wohnanlage und Gebäude
Über persönliche Kontakte konnten Beteiligte der Waldorfschule das Grundstück erwerben und so das Gesamtprojekt ermöglichen. Die ursprünglich dem Grundstück anhaftende Nutzungsauflage, die eine gewerbliche Sondernutzung vorsah, konnte mithilfe einer projektbezogenen Stadtentwicklung zu Wohnzwecken umgewandelt werden. Die Waldorfschule ging mit dem Erwerb der damaligen E.ON-Versorgungsfläche in Vorleistung, was mit einem erheblichen Risiko verbunden war. Zum Zeitpunkt des Erwerbs bestand weder für die Schul- noch für die Wohnnutzung Baurecht. Die Stadt München nahm – aufgrund der Akteurskonstellation und der Wertschätzung für die Idee eines „Generationenplatzes" – eine unterstützende Rolle ein und ermöglichte zu einem späteren Zeitpunkt eine Nutzungsänderung. So wurde über die Schaffung des Baurechts für die Schulerweiterung schließlich auch eine Wohnnutzung an dem schwierigen, durch Verkehrs- und Gewerbelärm belasteten Standort möglich. Vor der Durchführung des städtebaulichen Wettbewerbs der Wohnbebauung wurden erste kleinere Schulgebäude errichtet. Die Gebäudekubatur des westlichen Wohnbaus entwickelte sich aus der nicht geradlinig verlaufenden Grundstückskante. In Bezug auf die Abstandsflächen zur westlich verlaufenden Grenze ergab sich ein geknicktes Gebäude, welches durch Ausrichtung und Kubatur den Ausgangsbedingungen am Standort Rechnung trägt.

Akteure

Geschäftsbetrieb
Die Waldorfschule kaufte die gesamte Fläche über persönliche Kontakte der Firma E.ON ab und fragte die auf genossenschaftliches Wohnen spezialisierte WOGENO für eine gemeinsame Projektentwicklung an. Die beiden Partner fanden durch ein gemeinsames Interesse an einer Quartiersentwicklung auf dem Areal zusammen. Die WOGENO erklärte sich im Gegenzug zum günstigen Grundstückserwerb bereit, die Finanzierung der Baurechtschaffung und insbesondere die Kosten für den städtebaulichen Wettbewerb zu tragen.

Innerhalb der WOGENO bestand eine professionelle Organisationsstruktur, die durch flache Hierarchien klare und schnelle Entscheidungen zuließ. Es fand eine Aufteilung der Aufgaben zwischen der WOGENO und dem für das Controlling zuständigen hausinternen Tochterunternehmen Cohaus statt, wobei sich personelle Überschneidungen von Bauherrenrolle und Projektsteuerung ergaben. Die Wirtschaftlichkeit des Gesamtprojekts stand im Zentrum. Die Genossenschaft zeigte sich als Bestandshalter, für den die Langlebigkeit der Immobilie im Fokus steht. Die Verantwortung für den Bauprozess lag beim WOGENO-Vorstand, für den kostengünstige Ausführungsvarianten den Vorrang hatten. Die durchgeführte Beteiligung beschränkte sich daher auf die Mitbestimmung bei vorausgewählten Optionen. Mit dieser Projektstruktur wurden verhältnismäßig geringe Baukosten erreicht. Einzelne bauliche Lösungen, wie die Durchlässigkeit des Gebäudes über Laubengänge und Balkone, wären mit einem konventionellen Bauherren nicht ohne Weiteres realisierbar gewesen. Durch die Kooperation und die inhaltliche Ergänzung der Bauherren und Architekten untereinander wurden solche Sonderlösungen möglich. Während die Waldorfschule das Grundstück und die Vision einbrachte, sorgte die WOGENO als Vertrauenspartner mit Bauerfahrung für Kontinuität und Ruhe im Prozess. Die Koordination auf Bauherrenseite erfolgte durch engagierte Einzelpersonen. Während bei technischen Lösungen teilweise kooperiert wurde, zeigte sich bei sozialen Schnittstellen eine gewisse Unstimmigkeit der beiden Bauherren.

Nachbarn & Quartier

Die Akteure der Waldorfschule entwickelten mit der Idee eines generationenübergreifenden Orts in der Kombination von Schule und Seniorenwohnen früh eine Vision für das Projekt. Einzelpersonen traten dabei als Schlüsselfiguren und treibende Kräfte in der Projektentwicklung auf. Der Grundstückskauf erfolgte seitens der Waldorfschule ohne Erfahrung im Bauen und in der Baurechtschaffung. Die Kooperation mit dem Nachbarprojekt der Waldorfschule erwies sich nicht immer als leicht und war von eigenwilliger Entscheidungsfindung, unterschiedlichen Vorstellungen des Zusammenlebens und teilweise geringem Vertrauen gegenüber Experten geprägt. So fand durch die Waldorfschule ein mehrmaliger Wechsel der beauftragten Architekten für den Schulbau statt.

In der angrenzenden Nachbarschaft machte sich derweil Sorge vor dem gemischten Nutzerkonzept und den geplanten Gebäudehöhen breit, welche sich in einer eher kritischen Haltung gegenüber dem Projekt äußerte.

Politik & Verwaltung

Die Stadt München unterstützte, getrieben durch das Interesse an der privat organisierten Entwicklung eines Stadtbausteins, das Projekt und half, den Planungsprozesses zu beschleunigen. Aufgrund der fehlenden Bauerfahrung der Waldorfschule hätte das Projekt leicht scheitern können. Eine wohlwollende öffentliche Hand nahm zur Unterstützung der Akteure angesichts dieses Risikos eine zentrale Rolle ein und wirkte einem möglichen Scheitern entgegen. Der lokale Bezirksausschuss unterstützte die Professionalisierung der Akteurskonstellation durch das Hinzukommen der WOGENO und forderte im Gegenzug zur Baurechtschaffung den städtebaulichen Wettbewerb ein.

Externe Berater & Unterstützer

bgsm Architekten und Stadtplaner betreuten als stadtplanerisches Fachbüro für Bauleitplanung das Wettbewerbsverfahren und realisierten die Baurechtschaffung. Zu Beginn waren die Fachleute bezüglich der Realisierbarkeit des wertegeprägten Konzepts eines „Mehrgenerationenplatzes" skeptisch. bogevischs buero Architekten und Stadtplaner traten als Gewinner des städtebaulichen Wettbewerbs als neue Akteure auf den Plan und stiegen zur Sicherung der städtebaulichen Qualitäten in den Prozess mit ein. Für den Realisierungsteil der WOGENO etablierten die Architekten im Planungsverlauf einen engen, durch die Bewohnervertreter gefilterten Kontakt zur späteren Bewohnerschaft. Im Parallelprojekt der Waldorfschule überwog allerdings die Skepsis gegenüber dem Architekturbüro und es wurden andere Planer beauftragt. Zwischen den Planern des Wohnungs- beziehungsweise Schulbaus fand bis auf den Informationsaustausch bei wenigen Treffen kaum Kooperation statt. Damit erfolgte eine Parallelbearbeitung von zwei Einzelprojekten, in der die planerischen Schnittstellen zwischen den Einzelgebäuden weitgehend reduziert wurden. Die Architekten der Waldorfschule tauschten sich punktuell zu den Themen Freiraum und Energiekonzept aus, was in der Realisierung einer gemeinsamen Außenanlage sowie einer übergreifenden Haustechnik in Form eines Energiekraftwerks mündete.

Die GLS Bank nahm zu Beginn eine wegweisende Rolle ein, indem sie den Kontakt zwischen den späteren Kooperationspartnern herstellte.

Nutzer

Ein Drittel der zukünftigen Bewohnerinnen und Bewohner wurde während der Planungs- und Bauphase im Rahmen einer Kerngruppe frühzeitig beteiligt. Diese zu Beginn klein gehaltene Gruppe ermöglichte einen effizienten Prozess und wurde nach der Genehmigung des Bauantrags durch eine erweiterte Kerngruppe ergänzt. Im Vergleich zum zeitgleich am Reinmarplatz entstehenden WOGENO-Projekt knüpfte sich das Interesse der Kerngruppe eher an das Projekt als an die Lage und äußerte sich in einer verhältnismäßig stabilen Kerngruppe. Ein Vorvertrag sicherte dabei das Anrecht der Mitglieder der ersten Kerngruppe auf eine Wohnung eines bestimmten Typs und belohnte damit ihr frühes, risikoreiches Engagement. Später hinzukommende Bewohner hatten hingegen weniger Alternativen bei der Wahl der verbleibenden Wohnungen.

Anstelle einer Bündelung der Wohnungstypen an einzelnen Stellen bevorzugte die Kerngruppe eine Durchmischung der verschiedenen Typen im gesamten Haus und entschied auch über die Größe und Anzahl der Gemeinschaftsräume. Für die einzelnen Wohnungen bildete sich das Gremium eines Vergabeausschusses aus Vertretern der WOGENO und den ehrenamtlichen Vertretern der Bewohnerschaft des jeweiligen Hauses.

Prozesse

In einer Vorphase fand eine grundsätzliche Klärung und inhaltliche Erarbeitung einer gemeinsamen Vision statt. Bis zur Zusage des Verkaufs eines Grundstückteils an die WOGENO vergingen rund zwei Jahre, in denen zwischen den späteren Projektpartnern Vorgespräche geführt wurden. Zu Beginn fehlte ein klares Konzept seitens der Waldorfschule. Der Worthülse „Mehrgenerationenplatz" konnte über gemeinsame Workshops inhaltlich gefüllt werden. Die Namensgebung einzelner Plätze innerhalb des Areals – Dorfplatz, Quartiersplatz – verhalf zu einer differenzierteren Diskussion.

Antreiben der Projektentwicklung

Mit dieser gemeinsamen Basis fand 2010 der städtebauliche Wettbewerb mit sieben geladenen Architekturbüros statt. Er diente vorrangig der Suche nach einem räumlichen Konzept, das Synergien zwischen dem Wohnprojekt und der Waldorfschule ermöglichen sollte. Divergierende Vorstellungen und Arbeitsmethoden sowie der hohe Komplexitätsgrad der Gestaltungsaufgabe führten dazu, dass einige Architektenteams im Wettbewerbsprozess absprangen. Über die Umsetzung des gewünschten Raumprogramms auf einem schwierigen Grundstück gelang die Neuerfindung des Standorts. Das Baurecht sicherte dabei eine größere Baumasse für die Schulbauten zur Straße im Osten und Norden hin, ermöglichte eine größere Wohnbebauung im Westen und fasste damit die kleinteilige Bebauung der Schule im Inneren.

Formalisierte Beteiligung

Im Anschluss an einen Informationstag mit interessierten Mitgliedern zu den WOGENO-Projekten Limmatstraße und Reinmarplatz gründeten sich Interessensgruppen für die jeweilgen Wohnprojekte. Ab 2011 war eine erste kleinere Kerngruppe durchgehend an der Planung beteiligt, wobei die Anzahl der Treffen je nach Projektphase variierte. In der Methodik legte die WOGENO mit einer eigenen Partizipationsabteilung ein hohes Niveau der Professionalisierung an den Tag, die die Entscheidungsfindung der Kerngruppe unterstützte. Es fand ein Filtern von vorgeschlagenen Lösungen und eine kontrollierte Mitbestimmung an Entscheidungen statt, die die Realisierung von Sonderwünschen im Einzelnen zuließ, jedoch einen starken Akzent auf die gemeinschaftlichen Aspekte legte. In der Grundrissplanung wurden Arbeitsgruppen zu den verschiedenen Wohnungstypen mit den jeweils Interessierten aus der Kerngruppe gebildet. Mit unterschiedlichen bewährten Grundrissvarianten konnte den verschiedenen Bedürfnissen Rechnung getragen werden. Über die Arbeit mit Wohnungstypen anstelle von individuellen Wohnungen lag der Fokus der Planung klar auf den Gemeinschaftsthemen und dem Gesamtprojekt. Die Kommunikation zwischen den Architekten und der Kerngruppe vollzog sich über den WOGENO-Vorstand, indem dieser Varianten in Abstimmungsrunden an die Kerngruppe weitergab. So entstand die Fassadengestaltung durch eine Abstimmung der Kerngruppe über zwei mögliche Varianten, die vom Vorstand mit den Architekten vorentwickelt worden waren. In der Anzahl und Ausgestaltung von Gemeinschaftsflächen lotete die Genossenschaft die Zahlungsbereitschaft der Nutzer bezüglich Dachterrassen, Gäste-Apartments und Gemeinschaftsräumen aus. Die Kerngruppe wurde bei Themen involviert, die die Berücksichtigung von Meinungen zuließen und zugleich kein zu hohes finanzielles Risiko mit sich brachten. Details wurden allerdings basierend auf den Erfahrungswerten bisheriger Projekte entschieden. Es eröffnete sich ein zeitliches Spannungsfeld zwischen der Forderung „möglichst bald bauen und einziehen" und einer Diskussionskultur der Optimierung.

Paralleles Planen von Wohn- und Schulbauten

Die privatrechtliche Teilung des Grundstücks wurde in einem Vertrag festgehalten. Die der WOGENO zugesprochenen 50.000 Quadratmeter Grundstücksfläche ermöglichten eine höhere bauliche Dichte. Der Gewinnerentwurf des städtebaulichen Wettbewerbs sah für den 15 Meter tiefen Wohnriegel ursprünglich eine Spänner-Erschließung vor. Aus sozialen und finanziellen Gründen entstand im Laufe des Prozesses jedoch der Wunsch nach einer Änderung der Erschließungsform. Die Gebäudekubatur ist für eine Laubengang-Erschließung eigentlich zu tief, daher wurde eine Mischform aus drei Treppenhaus-Kernen sowie außen gelegenen Laubengängen entwickelt. Die finale Planung des Wohnhauses gestaltete sich demnach in einem zweiten Anlauf als neuer Entwurf innerhalb einer bereits im Wettbewerb beschriebenen städtebaulichen Hülle.

Die durch die Randlage gegebene geringe Vernetzung ins Viertel hinein sowie fehlende Treffpunkte für freizeitliche Aktivitäten auf dem Gelände und in der unmittelbaren Nachbarschaft erwiesen sich zu Beginn als herausfordernd. So wurden die anfänglichen Aktionen der Waldorfschule zur nachbarschaftlichen Vernetzung nur spärlich besucht. Der kritischen Begegnung der Nachbarschaft gegenüber dem neuartigen Stadtbaustein wurde mit regelmäßigen Treffen zwischen den Haussprechern der WOGENO und den Nachbarn begegnet. Durch Kaffeeklatsch bei der WOGENO und Teilnahme an der Eigentümerversammlung konnte ein geregeltes Verhältnis etabliert werden, das sich bei auftretenden Konflikten als wertvoll erweist.

Die etappenweise Realisierung der Schule ist aufgrund von Abhängigkeiten von Finanzierung und Fördermitteln zum heutigen Zeitpunkt noch nicht beendet. Damit fehlt ein zentrales Element des im Bebauungsplan vorgesehenen Gesamtkonzepts: Ein markanter Schulbau an der Züricher Straße soll ein Tor zum Gelände hin schaffen.

Lösungen

Standortgeprägter Städtebau

Dem Verkehrslärm durch die östlich angrenzende Straße wurde mit einer klugen Positionierung der Baukörper begegnet. Die Wohnnutzung ist im Westen des Grundstücks organisiert. Auch die Schulbauten orientieren sich zum Inneren hin. So entsteht eine Abfolge von Plätzen und Nischen. Trotz des angrenzenden Gewerbes kam eine Integration weiterer gewerblicher Nutzung auf dem Areal nicht zustande. Durch die Entwicklung des Projekts als selbstständigen Stadtbaustein im Zusammenspiel der Wohn- und Schulnutzung wurde der Ort im Straßeneck dennoch neu erfunden. Die starke städtebauliche Setzung im heterogenen Bestand der Nachbarschaft trug dazu maßgeblich bei. Das Wohngebäude entfaltete als „starker Rücken" für das Quartier Symbolcharakter. Die geknickte Gebäudeform verhilft dem großmaßstäblichen Wohngebäude zu einer lebendigen Erscheinung und ermöglicht eine räumliche Vielfalt im Innen- und Außenraum. Verschiedene Platzsituationen im Außenbereich korrespondieren mit dem viel- und kleinteiligen Schulensemble. Die Doppelnutzung der Freiflächen führt zu einer gewissen Flächeneffizienz. In Kombination mit der funktionalen Dichte angrenzender Flächen werden die Freiräume zu beliebten Begegnungsorten. Hinter der einheitlichen Fassade verstecken sich unterschiedliche Grundrisse. Die Dachterrassen – von den Architekten in einem ausgeklügelten Umgang mit den rigorosen Regeln zu Abstandsflächen eingesetzt – sitzen jeweils im Knick des Gebäudes und lassen aufgrund der niedrigeren Traufhöhen geringere Abstände zur Grundstückslinie zu.

Die große Gebäudetiefe des Wohnriegels ergab sich aufgrund der im Wettbewerb geforderten Baumasse. Die dafür ungewöhnliche Laubengang-Erschließung war nur in enger Abstimmung mit dem Bauherrn möglich. Mit der neuen Erschließung wurde zwar die Gemeinschaftsidee in den Vordergrund gerückt, die schwierigen Belichtungsverhältnisse machten jedoch auch eine Neuorganisation sämtlicher Wohnungen nötig. Die Anordnung der Wohnungen wurde in engem Dialog zwischen Bauherr, Kerngruppe und Architekten erarbeitet. Die Realisierung von geringeren Abstandsflächen durch Doppelnutzung der Außenflächen wurde durch Kooperation möglich. So konnten Pflichtabstände minimiert und musste bloß eine Feuerwehrzufahrt für das gesamte Gelände gebaut werden. Die Zwischenräume etablierten sich als Zusammenspiel der Außenräume von Schule und Wohnnutzung mit hoher räumlicher Qualität. Wegen des fehlenden Interesses von Gewerbetreibenden wurde auch im Erdgeschoss Wohnen realisiert. Der Gemeinschaftsraum sitzt an der Durchgangszone zum Nachbargrundstück und erfreut sich großer Beliebtheit.

Die WOGENO konnte in der Limmatstraße ihren Anspruch an ökologisches und gesundes Bauen umsetzen. Um den Kostenrahmen nicht zu sprengen, wurde die zunächst gewünschte Holzbauweise zugunsten einer kostengünstigeren Hybridbauweise mit vorgehängter Holzfassade verworfen. Ein Stahlbetonskelett trägt atmungsaktive Holzrahmenelemente. Dies ist zwar immer noch kostenaufwendiger als eine Standardkonstruktion, ermöglicht aber wohnklimatische Vorteile. Mit Photovoltaikanlage und Blockheizkraftwerk wurden einfache und wartungsfreundliche Techniken eingesetzt. Mit einer durchschnittlichen Wohnfläche von 30 Quadratmetern pro Person ist das Gebäude im Inneren durch Flächeneffizienz geprägt. Die knapp gestalteten Wohnungsgrundrisse wurden bewusst eingesetzt, um den Bedarf an gemeinschaftlichen Flächen zu erhöhen. Viele Bewohner mussten erst lernen, dass der Verzicht auf individuelle Fläche keine Qualitätseinbuße bedeuten muss. Anstelle von großzügigem privatem Wohnraum traten die Gemeinschaftsflächen sowie Eigenverantwortung und Mitgestaltung der Wohnanlage. Ein innovatives Mobilitätskonzept, inklusive Carsharing, macht es möglich, dass viele Bewohner auf ein eigenes Auto und damit auf einen Stellplatz verzichten.

Architektur: Einheit nach außen, Vielfalt nach innen

Die Mischung von Wohnungstypen und damit auch der Bewohner standen im Mittelpunkt der Projektentwicklung an der Limmatstraße. Während bei den individuellen Wohnungen auch Nachteile in Kauf genommen werden mussten, wurde auf das stimmige Gesamtkonzept viel Wert gelegt. Kennzeichnend ist die große Anzahl an 50-Quadratmeter-Wohnungen mit unterschiedlichen Grundrissvarianten, die Wohnen oder Schlafen zum Laubengang hin organisieren. Die Gebäudekubatur lässt zudem als „Restflächenverwertung" jeweils Sondertypen an den Knicks entstehen. Diese markieren eine gewisse Varianz in der seriellen Bauweise des Stahlbeton-Schotten-Wohnbaus. Maisonette-Wohnungen und ein „Krähennest" als Aussichtsplattform auf dem Dach wurden als Sonderwünsche realisiert.

Die Ausführung aller Wohnungen – trotz unterschiedlicher Finanzierungsmodelle – orientiert sich an den Richtlinien der Einkommensorientierten Förderung (EOF) von Mietwohnraum als Standard. Das üblicherweise bei der Stadt verbleibende Belegungsrecht für EOF-Wohnungen wurde umgangen, indem die Wohnungen an selbst ausgesuchte soziale Träger direkt vergeben werden konnten. So wurden betreute Wohngruppen in das Gesamtprojekt integriert, darunter zwei Kinder- und Jugend-Wohngemeinschaften sowie Wohnraum für acht sehbehinderte Personen. Die Integration dieser Personengruppen in das gemeinschaftliche Leben verläuft allerdings schleppend – was im Fall der Jugendlichen auch mit der Lage der Wohnungen an der unattraktivsten Stelle des Gebäudes zu tun haben mag – direkt angrenzend an die U-Bahn, wo sich keine zufälligen Begegnungen ergeben.

Die Besonderheit der architektonischen Entwurfsaufgabe bildete die Konstellation von Seniorenwohnen und Schulbetrieb. Das Wohnhaus stellt nach außen ein eher konventionelles Projekt dar, das mit einer ungeahnten Vielfalt im Inneren aufwartet. Die hohe Diversität der Grundrisse wird – im Kontrast zu der eher monotonen, wuchtigen Erscheinung des Gebäudes – von den Bewohnern geschätzt. Raumpotenziale auf städtebaulicher Ebene sprechen durch ineinander übergehende Freiräume und Höfe verschiedene Nutzergruppen an. Gemeinschaftsflächen und -räume profitieren von einer hohen Nutzungsdichte. Die Laubengänge wurden im Betrieb angenommen und als Begegnungsräume genutzt. Die Erfahrung der Planer, dass sich offene Küchen besser bewähren als geschlossene, konnte genutzt und umgesetzt werden. Kritik seitens der Bewohner macht sich an fehlenden individuellen Kellerabteilen und teilweise unterdimensionierten Eingangsbereichen sowie an Schwächen in der Belichtung des tiefen Gebäudes fest. Aus Sicht eines beteiligten Planers geht das soziale Konzept auf, auch wenn die Architektur stellenweise nicht zufriedenstellend ist. Das Gelingen des Projekts wird im Allgemeinen den erfahrenen Akteuren der WOGENO und dem Architektenteam zugerechnet. Städtebau und Gebäudetypen unterstützten hierbei die Lebendigkeit des Wohnorts, der ganz entscheidend durch die vor Ort lebenden Gruppen geprägt ist.

Aushandlung einer ungezwungenen Gemeinschaft

Die Gemeinschaftsflächen als großzügige Treffpunkte und Aufenthaltsmöglichkeiten – Gemeinschaftsraum, begrünte Dachterrassen, „Toberaum" für Kinder, Laubengänge und Balkone – modellieren den Baukörper als Gestaltungselemente abwechslungsreich. Der Schlüssel liegt in der genauen Lage und Programmatik der Gemeinschaftsflächen, sodass sie möglichst von verschiedenen Nutzern bespielt werden. Die Gäste-Apartments mit integrierter Küche befinden sich beispielsweise direkt an der Dachterrasse. Der Kompromiss der Einsehbarkeit in die Wohnungen durch die Laubengang-Erschließung ist als Bekenntnis der Bewohnerschaft zur Gemeinschaft zu lesen. Auch die Durchlässigkeit der Balkone ist eine unkonventionelle Entscheidung, welche im Betrieb allerdings nur teilweise funktioniert.

An das gemeinschaftliche Leben werden unterschiedliche Ansprüche gestellt. Es bedurfte der Akzeptanz, dass eine Minderheit der Bewohner an einem aktiven Engagement nicht interessiert ist und kein Zwang zur Gemeinschaft bestehen kann. Die Größe der Anlage ist dabei von Vorteil. Einerseits kennen sich nicht alle Bewohner, andererseits finden sich doch Menschen mit gleichen Interessen und bilden sich Wahlverwandtschaften. Das Haus bietet damit Gemeinschaftsangebote ebenso wie Rückzugsmöglichkeiten. Die Bewohner beschreiben ihr Miteinander als hilfsbereit, dennoch ist eine gewisse höfliche Distanz zueinander möglich. Soziale Kontrolle im positiven Sinne, ein gegenseitiges Kümmern – zum Beispiel Nachbarschaftshilfe beim Einkaufen für Ältere – und Vertrauen unter den Nachbarn bestimmen den Alltag.

Routinierte Selbstverwaltung

Ein Verständnis der internen Selbstverwaltung durch freiwilliges Engagement hat sich durchgesetzt. Bewohner, die bereits in anderen WOGENO-Projekten Selbstverwaltung praktiziert hatten, konnten ihre Erfahrungen mit einem ungezwungenen Miteinander fruchtbar einbringen. Dass sich einige Bewohner allerdings eher wie Mieter und nicht wie genossenschaftliche Miteigentümer verhalten, stößt unter den anderen Bewohnern auch auf Kritik. Drei Haussprecher wirken in ihrer Funktion als Ansprechpartner für die Dachorganisation. Sie organisieren die Haustreffen, auf denen sich die Bewohner über Anliegen und Probleme austauschen können. Die zweimal jährlich stattfindende Bewohnerversammlung sowie außerordentliche Sitzungen – zu finanziellen Entscheidungen, Verwaltung der Einnahmen der Hausgemeinschaft durch Gäste-Apartments, Rücklagen für Betriebskosten und Renovierungen – schaffen weiteren Diskussionsraum. Dass Veränderungswünsche kontinuierlich eingebracht, diskutiert und adaptiert werden können, wird von den Bewohnern sehr geschätzt. Aus der Perspektive der Haussprecher ist die „Vergemeinschaftung" jedoch ein langsamer Prozess, der hier weitgehend selbstverwaltet gestaltet wird. Üblicherweise werden dazu auch Quartiers- oder Nachbarschaftsmanagements eingesetzt.

Freiräume als Schnittstelle und Synergien zwischen den Kooperationspartnern

WOGENO und Waldorfschule stellten in der Kombination von Schulbetrieb und Seniorenwohnen ein innovatives Nutzungskonzept auf. Diese Kombination macht die Wohnlage für bestimmte Bevölkerungsgruppen besonders attraktiv, darunter vor allem Familien. Die gemeinsame Entscheidung über die Freiraumplanung betont den Zusammenhalt zwischen den Kooperationspartnern. In der Gestaltung der Freiflächen galt es Hindernisse zu überwinden, sollte der üblicherweise abgegrenzte Schulhof doch auch für die Wohnbevölkerung und Öffentlichkeit nutzbar sein. Der Bezug zueinander zeigt sich deutlich in der Pflege des Außenraums. Der Gemeinschaftsgarten der Waldorfschule funktioniert als Kompromiss für Familien, die keinen eigenen Garten haben. In den Sommerferien der Schule ist die Bewohnerschaft des Genossenschaftsbaus für die Gartenpflege verantwortlich.

Auch in der Nutzung der Schulmensa durch ältere WOGENO-Bewohner sowie in abendlichen Chorproben in den Schulräumen zeigen sich weitere, teilweise antizyklische Synergien der Räume. Die Mitnutzung der Räumlichkeiten der Schule für Veranstaltungen ermöglichte der WOGENO eine flächensparende Planung bei den eigenen Gemeinschaftsflächen. Die Genossenschaft entwickelte in diesem Projekt die Perspektive, dass ein Mehr an Gemeinschaftsflächen ein Mehr an Dichte erlaubt, was zur Lebendigkeit in dichten Wohnsituationen beiträgt. Trotz fehlender gemeinsamer Architektursprache hat sich durch die Gewöhnung aneinander ein vielfältiges, den Standort ergänzendes Angebot herausgebildet. Der Zusammenhalt der beiden Gruppen hat einen gemeinschaftlichen Wohnort mit einer angenehmen Atmosphäre geschaffen.

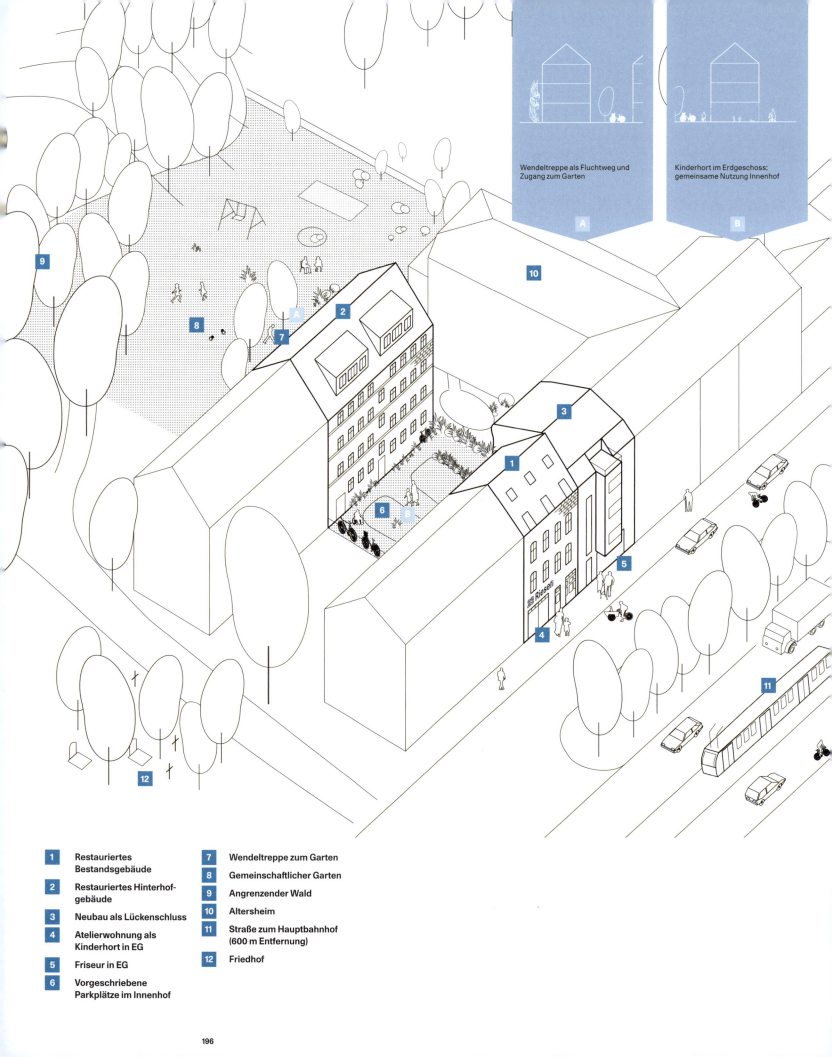

Wendeltreppe als Fluchtweg und Zugang zum Garten

Kinderhort im Erdgeschoss; gemeinsame Nutzung Innenhof

1 Restauriertes Bestandsgebäude
2 Restauriertes Hinterhofgebäude
3 Neubau als Lückenschluss
4 Atelierwohnung als Kinderhort in EG
5 Friseur in EG
6 Vorgeschriebene Parkplätze im Innenhof
7 Wendeltreppe zum Garten
8 Gemeinschaftlicher Garten
9 Angrenzender Wald
10 Altersheim
11 Straße zum Hauptbahnhof (600 m Entfernung)
12 Friedhof

Größe: 21 WE, Neubau und Sanierung
Projektstart: 2010
Fertigstellung: 2013
Trägermodell: Stiftung als Grundeigentümerin, Dachverein als Erbbaurechtsnehmer und Hauseigentümer, Hausverein als Generalmieter
Akteure: 23 Riesen e.V., Martinswerk e.V., Stiftung trias, Architektin Irene Mohr
Zielgruppe: Mitglieder des Vereins, Studierende
Besonderheiten: Mehrgenerationenprojekt, Trägerform, zwei Gewerbeeinheiten, Gemeinschaftsgarten in Erbbaurecht

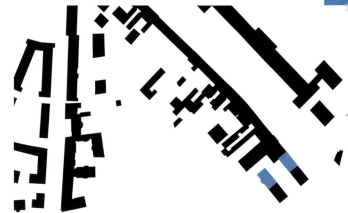

1:5000

23 Riesen, Potsdam

Mehrere Jahre sondierte ein Gruppe Erwachsener ihre Vorstellungen von gemeinschaftlichem Wohnen und mögliche Wege dahin. Über das Netzwerk der Architektin kam schließlich der Kontakt zum damaligen Besitzer des bestehenden Ensembles zustande. Möglich wurde das auf den ersten Blick unscheinbare generationenübergreifende und gemeinschaftliche Projekt durch ein innovatives Trägermodell mit klaren Schnittstellen, das die Stärken von drei Institutionen über verschiedene Projektphasen hinweg kombiniert, den Mietwohnraum dauerhaft sichert und der Mieterschaft viele Mitgestaltungsmöglichkeiten bietet. Das Trägermodell besteht aus der gemeinnützigen Stiftung trias als Grundeigentümerin, dem erfahrenen und solidarischen Träger Martinswerk e.V. als Erbbaurechtsnehmer und Hauseigentümer sowie dem 23 Riesen e.V., in dem die Bewohnerschaft organisiert ist, als Generalmieter, Vermieter und Bestandshalter. Der Hausverein integriert Menschen mit unterschiedlicher finanzieller Ausstattung und auch zwei Studierenden-WGs.

Als ökologische und stadträumliche Qualität kann die Neubelebung eines bestens erschlossenen Standorts betrachtet werden. Das Projekt kombiniert den Erhalt des bestehenden Ensembles mit einem Neubau, der den Lückenschluss in der gründerzeitlichen Fassade bringt, und schafft damit dauerhaft bezahlbaren Wohnraum, der ökologische und energetische Ressourcen schont und weitere Bodenversiegelung vermeidet. Im Entstehungsprozess handelten die Akteure das Projekt zwischen dem Streben nach einer bezahlbaren Miete einerseits und hohen Ansprüchen an die bauliche Ausführung andererseits aus: Zentrale Anliegen der Bewohnerschaft waren Barrierefreiheit, hoher Schallschutz, ökologische Materialwahl sowie der unbedingte und wertschätzende Erhalt der stark sanierungsbedürftigen Bestandsgebäude.

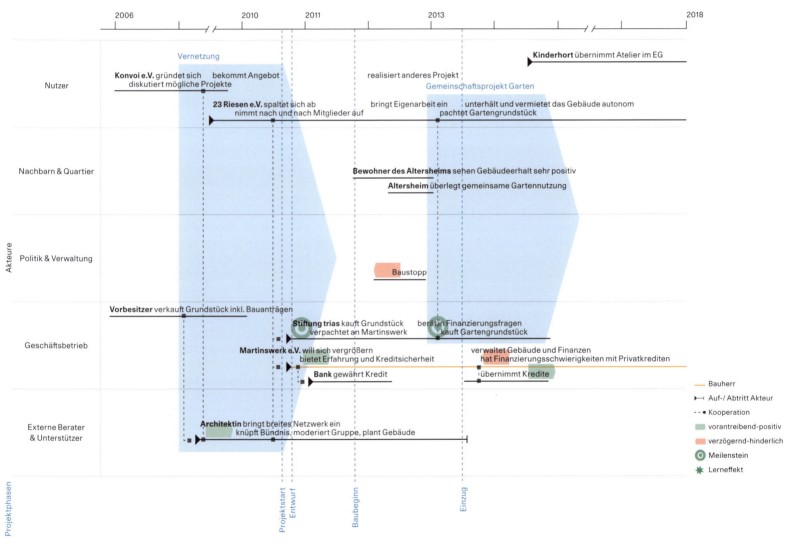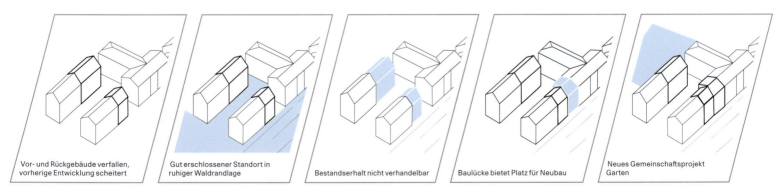

Rahmenbedingungen

Gesamtstadt

Als 2006 die ersten der späteren Bewohner Überlegungen für ein gemeinschaftliches Projekt anstellten, wies Potsdam bereits viel Zuzug, hohe Wohnungsnachfrage, kaum Leerstand und ein höheres Mietniveau als das nahe Berlin auf. Der Nutzergruppe, die ein gemeinschaftliches, generationenübergreifendes Projekt initiieren wollte, bot der Wohnungsmarkt keine Alternative, als selbst eines zu entwickeln. Gemeinschaftliche Wohnbauprojekte, damals eine neue Erscheinung, trafen lokal auf politische Skepsis – sie lösten Assoziationen mit der unbeliebten, weil als nicht verlässlich empfundenen Hausbesetzerszene aus. So wirkten Stadtpolitik und Verwaltung im Prozess eher bremsend. Einige Akteure sehen hier einen Widerspruch zwischen der (wohnungs-)politischen Logik der städtischen Versorgung einerseits und der Logik der Selbsthilfe andererseits. Auch die städtische Wohnungsbaugesellschaft ließ sich zu diesem Zeitpunkt nicht auf eine Kooperation mit einem gemeinschaftlichen Projekt ein – dieser Durchbruch gelang dem Vorläuferverein des hier untersuchten Projekts erst einige Jahre später.

Grundstück

Der gut erschlossene Standort in Innenstadtnähe kombiniert die urbane Anbindung auf der Vorderseite – der Hauptbahnhof liegt 650 Meter entfernt – mit der Ruhe des Waldes auf der Rückseite. Zwischen Wald und Grundstück liegt ein ehemals spekulativ als Bauerwartungsland erworbenes brachliegendes Grundstück, das im Laufe des Bauprozesses unter Schutz gestellt und als Gartengrundstück übernommen wurde.

Das bestehende Rückgebäude füllt die volle Grundstücksbreite aus, während das bestehende Vordergebäude eine Lücke in der sonst geschlossenen gründerzeitlichen Straßenrandbebauung der Heinrich-Mann-Allee ließ, die das Projekt mit einem Neubauteil schloss. Beide Bestandsgebäude waren verfallen und unbewohnbar, der alten Dielenböden beraubt und mit Graffiti überzogen. Der Erhalt des Ensembles war für die Projektgruppe trotz dieser massiven baulichen Schäden nicht verhandelbar. Aus der Hausnummer 23 und dem noch halb erkennbaren Schriftzug der ehemaligen Steinmetzwerkstatt Riesen im Erdgeschoss entstand der Projektname.

Akteure

Nutzer

Seit 2006 sondierte eine kleine Gruppe, die sich selbst dem grün-ökologischen Umfeld zuordnet und über Kontakte im Bekanntenkreis oder beruflichen Umfeld entstanden war, als Konvoi e.V. gemeinsame Vorstellungen und Möglichkeiten eines gemeinschaftlichen Mehrgenerationenprojekts in Potsdam. Zuerst wurde das Ziel verfolgt, hierfür von der städtischen Wohnungsbaugesellschaft Mietwohnungen zur Verfügung gestellt zu bekommen. Als der Gruppe das konkrete Grundstück angeboten wurde, entwickelte sich ein intensiver Diskussionsprozess, an dessen Ende sich jene Akteure, die mit den finanziellen Möglichkeiten ausgestattet und zu selbstständiger Projektentwicklung bereit waren, abspalteten und neu formierten.

So entstand der Hausverein 23 Riesen e.V. In Kooperation mit Stiftung trias und Martinswerk e.V. und unterstützt durch eine Architektin wurde die selbstständige Projektentwicklung möglich. Die Aufspaltung der ursprünglichen Gruppe erwies sich aus Sicht der Nutzergruppe als wesentlich für die Findung eines belastbaren Selbstverständnisses.

Die seit Projektstart beteiligten Nutzer trugen ein höheres Risiko als die später hinzugestoßenen, hatten dafür aber größere Gestaltungsspielräume. Bis heute übernehmen sie den größeren Teil der Verantwortung.

Die Gruppe wuchs im Prozess vor allem über persönliche Kontakte; über Neuaufnahmen entschied die Mitgliederversammlung. Im Erweiterungsprozess hinzukommende Parteien entschieden sich für das schon entwickelte Projekt und hatten dementsprechend weniger Mitgestaltungsmöglichkeiten in der Planungsphase.

Das Motiv der meisten Nutzer war es, in einem generationenübergreifenden und gemeinschaftlichen Wohnprojekt in Potsdam zu leben. Einige nennen zusätzlich Neugier und Experimentierfreudigkeit. Manche interessierten sich gezielt für kollektive Organisationsformen, die individuelles Eigentum verhindern, da diese, so die Idee, Gruppenkonflikten vorbeugen und mehr Flexibilität für sich verändernde Bedürfnisse der Gruppe erlauben. Andere formulierten den Wunsch nach städtischem Leben mit guter Verkehrsanbindung ohne Pkw, gerade auch für Jugendliche.

Einzelne Nutzer standen am Ende ihres Erwerbslebens und nutzten diesen biografischen Wendepunkt, um auf ihre sich ändernden Bedürfnisse reagieren zu können – etwa mit dem Umzug vom Einfamilienhaus in eine barrierefreie Geschosswohnung mit gelebter Nachbarschaft. Darin sehen sie sich als „Pioniere im persönlichen sozialen Umfeld". Sie leisteten über ihre teils solide finanzielle Situation einen wichtigen Kapitalbeitrag und konnten zudem viel Energie, Tatendrang und Erfahrung einbringen. Diesen Einsatz verstehen die älteren Nutzer als wesentlichen Teil eines intergenerationalen Projekts.

Einem anderen Teil der Nutzergruppe standen wiederum nur begrenzte finanzielle Ressourcen zur Verfügung, auch wenn die weniger Begüterten eher bei Konvoi e.V. verblieben waren. Im Finanzierungsmix gibt es deshalb neben kleinen Pflichteinlagen größere Privatkredite. Die Baukosten waren stets intensives Verhandlungsthema. Die Gruppe setzte sich trotzdem stark für den Erhalt der Bestandsgebäude ein, teilweise gegen den Rat der Architektin, die vor Mehraufwendungen und Risiken warnte.

Die Nutzergruppe professionalisierte sich in vielen Bereichen, wenn auch oft erst, als der Prozess recht fortgeschritten war. Die Mitgliederversammlung ist oberstes Entscheidungsgremium, daneben agieren Arbeitsgruppen für Bau, Finanzen, Garten, Feste und andere Themen sehr selbstständig. Rückblickend herrscht die Überzeugung, dass man sich mehr zusätzliches Know-how und Beratung, zum Beispiel in der Projektsteuerung, hätte leisten und aktiver hätte sein sollen. Am Anfang der Projektentwicklung sei das Vertrauen in die erfahrenen Institutionen und die Architektin sehr groß und für die risikoreiche Projektentwicklung auch wesentlich gewesen. Im Nachhinein sehe man die Grenzen der – trotzdem nach wie vor geschätzten – Partner und die Konsequenzen der Entscheidungen klarer und hätte deshalb an manchen Stellen anders gehandelt.

Die Gruppe beschreibt sich vier Jahre nach Einzug als dynamisch und pluralistisch, sie sei „eher ein Netzwerk denn ein Kreis". Kontakte, Wahlverwandtschaften und Unternehmungen entstehen nicht in der ganzen Gruppe, sondern zwischen Einzelnen und in kleineren Gruppen. Manche vermissen eine übergeordnete Idee, andere finden gerade deren Fehlen charmant. Einzelne sind zwar politisch sehr aktiv, aber die Wohngemeinschaft als solche versteht sich nicht politisch, sondern definiert sich über das gemeinsame Wohnen.

Einigkeit besteht darüber, dass man gemeinsam bessere Methoden zur Entscheidungsfindung und dem damit zusammenhängenden Konfliktmanagement finden muss, jedoch nicht darüber, ob „schnellere" Mehrheitsentscheidungen, wie aktuell gehandhabt, oder alle inkludierende Konsensentscheidungen vorteilhafter sind. Einzelne zwischenmenschliche Konflikte belasten das Zusammenleben der Betroffenen, jedoch nicht das der gesamten Gruppe. Hier wird die Gruppengröße positiv gesehen, da sie es erlaubt, Wahlverwandtschaften einzugehen und auftretende individuelle Konflikte leichter zu verkraften.

Externe Berater & Unterstützer

Die Architektin hatte viele bis in die Hausbesetzerszene zurückreichende Erfahrungen mit genossenschaftlichem und gemeinschaftlichem Bauen. Das konkrete Grundstück inklusive Bestandsgebäuden und Bauantrag wurde ihr ungefähr zu der Zeit vom Voreigentümer angeboten, als der Konvoi e.V. sie nach möglichen Projekten fragte. Sie schlug das Grundstück vor und stellte auch den Kontakt zu Stiftung trias und Martinswerk e.V. her, mit denen sie bereits gearbeitet hatte. Neben der traditionellen Planungs- und Bauausführungsfunktion hatte die Architektin damit eine Schlüsselrolle in der Projektentwicklung und der Genese des Trägermodells inne.

Geschäftsbetrieb

Das Projekt wurde erst durch das innovative Trägermodell mit seinen klaren Schnittstellen möglich: Es kombiniert die Stärken der drei Institutionen Stiftung, übergeordneter Trägerverein und lokaler Hausverein über verschiedene Phasen der Projektentwicklung.

Die Stiftung trias kaufte das Grundstück und lieferte damit in der finanziell schwierigen Anfangsphase eine gezielte Anschubfinanzierung, ohne mit dem Gebäude verbunden zu sein. Einerseits ermöglichte dieser Eigenmittelanteil Bankkredite, andererseits wurden die teils kleinen Budgets der Nutzer um den Bodenpreis entlastet. Sie konnten ihre Anteile für Privatkredite ans Martinswerk verwenden, die für Planung und Bau genutzt wurden. Aus Sicht von trias entspricht das Projekt dem sozialen und ökologischen Stiftungszweck und stellt daher ein „mission investment" dar: Es setzt auf Bestandserhalt und ökologische Sanierung, vermeidet Bodenversiegelung und schafft bezahlbaren Wohnraum. Auf lange Sicht, mit fortschreitender Kreditabzahlung und sinkender Kostenmiete, finanzieren die Einnahmen aus der Erbpacht umgekehrt aber auch das weitere Stiftungshandeln – so entsteht ein solidarischer Geldkreislauf. Die Projektbeteiligten müssen dafür bereit sein, nicht langfristig Eigentümer zu sein, sondern Erbpacht zu zahlen, was in Zeiten niedriger Zinsen aus rein individueller Perspektive betrachtet vielleicht finanziell unattraktiv erscheint; im konkreten Projekt bestand dazu aus Mangel an Eigenmitteln zu Projektstart jedoch keine Alternative.

Die Unverkäuflichkeit des Grundstücks schränkt die Bewohnerschaft zwar einerseits ein, sichert andererseits aber den dauerhaften Wohnzweck ab und gibt den Nutzern damit Sicherheit. Als gemeinnütziger, an seine Stiftungszwecke gebundener Akteur ist trias mit dem Vertrauen der Nutzer ausgestattet und wird als fairer Partner empfunden. Zudem brachte die Stiftung im gesamten Prozess – auch noch in der Nutzungsphase – viel Know-how zu Finanzierungsfragen ein und wirkte als Berater der diesbezüglich eher unerfahrenen Nutzergruppe.

Gegen Ende der Bauphase erwarb trias zusätzlich das angrenzende Gartengrundstück, das direkt an 23 Riesen e.V. verpachtet und so vor Bebauung geschützt ist. Das Baugrundstück selbst ist an Martinswerk e.V. verpachtet.

Das gemeinnützige Martinswerk e.V. ist Generalmieter von Wohnungen, die an Studierenden-WGs weitervermietet werden, und Trägerverein sehr unterschiedlicher Hausprojekte – in diesem Projekt tritt es in beiden Rollen auf. Das erste Standbein hat sich seit 1970 aus der evangelischen Hochschulgemeinde entwickelt, als WGs als neue Wohnform noch wenig respektiert und daher auf einen vertrauenswürdigen Mittler angewiesen waren. Der Trägerverein entstand aus den Formalisierungsversuchen der Berliner Hausbesetzerszene in den 1980ern.

Nach Kündigungen zahlreicher Wohnungsvermieter – eine veränderte Rechtslage hob den Kündigungsschutz von Vereinen auf – suchte das Martinswerk neue Projekte, die den eigenen Wohnungsbestand wieder in eine finanziell tragfähige Größenordnung bringen würden. Zunächst wollte es in dem Mehrgenerationenprojekt nur die kaum langfristig zu bindende Gruppe der jungen Erwachsenen beziehungsweise Studierenden einbringen. Deren Anteil verkleinerte sich, sodass dafür nur zwei Wohnungen gebraucht wurden. Das Martinswerk übernahm zusätzlich die Rolle als Bauherr und wurde damit Gebäudeeigentümer und Erbbaurechtsnehmer. Als gemeinnütziger Verein sichert das Martinswerk die Mietwohnungen langfristig und ohne Gewinnabsicht. Zum Erhalt der Gemeinnützigkeit müssen zwei Drittel der Bewohner über alle Projekte hinweg Bedürftigkeitskriterien entsprechen.

Die gesamte finanzielle Verantwortung und Abwicklung inklusive Erbpacht und Krediten oblag dem Martinswerk als Bauherr. Bankkredite wurden unter anderem durch die Solidarität anderer Hausprojekte im Martinswerk möglich, die Sicherstellungen übernahmen. Privatkredite kamen durch die Nutzer und deren Bekanntenkreis, aber auch über das gegenüber Wohnprojekten aufgeschlossene Netzwerk des Martinswerks zustande. Trotz der finanziellen Verantwortlichkeit, Absicherung und Abwicklung seitens des Martinswerks, die die Nutzergruppe im Bauprozess nicht hätte leisten können, sollte diese in ihren Entscheidungen möglichst autonom agieren können. Im Nachhinein hätte das Martinswerk gerne mehr Zuständigkeiten abgegeben, um die Autonomie der Nutzergruppe beziehungsweise des Hausvereins frühzeitig zu stärken.

Mit dem Hausverein wurde ein Kooperationsvertrag geschlossen, der Rechte, wie die Belegung, und Pflichten, wie den Unterhalt der Immobilie, klarstellt. Die Nutzer sind zwar nicht die Eigentümer, haben aber entsprechende Zuständigkeiten. Eine Besonderheit ist, dass die Mieter ihre Mitmieter gemeinsam auswählen können.

Nachbarn & Quartier
Mit dem direkten Nachbarn, einem Altersheim, wurde die gemeinsame Nutzung des Gartengrundstücks angedacht – dieses zog sich jedoch von dem Vorhaben zurück. Einige Heimbewohner kennen die Gebäude noch aus Kindheitstagen oder sind dort aufgewachsen und sehen deren Erhalt sehr positiv.

Für eine spürbare Auswirkung auf die Nachbarschaft wird das Projekt als zu klein empfunden, zumal diese mit einem Friedhof, der gegenüberliegenden Staatskanzlei und nur wenigen angrenzenden Wohnhäusern auch eine besondere Mischung darstellt. Auf politischer Ebene ist das Projekt jedoch bekannt und die Bewohnerschaft wird häufig eingeladen, darüber zu sprechen.

Politik & Verwaltung
Die städtische Politik und Verwaltung wurden von den Akteuren nicht als unterstützend, sondern als bremsend erfahren. Umstritten war etwa ein mehrmonatiger Baustopp aufgrund von Brandschutzvorgaben, der das Projekt viel Geld kostete.

Prozesse

Der Bauherr erfindet sich
Seit 2006 sondierte Konvoi e.V. gemeinsame Vorstellungen und Möglichkeiten eines Mehrgenerationen-Wohnprojekts in Potsdam und suchte nach potenziellen Grundstücken. Das Angebotene war jedoch schwierig zu finanzieren oder in schlechtem Zustand. Anfang 2010 wurde auch die Architektin gefragt, der ungefähr zur gleichen Zeit ein Grundstück mit zwei Bestandsgebäuden samt Bauantrag angeboten wurde, bei dem die Projektentwicklung gescheitert war. Sie vermittelte das Grundstück an die Nutzergruppe und ermöglichte damit das Projekt.

Das Angebot löste einen intensiven Diskussionsprozess innerhalb der Gruppe aus, in dem es um die unterschiedlichen Finanzierungsmöglichkeiten und die Risikobereitschaft, aber auch um politische Haltungen ging. Im Kern stand die Frage, ob man selbst investieren oder sich Wohnraum von staatlicher Seite zur Verfügung stellen lassen sollte. Schlussendlich spalteten sich die Akteure ab, die bereit zum Investieren waren, und gründeten den Hausverein 23 Riesen e.V. – später wird diese „Sollbruchstelle" für die Findung einer gemeinsamen Haltung innerhalb der Gruppe als positiv bewertet.

Nun galt es, weitere Mitglieder zu akquirieren, um den zur Verfügung stehenden Raum des Projekts zu füllen. Aufgrund mangelnden Eigenkapitals folgte eine intensive Suche nach möglichen Finanzierungen, Trägerschaften und damit geeigneten Partnern. Es wurden verschiedene Varianten bezüglich Mitgestaltungsmöglichkeiten, Finanzierungsmodellen, Förderungen, Verteilung der Risiken und Absicherung des Wohnzwecks genau verglichen. Über das Netzwerk der Architektin konnte im Laufe des Jahres 2010 die Kooperation mit der Stiftung trias und dem Martinswerk e.V. initiiert werden, die zusammen mit dem Hausverein die dreiteilige Trägerform bilden. Mit dem Grundstückskauf durch trias Anfang 2011 startete das

Projekt formal. Das Martinswerk als Bauherr konnte daraufhin die nötigen Kredite aufnehmen.

Planungsphase
Die beim Kauf bereits vorliegenden Entwürfe wurden zur Einreichung und als Ausgangspunkt der eigenen Planungen genutzt. Auf Basis von Vorschlägen der Architektin wurden in Workshops Einzelheiten wie die Wohnungsvergabe oder die Standardausstattung besprochen. Dabei zeigte die Architektin die Auswirkungen der Baukosten auf die spätere Miete auf. Die Wohnungen wurden je Partei individuell geplant und bezüglich Größe, Ausstattung und Grundriss teils stark auf die jeweiligen Bedürfnisse und Geldbörsen zugeschnitten.

Bauphase
In der 2011 startenden Bauphase leistete die Bewohnerschaft viel Eigenarbeit: beim Abtragen des Putzes und der Schüttung, beim Abriss von Mauerwerk, aber auch im Ausbau, etwa bei Böden und Malerarbeiten. Dies sparte Kosten und erzeugte gleichzeitig ein Gemeinschaftsgefühl und erste Kontakte mit späteren Nachbarn. Während der Bauzeit gab es einige Fluktuation: Einige Leute sprangen ab, andere kamen über persönliche Kontakte und die Entscheidung der Mitgliederversammlung hinzu.

Größte Herausforderung waren die um insgesamt zwanzig Prozent ansteigenden Baukosten. Hauptfaktor war die bestehende Bausubstanz, die sich an mehreren Stellen als sehr marode erwies. So mussten etwa die Fundamente aufwendig unterfangen und Hausschwamm aus den Außenwänden, einem Hohlschichtmauerwerk, entfernt werden. Auch unsachgemäß eingezogene Wände kamen zum Vorschein, die ersetzt werden mussten, und ein Kamin stürzte ein. Außerdem fehlten Brandschutzgenehmigungen bezüglich der bestehenden Holzbalkendecken – der behördlich verordnete Baustopp brachte ein halbes Jahr Verzögerung und weitere Mehrkosten mit sich. Gespart wurde an der Fassadengestaltung des Neubaus, und auch der Gemeinschaftsraum musste in eine vermietbare Wohnung umgewandelt werden. Es wurde klar, dass bei Sanierungen ein höherer Anteil für unvorhergesehene Kosten kalkuliert werden muss.

Gemeinschaftsprojekt Garten
Als das rückseitig angrenzende Grundstück unter Schutz gestellt wurde, konnte es von der Stiftung trias erworben und 23 Riesen e.V. im Erbbaurecht zur Verfügung gestellt werden. Der Gemeinschaftsgarten wurde zum kollektiven Projekt über die Bauphase hinaus, ein Ersatz für den Gemeinschaftsraum und schon vor dem Einzug im Sommer 2013 genutzt. Dem anfänglichen Enthusiasmus für die neue Wohnsituation gleich nach Einzug folgte eine Phase, in der man sich stärker ins Private zurückzog und sich der Einrichtung der eigenen Wohnung, also dem „Nestbau", und der Erholung von der anstrengenden Bauphase widmete.

Lösungen

23 Riesen ist ein generationenübergreifendes und gemeinschaftliches Wohnprojekt, das auf den ersten Blick unscheinbar ist, aber starke soziale und ökologische Qualitäten aufweist. So integriert es eine diverse Bewohnerschaft mit unterschiedlicher finanzieller Ausstattung, zu der auch zwei Studierenden-WGs gehören. Als ökologische und stadträumliche Qualität kann die Neubelebung eines bestens erschlossenen Standorts gesehen werden. Das Projekt kombiniert den Erhalt des bestehenden Ensembles mit einem Neubau, der eine Lücke in der gründerzeitlichen Fassade schließt. Es schafft dauerhaft bezahlbaren Wohnraum, schont dabei ökologische und energetische Ressourcen und vermeidet weitere Bodenversiegelung. Über die Trägerform wird dieser intendierte Zweck langfristig gesichert – was der Bewohnerschaft genauso wie der Allgemeinheit zugutekommt.

Die Wohnungen selbst sind sehr unterschiedlich gestaltet, jedoch immer in das Erschließungssystem eingepasst und in sich geschlossen. Bis auf einen Auszug aus der Atelierwohnung im Erdgeschoss blieb die Gruppe bisher stabil und erfreut sich vieler Anfragen.

Tragendes Trio
Die Trägerform – eine Konstellation aus den drei Partnern Stiftung, Trägerverein und Hausverein – ist mit dem Ziel der dauerhaften Sicherung bezahlbaren Mietwohnraums geschickt konstruiert. Sie bietet viele Mitgestaltungsmöglichkeiten, die auch mit Pflichten einhergehen. Der Hausverein, also die Nutzergruppe, trägt einem Eigentümer gleich für den Bestandserhalt Sorge und verwaltet die Belegung der Wohnungen als Generalmieter des Trägervereins. Damit können die Bewohner über neue Mieter mitentscheiden, was in einer klassischen Wohnungseigentümergemeinschaft nicht möglich ist, tragen aber auch das Mietausfallrisiko. Zudem werden so Verwaltungskosten gespart, was allen Projektpartnern hilft.

Das Belegungsrecht der Hausgemeinschaft hat sehr positive Auswirkungen auf das Zusammenleben, ohne den Bestandshalter infrage zu stellen. Das Martinswerk e.V. konnte über die Generalvermietung sogar seinen Aufwand reduzieren und eine größere Sicherheit schaffen.

Sanierung als Herausforderung, doch wertvolles Symbol

Im Planungs- und Bauprozess rangen die Projektbeteiligten mit dem Anspruch auf eine bezahlbare Miete und wenig Kompromissbereitschaft hinsichtlich des baulichen Standards. Unter anderem wegen der massiven Baukostensteigerungen konnte das geplante Mietniveau nicht gehalten werden – es entspricht jetzt dem üblicher Neubauten –, die Nutzer hoffen aber darauf, es mittelfristig halten und nach Tilgung der Kredite langfristig senken zu können.

Bauliche Schwerpunktthemen waren die Barrierefreiheit, beispielsweise die Sanierung mit Lifteinbau nach dem über die Kreditanstalt für Wiederaufbau förderfähigen altengerechten Standard, hoher Schallschutz, der für ein friedvolles Zusammenleben als wesentlich erachtet wird, ökologische Materialwahl, wie Holzfenster und -dämmung, sowie der unbedingte Erhalt und wertschätzende Umgang mit dem bestehenden Vorder- und Rückgebäude. Die Entscheidung zur Sanierung des Vorderhauses würde man aus finanziellen Gründen zwar im Nachhinein nicht nochmals treffen, so die Nutzergruppe, zumal ein Neubau mit einer zusätzlichen Etage eine höhere bauliche Ausnutzbarkeit erlaube – nichtsdestoweniger würden die ökologischen wie immateriellen Werte des Erhalts sehr geschätzt. Sowohl die Bewohner als auch die Nachbarn haben ein emotionales, identifikatorisches Verhältnis zu dem Projekt, was auch an seiner hohen architektonischen Qualität liegt.

Die historischen Fassaden können zusammen mit dem Gemeinschaftsgarten auch symbolisch gelesen werden. Sie wurden nicht originalgetreu wiederhergestellt, sondern als zeitgeschichtliches Dokument rekonstruiert, das historischen Glanz, zwischenzeitlichen Verfall und neue Nutzung zum Ausdruck bringt. Im Gegensatz dazu sind die Fassaden des Neubaus auch aus Kostengründen einfach gehalten. Für den Bestandserhalt erfahren die Bewohner viel Anerkennung aus der Nachbarschaft. Einige Bewohner des benachbarten Altersheims sind hier aufgewachsen und freuen sich, dass nach Jahren des Verfalls wieder Leben eingekehrt ist.

Freiraum als Gemeinschaftsprojekt

Die Fluchttreppe des Hinterhauses verbindet die zur Gartenseite liegenden Balkone. Die Bewohner haben jedoch vereinbart, für den Weg in den Garten das Treppenhaus zu nutzen, um die gegenseitige Privatsphäre zu wahren.

Die eigentlichen Gemeinschaftsflächen sind die Außenräume – vor allem das von der Stiftung trias gepachtete Gartengrundstück. Im Gegensatz zu diesem ist der Innenhof spartanisch gestaltet und dient vorwiegend als Fahrradabstellplatz. Das liegt an den hier liegenden nachweispflichtigen, aber nicht genutzten Stellplätzen.

Mitgliederversammlungen und Gemeinschaftstreffen finden abwechselnd in den größeren Privatwohnungen statt. Das Fehlen eines Gemeinschaftsraums wird als echtes Manko des Projekts gesehen; er fiel den Finanzierungsproblemen zum Opfer. Doch das Projekt entwickelt sich weiter, und so bemühen sich die Bewohner momentan um die Co-Nutzung des Ateliers im Erdgeschoss. Dieses ist an einen Kinderhort verpachtet und wird nur vormittags genutzt. Das Atelier war ursprünglich als Wohnung geplant und nach dem raschen Auszug der Mieterin nur schwierig wieder zu vermieten. Die zweite Gewerbefläche zur Straße sollte ursprünglich an einen Cafébetreiber vermietet werden – es wurde ein Friseur.

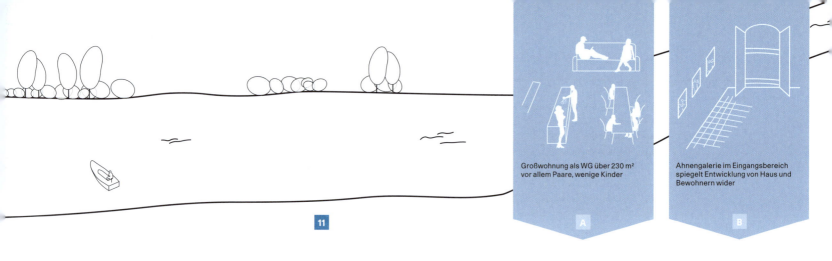

Großwohnung als WG über 230 m² vor allem Paare, wenige Kinder

A

Ahnengalerie im Eingangsbereich spiegelt Entwicklung von Haus und Bewohnern wider

B

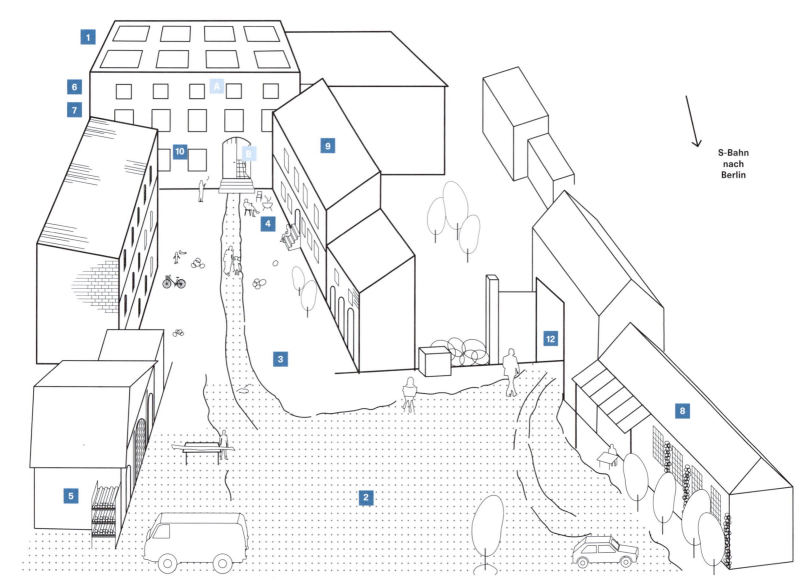

1	Denkmalschutz	9	Zweite Renovierung
2	Ehemaliges Fabrikgelände	10	Büro Die Linke
3	Privater Hof	11	Nähe zum See
4	Grillplatz	12	Mehrere Zugänge
5	Holzheizung		
6	Schlechte Belichtung		
7	Fußbodenheizung		
8	Montagehalle in ehemaliger alter Schmiede		

Größe: 5 WE, Sanierung
Projektstart: 2008
Fertigstellung: 2012
Trägermodell: Mietshäuser Syndikat, Hausverein
Akteure: Doma e.V., Brandenburgische Stadterneuerungsgesellschaft (BSG), Kommune, Mietshäuser Syndikat
Zielgruppe: Wohngruppe
Besonderheiten: Innenhof in gemeinschaftlicher Nutzung, Partei-Büro, Gewerbehaus, Werkstätten, Galerie im Eingangsbereich, Großwohnung als WG über 230 m²

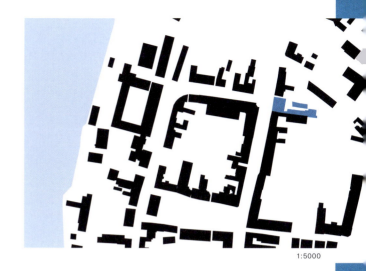

1:5000

Doma, Strausberg

Mit dem Wunsch, in der Heimatstadt Strausberg einen eigenständigen Lebensentwurf zu verwirklichen, schloss sich ein loser Freundeskreis zu einer Projektgruppe zusammen. Über eine Zwangsversteigerung erhielt die Gruppe den Zuschlag für ein Grundstück am Rand der Altstadt. Das Ensemble aus sechs sanierungsbedürftigen Gebäuden definiert sich über seinen mittig gelegenen, atmosphärischen Innenhof.

Der an das Ensemble geknüpfte Denkmalschutz wurde während der Sanierung zur großen Belastungsprobe für das Projekt. Das hohe Maß an eingebrachter Eigenarbeit konnte einen Teil der unter anderem dadurch bedingten Kostensteigerungen kompensieren. Im „Problemkind" Haupthaus, das massive versteckte Mängel aufwies, bewohnt die Kerngruppe nun eine Großwohnung und mehrere kleinere Einheiten. Das Erdgeschoss wird als Gemeinschaftsraum und von einer politischen Partei als Büro genutzt. Die ausgebaute, längs zum Hof gelegene Montagehalle des ehemaligen Gewerbehauses fasst das Ensemble rückseitig und beheimatet eine Druckerei und eine Holzwerkstatt.

Der Umgang mit dem Bestandsensemble wirkte stark auf den Projektverlauf ein und förderte ein etappenweises Vorgehen, sodass das Haus mit den Bedürfnissen der Bewohner mitwachsen konnte. Das werteorientierte Handeln der Kerngruppe aus jungen Mitgliedern spiegelt sich im Kümmern um den Bestand, der als eigener Wohn- und gemeinsamer Identifikationsort geschätzt wird. Mit Unterstützung des Mietshäuser Syndikats konnte eine ausgeklügelte Trägerstruktur entwickelt werden, welche Aspekte von „flexiblem Eigentum" mit Vorteilen von Mietwohnen kombiniert. Eingebaute Ausstiegsmöglichkeiten erlauben den Auszug Einzelner, ohne dass dadurch die Gesamtstruktur des Projekts gefährdet ist.

Das Engagement und die starke Verbundenheit der Bewohner mit ihrer Stadt zeigt sich in zahlreichen Kulturinitiativen und der Stadtpolitik in Strausberg. Durch das Projekt Doma haben einige dieser Bewohner eine passende Wohnform in ihrem eigenen Umfeld erfunden und sich durch einen hohen Grad an Eigenständigkeit eine langfristige (Wohn-)Perspektive in der Kleinstadt gesichert. Mit dem nächsten Bauabschnitt und dem Wachstum der Gruppe stehen die Mitglieder nun neuen Herausforderungen hinsichtlich Belegung und Eigenleistung gegenüber, welche eine Weiterentwicklung und Professionalisierung des Projekts erfordern, um es nachhaltig zu sichern.

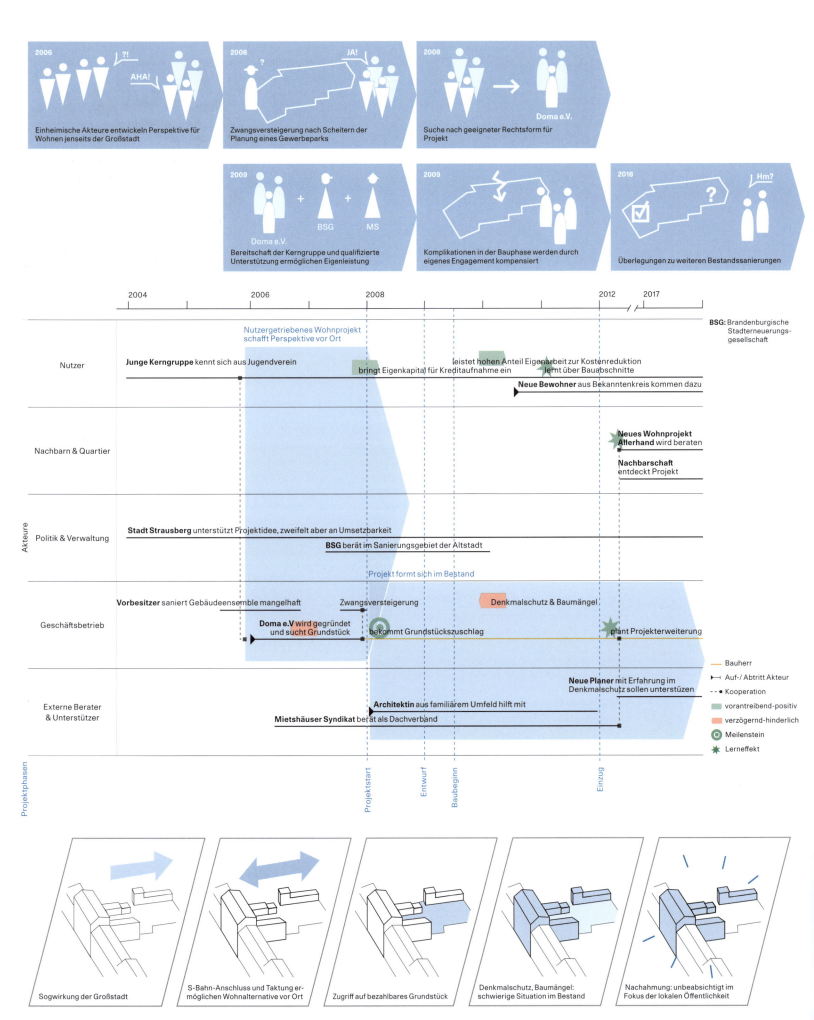

Rahmenbedingungen

Gesamtstadt

Anfang der 2000er Jahre war der zunehmende Druck auf den Wohnungsmarkt im Umfeld von Ballungsräumen auch im brandenburgischen Strausberg spürbar. In diese großräumliche Entwicklungsdynamik eingebettet fand sich eine lokal stark verwurzelte Gruppe von Personen mit einer gemeinsamen – mitunter politischen – Vorgeschichte. Während die Stadt Strausberg ihre Attraktivität als Wohnort im Umfeld von Berlin stetig sicherte und ausbaute, stellte die Gruppe fest, dass für sie passende Wohnangebote – jenseits tradierter Modelle wie Einfamilienhäuser in Privateigentum – fehlten. Da das Wohnumfeld mit günstigen Mieten, der Nähe zum See und einer Altstadt mit hoher Aufenthaltsqualität aber alle Ansprüche an den eigenen Lebensstil erfüllte, entstand die Idee, eine Wohnform zu schaffen, die den Gruppenmitgliedern die Perspektive bot, in Strausberg zu bleiben beziehungsweise dorthin zurückzuziehen.

Das Agieren der Gruppe war dabei in ein Wirkungsgefüge aus Push- und Pull-Faktoren der gesamten Metropolregion eingebettet, das sich stetig veränderte. Steigende Boden- und Mietpreise in der Hauptstadt und ein um 2015 verbesserter S-Bahn-Anschluss trugen zur Attraktivität Strausbergs als Wohnstandort bei. Die tatsächliche und gefühlte Nähe zu Berlin – eine Stunde Fahrt mit der S-Bahn im 20-Minuten-Takt – führte zu einem moderaten Bevölkerungswachstum und kam den kulturellen und sozialen Angeboten vor Ort zugute.

Quartier

Getrieben durch die anziehenden Preise auf dem Wohnungsmarkt sowie die eigene Ortsverbundenheit war die Gruppe für verschiedene Grundstücke und Finanzierungsmodelle aufgeschlossen. Per Zufall stieß sie auf das historische Ensemble. Die Randlage am Übergang zur Altstadt und angrenzend an die historische Stadtmauer war bisher eine vernachlässigte, verlorene Ecke.

Wohnanlage und Gebäude

Durch einen Hinweis von Bekannten gelangten Gruppenmitglieder zu einer Zwangsversteigerung des Grundstücks inklusive des historischen Gebäudebestands. Zuvor waren auf dem Grundstück die Planungen für einen Gewerbepark gescheitert. Die Gruppe konnte die Auktion unerwartet für sich entscheiden. Der Erwerb des Grundstücks sollte sich in der Folge jedoch als großes Risiko herausstellen. Das Grundstück und die Bestandsimmobilien beeinflussten den Projektverlauf stark und setzten Themen wie Bestandssanierung, Denkmalschutz und vorgegebene Typologien auf die Agenda der Gruppe.

Akteure

Nutzer

Es bildete sich eine Kerngruppe aus jungen Mitgliedern, die das Projekt Doma von Anfang an aus ihren spezifischen, situativ entstandenen Bedürfnissen heraus entwickelte. Die Vorstellung, wie das neue gemeinsame Wohnen aussehen sollte, orientierte sich pragmatisch nach dem Ausschlussverfahren an bestehenden Wohnangeboten und entwickelte Alternativen dazu. Da die Angebote auf dem regionalen Wohnungsmarkt – großstädtisches Wohnen in Miete in Berlin oder Einfamilienhaus und Eigentum in Strausberg – den Vorstellungen und Lebensentwürfen der Gruppe nicht entsprachen, begannen sich die Mitglieder mit anderen Möglichkeiten auseinanderzusetzen und gründeten 2006 schließlich den Nutzerverein Doma e.V. Das Anliegen der Kerngruppe bestand darin, eine eigene Wohnperspektive in einer sich im Sog der Großstadt befindenden Kleinstadt zu schaffen. Doma war ein stark von der Kerngruppe getriebenes Projekt ohne komplexe Akteurskonstellationen.

Später hinzustoßende Interessierte und Bewohner des Projekts konnten vor allem in der Bekanntschaft gefunden werden und stammen zunehmend auch aus anderen Gemeinden.

Geschäftsbetrieb

Abgesehen von dem Wunsch, eine Lösung zu entwickeln, die den eigenen Verbleib in Strausberg sichern sollte, stieß die Kerngruppe das Projekt ohne spezifische Erwartungen oder konkrete Detailvorstellungen an und ermöglichte damit große Flexibilität während des Prozesses. Mit dem Ziel des bezahlbaren Wohnraums vor Augen wurden die anfallenden Entscheidungen pragmatisch gefasst. Dabei half als Vorerfahrung das gesammelte Know-how über Gruppenprozesse durch die gemeinsame Sozialisation der Gruppe im Engagement für ein Jugendzentrum.

Nach rund zwei Jahren Suche erhielt der Verein im Zuge einer Zwangsversteigerung eher zufällig die Option auf ein Grundstück. In einer Frist von drei Wochen mussten sich die Mitglieder einigen, ob sie das Grundstück erwerben wollten. Dieser enge Zeitrahmen sowie die mangelnde bauliche Vorerfahrung ließen die Vereinsmitglieder das hohe Risiko des Erwerbs einer

Bestandsimmobilie in schlechtem Zustand eingehen. Der Vorbesitzer der Immobile hatte auf dem Grundstück eine gewerbliche Entwicklung vorgesehen und das Gebäudeensemble nur vereinzelt und mangelhaft saniert.

Doma war von Anfang an ein von einer Gruppe getragenes Projekt, in dem die Rollen nicht unmittelbar an einzelne Personen gebunden waren. So konnten sich Mitglieder ohne handwerkliche Qualifikationen zum Beispiel in organisatorischen Rollen betätigen. Dabei entwickelte sich die anfänglich nur freundschaftlich verbundene Gruppe zu einer entscheidungsfähigen Gemeinschaft. Der damit einhergehende „Rückgang an Emotionalität" wurde von einzelnen Bewohnern als problematisch wahrgenommen.

Externe Berater & Unterstützer

Das Mietshäuser Syndikat als Dachorganisation verschiedener Hausprojekte und erfahrener Projektträger wurde im Prozess in einer Vorbild- und Beraterfunktion miteinbezogen. Gesammelte Erfahrungen mit Organisationsformen und Trägerstrukturen konnten gewinnbringend genutzt werden. Zudem unterstützte das Mietshäuser Syndikat bei formellen und rechtlichen Angelegenheiten und bot beispielsweise Hilfe bei der Kreditbeantragung.

Die hinzugezogene Architektin wurde nur stellenweise konsultiert. Für die Einreichung eines Förderantrags im Sanierungsgebiet der Altstadt wurde professionelle Unterstützung eingeholt. Die Architektin nahm abgesehen von der Ausschreibung keine wesentliche Rolle im Prozess ein.

In der Weiterentwicklung des Projekts stellten die Vereinsmitglieder jedoch fest, dass eine Professionalisierung im Umgang mit Bestandsimmobilien unter Denkmalschutz notwendig ist, und setzen für die Zukunft auf Mitwirkung und Unterstützung von Planern in diesem Bereich.

Politik & Verwaltung

Idee, Anstoß und Motivation für Doma kamen von der Kerngruppe. Abgesehen von der finanziellen Förderung im Rahmen des Sanierungsgebiets der Altstadt war von kommunaler Seite her wenig Unterstützung, eher Zweifel an der Umsetzbarkeit des Vorhabens spürbar. Die landeseigene Brandenburgische Stadterneuerungsgesellschaft (BSG) berät im Sanierungsgebiet der Altstadt und konnte als großer Sanierungsträger in der Beratung der Kerngruppe ihr Know-how einbringen. Über einen Förderantrag konnte sich die Kerngruppe Gelder zur Sanierung des Ensembles im Gebiet der Altstadt sichern.

Da sich die politischen Ansichten der Lokalpolitiker stark unterschieden und keine gemeinsame Haltung erkennbar war, wurde dem Projekt während der Entwicklung nur wenig offenkundige Wertschätzung zuteil. Dies wiederum stärkte die Beteiligten in der Herausbildung eines eigenen Selbstbewusstseins für ihr Tun. Unterstützung, auch finanzieller Art, wurde vorrangig im Umfeld von Familie, Freunden und Bekannten gefunden.

Nachbarn & Quartier

Im Anschluss an die Fertigstellung entdeckte auch die angrenzende Nachbarschaft das Gelände um den vielfältig bespielten Innenhof von Doma für sich, und der Zaun zu den Nachbarsgrundstücken wurde geöffnet. Über die Projektentwicklung Doma hat sich die Kerngruppe viel Wissen angeeignet und einen Qualifizierungsprozess durchlaufen. Es gibt Überlegungen, ein weiteres Haus auf einem angrenzenden Grundstück umzubauen. Auch der Nährboden für weitere Wohnexperimente in Strausberg ist geschaffen. So beraten die Mitglieder von Doma ein neues Projekt mit dem Mietshäuser Syndikat in ihrer Nachbarschaft.

Prozesse

Viele aus der späteren Kerngruppe kannten sich bereits aus der gemeinsamen Schul- und Jugendzeit in der Kleinstadt; damit hatte der Gruppenbildungsprozess bis zur Vereinsgründung eine längere Vorgeschichte.

Einige Ausgangsbedingungen der Gruppe prägten die Entwicklung der Lösung im besonderen Maße. Einerseits stand der Wunsch, eine Wohnform zu schaffen, die den Verbleib in Strausberg ermöglicht, im Fokus der „Macher", andererseits wollten sich die überwiegend in ihren 20ern befindenden Mitglieder nicht für immer an den Standort binden. Es wurde nach einer Eigentumsform gesucht, die Ausstiegsmöglichkeiten aus dem Projekt zulässt. Dies konnte mit Unterstützung des Mietshäuser Syndikats und in der Umsetzung von dessen Trägermodell realisiert werden. Dennoch verlangte der Schritt zum gemeinsamen Bauen und Investieren der Gruppe junger befreundeter Personen eine gewisse Überwindung ab. Zudem erforderte der limitierte finanzielle Rahmen der Kerngruppe ein hohes Maß an Eigenleistung. Diese ökonomische Kompensation konnte stattfinden, da die handwerklichen Qualifikationen in der Gruppe vorhanden und häufige Besprechungen und Treffen durch die räumliche Nähe mit dem Alltag der Mitglieder vereinbar waren. Die regelmäßigen Treffen, denen jeweils Protokolle folgten, halfen mit, das Konfliktpotenzial in der Gruppe – trotz der herausfordernden baulichen Aufgabenstellung – gering zu halten. Zudem trug in der Wahrnehmung der Bewohner auch eine ähnliche Sozialisierung mit gleichen Werten zu einem verhältnismäßig reibungslosen Prozess bei.

Nutzergetriebenes Wohnprojekt schafft Perspektive vor Ort

Der Wunsch nach gemeinsamem Wohnen sowie Vorkenntnisse über das Mietshäuser Syndikat wirkten als Katalysatoren der Gruppenbildung und sorgten für Mitgliederzuwachs über den Freundeskreis hinaus. Mit der Gründung des Vereins begann ab 2006 die rund zwei Jahre dauernde Suche nach einem finanzierbaren und geeigneten Grundstück. Durch eine Zwangsversteigerung erhielt der Verein Doma 2008 schließlich den Zuschlag für ein Grundstück und kaufte es kurz darauf. Der vorherige Eigentümer hatte zwar Fördermittel für eine Sanierung des Altbestands beantragt, diese jedoch nur mangelhaft und unprofessionell durchgeführt. So bestand zum Zeitpunkt des Grundstückserwerbs an mehreren Stellen Einsturzgefahr. Die Vorfinanzierung des Umbaus bewerkstelligte der Verein – neben dem Ausschöpfen zusätzlicher finanzieller Quellen wie Kredite der GLS Bank, des Mietshäuser Syndikats sowie von Freunden und Familienangehörigen – maßgeblich über Eigenkapitalanteile seiner Mitglieder. Die Darlehen wiesen dabei den Charakter von Genossenschaftsanteilen auf, welche in der Höhe je nach den finanziellen Möglichkeiten stark variierten und beim Ausstieg aus dem Verein zurück an die Darlehensgeber gehen.

Projekt formt sich im Bestand

Zwischen der Vereinsgründung und des über Etappen verlaufenden Einzugs ins Haupthaus vergingen rund vier Jahre. Sowohl Gründungs- und Planungsprozess wie auch die Bauphase waren von einer großen Offenheit und Flexibilität bezüglich Gestaltung und Ergebnis geprägt. Diese Art der Prozessgestaltung war keine bewusst eingesetzte Strategie, sondern entwickelte sich in Ermangelung eines ausgereiften und abgestimmten Konzepts. Die Kerngruppe steckte selbst in einem Lernprozess. Wechselnde Mitglieder, die eher zufällige Grundstückswahl, der Umgang mit Baumängeln und Denkmalschutz sowie der dadurch veränderte Zeitplan erforderte die Anpassung an kontinuierlich auftretende unvorhergesehene Ereignisse.

Das Ensemble aus sechs sanierungsbedürftigen Gebäuden entpuppte sich bei genauerem Hinsehen als schlecht erhaltene Bausubstanz hinter schöner Fassade. Der Bestand barg durch die hervorgerufenen Verzögerungen und Mehrkosten ein enormes Projektrisiko. Durch vorangegangene Sanierungen waren irreparable Schäden entstanden. Die Bestandsgebäude waren zudem von einem Hausschwamm befallen und die Fassade zur Straße hin eingestürzt. Dies erforderte im Laufe des Projekts einen Anteil von achtzig Prozent Neubau, wesentlich mehr als ursprünglich kalkuliert. Die dadurch entstandenen Mehrkosten konnten nur durch viel Eigenleistung der Mitglieder kompensiert werden.

Laufende Gruppentreffen vor, während und nach Abschluss der baulichen Aktivität halfen, schwierige Situationen zu kommunizieren und sich zu beraten. Die schrittweise Sanierung ergab sich aus Einschränkungen in der Finanzierung – es konnte immer nur gerade der laufende Bauabschnitt finanziert werden –, bot aber auch die Chance, die sich laufend verändernden Ansprüche der Bewohner an das Projekt zu realisieren. Neue Familien- und Lebenssituationen konnten berücksichtigt und Umzüge teilweise über die schrittweise Sanierung organisiert werden. Die zunächst als Gewerbehaus fertiggestellte „Alte Schmiede" generierte Mieteinnahmen und eine Infrastruktur, die mit der Werkstatt vor Ort nutzbar war. Sie wurde zum „Basislager der Baustelle" und war auch in psychologischer Hinsicht für die Gruppe wichtig. Aus den Erfahrungen mit dem zu Beginn realisierten Haupthaus ergaben sich zahlreiche Lerneffekte für spätere Bauabschnitte. Diese Anpassungsfähigkeit ermöglichte das Mitwachsen des Projekts mit seinen Bewohnern.

Lösungen

Alternatives Wohnen jenseits der Großstadt

Die Bewohner von Doma entwickelten – ohne systematisches Nachdenken über Grundrisse oder Wohntypologien – aus den eigenen Bedürfnissen heraus eine Wohnform für junge Menschen jenseits bestehender kleinstädtischer Modelle. Als „Selbsthilfeprojekt" entstanden, vereint das Ensemble fünf Wohnungen, welche 20 Personen in unterschiedlichen Konstellationen zusammenbringen: drei Familienwohnungen, eine Paarwohnung sowie eine große Wohngemeinschaft mit acht Bewohnern. Die innerstädtisch zentrale Lage ermöglicht im Alltag kurze Wege und kompensiert aus Sicht der Bewohner die Mängel in der baulichen Substanz, die sich auf die Wohnqualität auswirken. Auch die Verknüpfung von Wohn- und Gewerbeflächen, unter anderem Büroräumlichkeiten und Werkstätten, erhöht die Qualität vor Ort. Durch dieses neu geschaffene Konzept des Zusammenlebens, das Wohnen mit ergänzenden Angeboten kombiniert, sicherten sich die Mitglieder des Vereins eine alternative Existenz außerhalb des Ballungsraums der Großstadt.

Revitalisierung eines Bestandsensembles

Das Projekt Doma kann für sich beanspruchen, eine verlorene Ecke der Altstadt wiederbelebt sowie ein baufälliges Ensemble vor dem Abbruch bewahrt zu haben. Mit viel Eigenarbeit gelang eine sorgsame Revitalisierung. Der auf dem Bestand haftende Denkmalschutz setzte allerdings auch starre Richtlinien in der Umgestaltung der Gebäude – so brachten beispielsweise die großen Gebäudetiefen schwierige Belichtungsverhältnisse mit sich. Durch die Kombination mit weiteren Angeboten in dem auf den Hof ausgerichteten Außenbereich wurde das reine Wohnhaus zu einem wirklichen Wohnort. Der Hof wirkt als verbindender Raum zwischen den verschiedenen Gebäudeteilen und den jeweiligen Nutzungen. Über die verschiedenen Bauabschnitte hinweg schafft dieses „Herz" der Anlage einen über die Zeit immer wieder neu bespielten Zwischenraum. Da es im Inneren der Gebäude keinen weiteren Gemeinschaftsraum gibt, wirkt der Hof mit Garten als starker Ort für die Gemeinschaft, in dem soziale Begegnungen im Alltag stattfinden. Auch bei Nachbarn und Besuchern, die dem Projekt gegenüber zunächst mitunter skeptisch begegneten, löst der Hof große Begeisterung und Zustimmung aus.

Eigenleistung und Aneignung in der Wohnraumschaffung

Doma verkörpert eine extreme Form der Aneignung eines Projekts durch seine Bewohner. Durch „Handanlegen und Selbermachen" in der Sanierung wurde sich der Wohnort buchstäblich zu eigen gemacht. Der Prozess der Wohnraumschaffung mündete damit nicht nur in einem gebauten Produkt, sondern war stets gepaart mit sozialen Prozessen – Gruppenbildung, koordinierte Eigenleistung am Bau, Bewältigung der einzelnen Bauabschnitte. Das Projekt wuchs mit den Bedürfnissen und Möglichkeiten seiner Bewohner mit und erhielt dadurch einen hohen Adaptionsgrad. Eine „Ahnengalerie" im Eingangsbereich spiegelt dieses prozessuale Selbstverständnis der Gruppe wider, indem jedes Jahr ein Foto, auf dem man Entwicklung und Veränderung des Hauses und seiner Bewohner sieht, hinzugefügt wird.

Das Geleistete macht die Beteiligten stolz. Ihr Engagement gründet im Umfeld einer Kleinstadt, in der sich die Bewohner stets stark in Politik und Lokalkultur eingebracht haben. Einerseits ermöglicht die lokale Bindung der Menschen vor Ort ein Projekt wie Doma, andererseits stärkt es wiederum diese Bindung, insofern einige der Strausberger selbstständig eine passende Wohnform für sich entdeckt und eine längerfristige Wohnperspektive vor Ort ausgehandelt haben; darüber hinaus zieht es weitere Interessierte an.

Grenzen des Selbermachens

Der hohe Anteil an Eigenleistung wurde von den Nutzern als Teil der Projektentwicklung gelebt, teilweise jedoch auch als Belastung empfunden. Gerade weil das Engagement nicht verpflichtend war, steht es unter einem gewissen sozialen Druck und birgt damit Konfliktpotenzial. Die eingebrachte Eigenleistung ist nur schwer quantifizierbar und auf einzelne Personen umzurechnen. Schätzungsweise dürften die Vereinsmitglieder der ersten Bauphase Leistungen im Gegenwert von rund 100.000 Euro eingebracht haben, was einem Eigenleistungsanteil von zwölf Prozent am bisherigen Projekt entspricht. Dieser Anteil wird im Nachhinein von Nutzern und Verein als zu groß bewertet. Das bisherige Engagement wurde nicht vergütet, es kann nicht konkret gegengerechnet werden, womit kein Ausgleich zwischen den zu verschiedenen Zeitpunkten Hinzukommenden stattfinden kann. Auch das Mietshäuser Syndikat, das Doma als Versuchsprojekt bezüglich Eigenleistungsanteil sah, schlägt aufgrund des im Kern ungebundenen Verhältnisses des Nutzers zum Haus eine Begrenzung dieses Anteils auf fünf bis zehn Prozent vor. Wenn nun mit dem zweiten Bauabschnitt neue Bewohner hinzustoßen, steckt darin die Gefahr, dass das Ungleichgewicht in der erbrachten Eigenleistung zu einem Gefühl der unfairen Verteilung und damit zu Konflikten führt.

Einige Jahre nach dem Einzug zeigt sich in der Nutzung der entstandenen Wohnungen, dass die Grundrisse im Hinblick auf die Wohnungsaufteilung nicht optimal geplant wurden. Die Bewohner führen dies auf fehlendes Know-how im Planungsprozess zurück, in welchem Architekten und Planer nur eine marginale Rolle spielten. Da die Sanierungsphase bereits sehr teuer war, war eine solide Grundausstattung der Wohnungen nur durch ein kostengünstiges einfaches Basispaket zu bewerkstelligen. Sonderwünsche und Aufwertungen wurden individuell umgesetzt, die zusätzlich getätigten Investitionen verfallen beim Auszug der Nutzer jedoch. Im Detail gibt es aus Nutzersicht eine Reihe von Dingen, die verbessert und nachjustiert werden könnten. Das Festlegen der baulichen

Standards erfolgte nach den Denkmalschutzvorgaben, nach den Wünschen und Werten der Mitglieder beispielsweise zum Thema Ökologie und nach der Finanzierbarkeit und den Möglichkeiten der Umsetzung in Eigenleistung. Dies mündete in einer pragmatischen Vorgehensweise, die durch das handwerkliche Können der Gruppe und nicht durch eine durchgehende architektonische Handschrift geprägt war.

Differenziertes Entwicklungs- und Trägermodell

Das im Projekt Doma entwickelte Trägermodell erwies sich als innovativ im lokalen Kontext, indem es Aspekte von Eigentümerschaft mit Aspekten des Mietwesens kombinierte und in die vorhandene Situation einpasste. Die Möglichkeiten der Mitgestaltung in Planung und Betrieb ähneln dem Eigentümermodell, während die eingebauten Ausstiegsmöglichkeiten aus dem Projekt der Flexibilität beim Mietwohnen entsprechen. Damit das Weiterbestehen von Doma gesichert ist, sind die eingesetzten Gelder durch eine abgesicherte Finanzierung geschützt. Sogenannte Nachhangdarlehen sorgen beim gleichzeitigen Verlassen von Bewohnern des Projekts dafür, dass ihr eingesetztes Geld zeitverzögert ausbezahlt werden kann. Die Selbstverwaltung mit ihren Kommunikationsformaten fördert nach Erfahrung der Beteiligten die Gleichberechtigung aller Mieter unabhängig von ihrem finanziellen Hintergrund.

Das Mietshäuser Syndikat als Organisationsform für Hausprojekte bietet „flexibles Eigentum", indem es Grund und Immobilie dem freien Markt langfristig entzieht und in ein rechtliches Konstrukt aus Hausverein und GmbH überführt. Die Zusammenarbeit mit dem Mietshäuser Syndikat und der Einsatz des Syndikat-Modells bot unter anderem den großen Vorteil, dass trotz des relativ begrenzten Eigenkapitals der einzelnen Mitglieder ein aktives Mitgestalten in Entwicklung und Betrieb des Projekts möglich wurde. Doma ebnete den Weg für weitere vom Mietshäuser Syndikat unterstützte Projekte in Strausberg. Über die Beratung findet ein Know-how-Transfer zwischen den Projekten statt.

Zu den Vereinsmitgliedern der ersten Stunde, die seit Jahren befreundet waren, kamen weitere, loser verbundene hinzu. Darüber hinaus etablierte Doma ein soziales Netzwerk und eine gelebte Nachbarschaft mit gegenseitiger Hilfe. Nicht alle Bewohner sind mit der entstandenen Gemeinschaft zufrieden, einige wünschen sich ein intensiveres Zusammenleben. Doch die hohe Wohnzufriedenheit zeigt sich in der geringen Fluktuation der Bewohnerschaft. Die Gewährleistung günstiger Mieten – trotz Steigerung der Baukosten und anziehender Mietpreise in Strausberg – bewegt viele zum Bleiben. Zudem erleben die Bewohner über den Bekanntenkreis eine hohe Nachfrage nach dem Projekt.

Konfliktpotenziale fordern Weiterentwicklung

Aktuell findet die Belegung freier Wohnungen über persönliche Kontakte statt. Wenn entsprechende Personen gefunden sind, ergibt sich ein langsames „Hineinwachsen" in die Gruppe. Dieser Prozess erfordert Zeit und ist nur in kleinen Schritten möglich. Mit dem Ausbau des an der Nordseite liegenden Hauses beginnt der zweite Bauabschnitt in der Umgestaltung des Ensembles, und es werden auf einen Schlag mehrere neue Bewohner zum Projekt hinzustoßen. Einige der jetzigen Bewohner werden in die neu entstehenden Wohnungen umziehen, was die Gruppe vor die Herausforderung der Nachbelegung der bestehenden Wohnungen mit ihren individuellen Ausbauten stellt. Diese Situation erfordert von den jetzigen Bewohnern eine Weiterentwicklung ihres Belegungsmanagements und eine gewisse Systematisierung sowie Professionalisierung des bisherigen Konzepts.

Bei den Beteiligten von Doma reift die Erkenntnis, dass durch Experten eingebrachtes spezialisiertes Wissen das Projekt verbessern könnte. Das brauchte Zeit und führte unter anderem dazu, dass das Potenzial des Bauprojekts Doma im ersten Bauabschnitt nicht vollständig ausgeschöpft wurde. Ein systematisches Nachdenken über verschiedene Wohnformen und Wohntypologien fehlte im Prozess und verhinderte eine optimale Gestaltung der Grundrisse in Bezug auf Nutzung und Flächeneffizienz. Neue Themen wie das Wachstum der Gruppe, die weitere Entwicklung der Organisation, der Umgang mit Eigenleistungen im Bauprozess und die Nachbelegung bestehender Wohnungen verdeutlichen die Notwendigkeit von externem Input und Erfahrungsaustausch.

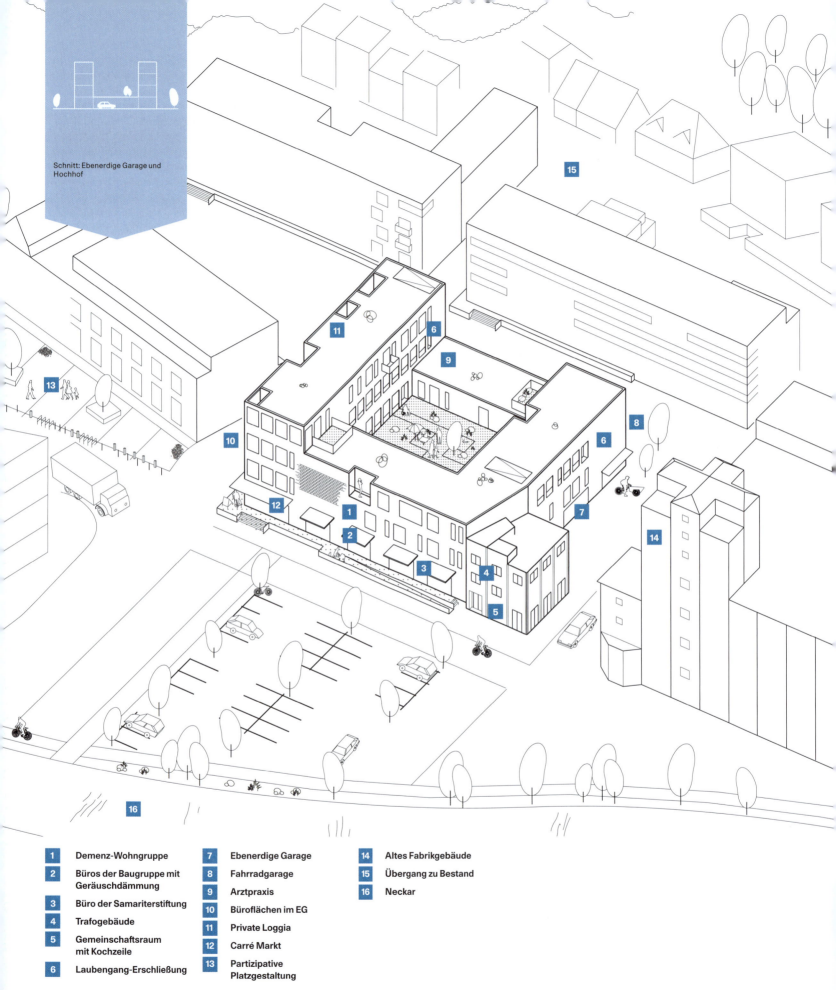

Größe: 20 WE, Neubau
Projektstart: 2012
Fertigstellung: 2015
Trägermodell: WEG
Akteure: Baugemeinschaft, WIT Wirtschaftsförderung Tübingen mbH, Baudirektor, Hähnig Gemmeke Architekten, Samariterstiftung, Carré Markt
Zielgruppe: Baugemeinschaft, Demenzkranke, Gewerbetreibende
Besonderheiten: Lebensmittelladen, Büroräume, Arztpraxis, integrierte Wohnpflegegruppe, Gemeinschaftsraum im Trafohaus, gemeinschaftlicher Hochhof, Klinkerfassade

1:5000

Alte Weberei Carré, Tübingen

Die Stadt Tübingen und die lokale Planungsszene hatte in Quartiersentwicklungen umfangreiche Erfahrung mit Konzeptvergaben und Baugruppen gesammelt. In der Entwicklung des neuen Quartiers Alte Weberei konnte so auf bewährte Vorgehensweisen zurückgegriffen werden. Die Stadt Tübingen erwarb die Industriebrache der Frottierweberei Egeria und rief einen städtebaulichen Wettbewerb aus, den Hähnig Gemmeke Architekten für sich entschied. Die Kommune setzte den Bebauungsplan fest, parzellierte die Grundstücke und legte einen Festpreis sowie konzeptuelle Vorgaben etwa zur Nutzungsmischung für sie fest. Darüber wurden die öffentlichen Investitionen refinanziert und die gewünschten Qualitäten festgeschrieben. Anschließend wurden die meisten Grundstücke über Konzeptvergabe ausgeschrieben, wenige zentrale aber auch direkt an erfahrene Akteure vergeben.

Die Architekten erhielten für das an einer prominenten Stelle gelegene Carré-Grundstück eine Option. Der erste Anlauf der Projektentwicklung gelang jedoch nicht. Parallel hatten sie mehrere Baugruppen bei der Bewerbung für andere Grundstücke beraten – eine war trotz eines gelungenen Konzepts für Wohnen im Alter leer ausgegangen. Diese Gruppe aus Privatpersonen und der Samariterstiftung, die eine Wohnpflegegruppe für Demenzerkrankte einrichten wollte, stieg in das Projekt ein und erweiterte sich um Familien, Gewerbetreibende und eine Arztpraxis. In dem an sich reibungslosen Entstehungsprozess war es lediglich schwer, einen Betreiber für den vorgeschriebenen Lebensmittelladen im Erdgeschoss zu finden. Schließlich konnte ein Interessent gewonnen werden, der zu einer Testphase bereit war. Die Baugruppe musste die Ladenfläche vorfinanzieren, was die Stadt Tübingen über die Stundung eines Teils des Grundstückspreises mit ermöglichte. Nach dem Test, der eine ausreichende Nachfrage im neuen Quartier nachwies, erwarb der Betreiber die Ladenfläche und baute sie aus.

Das Alte Weberei Carré zeichnet sich durch eine starke Nutzungsmischung und ein integratives Wohnkonzept aus. Die wertige Architektur definiert eine prominente Stelle im neuen Quartier und integriert sensibel ein bauliches Relikt, das Trafogebäude der Weberei – darin befindet sich der Gemeinschaftsraum, der auch dem Quartier offensteht. Auf dem Erdgeschoss, das die gesamte Grundstücksfläche ausfüllt und neben dem Laden und Büros die ebenerdige Garage enthält, sitzt ein ein- bis dreigeschossiger Kranz aus vorwiegend Wohnungen. Sowohl die Arztpraxis als auch die Wohnpflegegruppe im ersten Obergeschoss haben direkten Zugang zum auf dieser Ebene liegenden Innenhof, über den auch viele Erschließungswege führen. In diesem halb privaten und geschützten Raum entstehen im Alltag vielfältige Kontakte innerhalb der Hausgemeinschaft, die vor allem die Demenzerkrankten schätzen.

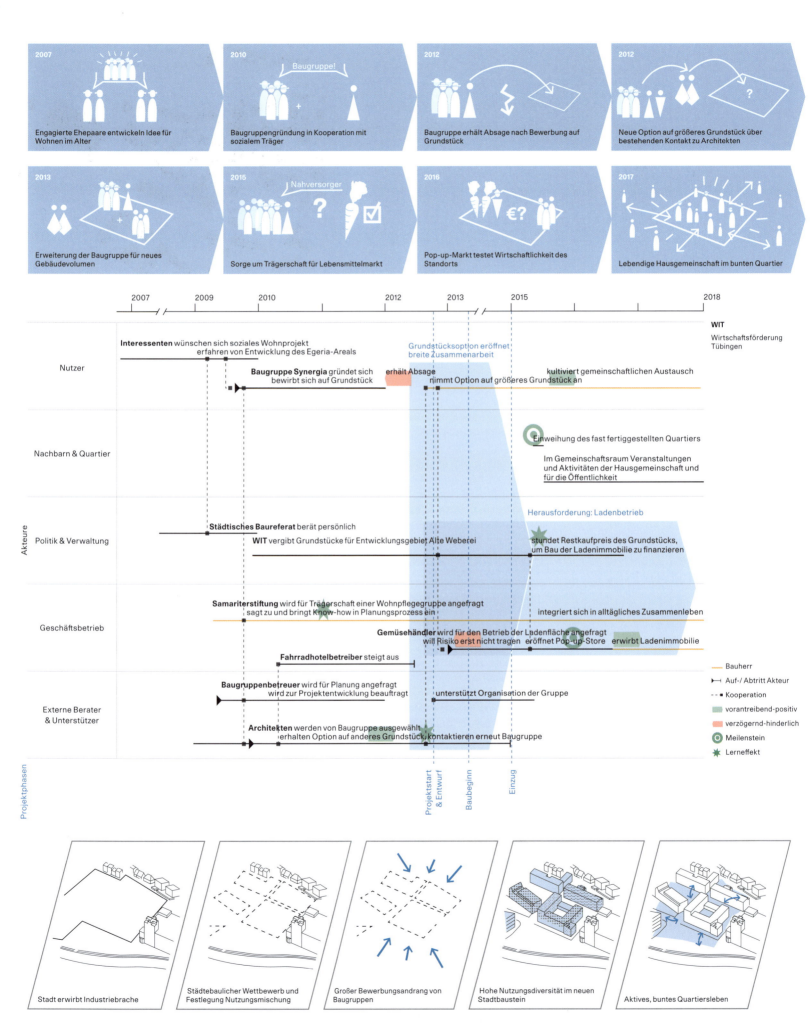

Rahmenbedingungen

Gesamtstadt
Tübingen besaß dank einer Reihe von Quartiersentwicklungen bereits eine Kultur der Baugruppen. Lokal gab es viele Erfahrungen und Vorbilder dazu, und sowohl Politik und Verwaltung als auch Architekturbüros und Projektsteuerer konnten auf umfassende Erfahrungen zurückgreifen. Diese lokale Professionalisierung trug wesentlich zu Genese und Erfolg des Alte Weberei Carrés bei. Damit entsprach die Konzeptvergabe, die am gesamten Gelände der Alten Weberei durchgeführt wurde, einem gängigen Mechanismus: dass nämlich wesentliche konzeptionelle und programmatische Ziele für das Quartier auf die Entwicklung der einzelnen Baufelder heruntergebrochen und verbindlich festgeschrieben werden. Die Praxis der Konzeptvergabe baut auf der Wohnungsmarktsituation in Tübingen auf, in der eine hohe Nachfrage besteht und Flächen sowie Wohnungen problemlos Abnehmer finden. Jenseits der vertraglichen Festsetzungen bleibt der Qualitätsanspruch der Bauherren über die eigene Wohnung hinaus wesentlich. Baugruppen wird vonseiten der öffentlichen Hand das Vertrauen entgegengebracht, dass sie als spätere Nutzer neue Quartiere qualitätsvoll mitentwickeln.

Quartier
Die Alte Weberei ist ein von 2011 bis 2015 entwickeltes Neubauquartier, das am Neckarufer liegt. Das grüne Ufer ist ein wertvoller Naherholungsraum mit einem Fahrradweg ins etwa vier Kilometer entfernte Stadtzentrum.

Die Wirtschaftsförderungsgesellschaft Tübingen (WIT) erwarb die Industriebrache mitsamt den Fabrikgebäuden und vergab diese anschließend an verschiedene Bauträger und Baugruppen. Alle Flächen sind im Falle von Hochwasser Flutungsgebiet, weshalb die Ausbildung erhöhter Sockelzonen nötig war. Das gesamte Quartier, in dem heute rund 700 Menschen leben, wurde innerhalb von etwa drei Jahren Bauzeit entwickelt. Die Bewohner berichten, dass sie nie das Gefühl hatten, in einem erst entstehenden Stadtteil zu wohnen.

Heute ist die Alte Weberei ein buntes Quartier, in dem viele Familien leben. Das gesamte Viertel besteht aus einem Mix aus Trägermodellen, vom Privateigentum bis zum Wohnbauträger mit Sozialwohnungen.

Der Baugrund im gesamten Quartier war durch eine Bodenkontamination und den ehemaligen Flusslauf schwer beeinträchtigt. Größe und Positionierung sowohl des zentralen Quartiersplatzes als auch des großen Parkplatzes als direkte Nachbarn des Carrés sind zum Teil diesem Umstand geschuldet.

Grundstück
Das konkrete Grundstück liegt an einer zentralen Stelle im Quartier: direkt am Quartiersplatz, neben der Haupterschließungsstraße und von allen Seiten gut sichtbar. Wegen dieser Lage waren in der Grundstücksvergabe einige Anforderungen an die Nutzungsmischung in der Erdgeschosszone und die Etablierung eines Nahversorgers festgeschrieben.

Akteure

Externe Berater & Unterstützer
Nachdem sie den städtebaulichen Wettbewerb für sich entschieden hatten, erhielten Hähnig Gemmeke Architekten von der Kommune die Option zur Entwicklung des Carré-Grundstücks. Der erste Versuch, eine Trägerschaft aufzubauen, scheiterte jedoch. Daraufhin sprachen sie die bestehende Baugruppe an, die nach einem Grundstück suchte, und im zweiten Versuch gelang die Initiierung der Projektentwicklung. Neben der architektonischen Arbeit war die Vorauswahl geeigneter Mitglieder bei der nötigen Vergrößerung der Baugruppe eine wesentliche Aufgabe der Architekten. Sie brachten dafür bereits Erfahrungen und Referenzen in der Baugruppenbetreuung und aus anderen Tübinger Stadtentwicklungsprojekten wie dem Mühlenviertel ein. Die Vertrauensbasis der Bauherren war so von Anfang an gegeben, was für die Zusammenführung der beiden bestehenden Konzepte wesentlich war. Der Dialog zwischen Architekten und Baugruppe gelang durch ähnliche Haltungen.

Ein Baugruppenbetreuer, der ebenfalls viel Erfahrung in der Moderation und Führung von Baugruppen besaß, wurde von der Kerngruppe bereits für die erste Projektentwicklung beauftragt. Er blieb bei der Fusion mit dem Projekt der Architekten an Bord und übernahm die gruppeninterne Organisation und Kommunikation sowie die Bauherrenaufgaben hinsichtlich Wirtschaftlichkeit und Finanzplanung. Er beriet die Gruppe auch zu möglichen Rechtsformen, die sich im Verlauf der Projektentwicklung planvoll bis hin zur WEG änderten. Baugruppenbetreuung ist in Tübingen ein etabliertes Berufsfeld.

Nutzer
Den Kern der Baugruppe bildeten zwei Ehepaare, die 2007 den Plan fassten, die Möglichkeit für ein qualitätsvolles Wohnen im Alter zu entwickeln. Dabei sollten eigene Wohnungen entstehen, aber auch ein etablierter Träger für eine Wohnpflegeeinrichtung im selben Haus gewonnen werden. So sollte ein etwaiger späterer Umzug im selben Haus möglich sein. Diesem Ansinnen ging die intensive journalistische Beschäftigung mit Wohnen im Alter eines Gruppenmitglieds voraus; er engagierte sich darüber hinaus gemeinsam mit

seiner Frau ehrenamtlich in der Seniorenbetreuung für die Samariterstiftung, die später als Baugruppenmitglied gewonnen werden konnte.

Gemeinsam wurden die Architekten und der Baugruppenbetreuer engagiert, und man erarbeitete ein Konzept, mit dem sich die Gruppe um ein Eckgrundstück in der Alten Weberei bewarb. Trotz des abschlägigen Bescheids blieb die Gruppe zusammen und erhielt von den Architekten drei Monate später die Option, Teil der Entwicklung auf dem größeren Carré-Grundstück zu werden. Im Zuge dessen wurde die Gruppe um weitere Familien, aber auch Gewerbetreibende und eine Arztpraxis erweitert.

Die Wohnpflegegruppe für Demenzkranke konnte nach Fertigstellung sehr schnell besetzt werden, da diese Wohnform in Tübingen bereits bekannt und gut angenommen war.

Geschäftsbetrieb

Die Samariterstiftung ist ein etablierter Träger von Pflegeeinrichtungen und hatte bereits Erfahrungen mit Wohnpflegegruppen. Das in der Stiftung engagierte Ehepaar der Kerngruppe konnte deren Geschäftsführung auf kurzem Weg für die Kooperation gewinnen. Die Stiftung sagte zu, eine Wohnpflegegruppe als Teil der Baugruppe zu entwickeln. Eine Stiftungsangestellte nahm an den Baugruppengesprächen teil, wofür meist die Räumlichkeiten der Stiftung genutzt wurden. Sie konnte Erfahrungen aus anderen Projekten einbringen und übernahm damit eine wesentliche Beraterrolle innerhalb der Baugruppe. Das eigene inhaltliche Interesse am Projekt begründet sich darin, dass für die Teilhabe demenzkranker Menschen die enge Integration in die Nachbarschaft als wichtig gesehen wird. Die Baugruppe konnte mit dem gemeinnützigen Träger als verlässlichem Partner bereits in der Projektentwicklung einige eigene Ziele absichern.

Wie in den Vergabekriterien des Grundstücks festgeschrieben und von der Baugruppe gewünscht, sollte für die Gewerbefläche zum Quartiersplatz im Erdgeschoss ein Betreiber für einen Lebensmittelladen gefunden werden. Dies gestaltete sich schwierig, der einzige Interessent sprang früh wieder ab. Nach dem vergeblichen Versuch, eine genossenschaftliche Trägerform aufzubauen, konnte mit Hilfe der Stadt Tübingen ein Betreiber eines anderen Ladengeschäfts im Nachbarort für eine Testphase gewonnen werden. Da sie erfolgreich verlief, erwarb dieser zwei Jahre nach Einzug die Flächen im Rohbauzustand, wurde Teil der WEG und baute das Geschäft aus.

Politik & Verwaltung

Die Kommune wendete bei dem neuen Stadtquartier ein erprobtes Entwicklungsverfahren an. Die Fläche wurde im Gesamten durch die Wirtschaftsförderungsgesellschaft Tübingen mbH (WIT) erworben und nach einem städtebaulichen Wettbewerb, dem Bebauungsplanverfahren sowie der Ermittlung der notwendigen Budgets für die Erschließung und öffentliche Infrastrukturen als Einzelgrundstücke zum Festpreis und mit Auflagen an verschiedene Trägerschaften vergeben. Ziel der Konzeptvergabe war eine hohe Vielfalt an Nutzungen und Wohnformen, um eine kleinteilige Mischung in einem lebendigen Quartier zu generieren.

In der Umsetzung der Vorgaben unterstützte die Kommune die Projektentwicklung des Carrés vor allem hinsichtlich der Ladenfläche. Über die Stundung eines Teils des Grundstückspreises wurde die letzten Endes erfolgreiche Testphase des Lebensmittelladens möglich. Die finanzielle Geduld ermöglichte so die Erreichung der eigenen Ziele für das Quartier, und das auch indirekt, etwa indem die Bank aufgrund des Vertrauens der öffentlichen Hand in die Projektentwicklung Sonderkonditionen in der Kreditvergabe gewährte.

In den Augen der Kommune sind Baugruppen wesentlich für die Schaffung von bezahlbarem Wohnraum. Basis dessen ist ein politisches Selbstverständnis, das stärker auf ein zivilgesellschaftliches Engagement denn auf eine kommunale Versorgungslogik setzt.

Innerhalb der Verwaltung und bei den Architekten besteht die Ansicht, dass Wohnungsbau als Stadtentwicklung gedacht werden muss. Innovation entstehe demnach nicht durch eine besondere Wohnung als solche, sondern durch das Gesamtpaket eines neuen Stadtteils. Bedingung dafür, Gebiete so differenziert und mit inhaltlicher Steuerung entwickeln zu können, seien die angespannten Boden- und Wohnungsmärkte sowie der Zugriff der öffentlichen Hand auf die Grundstücke. Dadurch werde einerseits die umfassende städtebauliche Gestaltung möglich, andererseits könne die Bodenwertsteigerung, die sich aus der Entwicklung einer Industriebrache zu einem gemischt ausgerichteten Stadtteil ergibt, genutzt werden, um die nötigen Investitionen vor Ort zu tätigen. Die Vergabe der Grundstücke erfolgt zum Festpreis, aber mit inhaltlichen Vorgaben. So könne man der Gestaltungsverantwortung nachkommen, welche baulichen Strukturen, Wohnformen und Nutzungen den Stand-ort langfristig prägen werden.

Nachbarn & Quartier

Die Nachbarschaft ist wesentliche Zielgruppe der gewerblichen Angebote, zu denen der Lebensmittelladen und die Arztpraxis gehören. Ohne sie würden sich solche Nutzungen nicht tragen. Außerdem nutzen Private und Gewerbetreibende regelmäßig den Gemeinschaftsraum des Alte Weberei Carrés. Heute besteht eine sehr aktive Nachbarschaft, die sich rege in die Quartiersentwicklung einbringt.

Prozesse

Die Akteurskonstellation für die Entwicklung des Carrés entstand über zwei parallele Stränge. Der erste ist jener der Architekten, die den städtebaulichen Wettbewerb für sich entschieden und das Bebauungsplanverfahren begleiteten. In der anschließenden Vergabe der Grundstücke durch die WIT kam neben dem üblichen Bewerbungsverfahren für die meisten Grundstücke auch eine Direktvergabe von Optionen auf wenige zentrale Grundstücke zur Anwendung, zu denselben Konditionen wie dem Festpreis und den konzeptionellen Vorgaben. Für das Carré-Grundstück wurden die Architekten als erfahrene Akteure in der Arbeit mit Baugruppen ausgewählt. Dies gewährleistete auch eine nahtlose Übersetzung der übergeordneten städtebaulichen Gedanken in die konkrete Ausgestaltung des prominenten Stadtbausteins. Die Architekten verfolgten diesbezüglich zuerst ein Konzept mit einem Nutzungsmix aus Gewerbe, Wohnen und einem Fahrradhotel. Etwa im September 2011 scheiterte diese Projektentwicklung jedoch aufgrund des Rückzugs der Partner.

Der zweite Strang ist jener der Baugruppe, deren Kern zwei Ehepaare bildeten. Ab 2007 erarbeiteten sie gemeinsam einen Plan für das Zusammenleben im Alter. 2009 erfuhren sie aus der Zeitung von der Alten Weberei und informierten sich weiter. Sie suchten ein Gespräch mit der Verwaltung, in dem sie der Baubürgermeister beriet. Dies war der Anstoß zur Bildung einer Baugruppe. Zusammen mit der Samariterstiftung und weiteren Privatparteien entwickelten sie, unterstützt durch den Baugruppenbetreuer und die Architekten, ein Konzept und bewarben sich auf ein Grundstück in der Alten Weberei. Die Architekten unterstützten in der Bewerbungsphase mehrere Baugruppen. Im Juni 2011 erhielt die Gruppe, für sie selbst unerwartet, eine Absage von der Kommune; das Grundstück wurde an andere Bewerber vergeben, wiewohl die Jury das Konzept schätzte.

Grundstücksoption eröffnet breite Zusammenarbeit

Die Architekten suchten nach dem Ausstieg der Projektpartner neue Baugruppenmitglieder für das Carré-Grundstück, und die Baugruppe suchte nach der erfolglosen Bewerbung weiterhin ein Grundstück – so kamen beide zusammen.

Die Architekten legten daraufhin das Grundkonzept des Entwurfs fest und versuchten, die verschiedenen Nutzungen in das große Ganze zu „puzzeln". Die Nutzergruppe musste ihre schon weit ausgearbeiteten Vorstellungen und Ideen zu Grundrissen und Gestaltung ad acta legen und sich auf die neuen Gegebenheiten einlassen. Aufgrund des Vertrauens in die Architekten und deren Vision für den Standort gelang das. Der Dialog wird als gut beschrieben, weil eine hochwertige Architektur ein gemeinsamer Anspruch war. Es zeigte sich auch, dass die architektonische Grundstruktur ausreichend flexibel ist, um auf die Bedürfnisse der Nutzer zu reagieren – und umgekehrt der Schwerpunkt der Nutzer wesentlich auf inhaltlichen und nicht baulichen Vorstellungen beruhte.

Aufgrund des größeren Carré-Grundstücks musste auch die Gruppe größer werden. Hierfür trafen die Architekten eine Vorauswahl aus ihnen bekannten Interessenten für Baugruppen, und die Kerngruppe erweiterte sich über private Kontakte. Die Samariterstiftung blieb im Projekt und brachte sich als gleichgestelltes Mitglied der Baugruppe mit ihrem Fachwissen auch zu den Anforderungen an die Demenz-Wohnpflegegruppe ein.

Das gesamte Quartier wurde sehr effizient in etwa zweieinhalb Jahren realisiert, ebenso das Carré, bei dem der erste Spatenstich Ende 2013 erfolgte und Mitte 2015 die Bewohner einzogen. Sie fanden sofort ein blühendes Quartiersleben vor.

Herausforderung Ladenbetrieb

Der an sich reibungslose Entstehungsprozess kam nur an einem Punkt ins Stocken: Über die gesamte Planungsphase hinweg gelang es nicht, einen Betreiber für den Lebensmittelladen zu finden. Der Platz in der Baugruppe, der in der Konzeptvergabe festgeschrieben war, blieb leer. Es wurde deshalb die Fläche vorgehalten, mitentwickelt und versucht, einen Betreiber zu finden. Während der Bauphase versuchten die späteren Bewohner eine alternative Trägerschaft aufzubauen, gründeten eine Genossenschaft und suchten im Quartier Mitinvestoren. Die zusammengetragene Investitionssumme blieb jedoch weit hinter dem benötigten Betrag zurück.

Ein möglicher Investor, der einen anderen Lebensmittelmarkt in einem Nachbarort betreibt und deshalb von der Baugruppe angesprochen wurde, war nicht davon überzeugt, dass sich der Standort tragen würde. Er war jedoch bereit, es zu probieren. So konnte er testen, ob die Nachfrage am Standort ausreicht und der Laden angenommen wird, und die Stadt erfuhr, ob die Ladenfläche tatsächlich nötig ist. Die neunmonatige Testphase zum Betriebskostenpreis wurde möglich, weil die Kommune einen Teil des fälligen Grundstückspreises stundete. Die Baugruppe musste diesen Anteil erst bezahlen, als der Betreiber nach der erfolgreichen Testphase in das Projekt investierte und seine Anteile Anfang 2017 erwarb. Die Stadt trug also wesentlich zum Erfolg bei, indem sie das Risiko an dieser Stelle mittrug und einen finanziellen Puffer gewährte.

Lösungen

Prominente Eingliederung ins neue Quartier

Mit dem Alten Weberei Carré ist ein maßgeschneiderter, wertiger Stadtbaustein an einer städtebaulich bedeutenden Position entstanden. Es füllt ein ganzes Baufeld mit umlaufenden Straßen und kann damit als kleiner Block gesehen werden. Die klar strukturierte Klinkerfassade überzeugt als starkes, aber nicht aufdringliches Ausdrucksmittel. Die Baugruppe sieht den finanziellen Mehraufwand in der Fassadengestaltung als ökologisch und gestalterisch nachhaltige Entscheidung. Die hochwertige Ausstattung des gesamten Gebäudes wurde auch durch den auf ein relativ niedriges Niveau festgesetzten Grundstückspreis möglich.

Sockel mit Kontakt zur Nachbarschaft

Das Erdgeschoss wird für Gewerbe genutzt. Auf der Seite zum Platz liegt der Lebensmittelladen. Die anderen, untergeordneten Seiten werden von einer Agentur genutzt und sind mit kleineren Büros ausgestattet, die alle Zugang zum Außenraum haben. Einige Bewohner haben nicht nur ihre Wohnung im Gebäude, sondern besetzen auch eine Bürofläche. Durch den etwa einen Meter hohen Sockel, der aufgrund des Hochwasserschutzes notwendig ist, entstehen vor dem Erdgeschoss attraktive Außentreppen und Sitzmöglichkeiten. Rampen sorgen für eine barrierefreie Erschließung.

Das Lebensmittelgeschäft ist ein gemeinsamer Erfolg der Baugruppe und der Stadt Tübingen, von dem das ganze Quartier profitiert. Ein Kritikpunkt des Betreibers ist, dass die Ladenfläche nicht nach Stand der Technik mit Kühlaggregaten vorgerüstet war. Das ist jedoch dem Umstand geschuldet, dass der Betreiber erst nach Fertigstellung gefunden wurde und deshalb versucht wurde, eine hinsichtlich der Nutzung flexible Fläche zu erstellen, sollte sich kein Ladenbetreiber finden. Der Ladenbetreiber ist heute stimmberechtigtes Mitglied der WEG.

Ein Effekt der Testphase war, dass die Quartiersbewohner hinsichtlich des Erhalts des Ladens sensibilisiert sind, und nachdem sie daran interessiert sind, dass er bleibt, auch vermehrt dort einkaufen. Es gibt eine hohe Identifikation der Kunden mit dem Laden, der zu einem Treffpunkt in der Nachbarschaft geworden ist. Das Sortiment wird laufend in Rücksprache mit den Kunden weiterentwickelt. Und auch die verstärkte Nachfrage von außerhalb des Quartiers führte zu einem schnelleren Erfolg als zunächst angenommen.

Aktive Quartiersgemeinschaft

Insgesamt entsteht durch die festgelegte Nutzungsmischung ein belebtes Quartier mit vielen Arbeitsplätzen in einer kleinteiligen Parzellierung. Dies führt zu einer Nachbarschaft der kurzen Wege, was die Bewohner als für sie persönlich attraktiv beschreiben.

Die Bewohner des Viertels dachten die Nutzung des öffentlichen Raums weiter und installierten etwa eine Pergola, eine Tanzfläche, einen Spielplatz und eine Skulptur am großen Quartiersplatz. Laut den Bewohnern ist im Viertel eine Energie spürbar, die auf den gemeinsamen Aufbau des Quartiers von allen Beteiligten zurückgeht.

Hochhof als Zentrum der Hausgemeinschaft

Die Rückseite sowie der innen liegende Bereich des Erdgeschosses wurden für eine ebenerdige Garage genutzt. So konnte die nicht benötige Fläche genutzt werden und eine Unterkellerung eingespart werden. Die liebevoll „Turnhalle" genannte Garage erweist sich als zu groß für das Projekt, war aber aufgrund des Stellplatzschlüssels notwendig.

Zu den oberen Geschossen gelangt man über zwei Treppenhäuser, die sowohl auf den Hochhof im ersten Geschoss und auf Laubengänge in den anderen Stockwerken führen. Die Erschließung funktioniert für die Bewohner als Ort der Begegnung. Vor allem der auf dem Niveau des ersten Obergeschosses liegende Innenhof ist ein zentraler Treffpunkt, der Kontakte ermöglicht. An ihn ist sowohl die Wohnpflegegruppe als auch die Arztpraxis direkt angebunden.

Die Wohnpflegegruppe ist also räumlich, aber auch sozial in die Hausgemeinschaft integriert. Einige Hausbewohner engagieren sich dort ehrenamtlich, und über den gemeinsamen Freiraum entsteht eine alltägliche Kontaktfläche zwischen den Alten und den Familien. Die Demenzkranken genießen es, in einem lebhaften Haus zu wohnen, und fühlen sich im Schutz der Gemeinschaft wohl, die ihnen viel Verständnis entgegenbringt. Dem Projekt ist mit der engen Integration der Wohnpflegegruppe eine sensible, interessante Lösung gelungen.

Die Bewohnergruppe beschreibt sich als engagiert, vertrauensvoll, mit guter Kommunikation und regem Austausch. Es bestehen zahlreiche enge Freundschaften innerhalb des Hauses. In der Satzung wurde festgeschrieben, „wohnen und wirken" zu wollen. Anfangs wohnten vor allem Eigentümer im Haus, doch ziehen zunehmend auch Mieter ein, was im Sinne der sozialen Diversität positiv gesehen wird.

Gemeinschaftsraum im baulichen Relikt
Das Trafogebäude der alten Fabrik wurde als bauliches Erbe erhalten und als Bruchstück sensibel in den Neubau integriert. Es beherbergt den Gemeinschaftsraum, der von einer Gesellschaft bürgerlichen Rechts (GbR) betrieben wird. Die GbR besteht aus allen Bewohnern, die mitinvestieren wollten, und ist wiederum Teil der WEG des gesamten Gebäudes. Der Raum ist auch für Außenstehende gegen Entgelt nutzbar. Er wird regelmäßig für interne wie externe Veranstaltungen genutzt und bewährt sich dabei.

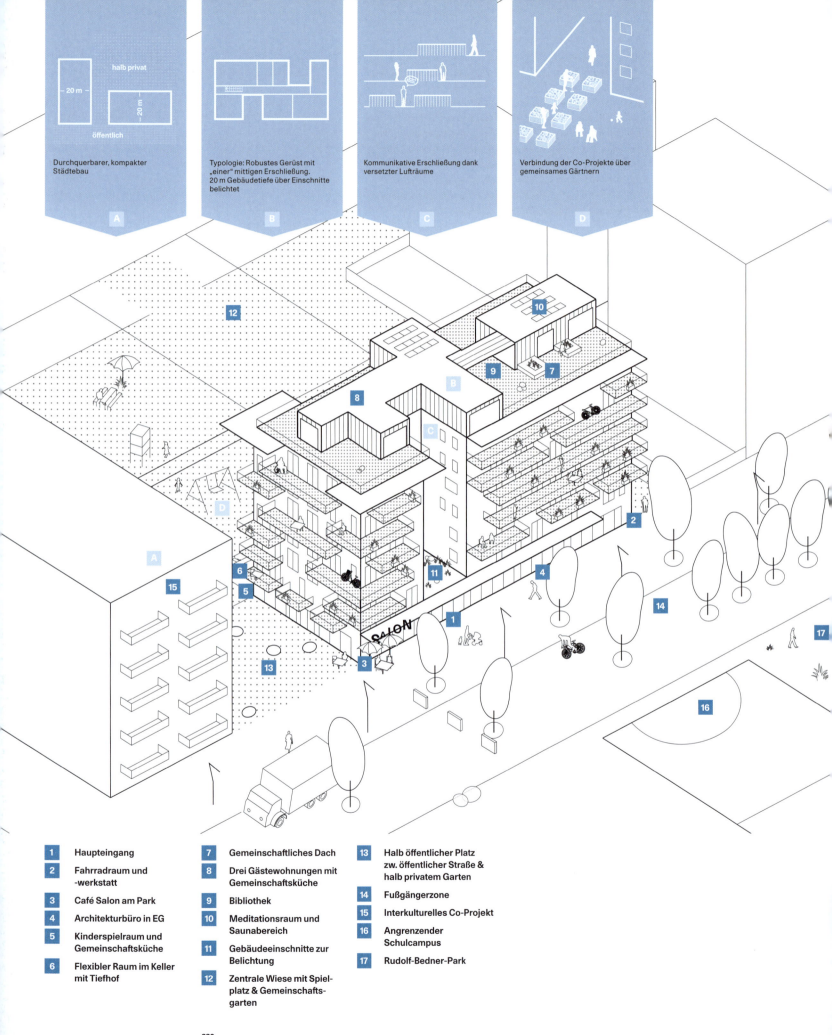

Größe: 39 WE, Neubau
Projektstart: 2010
Fertigstellung: 2013
Trägermodell: Verein
Akteure: Verein für Nachhaltiges Leben, Bauträger Schwarzatal, einszueins architektur, Projektsteuerer raum und kommunikation
Zielgruppe: Mitglieder des Vereins
Besonderheiten: Gemeinschaftliches Wohnen mit vielen geteilten Einrichtungen, Mobilitätskonzept mit nur acht Stellplätzen und diversen Sharing-Fahrzeugen, Vernetzung mit dem Quartier

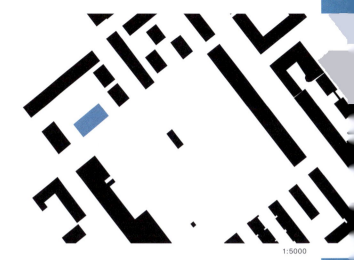

1:5000

Wohnprojekt Wien, Wien

In ihrem Kern bildete sich die Nutzergruppe dank antreibender Persönlichkeiten sehr schnell. Sie holte sich professionellen Rat von außen ein und konsultierte ältere Projekte, sodass rasch Kenntnisse zu Selbstorganisation und gemeinschaftlichem Wohnen gewonnen wurden. Auf diesem Weg entstand auch der Kontakt zu Projektsteuerer und Bauträger, die Ideen und Engagement der Nutzergruppe mit professionellem Know-how und Erfahrung ergänzten; abgesehen von der inhaltlichen Ausrichtung waren für diese Akteure die Abläufe Standard. So konnten alle ihre jeweiligen Stärken einbringen und von denen der anderen profitieren. Unter den günstigen Rahmenbedingungen der Wiener Wohnbauförderung entstand in rekordverdächtigem Tempo ein Projekt, das ein großes mediales und fachliches Echo erfuhr. Neben seiner gelungenen Gestaltung sind vor allem die vielfältigen Gemeinschaftseinrichtungen, die Organisation des Zusammenlebens und die Einbettung ins Quartier hervorzuheben. Kurz vor Einzug kaufte die Gruppe dem Bauträger das Gebäude ab. Der Neubau verfügt über sechs Wohngeschosse; Unter-, Erd- und Dachgeschoss sind fast ausschließlich gemeinschaftlich und gewerblich genutzt. Das Dachgeschoss dient alleinig der Gemeinschaft: Gästewohnungen, Küche, Sauna, Ruheraum, Bibliothek und Terrassen. Unter- und Erdgeschoss öffnen sich der Nachbarschaft. Die Aktivitäten im Erdgeschoss stehen in starker Wechselwirkung zur (autofreien) Umgebung direkt am Rudolf-Bednar-Park. Im Untergeschoss befinden sich neben individuellen Lagerräumen gemeinschaftliche Werkstätten, ein Waschsalon, ein Kühlraum für Lebensmittel und der mietbare „Flexraum". Im Erdgeschoss liegen das verantwortliche Architekturbüro, ein großzügiger Fahrradraum, eine Gemeinschaftsküche, ein Spielzimmer und der Salon am Park (ein Café plus Nahversorger). Mit der Soziokratie wendet die Nutzergruppe eine effiziente, zielführende und basisdemokratische Methode zur Selbstorganisation an. Anfangs ließ sie sich dabei professionell unterstützen. Entsprechend organisiert sie die Verwaltung, das Zusammenleben, aber auch zahlreiche Aktivitäten für das Quartier und soziales Engagement.

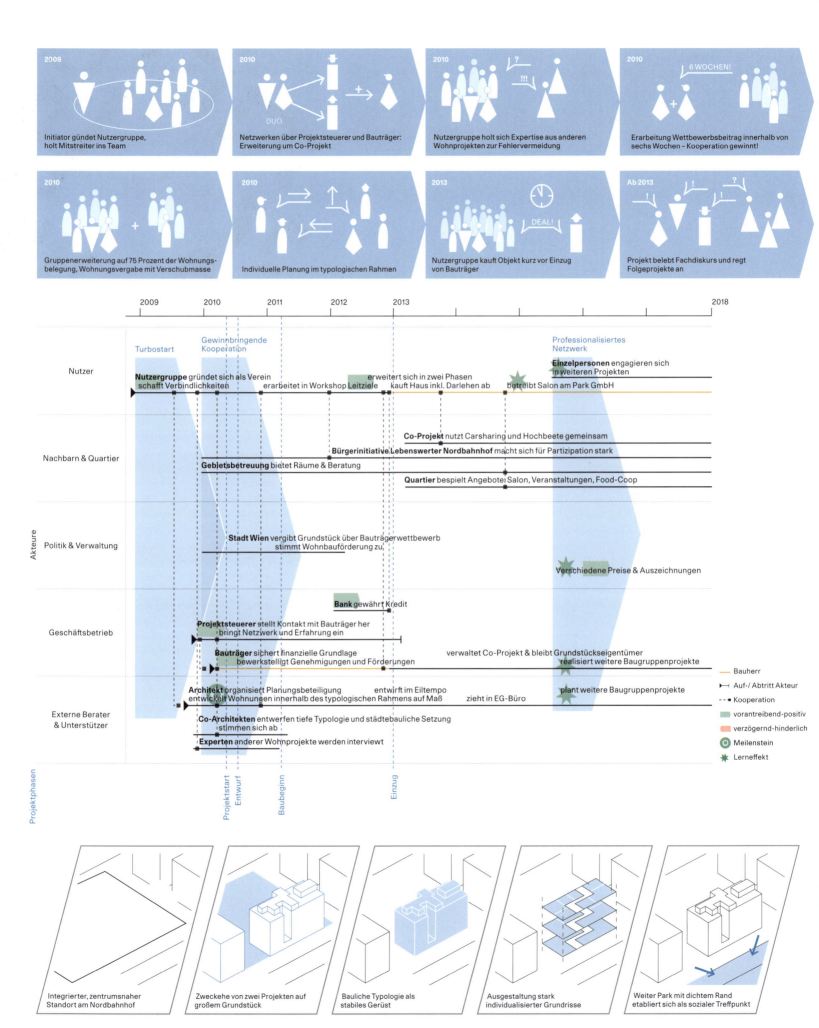

Rahmenbedingungen

Gesamtstadt
Im Jahr 2009 konnte die Nutzergruppe im wachsenden Wien am freien Grundstücksmarkt nicht konkurrieren. Auch ein Verfahren zur (Konzept-)Vergabe öffentlicher Grundstücke an Baugruppen existierte nicht. So blieb als einzige Möglichkeit, an ein Grundstück zu kommen, der damals ganz auf Bauträger ausgerichtete geförderte Wohnungsbau.

Die finanziellen Rahmenbedingungen der Projektentwicklung waren nach einhelliger Meinung der Projektbeteiligten sehr günstig. Das lag zum einen an der Konjunkturphase, in der es wenig freifinanzierten Wohnungsbau gab und die Baupreise daher niedrig waren. Zum anderen waren sowohl der Vergabepreis des Grundstücks als auch die Wohnbauförderung seitens der Stadt Wien großzügig. Die Einstufung als Wohnheim erlaubte einen reduzierten Stellplatzschlüssel (acht Stellplätze für 39 Wohneinheiten), was dem Bedarf der Bewohnerschaft entspricht, und die Förderung sowohl der Wohn- als auch der Gemeinschaftsflächen über zinsgünstige Darlehen. Die Nutzung dieser Förderschiene durch Baugruppen hat in Wien lange Tradition. Damals musste noch kein Einkommensnachweis geführt werden – dass dies verändert wurde, sehen die Projektbeteiligten als richtig an, wenngleich sie selbst von der alten Regelung profitiert haben. Unter anderen Rahmenbedingungen wären weder der hohe technische Standard noch die Vielzahl und Qualität der Gemeinschaftseinrichtungen leistbar gewesen.

Quartier
Das Stadtentwicklungsgebiet Nordbahnhof ist eines der größten innerstädtischen Konversionsprojekte Wiens. Es liegt im zentralen zweiten Bezirk und ist mit öffentlichen Verkehrsmitteln hervorragend erschlossen. Von den benachbarten gründerzeitlichen Quartieren ist das Gebiet teilweise noch durch alte Barrieren getrennt; große Grünräume wie Prater und Donauinsel sind aber rasch erreichbar. Mittelpunkt des Viertels ist der großzügige, von einer Fußgängerzone umschlossene, neu angelegte Rudolf-Bednar-Park.

Areal
Das eigentliche Grundstück liegt neben Sportanlagen an der Nordseite des Parks. Einige der späteren Bewohner empfanden das Neubauquartier zunächst als abschreckend, auch wenn sie die innerstädtische und autofreie Lage am Park attraktiv fanden. Das Wohnprojekt Wien entstand in einer mittleren Bauphase – 1994 wurde das erste städtebauliche Leitbild für das 85 Hektar große Areal beschlossen, 2025 soll es vollständig bebaut sein.

Akteure

Als entscheidend für den Erfolg des Projekts wird die Konstellation der Akteure gesehen. Das starke Team besteht aus der selbstbewussten und handlungsstarken Nutzergruppe, der auch der Architekt angehört, einem erfahrenen und gut vernetzten Projektsteuerer und einem experimentierfreudigen Bauträger. Dieser errichtete zeitgleich auf demselben Grundstück ein zweites Gebäude, im Folgenden Co-Projekt genannt, mit demselben Projektsteuerer, einem anderen Architekturbüro und ohne Beteiligung der Bewohnerschaft.

Nutzer
Die Nutzergruppe ist als Verein konstituiert, in dem nur Bewohner Mitglieder sind. Damals war die Gesetzeslage zu Genossenschaften lange nicht novelliert worden und das juristische Know-how rar, weshalb nicht diese Form angewendet wurde. Das im Projekt angewandte Konstrukt ist in den Augen der Akteure sehr ähnlich zu deutschen Wohngenossenschaften. Kurz vor Einzug legte der Verein große finanzielle Anstrengungen auf den Kauf des Gebäudes. Bis dahin agierte der Bauträger als Bauherr. Dieser blieb nach dem Verkauf des Gebäudes Eigentümer des Grundstücks und des Co-Projekts. Der Verein ist nun eigenständiger Bestandshalter im Gemeinschaftseigentum – die denkbare Alternative war die Generalmiete vom Bauträger als Bestandshalter. Den Mitgliedern gehören der jeweiligen Wohnfläche entsprechende Anteile am Haus, in dem sie zur Miete wohnen. Die Einstiegs- und Ausstiegsbedingungen sind klar geregelt.

Die Grundidee der Nutzergruppe war gemeinschaftliches, generationenübergreifendes Wohnen in innerstädtischer Lage. Diesem Grundgedanken blieb sie den ganzen Prozess über treu und untermauerte ihn mit Engagement, finanziellem Einsatz und inhaltlichen Impulsen. Die Besonderheit der Gruppe sehen deren Partner weniger in den Ideen selbst als in deren konsequenter und weitreichender Umsetzung.

Diese Zielstrebigkeit geht auf den Initiator zurück, der viel betriebswirtschaftliches und kommunikatives Know-how mitbrachte. Er bildete zusammen mit einem weiteren Bewohner, der nach der Initialphase zusätzlich als Architekt fungierte, den Motor des Projekts. Das Vertrauen der Gruppe in diese beiden ermöglichte das hohe Tempo der Projektentwicklung und die Bereitschaft, bald finanzielle Verbindlichkeiten einzugehen.

Trotz dieser zielstrebig agierenden Persönlichkeiten konnten dank der Soziokratie als Organisationsform basisdemokratische Prinzipien befolgt werden. Bis zum Einzug gab es eine hohe Fluktuation – was mit dem rasch geforderten finanziellen Einsatz zusammenhing, aber auch persönliche Gründe seitens der Interessenten hatte. Dieser Vorgang wird als positiv begriffen, da sich so schnell eine Kerngruppe mit gefestigtem Selbstverständnis herausschälte. In Phasen der Gruppenerweiterung konnte stets aus vielen geeigneten Interessenten ausgewählt werden. In Vorbereitung auf den Bauträgerwettbewerb definierte die Gruppe ihre Leitsätze: „Eine Keimzelle der Nachhaltigkeit sein. Individualität in Gemeinschaft leben. Lebendige Räume erschaffen." Später wurde „Das gute Leben wagen" ergänzt.

In der Innen- wie Außensicht wird die Gruppe als selbstbewusst, individualistisch, sehr interessiert an sozialer und ökologischer Nachhaltigkeit, gemeinschaftsliebend, eher gebildet und gut verdienend beschrieben. Eine solide finanzielle Basis war unter anderem für die zu erwerbenden Eigenanteile nötig. Der Anspruch an soziale Verantwortung im Wohnen wird zum Teil durch das Co-Projekt erfüllt (siehe unten). Darüber hinaus wurde ein freiwilliger Solidaritätstopf eingerichtet. Daraus werden zwei „Soli-Wohnungen" finanziert, die an Einkommensschwache und Geflüchtete vergeben werden. Auch eine der drei Gästewohnungen wurde zwischenzeitlich einer Geflüchtetenfamilie zur Verfügung gestellt. Viele schätzen es, als Gemeinschaft solche und andere Hilfe leisten zu können. Die Nutzergruppe besteht aus einem bunten Mix an Familien und Alleinstehenden aller Altersgruppen, die ein aktives, kommunikatives Leben führen wollen, aber auch einen privaten Rückzugsraum möchten.

Neben verschiedenen beruflichen Expertisen konnte die Gruppe intern auf Erfahrungen mit gemeinschaftlichen Wohnformen zurückgreifen. Kollektives Eigentum zur Konfliktvermeidung war ein mehrfach genannter und auf persönlichen Erfahrungen beruhender Wunsch. Darüber hinaus ließ sich die Gruppe von Anfang an professionell beraten und lernte von älteren Projekten. So wurde Know-how für die Selbstorganisation aufgebaut. Über diese Qualifizierung haben einige Personen sogar ihr berufliches Profil weiterentwickelt.

Vor dem Einzug engagierte sich die Nutzergruppe außerordentlich stark in der Quartiersentwicklung. Voraussetzung hierfür war einerseits das persönliche Interesse und die Identifikation mit dem zukünftigen Wohnstandort, andererseits die Einbindung bereits in der Planungsphase. Nach dem Einzug konzentrierten sich die meisten Gruppenmitglieder stärker auf die vielfältigen Aktivitäten innerhalb des eigenen Hauses.

Die Beteiligung der gesamten Nutzergruppe an der Planung lief über das Architekturbüro. Lediglich eine kleine Planungsgruppe hatte auch Kontakt mit Bauträger und Projektsteuerer.

Externe Berater & Unterstützer
Der Architekt ist Gründungsmitglied der Nutzergruppe. Die Doppelrolle wird als herausfordernd, aber gelungen bewertet. Aufbauend auf Erfahrungen im Wohnbau konnte sich das Büro in diesem Projekt in Richtung partizipatives Planen weiterentwickeln. Planerische Abstimmungen mit dem Architekturbüro des Co-Projekts wurden vor allem hinsichtlich Städtebau und Freiraum getroffen, aber auch zum Bausystem. So konnten einige Firmen gemeinsam und damit kostengünstiger beauftragt werden. Die städtebauliche Idee sowie der Kontakt zum Gebietsmanagement kamen von diesem zweiten Büro.

Gerade zu Beginn der Projektentwicklung ließ sich die Nutzergruppe durch externe Expertise unterstützen: in der Moderation der eigenen Gespräche, in Fortbildungen und Coachings. Darüber hinaus wurden mit Beteiligten älterer Projekte Gespräche geführt, um von deren Erfahrungen, Herangehensweisen und Lösungen zu lernen.

Der Projektsteuerer ist ein angesehener und gut vernetzter Experte. Er hat die bekannte Sargfabrik mitgegründet, leitet ein Planungsbüro, ist im Grundstücksbeirat des wohnfonds_wien und regelmäßig in Jurys für Bauträgerwettbewerbe tätig; daher ist er mit der Szene und dem Thema bestens vertraut. Von der Nutzergruppe nach einer Kooperationsmöglichkeit mit einem Bauträger gefragt, brachte er die Akteure zusammen. Mit dem Bauträger hatte er bereits zusammengearbeitet und wusste um dessen Offenheit für neue Herangehensweisen. Gerade in der Projektentwicklung hatte er eine Schlüsselfunktion inne. Sein Büro übernahm die Projektsteuerung für das Wohnprojekt Wien und das Co-Projekt.

Als sich die Nutzergruppe zum Kauf des Hauses entschied, fand sie über Privatkredite hinaus lange keinen institutionellen Kreditgeber. Schlussendlich konnte die deutsche GLS Bank gewonnen werden, die zum ersten Mal in Österreich investierte.

Geschäftsbetrieb
Der gemeinnützige Bauträger ist seit 1921 in Wien und Niederösterreich tätig und verwaltet 5800 Wohnungen. Die Nutzergruppe wurde über den Kontakt des Projektsteuerers in die eben begonnene Neuplanung integriert. Dieses Vorgehen war damals neu im Wiener Fördersystem, hat sich aber mittlerweile auch bei anderen Bauträgern etabliert. Ein Anliegen war, das Wohnungsangebot besser den aktuellen Bedürfnissen und Herausforderungen anzupassen. Die späteren Nutzer sollten in der Planungsphase einbezogen werden, um neue Ideen zu generieren. Abgesehen davon sieht der Bauträger die Abläufe des Wohnprojekt Wien als eigenen Standard.

Vom Bauherrn waren sowohl das Know-how in der Projektentwicklung, Planung und Bauabwicklung zu Förderbedingungen und rechtlichen Rahmenbedingungen, aber auch die solide und kreditwürdige Finanzbasis gefragt. Der Bauträger war damit starker und verlässlicher Partner der Nutzergruppe, finanzielles Sprungbrett und Risikoträger. Diese Rolle werde in ihrer Komplexität oft unterschätzt, sagt der Bauträger. Bei Ausfall der Nutzergruppe etwa hätte das Gebäude vermietbar sein müssen. Deshalb sah sich der Bauträger in der Verpflichtung, der Nutzergruppe transparent die Grenzen und Folgen ihrer Vorstellungen aufzuzeigen.

Auflagen der Projektentwicklung waren, dass ein Anteil von 25 Prozent an der Bewohnerschaft Personen mit Migrationshintergrund sind und ein Drittel der Wohnungen als sogenannte Anbotswohnungen dem Wohnservice der Stadt Wien zur Verfügung gestellt werden. Diese werden dann, ähnlich den stadteigenen Wohnungen, niederschwellig und chancengleich vermietet. Die Auflagen werden über das Co-Projekt erfüllt, bei dem der Bauträger Bestandshalter blieb. Auch das Wohnprojekt Wien hätte der Bauträger bevorzugt gehalten, mit dem Verein der Nutzergruppe als Generalmieter. Die Nutzergruppe legte jedoch großen Wert auf den Kauf des Gebäudes. Mit einem weit unter den üblichen Margen liegenden Aufschlag für Risiko und Projektentwicklung wurde das Gebäude, nicht aber das Grundstück, kurz vor Fertigstellung an die Nutzergruppe verkauft.

Nachbarn & Quartier
Das Gebietsmanagement als dezentrale öffentliche Einrichtung berät, informiert und vernetzt im jeweiligen Quartier, bei Neubauten ebenso wie im Zuge der Stadterneuerung. Die Räume und den Rat des Gebietsmanagements nahm die Nutzergruppe in der Planungsphase regelmäßig in Anspruch. Vor Einzug war der Kontakt intensiv, danach verringerte er sich, ist aber weiterhin gut. Das gilt auch für die Verbindung zur lokalen Bürgerinitiative. Heute werden die eigenen Räume den Aktivitäten im Quartier teilweise unentgeltlich zur Verfügung gestellt.

Die Bewohner des Co-Projekts lernte die Nutzergruppe kurz vor Einzug kennen. Die größte Kontaktfläche bildet der gemeinsame Innenhof mit Hochbeeten. Hier wird der organisierte Verein des Wohnprojekt Wien im Unterschied zur „klassischen Mieterschaft" des Co-Projekts als prägend wahrgenommen.

Politik & Verwaltung
Über das Stadtentwicklungsgebiet, die Vergabe des Grundstücks über einen Bauträgerwettbewerb und die Förderrichtlinien hatte die öffentliche Hand eine prägende und ermöglichende Funktion für das Projekt. Das „Rote Wien" hat ein historisch gewachsenes, ausgeprägtes und auch erfolgreiches System der Wohnraumversorgung. Die Logik der Eigeninitiative entsteht in den Augen der interviewten Akteure in diesem System nur schwer, wobei hier allerdings ein Umbruch beobachtet wird.

Prozesse

Turbostart
Das Wohnprojekt entstand in rekordverdächtigem Tempo. Dabei fügte sich das Engagement und die Netzwerkarbeit der Beteiligten nahtlos in die Entwicklung des Quartiers.

2009 begann der Initiator, Mitstreiter zu suchen, und knüpfte über den Bekanntenkreis, sein zivilgesellschaftliches Engagement und auf Veranstaltungen zu gemeinschaftlichem Wohnen erste Kontakte. Die Gruppe traf sich monatlich und kam schnell voran. Dies lag an vorantreibenden Schlüsselpersonen, die rasch eine finanzielle Beteiligung forderten, um Beratungen und Coachings etwa zur Vereinsgründung bezahlen zu können. Einige stiegen wegen dieses hohen Tempos aus. Dieser Schritt wird allerdings als hilfreich empfunden, da sich so zeigte, wer ernsthaftes Interesse an dem Projekt hat. Ende 2009 wurde ein Gründungsmitglied als Architekt ausgewählt.

Gewinnbringende Kooperation
Anfang 2010 wurden Gespräche mit dem für Bauträgerwettbewerbe zuständigen wohnfonds_wien und fachkundigen Personen geführt – darunter der spätere Projektsteuerer, der den Kontakt zum Bauträger herstellte. Dieser hatte schon erste Schritte zu einem Wettbewerbsbeitrag mit einem anderen Architekturbüro unternommen und fusionierte die beiden Projekte: ein Bauträger, ein Projektsteuerer, ein Grundstück, aber zwei Gebäude von zwei Architekturbüros mit unterschiedlichen Programmen – das eine mit, das andere ohne Beteiligung der späteren Bewohnerschaft.

Innerhalb der knappen Frist von sechs Wochen wurde der Wettbewerbsbeitrag erarbeitet. In einem moderierten Workshop erarbeitete die damals 13 Personen umfassende Nutzergruppe bis heute gültige Leitsätze, die Architektur und Städtebau Orientierung gaben. Die beiden Architekturbüros stimmten sich zu Fragen des Städtebaus ab und entwickelten jeweils einen Baukörper, beim Wohnprojekt Wien unter Einbezug der Nutzergruppe. Zu den Wohnungsgrundrissen wurden Testplanungen innerhalb eines stringenten typologischen Rasters gemacht.

Im April 2010 erhielt das Vorhaben den Zuschlag. Die beiden Schwerpunkte interkulturelles und gemeinschaftliches Wohnen in einem gemeinsamen Portfolio überzeugten die Jury.

Maßschneidern und erweitern
Aus Gesprächen mit Beteiligten älterer Projekte lernte die Nutzergruppe, dass sie bei der Wohnungsvergabe noch Spielraum haben sollte. Der Erweiterungsprozess auf etwa 75 Prozent der Gruppengröße fand im Herbst 2010 statt. Da es wesentlich mehr geeignete Bewerber als freie Plätzen gab, fielen manche Entscheidungen per Los.

Das erste Treffen mit 50 statt bisher 13 Personen wird als aufregender Moment beschrieben, bei dem auf Basis des Bewerbungsprozesses positive Anknüpfungspunkte bestanden. Die Gründungsmitglieder hatten nach wie vor Schlüsselpositionen inne, beschäftigten sich aber gezielt mit der Übergabe von Verantwortung auf den größeren Kreis, was später als gelungen wahrgenommen wird. Die neuen Mitglieder leisteten einen finanziellen Beitrag für die Vorleistungen der Kerngruppe. Außerdem waren sie sofort gefordert, Aufgaben zu übernehmen.

Die Festlegung der Wohnungsverteilung war ein wichtiger Moment. Alle Wohnflächen haben denselben Preis. Als erleichternd wurde wahrgenommen, dass Erd- und Dachgeschoss gänzlich als gemeinschaftliche und gewerbliche Flächen vorgesehen waren. Viele Mitglieder beschreiben alle Lagen als gut, aber unterschiedlich: Die Südseite zum Park hat mehr Licht und Ausblick, die Nordseite mehr Ruhe. Einige Personen hatten sehr spezifische Bedürfnisse, andere waren genügsam: „Hauptsache im Haus." In einem Workshop formulierten sämtliche Parteien Präferenzen, und die Architekten machten Verteilungsvorschläge, die wiederum diskutiert wurden. Der erste ganztägige Workshop wurde wiederholt, weil eine Person unzufrieden war – sie benötigte aufgrund einer Augenkrankheit eine hellere Wohnung, hatte dieses Bedürfnis aber erst am Ende formuliert. Hier zeigte sich die Solidarität der Gruppe. Bei der Wiederholung des Workshops wurde eine Lösung gefunden.

Nach Festlegung der Wohnungsverteilung wurden die Wohnungsgrundrisse entwickelt. Da der Beitrag für die Ausstattung der Gemeinschaftsflächen sofort eingezahlt wurde, blieben für mögliche Einsparungen nur die individuellen Wohnungen. Dazu gab es je Partei zwei Besprechungen mit dem Architekturbüro – jede weitere kostete extra. Die grundsätzliche Struktur, also Erschließung, Bauform, Tragstruktur, Lage der Gemeinschaftsräume und Gewerbeflächen blieb identisch, während sich alle nicht tragenden Innenwände, Fenster, Türen und Balkone verschoben. Dank der klaren Typologie fällt das auf den ersten Blick nicht auf. Darüber hinaus mussten die Materialwahl und die Gestaltung der Gemeinschaftsflächen verhandelt werden. Als eine zentrale Ebene der Mitbestimmung werden die Arbeitsgruppen gesehen. Die Großgruppe war vor allem ein Informationsgremium, das nur bei wenigen grundlegenden Entscheidungen über die Vorschläge der Arbeitsgruppen abstimmte.

Außerdem wurden die letzten 25 Prozent der Wohnungen vergeben. Das wurde von der zuständigen Gruppe übernommen. Die hinzukommenden Mitglieder konnten zwischen feststehenden Wohnungsgrößen und -lagen wählen. Aufgrund der weiterhin herrschenden Fluktuation wurde intern aber noch getauscht.

Bau und Kauf
Eine Verzögerung im Bauverlauf brachte die Insolvenz des Generalunternehmens. Dies führte zu Unsicherheiten darüber, wann die neuen Wohnungen bezogen werden konnten.

Kurz vor Fertigstellung engagierte sich die Nutzergruppe sehr für den Kauf des Hauses – ein Ziel, das lange feststand, aber keine Finanzbasis hatte. Nach langem Suchen konnte ein Bankkredit aufgenommen werden, der zusammen mit Privatkrediten den gemeinschaftlichen Kauf ermöglichte. Da der komplexe Kaufvorgang inklusive Übernahme der Wohnbauförderungsdarlehen vom Bauträger ein Novum war, waren seitens der beteiligten Akteure guter Wille und Kreativität erforderlich.

Im Dezember 2013 folgte der Einzug. Die Übernahme der Verwaltung vom Bauträger war eine Herausforderung für die Nutzergruppe, die sich auch mit der Regelung des Zusammenlebens und der Einrichtung beschäftigen musste. Die Soziokratie als eingeübte Organisationsform half dabei wesentlich.

Professionalisiertes Netzwerk
Das Projekt erhielt zahlreiche Preisen und eine hohe mediale Aufmerksamkeit. Einige der beteiligten Akteure arbeiten in verschiedenen Konstellationen weiterhin zusammen. Sowohl für das Architekturbüro als auch für den Bauträger war das Projekt ein erster Schritt auf dem Gebiet des partizipativen Wohnbaus. Auch mehrere Personen aus der Nutzergruppe entwickelten sich beruflich in dieser Richtung weiter, so etwa der Initiator, der die Gründung eines Bauträgers für gemeinschaftliche Wohnformen anstieß.

Lösungen

Das Wohnprojekt Wien gilt hinsichtlich Architektur und Städtebau als sehr gelungen. Aufgrund der günstigen Rahmenbedingungen ist der hohe Ausstattungsstandard möglich gewesen. Hinsichtlich der Ökologie der Baustoffe musste die Nutzergruppe allerdings Kompromisse eingehen. Besonders sind die Vielzahl und Qualität der gemeinschaftlichen Einrichtungen, die Organisationsform, das gemeinschaftliche Zusammenleben und Engagement sowie die Funktion als Treffpunkt im Quartier.

Robustes Gerüst
Das Gebäude ist mit zwanzig Metern sehr tief. Zur Belichtung der Wohnungen und des innen liegenden Treppenhauses wurden zwei Einschnitte gesetzt. Die attraktive und großzügige gemeinsame Erschließung wird als Muss gemeinschaftlichen Zusammenlebens gesehen. Der Mittelgang bewährt sich als spontaner Begegnungsort und wird von den Kindern intensiv zum Spiel genutzt.

Das Tragsystem mit Mittelgang, Scheiben und Außenwänden ist einfach und robust. Abseits der Haustechnikschächte war eine flexible Setzung der Innenwände möglich. Diese Freiheit war für die differenzierte Lösung der Wohnungsgrundrisse wichtig. Das Architekturbüro wird in Zukunft jedoch mehr mit standardisierten Wohnungstypen arbeiten. Alle Wohnungen haben einen Balkon. Kleinere Wohnungen liegen eher innen und sind daher zu einer Seite orientiert, größere liegen eher in den Ecken. Aufgrund der allgemein guten Belichtungssituation und der gemeinschaftlichen Nutzung des Dachgeschosses werden die Lagedifferenzen als gering eingestuft.

Ein Anliegen war ein sparsamer Umgang mit Fläche – der Initiator gilt mit 40 Quadratmetern für seine Wohnung als Vorbild. Im Nachhinein werden die Kinderzimmer als zu klein angesehen – das liege aber an den vielen Kindern, die zum Spielen vorbeikommen. In der Weiterentwicklung für eine bedarfsgerechte Pflege älterer Personen sieht die Nutzergruppe eine Aufgabe für die Zukunft.

Wohnen plus plus plus

Der Grundsatz „Individuelles reduzieren, Gemeinsames ausbauen" spiegelt sich in den zahlreichen Gemeinschaftseinrichtungen. Im Dachgeschoss befinden sich drei Gästewohnungen mit einer Gemeinschaftsküche, eine Sauna mit Ruhe- beziehungsweise Gymnastikraum, eine Bibliothek und Terrassen. Die vorgeschriebenen acht Stellplätze finden sich im Co-Projekt, sind über einen unterirdischen Gang erreichbar und mit Sharing-Fahrzeugen belegt. Im Untergeschoss konnten daher neben individuellen Lagerräumen gemeinsame Werkstätten, ein Lager- und Kühlraum für Lebensmittel, eine Waschküche und ein großer Flexraum untergebracht werden. Dieser Flexraum ist für größere Veranstaltungen geeignet, hat über einen Tiefhof einen eigenen Eingang sowie Freiraum und wird auch vermietet. Im Erdgeschoss liegen eine große Gemeinschaftsküche, ein Spielzimmer, ein großer Fahrradraum mit Werkstatt und zwei Gewerbeflächen. Die eine ist an das verantwortliche Architekturbüro vermietet, das die Gemeinschaftseinrichtungen mitbenutzt, die andere an den Salon am Park. Beide sorgen für ein belebtes Erdgeschoss. Die Gemeinschaftsflächen bieten viele Möglichkeiten – auch für die Selbstständigen, die zum Beispiel in der Bibliothek arbeiten oder für einen Kurs den Flexraum mieten können. Die Jugendlichen suchen momentan einen Raum für sich, wofür sie selbst aktiv werden müssen.

Der von der Wohnbauförderung vorgeschriebene Anteil von zehn Prozent freifinanzierter Flächen wird üblicherweise mit Eigentumswohnungen gedeckt. In der Projektentwicklung entschied man sich für das Risiko, Gewerbeflächen zu entwickeln, um mehr Leben an den Standort zu bringen. Weil es nicht gelang, einen kleinen Bio-Supermarkt zu gewinnen, wird eine Gewerbefläche nun von einer aus acht Bewohnern bestehenden GmbH betrieben. Der Großteil der Arbeit im Salon am Park, der Café und Nahversorger kombiniert, wird ehrenamtlich erbracht, teils auch von Externen und über Gemeinschaftsstunden der Hausgemeinschaft. Der Salon ist ein Ort niederschwelligen Kontakts für Haus und Quartier. Die Lage am Haupteingang und die Öffnung zu den Freiflächen ist dafür von zentraler Bedeutung. Insgesamt ist das Wohnprojekt Wien mit seinen Angeboten, Aktivitäten und Räumen ein Treffpunkt im Quartier.

Gemeinschaft organisieren und leben

Die halb privaten und öffentlichen Freiflächen um das Gebäude verfließen ohne klare Trennung. Dies fußt auf der Offenheit der Bewohnerschaft und kommt auch der Nachbarschaft zugute. Die gewerblichen und gemeinschaftlichen Erdgeschossflächen sorgen für eine Belebung der Freiflächen, die auch durch die autofreie Lage im Quartier und die Kontaktfreudigkeit der Bewohnerschaft begünstigt wird. Sowohl der Park als auch der intimere Innenhof werden gerne genutzt.

Bei der als Organisationsform genutzten Soziokratie agieren die unterschiedlichen Gruppen, die sich um bestimmte Themen kümmern, eigenständig – Entscheidungen werden direkt getroffen oder für die seltener tagende Großgruppe vorbereitet; diese bestimmt die Verantwortlichkeiten. Entscheidungen werden im sogenannten Konsent getroffen – das heißt, es dürfen am Schluss keine Einwände mehr bestehen. Einwände müssen mit den gemeinsamen Werten begründet werden und haben zwei Stufen: Einfache Einwände stoppen nicht, regen aber eine Veränderung an; schwerwiegende Einwände stoppen eine Entscheidung, müssen jedoch mit einem Alternativvorschlag und der Bereitschaft, sich um dessen mögliche Umsetzung zu kümmern, einhergehen. Dieses Verfahren wird als effizient, effektiv und basisdemokratisch wahrgenommen, weil Entscheidungen nachhaltig sind. Es werde jeder gehört und gleichzeitig entstehe kein Stillstand.

Für das gemeinschaftliche Engagement besteht seit Beginn die Vereinbarung, dass elf Stunden im Monat erbracht werden müssen. Niemand solle zu viel oder zu wenig machen.

Die Wohnzufriedenheit wird als sehr hoch beschrieben. So berichten die Nutzer, man verbringe viel Zeit mit den Nachbarn und gemeinsamen Aktivitäten, unterstütze sich gegenseitig und lerne voneinander. Manchmal sei es allerdings schwierig, genügend Raum für sich, die Familie oder Aktivitäten und Freundschaften außerhalb zu bekommen. Die Ruhe in der eigenen Wohnung werde von den anderen jedoch akzeptiert. Vor allem für Kinder und Ältere wird der Kontakt als sehr bereichernd gesehen. Auch zwischen den Generationen findet viel Austausch statt, und es gibt immer Möglichkeiten, sich einzubringen. Die Größe der Hausgemeinschaft wird positiv gesehen, weil sich von intensiven Freundschaften bis zu pragmatischer Nachbarschaft alles unkompliziert entwickeln könne. Die eigene Autonomie sei natürlich in der Gemeinschaft kleiner und der Bedarf nach Kommunikation wesentlich höher, aber es lohne sich.

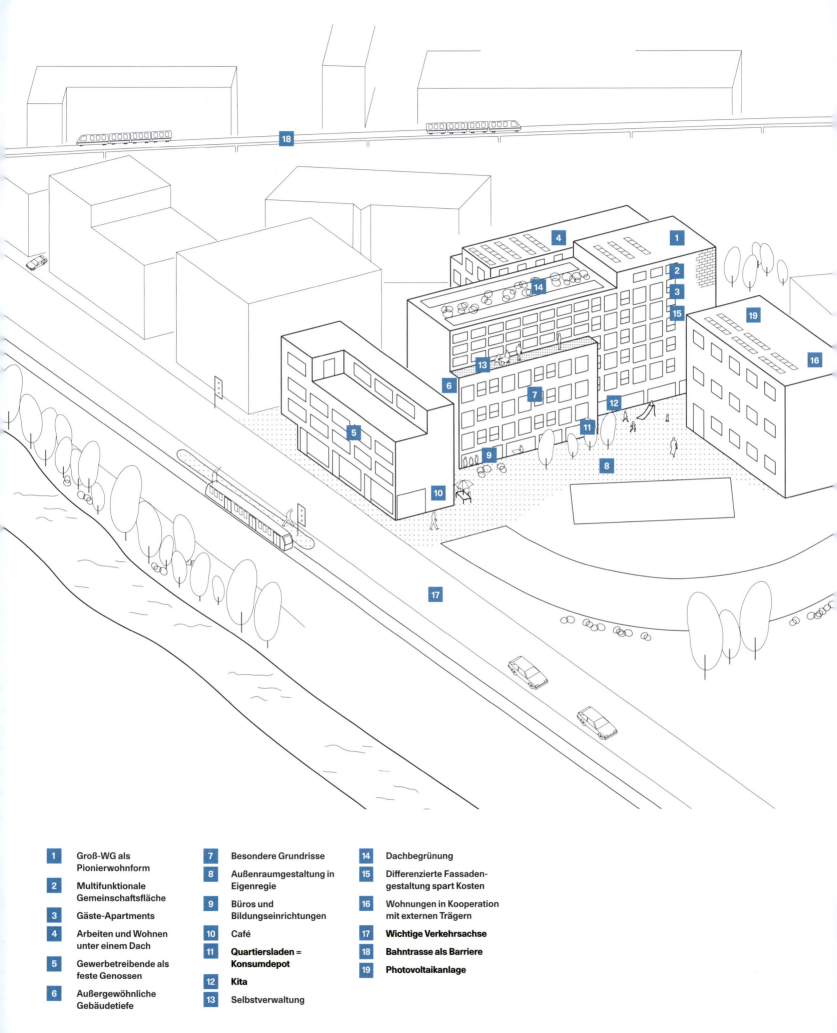

1	Groß-WG als Pionierwohnform	7	Besondere Grundrisse	14	Dachbegrünung	
2	Multifunktionale Gemeinschaftsfläche	8	Außenraumgestaltung in Eigenregie	15	Differenzierte Fassadengestaltung spart Kosten	
3	Gäste-Apartments	9	Büros und Bildungseinrichtungen	16	Wohnungen in Kooperation mit externen Trägern	
4	Arbeiten und Wohnen unter einem Dach	10	Café	17	**Wichtige Verkehrsachse**	
5	Gewerbetreibende als feste Genossen	11	**Quartiersladen = Konsumdepot**	18	**Bahntrasse als Barriere**	
6	Außergewöhnliche Gebäudetiefe	12	**Kita**	19	**Photovoltaikanlage**	
		13	Selbstverwaltung			

Größe: 81 WE, Neubau
Projektstart: 1998
Fertigstellung: 2001
Trägermodell: Genossenschaft
Akteure: Aktivisten, Genossenschaft Kraftwerk1, 2002 Stücheli Architekten mit Bünzli Courvoisier, Totalunternehmer Oerlikon Bührle Immobilien AG (heute Allreal)
Zielgruppe: Genossenschaftsmitglieder
Besonderheiten: Wohnungsvielfalt, Mischnutzung, Pionier am Standort, erstes Projekt der Genossenschaft Kraftwerk1, Vorreiter im ökologischen Bauen

1:5000

Hardturm, Zürich

In den krisengeprägten frühen 1990er Jahren fand in Zürich eine breite Diskussion zu Architektur, Wohnen und Stadtentwicklung statt. Diese Zeit kann als Phase Null von Hardturm gelesen werden: Zunächst wurde zwar kein konkretes Wohnbauprojekt verfolgt, aber man erarbeitete wichtige Grundlagen und gründete die Genossenschaft Kraftwerk1. Mit der plötzlichen Verfügbarkeit eines Grundstücks und einem frühzeitig mit einem Totalunternehmer geschlossenen Bauvertrag inklusive Kostenrahmen gelang ein rascher Projektstart.

An einem bis dahin für Wohnen als unattraktiv geltenden Standort errichtete die junge Genossenschaft Kraftwerk1 ihr erstes Projekt. Ein bestehender Gestaltungsplan einer gescheiterten Bürogebäudeentwicklung setzte sehr tiefe Kubaturen fest. Kraftwerk1 nutzte diese Bedingungen in der Projektentwicklung: Das Gebäudevolumen konnte durch ungewöhnliche und sehr vielfältige Wohnungsgrundrisse und eine Sous-Parterre-Etage maximal ausgenutzt werden. Dadurch entstanden vielfältige Spiel- und Aneignungsräume für den gewünschten Nutzungsmix und das Wohnen ergänzende Angebote. Im gesetzten Kostenrahmen wurden die Inhalte und Standards gemeinschaftlich ausgehandelt und dabei Prioritäten zugunsten von Ökologie und Wohnvielfalt gesetzt. Dies zeigt sich exemplarisch bei der Fassadengestaltung: Um ein durchgängiges „gestalterisches Mittelmaß" zu vermeiden, wurden die drei kleineren Gebäude preisgünstig ausgeführt, während der zentrale Gebäuderiegel als Herzstück der Siedlung mit wertigem Klinker verkleidet wurde.

Neben einer hohen Vielfalt an Wohnungstypen lag der programmatische Fokus auf einer dichten Mischnutzung mit Gewerbe- und Büroräumlichkeiten, aber auch ergänzenden Angeboten wie einem Kindergarten, einem Café und einem kleinen Quartiersladen in Selbstverwaltung, dem Konsumdepot. Als in sich funktionierender kleiner Stadtbaustein machte Hardturm einen neuen Standort für die Wohnnutzung zugänglich und war mitverantwortlich für die folgende positive Entwicklung des gesamten Quartiers. Die Selbstverwaltung der großzügigen Gemeinschaftsflächen bedurfte nach einigen Jahren träger Aneignung einer Auffrischung.

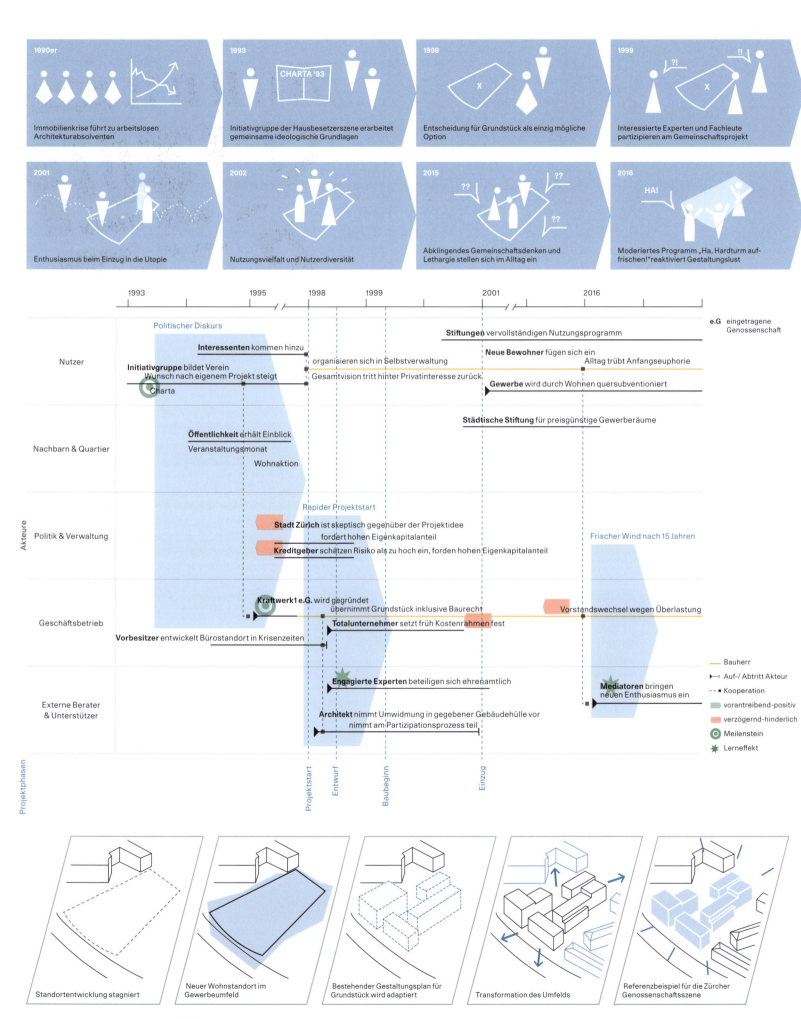

Rahmenbedingungen

Gesamtstadt
Anfang der 1990er Jahre befand sich die Schweiz und damit auch Zürich in einer Wirtschafts- und Immobilienkrise. Einige durch die hohe Arbeitslosigkeit sowie einen akuten Wohnungsmangel direkt betroffene Architekturabsolventen suchten nach einem geeigneten Tätigkeitsfeld, auch um die eigene Wohnungsnot zu bekämpfen. Es gelang ihnen, die wirtschaftliche Krise als Momentum der Innovation zu nutzen.

Quartier
Jenseits der Hardbrücke und damit außerhalb der Wahrnehmung vieler Zürcher gelegen, galt Zürich-West als unattraktiver und zu weit vom Stadtzentrum entfernter Standort – und war damit auch innerhalb von Kraftwerk1 umstritten. In diesem industriell geprägten Umfeld war Wohnen zunächst nicht vorstellbar. Die Standortwahl jenseits räumlicher und mentaler Barrieren setzte die Risikobereitschaft seitens der Bauherren voraus. Die Projektentwicklung reagierte mit einer Strategie des „Insel-Urbanismus": Mit einem auf den eigenen Stadtbaustein bezogenen Wohnungs- und Nutzungsmix sowie einem Fokus auf die Freiraumqualitäten am Grundstück verhalf man sich selbst zu einer gewissen Robustheit und Eigenständigkeit innerhalb des gegebenen Umfelds. Hardturm entstand als eines der ersten Projekte im heutigen Trendquartier.

Areal und Grundstück
Der geltende Sondernutzungsplan definierte Gebäudelinien und -höhen und legte mit 18 bis 20 Metern große, eher für gewerbliche Nutzungen geeignete Gebäudetiefen, aber auch eine Mischnutzung für Wohnen und Arbeiten fest. Eine Immobilienfirma hatte einen Gestaltungsplan für drei kleinere Bürobauten und ein großes Gebäude mit Kleinwohnungen erwirkt. Die Büroentwicklung war jedoch gescheitert. Kraftwerk1 wusste dieses „window of opportunity" zu nutzen, indem 1998 gemeinsam mit dem Totalunternehmer und den experimentierfreudigen Architekten die Möglichkeiten des Standorts geprüft und das Grundstück erworben wurde.

Akteure

Nutzer
Mehrere Jahre vor dem Projekt Hardturm und inmitten der Immobilienkrise bildete sich aus den Reihen der Hausbesetzerszene eine Initiative. Die Gruppe von Akademikern, Intellektuellen und Aktivisten bildete die Basis der späteren Genossenschaft Kraftwerk1. Von Arbeitslosigkeit und Wohnungsmangel persönlich betroffen, wurde ein hohes Maß an intrinsischer Motivation und ehrenamtlichem Engagement eingebracht. Im Fokus stand zunächst kein bauliches Projekt, sondern das Anstoßen einer politischen und kulturellen Diskussion, welche unter anderem das Ende des Wohnungsbaus für die klassische Kernfamilie und die daraus erwachsenden Alternativen thematisieren sollte. Die gemeinsamen Werte wurden in der Charta von Kraftwerk1 niedergeschrieben.

In das Projekt Hardturm integriert wurde im Projektverlauf die Stiftung Domicil, die kinderreiche Familien auf dem freien Wohnungsmarkt unterstützt. In Zusammenarbeit mit der Stiftung Altried konnten zudem Wohnungen für Menschen mit Behinderung eingerichtet werden. Gewerbetreibende aus dem Umwelt- und Gesundheitsbereich kamen nach Einzug hinzu und konnten die günstigen Mietkonditionen sowie das bereits entstandene positive Image des Standorts nutzen.

Geschäftsbetrieb
Um die mögliche Projektentwicklung für gemeinschaftliches Wohnen und Zusammenleben konkreter verfolgen zu können, gründete sich aus dem zuvor bestehenden Verein 1995 die eingetragene Genossenschaft Kraftwerk1. 1998 erwarb sie das Grundstück von einer Immobilienfirma, die an der Entwicklung als Büro-, Wohn- und Gewerbestandort gescheitert war und das Grundstück inklusive gesichertem Baurecht verkaufte. Mit dem Totalunternehmer Oerlikon Bührle Immobilien (heute Allreal) wurde frühzeitig ein Vertrag geschlossen und so der Kostenrahmen festgesetzt. Die Genossenschaft selbst zeichnete sich durch personelle Kontinuität aus – erst nach dem Einzug kam es zu einem größeren Wechsel im Vorstand.

Nachbarn & Quartier
Über verschiedene Veranstaltungen im Sommer 1994 sowie eine Probewohnaktion in der roten Fabrik erhielt eine breite Öffentlichkeit Einblick in das Vorhaben von Kraftwerk1.

Politik & Verwaltung
Die städtischen Stellen spielten erst ab der Finanzierungsphase eine Rolle. Aufgrund der allgemeinen wirtschaftlichen Lage und kurz zuvor gescheiterten genossenschaftlichen Entwicklungen zeigte sich die Stadt Zürich skeptisch gegenüber der Projektidee und verweigerte zunächst den für Genossenschaften üblichen städtischen Anteil von zehn Prozent an den Baukosten. Es wurde ein höherer Eigenkapitalanteil von 30 anstelle von 20 Prozent gefordert. Dies verhinderte den geplanten Finanzierungsmechanismus. Durch viel Überzeugungsarbeit und unter Inkaufnahme hoher individueller Risiken gelang die Finanzierung schlussendlich doch.

Externe Berater & Unterstützer

Die Architekten nahmen ebenso wie die Genossenschaftsmitglieder am Findungs- und Partizipationsprozess teil und planten die vorgegebenen Gebäudevolumen in geteilter Autorenschaft um. Zu den etablierten Architekten Stücheli stieß das junge Team von Bünzli Courvoisier.

Zwischen externen Experten und der Initiativgruppe entstand ein intensiver Erfahrungsaustausch. Die Fachleute engagierten sich ehrenamtlich und brachten ihr Wissen in verschiedenen technischen Bereichen ein. Über eine Zusammenarbeit mit der ETH konnte eine der ersten Photovoltaikanlagen auf dem Dach realisiert werden.

Die Begeisterung beim Einzug kühlte anschließend ab, da die Aneignungsprozesse des unmittelbaren Wohnumfelds träge abliefen und die Bewohner zum Teil überforderten. Extern beauftragte Mediatoren sollen Kraftwerk1 15 Jahre nach Einzug zu neuem Schwung verhelfen.

Prozesse

Politischer Diskurs

Geprägt durch schlechte berufliche Aussichten gründeten Architekturabsolventen der ETH Zürich in den 1980ern die Konzeptgruppe Städtebau, die sich mit Theorien des Wohnens auseinandersetzte, international vernetzt war und durch Demonstrationen eine breite Öffentlichkeit erreichte. Dieser Verbund veröffentlichte 1993 ein schmales Büchlein: Die Charta von Kraftwerk1 widmet sich den Themen Ökologie und Nachhaltigkeit, Niedrigenergiebauweise, Selbstbestimmung und -verwaltung, Diversität und Integration von unterschiedlichen Lebensformen, Wohnungstypen sowie gemeinschaftlichen Treffpunkten. Bis zum Projektstart 1998 standen keine konkreten Planungen im Fokus, sondern die Entwicklung eines alternativen Wohnmodells.

Im Sommer 1994 wurde ein Veranstaltungsmonat organisiert, der unter anderem auf die Bekanntmachung der Ideen zielte und allen Interessierten die Möglichkeit bot, ihre Wohnvorstellungen in eine breit geführte Diskussion einzubringen. Zusätzlich wurde in einem Kulturzentrum das Zusammenwohnen als Groß-WG in einem 1:1-Modell getestet. Die bauliche Übersetzung der konzeptionellen Vision war von den Initiatoren zunächst nicht angedacht. Vielmehr wurde das Ziel verfolgt, eine Plattform für partizipatives Wirken und Wissensaustausch zu etablieren sowie die politische und kulturelle Diskussionskultur zu stärken. Erst als sich der Wunsch der Initiatoren nach einem eigenen baulichen Projekt konkretisierte, gründeten sie die Genossenschaft. Der lange Vorlauf prägte die Akteure und deren gemeinsame Haltung stark.

Rascher Projektstart

Als es galt, die ideologischen Ansätze und abstrakten Ideen in ein praxistaugliches Projekt zu übersetzen, waren die wichtigsten Beteiligten bereits an Bord. Über die Kooperation mit einem Totalunternehmer und der Option auf das Grundstück zeichnete sich ein rascher Projektstart ab, bei dem einzig Finanzierungshürden einen verzögernden Effekt hatten.

Ausgehend von der Berechnung einer zukünftigen Miete wurden die maximalen Baukosten sehr früh festgesetzt und ein Vertrag mit einem Totalunternehmer geschlossen. Dies erwies sich später insofern als hinderlich, da die Genossenschaft viele bauliche Fragen noch nicht geklärt hatte und der Handlungsspielraum durch den Vertrag eingeschränkt war. Die frühzeitige Festlegung der Kosten vor dem Entwurf bot allerdings auch Vorteile: Verschiedene Aspekte konnten in einem klar definierten Kostenrahmen abgewogen und ausverhandelt werden. So fand die Auswahl von Bauteilen und Materialien sowohl unter der Berücksichtigung von Bau- als auch von Betriebs- und Wartungskosten statt. Klare Priorität hatten die ökologischen Ansprüche, die trotz knapper finanzieller Ressourcen im Prozess nicht zurückgenommen wurden.

Ein bestehender Entwurf von Stücheli Architekten diente als Grundlage für den 1995 erstellten Gestaltungsplan. Das Überangebot an Büroflächen zu Beginn der 1990er Jahre zwang die vorige Grundeigentümerin, eine Immobilienfirma, zum Verkauf. Der Totalunternehmer und die Architekten prüften die Eignung des rechtskräftigen Gestaltungsplans für das Vorhaben der Genossenschaft. Zusätzlich zu Stücheli Architekten wurde das junge Büro Bünzli Courvoisier hinzugezogen, um die wohntypologischen Möglichkeiten innerhalb des bestehenden Rahmens auszuloten. Grundlage des Entwurfs waren die in der Charta erarbeiteten Haltungen und Themen als „Pflichtenheft" für die Architekten.

Die architektonische Form trat in der Planungspartizipation hinter der bereits langjährig diskutierten Programmatik zurück. Ein fester Terminplan half, die geführten Diskussionen zeitlich zu begrenzen. Später hinzukommende Interessenten hatten bei bereits abgeschlossenen Themen keine Mitgestaltungsmöglichkeiten mehr. Die Beteiligten konnten sich durch Mitwirkung am Prozess keinen Anspruch auf eine Wohnung erarbeiten. Es wurde entschieden, Belegung und Wohnungsvergabe über eine Vermietungskommission zu regeln. Ein zunächst geringes Interesse am unbekannten Standort wich zunehmend der wachsenden Nachfrage.

Das fehlende Vertrauen der Stadt Zürich in die Projektentwicklung führte dazu, dass der übliche städtische Genossenschaftskredit zunächst nicht gewährt wurde. Dies stellte die junge Genossenschaft auf eine Bewährungsprobe. Die Stadt forderte einen höheren Eigenkapitalanteil, der im Umfeld der Genossenschaftsmitglieder nicht zu akquirieren war. Zudem stellten die fehlenden städtischen Gelder die Kreditwürdigkeit bei Pensionskasse und Bank infrage. Obwohl die Finanzierung noch nicht gesichert war, wurde der Bau begonnen und darauf vertraut, dass die nötigen Kredite schon zustande kommen würden. In der entscheidenden Sitzung mit den städtischen Verantwortlichen sagte die Stadt schließlich ihre Unterstützung zu.

Frischer Wind nach 15 Jahren

Nach Fertigstellung und Bezug zeichnete sich ein größerer Wechsel innerhalb der Vorstandsebene von Kraftwerk1 ab. Nach dem langen Entwicklungsprozess war eine gewisse Ermüdung spürbar. Zudem bot sich der Zeitpunkt für einen Generationenwechsel in der Führungsebene an. Sieben Personen verließen den Vorstand und übergaben die weiteren Projektentwicklungen den Nachfolgern.

Hardturm entwickelte sich zwischenzeitlich erfolgreich und wurde zum Motivator für andere Projektentwicklungen durch Genossenschaften. Durch die Veränderungen im Umfeld wurde das Projekt immer weniger als Exot betrachtet. 15 Jahre nach Einzug stehen einige Sanierungsarbeiten an. Verwaltung und Vorstand entschieden, dies unter dem Motto „Ha! Hardturm auffrischen" auch als soziale Erneuerungskur zu nutzen. Ein hinzugezogenes Mediationsteam begleitet den Prozess professionell, und eine feste Begleitgruppe sichert eine kontinuierliche Einbindung der verschiedenen Sichtweisen. Ziel ist, die Gemeinschaftsflächen gestalterisch aufzuwerten und hinsichtlich Finanzierung, Unterhalt und Betrieb zu überdenken, um neue Aneignungs- und Identifikationsräume zu schaffen.

Lösungen

Kritische Masse ermöglicht Neuerfindung des Standorts

Die Akteure von Hardturm erkannten frühzeitig das Potenzial des damals unattraktiven Standorts, der nur deshalb für sie finanzierbar war. Es galt die mangelhafte Quartiersinfrastruktur zu kompensieren. Unverzichtbare Standards wie wohnortnahe Einkaufsmöglichkeiten wurden direkt realisiert, andere Qualitäten im Wohnumfeld entstanden über die Zeit mit Initiative und Geduld. Die Integration von gewerblichen Nutzungen ins Projekt war Ziel und Notwendigkeit zugleich – es sollte ein fruchtbares Nebeneinander von Wohnen und Arbeiten möglich sein. Zudem wurde ein breiter Fächer an selbstverwalteten Angeboten realisiert: Ein Café, ein Kindergarten, Ausbildungsplätze und das Konsumdepot, ein kleiner Quartiersladen, prägen das Leben vor Ort. Diese Angebote finden auf dem begrenzten Areal dank der hohen baulichen Dichte Platz und dank der hohen sozialen Dichte genügend Nutzer. Im Hardturm wohnen in 81 Wohneinheiten rund 240 Menschen, und rund 90 Personen finden hier Arbeit.

Auf einer Fläche von 150 Quadratmetern, die immobilienwirtschaftlich keinen Ertrag generieren muss, wurden von Anfang an multifunktionale, adaptierbare Räume eingeplant. Trotz des finanziellen Risikos wurde ein hoher Gewerbeanteil in der Erdgeschosszone realisiert. Ein leicht erhöhter Mietpreis für die Wohnungen wurde in Kauf genommen, um die spätere Ansiedlung von Gewerbe an einem zunächst unattraktiven Standort gewährleisten zu können. Durch diese Subventionierung von Gewerbeflächen konnten attraktive Mietkonditionen angeboten werden, die auf realistischen Einschätzungen zu den Ertragserwartungen basierten. Ebenso differenziert wie das Wohnungsangebot zeigen sich auch die gewerblichen Angebote und reichen vom Ladenlokal bis zur Loftwohnung mit Option für Home-Office. Mit der Mischnutzung wurde eine Entwicklungsdynamik auf Quartiersebene in Gang gesetzt. Nichtsdestoweniger blieb das Areal weiterhin isoliert von seinem Umfeld. Kontakte zur unmittelbaren Nachbarschaft bestehen nur punktuell – die Entwicklung als „urbane Insel" ist noch immer spürbar.

Geerbtes Baurecht schafft Vielfalt

Um die Gebäudetiefen laut bestehendem Gestaltungsplan maximal auszunutzen, schlugen die Architekten eine Mittelgangerschließung nach dem Vorbild von Le Corbusiers „Wohnmaschine" vor. Der Flur als „interne Straße" erschließt in jedem dritten Geschoß verschiedene Klein- und Maisonette-Wohnungen, deren Wohnräume an der Fassade liegen. Diese Typologie ermöglicht eine hohe Wohnungsvielfalt, die insbesondere im mittigen Baukörper mit einer Gebäudetiefe von 20 Metern umgesetzt wurde. Neben einer Groß-WG wurden auch Gästewohnungen integriert. Die hohe Dichte ist die Voraussetzung für Begegnungen und Austausch der verschiedenen Nutzergruppen.

Die große Gebäudetiefe erforderte innovative Grundrisslösungen, eröffnete aber auch Gestaltungsspielräume im Inneren. Durch das tiefergelegte Erdgeschoss (Sous-Parterre) konnte weiteres Volumen gewonnen werden und eine Ausdifferenzierung des Raumangebots im Inneren erfolgen. Trotz der scheinbar weniger wertigen Lage zeigten sich die vom Erdgeschoss aus nutzbaren Kellerräume als funktional wichtige Nebenräume, die beispielsweise als Erweiterungs- oder Spielräume genutzt werden.

Eine Vision findet ihre Form im klaren (Kosten-)Rahmen

In der ergebnisoffenen Nutzerbeteiligung wurde eine starke programmatische Vision geschaffen; die architektonische Form stand zunächst im Hintergrund. Dass die ideologisch geprägte Vision tatsächlich eine Realisierung erfahren würde, war zu mehreren Zeitpunkten unklar. Die Umsetzung war von einem ständigen finanziellen Druck und dem Planen mit Unsicherheiten gekennzeichnet und ließ wenig Spielraum zu.

Das bestehende Baurecht erzwang schlussendlich eine zeitlose, eher unauffällige Architektur. Die Verhandlung der Bau- und Ausstattungsstandards fand pragmatisch innerhalb eines gesetzten Budgets statt und folgte dem Motto „Weglassen statt Mittelmaß". Nur das zentrale Hauptgebäude wurde mit einer Klinkerfassade versehen, während die drei umliegenden Gebäude mit einem kostengünstigeren Wärmedämmverbundsystem ausgeführt wurden. Mit Mut zur Einfachheit und trotz der finanziellen Restriktionen erhielt das Hauptgebäude eine Wertigkeit, welche sich durch den gestalterischen Kontrast noch verstärkt. Die fehlende Radikalität in der baulichen Form wird von den Projektbeteiligten teilweise bemängelt. Dennoch wird die realisierte Lösung als erstaunlich nah an der ursprünglichen Vision empfunden; da diese nicht primär als bauliches Projekt konzipiert worden war, konnte sie in den Augen der Initiatoren viele bauliche Formen annehmen.

Der Aushandlungsprozess zwischen nachhaltigem und kostengünstigem Bauen prägte die Entscheidungen der Entwickler stark. Eine Folge des Kostendrucks ist die nach 15 Jahren notwendige Generalsanierung. Die eingesetzten Materialien wurden in der Planung zwar auch auf ihre Unterhaltskosten hin geprüft, eine nachhaltige Betrachtung hätte nach heutiger Einschätzung jedoch einen längeren Investitionszyklus umfassen müssen. Damit stehen heute Haltbarkeit und Robustheit stärker im Fokus.

Vorreiter für ökologisches Bauen

1998 wurden in der Schweiz für Gebäude mit niedrigem Energieverbrauch die sogenannten Minergie-Standards festgelegt. Die entsprechenden Konzepte wurden bereits zuvor in den Planungen berücksichtigt; dies verdeutlicht die damalige Vorreiterrolle. Für das Thema Ökologie wurde zu Beginn des Prozesses ein Budget von einer Million Schweizer Franken gesperrt, was rund 925.000 Euro entspricht. Über eine breite Plattform gelang es, die Projektentwicklung einer interessierten und motivierten Expertenschaft als Experimentierfeld zur Verfügung zu stellen. Durch die Kooperation mit Hochschulen und Externen wurden neueste technische Lösungen getestet. So entstand zum Beispiel eine der ersten Schweizer Photovoltaikanlagen auf dem Dach der Gebäude. Das Thema Mobilität wurde integriert gedacht und äußerte sich in einer reduzierten Anzahl Parkplätze. Für verschiedene Beteiligte stellten sich im Bereich des ökologischen Bauens Lerneffekte ein. Beispielsweise realisierte der Totalunternehmer bald darauf eine Niedrigenergie-Siedlung. Mit der Projektentwicklung Hardturm zeichnete sich für die Genossenschaft aber auch ab, dass der Schwerpunkt ihres Wirkens nicht auf dem Einsatz neuester Bau- und Haustechnik liegen sollte, sondern auf einer breiten Partizipation im Planungsprozess unter Miteinbeziehung von Experten.

Herausforderung Wohnungs- und Bewohnermix

Die heutige Bewohnerschaft setzt sich aus einer Mischung von ursprünglich am Planungsprozess beteiligten Gründungsmitgliedern und später Hinzugekommenen zusammen. Innerhalb der ersten Betriebsjahre zeichnete sich eine normale Fluktuation ab. Zum Zeitpunkt der Realisierung interessierten sich die Genossenschaftsmitglieder stark für experimentelle Wohnformen in großen Wohneinheiten jenseits der Kleinfamilie. Sogenannte Suiten sollten mehrere Wohnungen zu Gemeinschaften von 20 bis 25 Personen zusammenfassen. In der Nutzung der Großwohnungen zeigte sich nach einigen Jahren und mit der Veränderung der individuellen Lebensumstände jedoch ein Mangel an Rückzugsmöglichkeiten. In der ohnehin gemeinschaftlich organisierten Siedlung wurde die auferlegte Gemeinschaft innerhalb der Wohnungen zunehmend als einschränkend empfunden. Der Anteil an Ein- und Zweipersonenhaushalten hat seit Fertigstellung zudem stark zugenommen. Im Verhältnis zur heutigen Haushaltsstruktur und Nachfrage erweist sich der damals realisierte Anteil an Kleinwohnungen als zu gering.

Vor dem Hintergrund der heutigen Haushaltsstruktur stellen die großen Wohnungen die Genossenschaft auch hinsichtlich Flächeneffizienz vor Herausforderungen. Trotz des Angebots unterschiedlicher Wohnungstypen zeigt sich bei den Bewohnern kein freiwilliges flächensparendes Verhalten. Bei Neuvergabe der Wohnungen wurde deshalb nachträglich eine Mindestbelegung festgesetzt, die bei bestehenden Vermietungen jedoch keine Anwendung findet. Es stellte sich der Lerneffekt ein, dass eine freiwillige Reduktion der individuellen Wohnfläche vor allem zu Beginn akzeptiert wird, nachträglich jedoch schwierig einzuführen ist. Bei großen Wohnungen mit geringer Belegung finden zudem viele Aktivitäten im Privaten statt, wodurch die gemeinschaftlichen Flächen weniger genutzt werden. Die kleinen Wohnungen können mit ihrer belebenden Wirkung auf die Außenflächen deshalb als Qualitätsgewinn für die Nachbarschaft verstanden werden. Mit einem starken Fokus auf neuartige Wohnformen statt Flächeneffizienz wurden damals eher großzügige Grundrisse realisiert, die teilweise das Arbeiten in denselben Räumen ermöglichen sollten. Über verschiedene räumliche Wohn- und Arbeitsangebote sollte ein Bewohnermix entstehen, der jedoch nur teilweise erreicht wurde. Ursprünglich als Ateliers angedachte Flächen wurden beispielsweise relativ bald als Wohnungen vermietet.

In Zusammenarbeit mit zwei verschiedenen Stiftungen konnten zwei Wohnungen an Menschen mit Behinderung sowie vier Wohnungen an kinderreiche Familien vergeben werden. Es erweist sich jedoch als schwierig, das Interesse dieser Bewohner für ihr Wohnumfeld zu gewinnen.

Neuauflage der Selbstverwaltung
Unter den Vorzeichen der Arbeitsmarktkrise sollte die Selbstverwaltung vorrangig dazu dienen, Jobs vor Ort zu schaffen, die Nähe von Arbeiten und Wohnen zu ermöglichen und so den selbsterhaltenden Charakter des Projekts zu stärken. Der große Anteil an Gemeinschaftsflächen, die zu Beginn nur rudimentär ausgestaltet wurden, überforderte die Bewohner jedoch zusehends. Die Außenflächen erwiesen sich als zu groß dimensioniert, um alleine von den Bewohnern gestaltet werden zu können. Es dauerte Jahre, bis ein einigermaßen zufriedenstellendes Erscheinungsbild hergestellt werden konnte. Während viel Energie und Ressourcen in die Außenraumgestaltung flossen, wurden die gemeinschaftlichen Innenräume eher vernachlässigt; sie wurden zu Gemeinschaftsräumen ohne gemeinschaftliche Organisation. Die anfängliche Euphorie wich angesichts des Organisations- und Verwaltungsaufwands einer gewissen Resignation. Ungeklärte Zuständigkeiten führten zu Motivationsverlusten.

Nach rund 15 Jahren nutzt die Genossenschaft die ohnehin anstehende Sanierung als Anlass zum partizipativ gestalteten Umbau. Mit Anknüpfung an früher erarbeitete Inhalte sollen die gemeinsam bezahlten und verwalteten Flächen neu belebt werden.

Vernetzung und Ausstrahlung
Heute haben die Zürcher Genossenschaften untereinander ein gutes Netzwerk aufgebaut, zu dessen Entstehung Kraftwerk1 mit seiner ersten Siedlung maßgeblich beigetragen hat. Während Hardturm mit seinen vielen Themen eine Art Alleskönner sein wollte, werden heutige Entwicklungen stärker mit inhaltlichen Schwerpunkten angegangen. Hardturm hat in der Urbarmachung abgelegener Standorte, im nachhaltigen Bauen, insbesondere in der Niedrigenergiebauweise, und in der Integration von Gästewohnungen und Wohnungen für Menschen mit Behinderung Pionierarbeit geleistet und neue Standards gesetzt. Diese Ideen und Erfahrungen bereichern bis heute andere genossenschaftliche Projektentwicklungen.

Ein Lerneffekt für Kraftwerk1 ist die Sichtweise auf den ergebnisoffenen Partizipationsprozess: Die Diskussion und Mitbestimmung wird nicht als Mittel zur Optimierung eines angestrebten Produkts, sondern als aufwendige, aber notwendige Grundlage des Zusammenlebens verstanden.

Anhang

Literaturverzeichnis

BDA Bund Deutscher Architekten Bayern e. V. (Hrsg.) (2016): *Standards im Wohnungsbau. Kontroverse zur aktuellen Rechtslage*. https://www.bda-bund.de/wp-content/uploads/2016/08/BDA-Standards-im-Wohnungsbau.pdf, Zugriff am 05.08.2019.

BDA Bund Deutscher Architekten Bayern e. V. und Bundesstiftung Baukultur (2016): *„Flucht nach vorne" – Positionspapier zum Wohnungsbau für alle. Eine Werkstatt des BDA Bayern und der Bundesstiftung Baukultur*. https://www.bundesstiftung-baukultur.de/sites/default/files/medien/76/downloads/positionspapier_wohnungs-bau_f_alle.pdf, Zugriff am 18.12.2019.

Beck, Ulrich (1986): *Risikogesellschaft. Auf dem Weg in eine andere Moderne*. Frankfurt am Main: Suhrkamp.

BMUB Bundesministerium für Umwelt, Naturschutz, Bau und Reaktorsicherheit (2015): Bericht der Baukostensenkungskommission. Im Rahmen des Bündnisses für bezahlbares Wohnen und Bauen. https://www.bmi.bund.de/DE/themen/bauen-wohnen/stadt-wohnen/wohnungswirtschaft/bezahlbares-wohnen/bezahlbares-wohnen-node.html, Zugriff am 10.12.2019.

BWO Bundesamt für Wohnungswesen (2015): *Wohnbauten planen, beurteilen und vergleichen. Wohnungs-Bewerbungs-System WBS*. Ausgabe 2015. Eidgenössisches Department für Wirtschaft, Bildung und Forschung WBF. https://www.bwo.admin.ch/dam/bwo/de/dokumente/02_Wie_wir_wohnen/26_WBS/WBS.pdf.download.pdf/wbs_broschuere_de.pdf, Zugriff am 18.12.2019.

DGNB Deutsche Gesellschaft für Nachhaltiges Planen und Bauen (2015): Neubau Wohngebäude, Version 2015. DGNB System. https://www.dgnb-system.de/de/gebaeude/wohngebaeude/, Zugriff am 24.05.2019.

Dömer, Klaus; Drexler, Hans; Schultz-Granberg Joachim (2016): *Bezahlbar. Gut. Wohnen. Strategien für erschwinglichen Wohnraum*. Berlin: Jovis.

DWB Deutscher Werkbund Bayern e.V. (2016): *Wohnraum für alle! Ideenwerkstatt*. München: Deutscher Werkbund Bayern. e.V. https://wohnraum-fuer-alle.de/die-ideenwerkstatt/, Zugriff am 15.10.2019.

Förster, Agnes (2006): Primärerhebung zum Wohnungsmarkt in München - Vielfältige Wohnvorstellungen erfordern ein differenziertes Wohnungsangebot. In: *Detail*, 3, 156–158.

GdW Bundesverband deutscher Wohnungs- und Immobilienunternehmen e.V. (2018): *GdW Rahmenvereinbarung – Serielles und modulares Bauen. Überblick über die Angebote (Auszug)*. https://www.bak.de/w/files/bak/01bundesarchitektenkammer/projekte/angebote-broschuere_180710_oeffentlich.pdf, Zugriff am 05.08.2019.

Hamann, Mio, Hörster, Sonja & Rohr, Jascha (2018): Baugemeinschaften als Impulsgeber für eine nachhaltige Stadtentwicklung. In: *vhw FWS*, 2 / März-April 2018, 109–112.

Hannemann, Christine (2016): Wohnen neu bedacht. Eine soziologische Einschätzung. In: BDA – Bund Deutscher Architekten (Hrsg.): *Neue Standards. Zehn Thesen zum Wohnen*. Berlin: Jovis, 31–35.

Hannemann, Christine (2018): Wohnen. In: Akademie für Raumforschung und Landesplanung (Hrsg.): *Handwörterbuch der Stadt- und Raumentwicklung*. Hannover, 2917–2930.

Hofer, Martin, Scherr, Niklaus & Zeugin, Peter (2002): Vielfältige Bedürfnisse, das heisst ... In: *Werk, Bauen + Wohnen*, 10, 42–45.

Kholodilin, Konstantin A., (2015): Fifty Shades of State: Quantifying Housing Market Regulations in Germany. Deutsches Institut für Wirtschaftsforschung, Discussion Papers 1530. https://www.diw.de/documents/publikationen/73/diw_01.c.521370.de/dp1530.pdf, Zugriff am 15.07.2019.

Kleefisch-Jobst, Ursula, Köddermann, Peter & Jung, Karen (Hrsg.) (2017): *Alle wollen wohnen – gerecht, sozial, bezahlbar*. Berlin: Jovis.

KQB Kompetenzzentrum der Initiative „Kostengünstig qualitätsbewusst Bauen" im Bundesinstitut für Bau-, Stadt- und Raumforschung (BBSR) im Bundesamt für Bauwesen und Raumordnung (BBR) (2009): *Baugemeinschaften. Bauen und Wohnen in der Gemeinschaft*. https://www.netzwerk-generationen.de/fileadmin/user_upload/PDF/Downloads_-_allg._Infos/Baugemeinschaften.pdf, Zugriff am 15.10.2019.

Kraft, Sabine, von Mende, Julia & Kläser, Simone (2010): Editorial „Hier bin ich Mensch, hier darf ich's sein!". In: *Arch+*, 176/177, 16–17.

Kurz, Daniel (Hrsg.) (2017): Preiswert Wohnen. Werk, Bauen + Wohnen, 3.

Leeb, Franziska (2018): Minimale Kosten, maximale Ansprüche. In: *TEC21 – Schweizerische Bauzeitung*, 4/5, 19–20.

Schader-Stiftung (Hrsg.) (2017): Die Rückkehr der Wohnungsfrage. Ansätze und Herausforderungen lokaler Politik. *Tagungsreader mit Kurzfassungen der Vorträge und Impulse der Fachtagung am 19. und 20. Juni 2017 im Schader-Forum, Darmstadt*. https://www.schader-stiftung.de/fileadmin/content/Tagungsreader_Rueckkehr_der_Wohnungsfrage_03.pdf, Zugriff am 18.12.2019.

Schmitt, Gisela & Polívka, Jan (2018): Sozial-ökologische Dimensionen des Wohnens. Agenda-Konferenz für die Sozial-ökologische Forschung. Kassel: 19.9. – 20.9.2018. https://www.nachhaltigkeitsforschung-gestalten.de/dialoge/kommentieren-sie-die-vorschlaege-fuer-zukuenftige-themenschwerpunkte/sozial-oekologische-0, Zugriff am 10.12.2019.

Thierstein, Alain, Förster, Agnes, Conventz, Sven, Erhard, Kristina & Ottmann, Matthias (2013): *Wohnungsnachfrage im Großraum München. Individuelle Präferenzen, verfügbares Angebot und räumliche Maßstabsebenen*. Forschungsbericht. Lehrstuhl für Raumentwicklung der TU München. https://mediatum.ub.tum.de/1169938, Zugriff am 05.08.2019.

Wüstenrot Stiftung (Hrsg.), Susanne Dürr & Gerd Kuhn (2017): *Wohnvielfalt. Gemeinschaftlich wohnen – Im Quartier vernetzt und sozial orientiert*. Wüstenrot Stiftung.

Abbildungsverzeichnis

Seite 11	Untersuchungsgegenstand
Seite 15	Standards im Wohnen von der Wohnung bis zum Quartier
Seite 17	Zusammenspiel Produkteigenschaften und Wohnqualitäten
Seite 21	Schritte im Forschungsprozess: Fallstudien, Quervergleich und Übertragbarkeit
Seite 23	Übersicht Fallstudien
Seite 29	Übersicht Rahmenbedingungen
Seite 33	Übersicht Akteure
Seite 39	Übersicht Prozesse
Seite 71	Netz der Innovationsfelder für Wohnen „jenseits des Standards"; Datenbasis: qualitative Abschätzung der Wechselwirkungen auf Basis des Quervergleichs von 15 Fallstudien
Seite 73	Übersicht Handlungslogiken
Seite 87	Übersicht Übertragbarkeit
Seite 88	Stufen und Zielgruppen der Übertragbarkeit
Seite 91	Thesen der Übertragbarkeit zu Skalierung und Funktionalität
Seite 97	Thesen der Übertragbarkeit zu Individuum und Nachbarschaft
Seite 103	Thesen der Übertragbarkeit zu Stadtentwicklung und Baukultur

Abkürzungsverzeichnis

Allgemeine Abkürzungen

ARGE	Arbeitsgemeinschaft
EOF	Einkommensorientierte Förderung
e.G.	Eingetragene Genossenschaft
e.V.	Eingetragener Verein
GbR	Gesellschaft bürgerlichen Rechts
GmbH	Gesellschaft mit beschränkter Haftung
GU	Generalunternehmer
KfW	Kreditanstalt für Wiederaufbau
KMB	Konzeptioneller Mietwohnungsbau
WEG	Wohnungseigentümergemeinschaft

Abkürzungen in den Fallstudien

BSG	Brandenburgische Stadterneuerungsgesellschaft
CBF	Club Behinderter und ihrer Freunde e.V. München und Region
GWG München	Gemeinnützige Wohnstättengesellschaft
GWG Tübingen	Gesellschaft für Wohnungs- und Gewerbebau
LHM	Landeshauptstadt München
NBBA	Netzwerk Berliner Baugruppen Architekten
STEG Hamburg	Stadtentwicklungs- und Erneuerungsgesellschaft
WIT	Wirtschaftsförderung Tübingen
WOGENO München	Genossenschaft für selbstverwaltetes, soziales und ökologisches Wohnen

Impressum

Ein Forschungsprojekt im Auftrag der Wüstenrot Stiftung

AutorInnen:
Agnes Förster, Andreas Bernögger, Bernadette Brunner

Mitarbeit:
Leila Unland

Zeichnungen und Grafiken:
Die AutorInnen, Fabiola Benninger, Jennifer Hein
Jana Linßen, Anna Schlundt

Herausgeber
Wüstenrot Stiftung
Hohenzollernstraße 45
71638 Ludwigsburg
www.wüstenrot-stiftung.de

Gestaltung, Satz und Herstellung
Valerie Kiock, München

Lektorat und Korrektorat
Kristin Lohmann // WortSchatz

Druck und Bindung
Memminger MedienCentrum

© 2020 Wüstenrot Stiftung, Ludwigsburg
Alle Rechte vorbehalten. All rights reserved.

Printed in Germany

ISBN 978-3-96075-006-2